KB077900

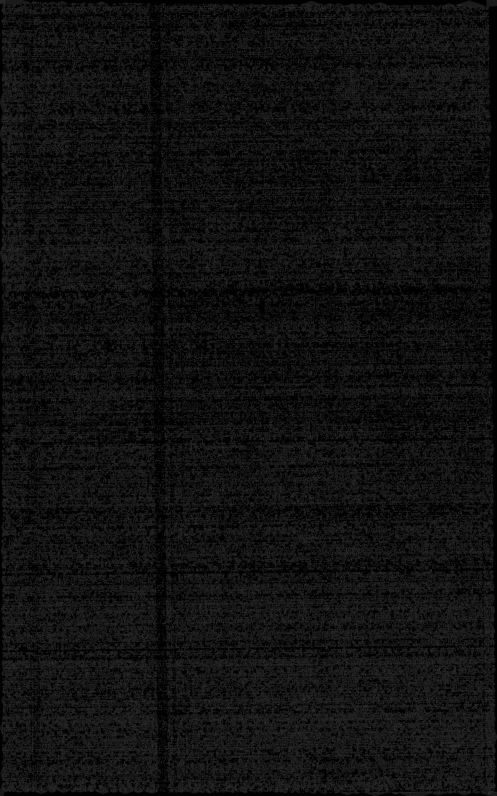

친애하는
주주들에게

DEAR

친애하는
주주들에게

로렌스 커닝햄 엮음
이영래 옮김

SHARE
HOLDER

쌤앤
파커스

CEO들의 주주 서한에 관해 쓴 글은 찾아보기 힘들다. 로렌스 커닝햄은 최고의 서한들에서 최고의 부분만 발췌해 이 책에 모아두었다. 그는 뛰어난 주주 서한의 우수성을 알려주며, 그가 발췌한 글들은 성공하는 기업, 훌륭한 CEO를 만드는 것이 무엇인지 보여준다.

_ 하워드 막스^{Howard Marks}, 오크트리 캐피탈^{Oaktree Capital} 회장이자 공동 설립자, 《투자에 대한 생각》, 《하워드 막스 투자와 마켓 사이클의 법칙》 저자

업계 최고의 CEO들이 어떤 생각을 하고 있는지 알고 싶은가? 로렌스 커닝햄은 우리 세대 가장 성공한 CEO들의 연례 서한에 묻혀 있는 교훈을 증류해 우리에게 사업, 경영, 자본 배분에 관한 시대를 초월한 원칙이라는 보물을 안겨준다.

_ 로버트 로보티^{Robert Robotti}, 로보티 앤 코^{Robotti & Co.} 대표

이 책은 가장 질 높은 주주 서한의 소중한 큐레이션이자 기존의 투자자와 CEO, 이를 꿈꾸는 사람들, 그리고 탁월한 자본 배분가를 찾는 모든 사람들에게 귀중한 보물창고이다. 이 서한들의 명확성과 간결성은 뛰어난 수익과 깊은 관련성을 가지며, 장기적인 가치 창출에 호기심을 가진 모든 독자에게 큰 즐거움을 줄 것이다.

_ 윌리엄 손다이크^{William Tamrndike}, 후사토닉 파트너스의 창립자이자 CEO, 《현금의 재발견》 저자

《친애하는 주주들에게》는 세상에서 가장 야무지게 부를 창출하는 CEO들로부터 비롯된 소중한 가르침과 통찰력을 한데 모아둔 것이다. 로렌스 커닝햄은 한자리에서 다 읽을 수밖에 없는, 모든 투자자의 서재에서 한 자리를 차지하게 될, 잘 수집되고 분류된 고전을 만들어주었다.

_ 로렌 템플턴^{Lauren C. Templeton}, 템플턴 & 필립스 캐피탈 매니지먼트^{Templeton & Phillips Capital Management} 대표, 《존 템플턴의 가치투자전략》 저자

워런 버핏, 프렘 왓사, 톰 게이너 등은 의심할 여지 없는 성공을 거둔 사람들이다. 하지만 그들은 그 성공에 관해 쓰고, 그것을 통해 가르치는 능력까지 갖추고 있다. 로렌스 커닝햄은 그들의 주주 서한을 선택해 정리하고, 논평하는 뛰어난 솜씨로 그들의 가르침을 우리가 쉽게 이해하고 소화할 수 있도록 이끌어준다.

_ 가이 스파이어^{Guy Spier}, 《워런 버핏과의 점심식사, 가치투자자로 거듭나다》 저자

커닝햄은 가장 저명한 경영진부터 그보다 덜 알려진 스타에 이르기까지, 그들이 비즈니스와 리더십에 관해 가장 잘 쓴 글들을 이 책에 분류했다. 그들의 글을 한 권에 담은 이 책을 통해 우리는 귀중한 지혜들을 간편히 얻을 수 있다.

_ 테드 사이즈^{Ted Seides}, '자본 분배가 팟캐스트^{Capital Allocators Podcast}' 진행자

로렌스 커닝햄은 또 다른 훌륭한 책을 엮어냈다. 훌륭한 운영자일 뿐만 아니라 훌륭한 자산 분배가, 즉 가치투자자인 CEO들이 쓴 주주 서한의 모음집을 만들어낸 것이다. 이 책에는 가치를 창출하는 방법과 가치 창출을 추구하는 사람들의 눈에 회사를 매력적으로 보이도록 만드는 방법에 관해 알고 있는 CEO들의 이야기가 담겨 있다. 이들은 진실성, 겸손, 자제력, 인내, 장기적인 관점과 같은 특징으로 정의된다. 이 CEO들에 관해 알고 싶은 사람이라면 누구나 꼭 읽어야 할 책이다.

_ 조지 아타나사코스^{George Athanassakos}, 웨스턴온타리오 대학교 교수

로렌스 커닝햄은 이 책을 통해 워런 버핏의 주주 서한에 담긴 지혜를 증류해낸 첫 번째 사람이다. 이번에는 다른 재무의 전설들이 쓴 주주 서한에서 중요한 정보들을 분석하고 추출했다. 이러한 문화와 리더십에 관한 식견을 통합하여 당신의 전략 IQ와 투자 수익은 분명히 상승세를 탈 것이다.

_ 로라 리텐하우스^{Laura Rittenhouse}, 리텐하우스 랭킹스^{Rittenhouse Rankings, Inc.} CEO

로렌스 커닝햄은 비즈니스에 관해 배우는 가장 좋은 방법은 훌륭한 실무자들의 주주 서한을 읽는 것이란 간단한 통찰로 내 인생을 바꾸어 놓았다. 그는 이 책을 통해 경영, 리더십, 관리인으로서의 책임에 관한 전설적인 CEO들의 귀중한 가르침을 전수한다. 업계의 거물을 꿈꾸는 사람들이라면, 이 책으로 비즈니스 수업을 시작해야 한다.

_ 제프 그램^{Jeff Gramm}, 컬럼비아 경영대학원 교수

주주 서한은 비즈니스계를 들여다볼 수 있는 열쇠이다. 《워런 버핏의 주주 서한》의 뛰어난 큐레이터인 커닝햄 교수는 최고의 서한들을 엮은 이 탁월한 모음집으로 다시 한번 마법을 보여주고 있다.

_ 제이콥 테일러^{Jacob L. Taylor}, 《반란군 할당자^{The Rebel Allocator}》 저자

왜 주주 서한을 읽어야 하는가?

내가 주주 서한을 연구하기 시작한 때는 1987년이다. 많은 글을 읽으면서 훌륭한 서한은 회사의 스토리를 전달한다는 것을 깨달을 수 있었다. 서한에는 한 권의 좋은 책과 같은 이야기가 펼쳐진다. 더불어 나는 기업 문화는 물론 리더의 성격까지 파악하게 되었다.

1990년대 나는 워런 버핏Warren Buffett이 버크셔 해서웨이Berkshire Hathaway 주주들에게 보낸 서한들을 연구했다. 큰 흥미를 느낀 나는 우리 대학에서 그 주제로 열리는 심포지엄에 그를 초청했다. 1996년 버핏을 만날 수 있었고, 《워런 버핏의 주주 서한》을 편집하게 되었다. 그 모음집은 현재 개정 5판까지 발행되었다. 주주 서한이라는 매혹적인 세계로의 내 여정은 이렇게 시작되었다.

나는 본격적으로 모든 유형의 기업 서한을 읽기 시작했다. 지금까지 나는 코카콜라The Coca-Cola Company 주주들에게 쓴 로베르토 고이주에타Roberto Goizueta의 주주 서한을 간직하고 있다. 그 편지들은 귀중한 고전과 같이 윤기가 흐르는 고급 인쇄 버전으로 되어 있다. 이 책에는 버핏과 고이주에타를 시작으로 14명의 기업 경영자가 쓴 이 장르의 걸작만을 모아두었다.

수준 높은 투자가들은 주주 서한을 전형적인 분석 필터로 적용하는 외에도 장래의 투자 선택안을 거르는 체로 이용한다.[1] 상장기업들이 공개하는 다른 것들과 달리, 주주 서한은 선택적이며 규제의 대상이 아니다. 기간별 기업 보고서의 다른 자료들은 회계 원칙과 보안 규정, 법이 정하는 바에 따라 만들어진다. 반면 주주 서한은 유연성을 띠고 있어서 경영자들이 개성을 담아 자신의 메시지를 전달하고, 회사의 가치관을 드러낼 수 있다. 요령 있는 투자자들은 이 글을 자세히 살펴 기업에 대한 식견은 물론 위트와 지혜, 선견지명까지 얻는다.

최근 들어 주주 서한이 큰 관심을 끌고 있다. 2013년 〈뉴욕타임스〉는 "주주가 아닌 일반인들까지 최고의 주주 서한들을 열심히 읽고 있다."고 보도했다.[2] 2016년 〈뉴요커〉는 이 분야를 미국 시인 거트루드 스타인Gertrude Stein을 연상케 하는 산문체와 반복적인 운율이 두드러지는 하나의 "문학 장르"로 선언했다.[3]

한 연구자는 1년에 3,000개의 주주 서신을 읽고,[4] 또 다른 연구자는 작자들에게 솔직함과 명확성과 같은 중요한 요소를 조언하는 자문회사를 설립했으며,[5] 몇몇 관찰자들은 특별히 가치 있는 서신을 강조하기 위해 선별 목록을 만들었다.[6] 거의 모든 목록이 선두에 버핏을 두고 있으며, 그 전에는 지난 40년부터 지금까지 다른 훌륭한 CEO들을 나열하고 있다. 이러한 목록들이 이 모음집을 위한 서한의 선택에 영향을 주었다.

많은 기업 리더들이 자신의 생각을 드러내는 책이나 자서전을 쓰지만, 여기에 등장하는 경영자들은 단 한 명도 그러한 책을 쓰지 않았다. 그들은 기업이 직면하는 모든 중요한 주제를 다루는 데 있어 주주 서한이라는 매체를 선호한다. 이 책이 담고 있는 것이 바로 그것이다. 비즈니스에 대한 글의 정수를 보여주는 최고의 주주 서한 말이다. 리더십과 경영에서부터 자본 배분과 기업 관리자로서의 역량에 이르는 다양한 주제까지, CEO보다 권위 있는 정보원은 없다. 한 권의 책에 엄선해 담은 이 주주 서한들은 모든 뛰어난 팀의 지혜를 보여줄 것이다.

최고의 주주 서한은 특정 기업과 그 사업에 대한 심층적인 식견을 제공하여 독자를 비즈니스 파트너로 대한다. 작자들은 회계학, 경제학, 경영학과 같은 경영대학원의 기본 교육과정에서부터 기업이 직면한 구체적 과제, 경쟁 전략과 혁신, 직원 사기, 경영 승계에 이르는 전 영역에서 핵심 비즈니스 주제에 관한 자신들의 시각을 공유한다.

뛰어난 주주 서한은 단정한 문체에 솔직하며 초점이 일관된 특징을 갖고 있다. 그들은 곤란한 문제도 숨기지 않고 좋은 것이든 나쁜 것이든 지독한 것이든 가감 없이 드러낸다. 장기에 걸친 결과를 표로 나타내는 서한에서는 그들이 장기적인 사고를 받아들인다는 것이

드러난다. 이는 장기간에 걸쳐 더 많은 수익을 내는 과정에 속한 힘겨운 구간을 받아들인다는 의미이다.

이 모음집에서 나는 이 장르 최고의 작자들을 선정했을 뿐 아니라 그들이 보여준 모든 결과물 가운데에서도 가장 좋은 것만 발췌했다. 이 서한들은 회사별, (회사 내에서는) 연대별로 분류되었다. 연대순 구조를 통해 각 작자가 변화하는 조건들을 다루면서 시간에 따라 어떤 진전을 보였는지 확인할 수 있다.

특정 주제에 관한 글이 반복적으로 등장하는 때도 있다. 이러한 글들을 함께 읽는 것이 좋다고 생각되는 경우에는 연대순 구조에 예외를 두었다. 자사주 매입과 배당이라는 주제를 매년 반복적으로 다룬 CEO들의 경우가 대표적이다. 이러한 주제들에 관한 글들은 따로 모아서 각 장의 마지막에 배치했다.

수십 년에 걸쳐 다양한 주제들을 다루는 가운데에도 작자들 모두가 다루는 근본 테마가 있다. 그 테마의 중심 주제는 다음과 같다.

• 기업 연혁: 문화, 원칙, 전략, 해자

이 모음집에는 독자가 기업을 이해하는 데 중요한 배경이 되는 회사의 역사에 관한 시각이 거의 빠짐없이 담겨 있다. 경영자들의 일부는 지도 원리$^{guiding\ principles}$를 중시하거나 기업 문화를 중시하는 반면, 이러한 아이디어에 회의적인 경영자들도 있다. 모두가 자신의 사업에 맞추어진 전략과 경쟁 우위에 대해 논하는 경향이 있다. 많은 작자들이 장기적 비전을 경쟁 우위로 분류하며, 그 외에 제품과 고객 다각화, 규모의 경제 등 다양한 '해자'들을 언급한다.

- 장기: 분기별 지침 없음

이 경영자들은 무엇보다 장기적 지평에 몰두한다. 그들은 해당 분기나 연도에는 초점을 맞추지 않는다. 그들은 장기를 목표로 회사를 경영하고, 직원들과 주주들에게서도 같은 것을 추구한다. 그들의 서한을 살펴보면 '분기'보다는 '장기'가 훨씬 많이 언급된 것을 발견할 수 있다. 그들은 주주들을 만나거나 수익 지침을 발표하는 것을 삼가며 주주 서한을 통해 이야기하는 것을 선호한다.

- 자본 배분: 환매, 배당, 투자

자본 배분은 기업의 운영 자금을 기존 사업에 대한 재투자, 새로운 사업의 인수, 주식 환매, 배당 지급 등 여러 가능한 용처에 걸쳐 할당하는 방법을 말한다. 이상적인 배분은 각각의 자금을 가장 가치 있는 사용처에 배치하는 것이다. 그러한 측면에 대해 생각하는 경영자들은 많지 않다. 하지만 최고의 경영자들은 그렇게 한다. 따라서 자본 배분은 이들의 주주 서한에서 가장 많이 다루어지는 내용이다. 여기서 언급되는 경영자들은 자본 배분을 투자에 비유한다. 주주들이 자신의 경험을 통해 공감하도록 하는 접근법이다.

- 임원: 보상, 종업원 지주제, 승계

이 책에 등장하는 리더들은 보상의 중요성을 이해하고 있으며, 상당수의 글들이 보상이라는 주제를 다양한 시각에서 다루고 있다. 경영자와 주주의 이해관계가 같은 방향을 향하도록 해야 한다는 데 강한 신념을 가진 이들은 회사 주식의 내부 소유를 적극적으로 지지한다. 더불어 많은 이들이 승계 계획의 주요 단계들에 관해 이야기한다.

• 지표: 레버리지, 유동성, 가치

언급되는 CEO들은 기업 지표들에 관해 많이 언급하면서 주주들에게 경영자들이 자신의 사업과 성과에 대해 어떻게 생각하는지 알려준다. 작자들은 레버리지와 유동성에 대해 신중한 접근법을 택해, 부채에 호의를 보이지 않고 유동성에 대해 보수적인 입장을 취하는 경향이 있으며 이러한 주제들을 매우 중요하게 다룬다. 이들은 일관성을 선호해 해마다 가장 유리한 것을 선택하기보다는 매년 같은 지표를 사용한다. 만약 새로운 지표를 도입한다면 그 지표와 갱신 이유에 관해 설명한다.

언급하는 경영자들은 주가를 성공의 중요한 기준으로는 보지만, 기업 가치를 가장 잘 보여주는 척도로 여기지 않는 것이 보통이다. 이 책에 있는 16개 장[華]은 주가와 기업 가치 간의 관계에 관한 대안적 개념을 다룬다. 작자가 연례 서한에 운영 성과 점수표를 포함하는 경우에는 각 장의 마지막에 표로 제시한다. 해리먼 하우스[Harriman House] 웹사이트(harriman-house.com/dearshareholder) 《친애하는 주주들에게》 페이지에서 각 작자의 재임 기간에 회사의 주가 실적을 보여주는 PDF 도표들이 있으니 참고 바란다.

이 책에는 주주 서한이란 장르의 본보기들이 담겨 있다. 이 편지들은 인내와 헌신, 투자로서의 사업, 그리고 자본 배분과 관리자로서의 경영을 강조한다. 등장한 서한의 작자들은 타의 추종을 불허하는 사람들이지만, 공간이 허락한다면 좋은 본보기를 제시하는 다른 임원들의 글도 포함할 수 있었을 것이다. 분명 독자들이 이 목록에 올리고 싶은 경영자들이 있을 것이고, 그들은 이 책에 등장하는 사람들과 많은 특성을 공유하고 있을 것이다.

좋은 투자 기회, 즉 일류 경영자가 운영하는 훌륭한 기업을 찾기 위해 기업계를 조사하다 보면, 그러한 회사들의 특징은 장기에 대한 집중, 겸손함, 개방성, 통솔력, 커뮤니케이션의 용이성, 강력한 기업 문화, 가치에 대한 헌신, 자본 배분, 환매, 인수, 인재 관리와 같은 비즈니스 콘셉트에 대한 명확한 이해와 명료한 표현 능력 등으로 이 책에 표명된 것들이라는 것을 알 수 있다.

철학자 랄프 왈도 에머슨Ralph Waldo Emerson의 말을 빌리면, 대충 훑어보는 책이 있고, 금방 읽어버리는 책이 있는가 하면, 계속해서 다시 보게 되는 책들이 있다. 여기에 등장한 서한의 작자들 덕분에, 이 책은 마지막 범주에 속하게 될 것이다.

머리말 **왜 주주 서한을 읽어야 하는가** · 7

서 론 **역동적인 혁신을 실행하라** · 16

클래식(1970~1980년대)

1 버크셔 해서웨이 **장기적 관점에 집중하라** - 워런 버핏 · 29

2 코카콜라 **유연성을 가져라** - 로베르토 고이주에타 · 68

3 페어팩스 파이낸셜 홀딩스 **세상은 바뀌어도 본질은 영원하다** - 프렘 왓사 · 88

4 루카디아 **전략적 합병을 고려하라** - 커밍, 스타인버그, 핸들러, 프리드만 · 136

빈티지(1990년대)

5 워싱턴 포스트 컴퍼니 **가치를 위해 헌신하라** - 돈 그레이엄, 팀 오쇼네시 · 179

6 마켈코퍼레이션 **실패를 성장의 기회로 잡아라** - 스티브 마켈, 톰 게이너 · 223

7 아마존 **고객에게 집중하라** - 제프 베이조스 · 267

컨템포러리(2000년대)

8 시코 불가능은 없다-찰스 파브리칸트 •283

9 크레디트 억셉턴스 코퍼레이션 비즈니스 사이클의 안정성을 유지하라
-브레트 로버츠 •321

10 구글 독립성을 보호하라-래리 페이지, 세르게이 브린 •333

11 모닝스타 주인 의식을 고취하라-조 만수에토, 쿠날 카푸르 •341

12 콘스텔레이션 소프트웨어 기업의 펀더멘털을 살펴라-마크 레너드 •376

13 펩시코 사회에 긍정적인 영향을 주어라-인드라 누이 •414

14 앨러게니 코퍼레이션 주식의 가치를 높여라-웨스턴 힉스 •446

15 IBM 역동적인 혁신을 실행하라- 버지니아 로메티 •483

16 심프레스 N. V. 투자 위험을 회피하지 마라-로버트 킨 •519

감사의 말 •545

주 •547

찾아보기 •550

역동적인 혁신을 실행하라

이 모음집에는 1970년대부터 20명 이상의 리더들이 쓴 16개 기업의 주주 서한이 담겨 있다. 작자들과 기업들은 첫 서한의 날짜에 따라 등장하며, 전체 서한들은 1970년대부터 1980년대까지의 서한을 아우르는 클래식^{classic} 시기, 1990년대의 빈티지^{vintage} 시기, 2000년대의 컨템포러리^{contemporary} 시기로 구분된다.

- 클래식

현대 주주 서한의 전형적인 형태는 1978년 버핏이 버크셔에서 주주들에게 서한을 발행한 때로 거슬러 올라간다. 나는 《워런 버핏의 주주 서한》에서 서한을 지배구조, 재무, 투자, 인수, 회계 등 주요 범주에 따라 주제별로 배열했다.

1부에서는 버크셔를 초기부터 정의했던 버핏의 가장 명확한 정책 진술들만 추려 담았다. 버크셔의 주요 주제는 주식 분할, 배당, 환매이고 이와 함께 주식 시장 상장과 거래 스프레드, 이중 의결권에 관한 글이 있다.

명료함과 솔직함, 지혜는 버핏 주주 서한의 중요한 특징이기는 하지만, 그것을 가장 차별화시키는 요소는 아니다.[7] 버핏의 서한을 특별하게 하는 것은 그 서한들이 편지가 아니라는 점이다. 버핏의 표현대로 각각의 신서信書들은 일련의 '에세이'이다. 별개 주제들에 대한 작자의 관점을 자세히 해설하는 짧은 문학 작품인 것이다. 이 작품은 버핏이 누구인지를 표현하고 있다. 유쾌하고 합리적이며 기민한 자본가인 그의 모습을 말이다(버크셔는 그가 만들고 관리한 필생의 작품이자 분신이다).

버핏은 긴 세월 동안 코카콜라 이사회의 일원이었고, 버크셔는 코카콜라의 상당한 지분을 오랫동안 보유해왔다. 버핏은 당시 CEO였던 로베르토 고이주에타에게 매력을 느꼈다. 고이주에타는 장기적으로 대량의 지분을 소유할 것을 장려하는 주주 오리엔테이션을 펼쳤다. 그의 서한은 자사주 매입과 경제적 이익에 관한 선구적 논의는 물론 자본 배분, 주가, 신뢰와 같은 펀더멘털을 다루는 글을 통해 기본적인 테마들의 핵심을 다루었다.

버핏이 미국 역사상 가장 뛰어난 투자자이자 경영자로 알려지면서 다른 나라의 주주들은 자국에서 그에 걸맞은 인물을 찾곤 했다.

'캐나다의 버핏'으로 가장 많이 언급되는 후보는 페어팩스 파이낸셜 홀딩스Fairfax Financial Holdings의 프렘 왓사Prem Watsa이다. 그는 1985년부터 페어팩스 파이낸셜의 주주들에게 활달하고 재기 넘치며 주인 의식을 강조하는 서한을 써왔다.[8]

초기의 서한에는 버핏에 대한 존경심이 드러나 있다. 페어팩스의 원리와 관행들은 상당 부분이 버핏의 견해를 반영했다. 왓사는 고이주에타의 추종자이기도 하며, 보수주의에 있어서는 벤저민 그레이엄, 신중론에 있어서는 하이먼 민스키, 주식 환매에 있어서는 헨리 싱글톤을 언급한다. 왓사의 예리한 논평에는 페어팩스의 이중 의결권 자본 구조가 어떻게 경쟁 우위가 되는지, 회사가 어떻게 극히 낮은 주식 회전율을 달성했는지에 관한 설명이 포함된다.

루카디아 내셔널Leucadia National 의 창립자 이안 커밍Ian Cumming과 조 스타인버그Joe Steinberg는 극히 저평가된 기업들을 인수해 개선시킨 후에 보유하거나 매각하기 위해 40년 동안 전 세계를 샅샅이 뒤졌다. 그들은 전 세계에 걸쳐 다양한 업계에서 그 과정을 되풀이하면서 충성스러운 주주 기반에 엄청난 수익을 안겨주었다. 그들의 서한은 오랜 세월에 걸쳐 얻은 교훈들을 바탕으로 업데이트한 지도 원리와 더불어 다양한 주제를 망라한다.

인상적인 커리어의 끝을 앞두고, 커밍과 스타인버그는 루카디아의 혁신적인 이행을 준비했다. 2013년 루카디아는 리치 핸들러Rich Handler와 브라이언 프리드만Brian Friedman이 이끄는 투자 은행, 제프리스를 합병했다. 이 승계자들은 전임자들의 서한에 걸맞은 주주 서한을 작성하는 것을 비롯해 사업 운영과 주주 기반 구축의 양쪽 모두에서 루카디아를 지속시키는 어려운 과제에 잘 대처했다. 그들은 "첫째도, 둘째도, 셋째도 주주로서 생각하고 행동한다."고 말한다. 그들의 서한은 인내와 신뢰부터 유동성과 기회주의에 이르는 주제를 통해 이러한 주주 지향적 사고를 드러낸다.

• 빈티지

1990년대에는 저명한 CEO 몇몇이 버핏의 전통을 이었다. 대주주이며 수십 년 동안 이사로 활동한 버핏으로부터 큰 영향을 받은 가족 회사, 워싱턴 포스트 컴퍼니^{Washington Post Co.}의 도널드 그레이엄이 그중 한 명이다.

그레이엄 가문은 워싱턴 포스트 컴퍼니의 명예로운 소유주이며 운영자이다. 이 회사와 그 기함인 신문사를 수십 년 동안 이끌어온 것이 그 유명한 케이 그레이엄과 그의 아들 도널드이다. 도널드의 진심 어린 서한들은 그의 학자적 자세와 시민 의식, 부드러운 스타일을 그대로 드러낸다. 매끄럽게 케이의 바톤을 이어받은 도널드는 20년 동안 서한을 쓰는 의무를 이행했다. 그는 마찬가지로 매끄럽게 사위인 팀 오쇼네시^{Tim O'ahaughnessy}에게 고삐를 넘겼다.

마켈코퍼레이션^{Markel Corporation}에서도 버핏의 모범적인 추종자가 등장했다. 이곳에서는 현재의 CEO 톰 게이너^{Tom Gayner}가 이끄는 경영진이 버크셔와 매우 흡사한 비즈니스 모델을 만드는 데 전념하고 있다. 마켈의 주주 서한은 배당에서 승계, 종업원 지주제와 같은 기업 생활의 주된 부분들을 다루며 투자, 기업 문화, 신뢰에 관해서도 심층적으로 논의한다. 마켈의 주주 서한에는 그 뿌리가 마켈의 오랜 대주주인 버크셔, 전 자회사인 페어팩스, 게이너가 오랫동안 이사로 있었던 〈워싱턴 포스트〉의 서한에 있다는 것이 그대로 드러난다.

제프 베이조스Jeff Bezos가 아마존Amazon 주주들에게 보내는 서한에서도 같은 뿌리를 엿볼 수 있다. 아마존은 세계 경제를 와해시키는 힘이었지만, 그 전술만큼은 버핏과 그레이엄에 기반을 두고 있다는 것이 분명하다. 베이조스는 그레이엄으로부터 〈워싱턴 포스트〉를 매수하기도 했다. 베이조스는 의사결정에서 기업 문화에 이르는 광범위한 주제에 대해 깊이 있는 통찰을 제시하며, 그의 서한에서 초월적이고 심오한 테마는 장기적인 시각을 중심으로 한다.

• 컨템포러리

마지막 그룹의 문을 연 인물은 경제지 〈바론즈Barron's〉에서 2013년 "바지선의 버핏Buffett of Barges"이라는 이름이 붙은 찰스 파브리칸트 Charles Fabrikant이다.[9] 2000년부터 파브리칸트는 다각화된 국제 물류·해운 기업인 시코Seacor의 주주들에게 명쾌하고 위트 있는 서한을 써왔다. 파브리칸트는 그가 시코의 CEO로서 하는 거의 모든 일이 자본 배분과 투자의 문제라고 설명한다. 그것은 개별 바지선이나 선박에서 자회사가 운영하는 헬기나 대양을 가로지르는 운송 화물에 이르는 자산의 매수와 매각에도 적용된다. 운영에서 투자의 측면에 집중하는 파브리칸트의 태도는 지루한 기업을 매력적으로 보이게 하며, 관련해 회계 문제와 씨름하는 그의 모습은 그런 분야를 생동감 있게 보이도록 만든다.

다음은 크레디트 억셉턴스 코퍼레이션Credit Acceptance Corporation의 브레트 로버츠Brett Roberts이다. 그는 고위험 고객의 자동차 매입에 자금을 대는 도전적인 사업을 한다. 그의 서한은 2002년 이래 정확한 윤곽을 따른다. 그 시간 동안, 변동하는 경제 사이클에도 영향을 받지 않고 거의 똑같이 유지되는 사업의 상황과 잘 맞는 방식이다. 사업 운영과 관리 태도에 있어서 드문 안정성을 보이는 이 서한들은 간략한 기업 연혁에서 시작해 비즈니스 사이클이 회사의 운영, 경제적 이익, 자본 배분, 주식 환매에 어떤 영향을 주었는지를 다룬다.

2004년 구글Google의 상장 때, 창립자 래리 페이지Larry Page와 세르게이 브린Sergey Brin은 버크셔의 소유주 매뉴얼에서 영감을 얻은 주주 매뉴얼을 발행했다. 여기에는 공개 기업이 직면한 근본적 과제, 특히 주가에 지나치게 집착하는 시장에서 장기적인 지평을 유지할 방법에 관한 논평이 담겨 있다. 그들은 특히 이중 의결권 자본 구조를 채택했다. 페어팩스가 수십 년 앞서 이와 비슷한 형태의 자본 구조를 택한 이래, 이중 의결권 구조의 채택이 이어졌다. 구글은 IPO에도 이례적으로 접근했다. 언더라이터underwriter(유가증권의 인수를 업무로 하는 금융업자 - 옮긴이)가 추정한 시장 관심도를 바탕으로 가격을 설정하지 않고, 전체 시장의 실제 입맛을 드러내는 경매로 가격을 결정한 것이다.

구글과 마찬가지로 2005년 모닝스타Morningstar가 상장되었을 때, 주식 가격 설정에 경매 방식을 택하면서 그 방법이 은행가의 짐작에 의존하는 것보다 투자가에게 더 공정하다는 데 동의했다. CEO 조

만수에토Joe Mansueto는 그 이래 줄곧 자기 자신을 주주의 대변자로 보았다. 버핏의 추종자임이 분명한 만수에토의 서한은 주주를 주인으로 보는 시각을 강조하고, 경쟁 우위와 해자의 측면에서 회사의 전략을 설명한다. 그는 분기별 회의를 개최하지 않으며 회사 웹사이트에서 서면 질의에 대한 답변을 올리는 것을 선호한다. 그는 인상적인 연례 주주총회를 개최했으며 매력적인 연례 주주 서한을 썼다.

마크 레너드Mark Leonard는 1995년 콘스텔레이션 소프트웨어Constellation Software Inc., CSI를 설립하고 2006년 공개 기업으로 첫 번째 주주 서한을 냈다. 이 회사는 수직 시장 소프트웨어 업계라고 불리는 특이한 부문에서 별개의 조직을 가진 수백 개의 소프트웨어 업체를 인수, 구축, 영구 소유한다. 인수를 비즈니스 모델의 중심으로 삼는 콘스텔레이션은 투자자이면서 운영자이며, 레너드는 그런 환경에 맞추어 서한을 쓴다. 레너드는 이 2가지 관점에서 투하 자본의 수익률에 초점을 두고 펀더멘털을 강조한다. 인수는 체계적인 가치투자 접근법, 장기적 전략, 합리적인 자본 배분 원칙에 의해 구동된다. 영업에서는 직원들에게 대단히 분권화된 구조에서 나오는 극도의 자율성을 부여하며, 학습 문화 전반에 걸쳐 공유된 최고의 관행이 이를 뒷받침한다.[10]

현대 CEO들이 직면한 가장 어려운 과제 중 하나는 지표를 따르는 패시브 투자자에서 요구가 많은 행동주의자까지, 지속가능성의 옹호자에서 주주 가치 추구자에 이르기까지, 점점 더 다양해지고 분열되는 주주 기반과 유대를 형성하는 일이다. 펩시코PepsiCo의 인드라 누이^{Indra Nooyi}만큼 이러한 경쟁적 요구에서 적절한 균형을 찾은 CEO는 많지 않다. 그녀가 주의 깊게 작성한 주주 서신이 이를 잘 보여준다. 그녀는 "목적이 있는 성과"라는 모토 아래, 이 유명한 회사를 이끌어 모든 이해관계자와 주주들에게 가치를 전달했다.

앨러게니 코퍼레이션^{Alleghany Corporation}의 CEO 웨스턴 힉스^{Weston Hicks}가 처음으로 단독 서한을 쓴 것은 2007년부터였다. 버크셔와 마찬가지로 (페어팩스, 마켈 역시) 앨러게니는 보험 회사로 여러 공개 기업의 소수 지분과 자회사들의 지배 지분 혹은 전체 지분을 보유한 투자 포트폴리오를 가지고 있다. 기질과 역할로 보아 힉스는 전형적인 투자자이며 그 역할에 따라 동료 주주들과 소통한다. 앤드류 배리^{Andrew Bary}가 2016년 〈배런스〉에 기고한 글에서 말했듯이 "앨러게니의 실적은 월가에서는 많은 보상을 받지 못했으며 힉스 또한 그런 관심을 추구하는 사람이 아니다".[11] 그리고 그는 이렇게 덧붙인다. "버핏과 마찬가지로 힉스는 정직하고 통찰력 있는 주주 서한을 쓴다."

1세기 넘게 비즈니스 기술계를 이끌어온 IBM은 CEO 버지니아 로메티^{Virginia Marie Rometty}가 열정적인 주주 서한을 통해 이야기하듯이 데이터 분석의 시대를 대비해 끊임없이 스스로를 재창조하고 있다. IBM은 여전히 비즈니스 기술의 최전선을 지키고 있으며, 상관례를 재정의할 뿐 아니라 사회적 규범을 형성하는 데 도움을 주고 있다. 혁신은 극적인 기술 변화의 (특히 AI) 관리자로서의 책임과 함께 이 회사의 좌우명이다. 로메티는 AI가 공상과학 소설의 폭주하는 기계가 아니라 인간 지능을 증대하는 도구라고 설명한다.

이 그룹의 최신 멤버는 맞춤형 비즈니스 홍보 아이템 제조업체인 심프레스 N. V.^{Cimpress N. V.}의 로버트 킨^{Robert Keane}이다. 그는 자본 배분의 중요성을 훨씬 더 일찍 배웠더라면 좋았을 것이라고 이야기한다. 2015년 이전 로버트의 연간 서한은 많은 공개 기업이 따르는 평범한 관례에 따라 간단하게 작성되었다. 연말 재무 상황에 초점을 맞추었고, 1쪽 분량이었다. 이후 그는 자본 배분과 투자의 필수적인 원리에 관해 기술하면서 관련된 측정 도구, 특히 주당 내재 가치와 정상 상태의 현금 흐름에 대한 대단히 수준 높은 세부 내용을 곁들였다.

주주 서한의 고전적 개념으로 돌아와, 워런 버핏은 1979년의 서한에 이렇게 적었다.

우리에게서 전달받는 커뮤니케이션은 당신이 돈을 주고 사업의 경영을 맡긴 사람들로부터 나오는 것입니다. 여러분의 회장인 저는 주주 여러분께서 회사에 무슨 일이 벌어지고 있는지, 회사의 현재와 미래를 어떻게 평가하는지를 CEO에게서 직접 들을 자격을 갖추고 있다는 굳은 신념을 가지고 있습니다. 공개 기업에는 그러한 것을 기대하셔야 합니다. 공개 기업에 대한 기대치를 그 이하로 설정해서는 안 됩니다.

이러한 주주 서한의 기본 개념이 되는 특징, 즉 경영자의 직접적이고 통찰력 있으며, 솔직한 평가야말로 탁월한 서한과 그렇지 않은 것

을 구분하는 요소이다. 그들은 그들 자신을 주주 자본의 책임 있는
관리자로 보는 것이다.

1부

클래식
1970~1980년대

장기적 관점에 집중하라

워런 버핏
버크셔 해서웨이

워런 버핏은 주주와의 관계를 구축하는 데 있어, 거장의 반열에 오른 인물로 주주 서한 분야에서 절대적 일인자의 자리를 지키고 있다. 그는 1956년부터 버핏 파트너십^{Buffett Partnership, Ltd.}을 운영하면서 주주와의 소통이 필요하다고 생각하게 되었다. 1970년대 상장기업 버크셔 해서웨이를 맡게 된 이래, 버핏은 이 작업에 많은 공을 들였다. 1978년의 주주 서한을 첫 걸작으로, 그 후 지금까지 버핏의 연례 서한은 그 어떤 기업의 주주 서한보다 막강한 영향력을 발휘하고 있다.[12]

버핏이 매년 버크셔 해서웨이 주주들에게 보내는 서한 중에 어떤 면이 그렇게 탁월하기에 '주주 서한'을 또 하나의 장르로 꼽는 것일까? 그의 주주 서한을 살펴보면, 본보기로 삼기에 부족함이 없는 명료함, 기지, 합리성이 담겨 있다. 게다가 그가 직접 쓴, 기업 커뮤니케이션이라기보다는 문학 수필처럼 보이는 유려한 문장이 돋보인다.

이러한 매력적인 특징들은 최고의 가치를 만들어내는 근본에서 비롯된 차별화의 산물이다. 버핏의 모든 소통에는 명확한 동기가 있다. 그만의 특유한 철학을 지지하는 주주와 동료들을 (기업 매도자를 포함한) 끌어들이는 것이다. 그는 비즈니스 근본에 관한 분석, 전통적인 자산 평가 방식, 장기적인 안목과 식견을 중심 신조로 삼는다. 버핏의 저술에는 모순을 부각시키는 고전적인 글 표현이 짜임새 있게 나타난다. 그는 먼저 일반적인 통념을 보여준 다음, 그것이 부정확하거나 불완전한 이유에 관해 이야기한다. 그러고 나서 버크셔만이 가지는 자율성, 영속성, 신뢰와 같은 측면을 통해 차별화한다.

내가 그의 주주 서한을 모아, 편집해 출간한 《워런 버핏의 주주 서한》은 이 보석 같은 글들을 분석하는 데 매우 유용하다. 그 책은 버핏이 긴 시간 동안 자기 회사의 주식을 보유해온 주주들을 대상으로 회사에 관해 설명한 글들을 담고 있는데, 그중에서도 가장 핵심적인 사례들만 선별해 실은 것이다. 본 책에서는 버핏이 왜 그런 방침을 선택했는지 설명한 후에 주식 분할, 배당, 자사주 매입, 주식 시장 상장과 스프레드, 버크셔의 차등의결권 제도 등의 다양한 주제를 다룰 것이다. 여기서 언급되는 버핏의 주주 서한은 다른 장에서 여타의 CEO들이 쓴 주주 서한과 마찬가지로, 주제에 따라 구별하지 않고 연대순으로 정리하였다.

내실 추구

우리 주주 집단은 여러 가지 면에서 다소 특이합니다. 자연히 우리가 주주 여러분께 보고하는 방식도 달라질 수밖에 없습니다. 예를 들어, 매년 말, 주식 보유 현황을 확인하면 사외 유통 주식의 약 98%를 그해 초와 같은 주주가 가지고 있는 것을 알 수 있습니다. 따라서 우리의 연례 보고서는 이전 해에 이야기했던 부분을 되풀이하지 않고, 달라진 부분만을 다룹니다. 따라서 주주 여러분은 더 유용한 정보를 얻을 수 있고, 우리는 지루한 작업을 피할 수 있습니다.

더구나 우리 주식의 약 90%는 버크셔를 최대 투자처로 삼고 있는 투자자들이 소유하고 있습니다. 그들의 포트폴리오에서 버크셔의 주식이 압도적인 비중을 차지하고 있는 경우가 대부분입니다. 이러한 투자자들은 우리의 연례 보고서를 읽는 일에 상당히 많은 시간을 기꺼이 할애합니다. 그렇기에 우리는 우리가 주주라면 유용하게 여겼을 만한 정보가 무엇인지 생각하고, 그런 정보를 제공하고자 노력합니다. 반면 분기별 보고에는 따로 설명을 덧붙이지 않습니다. 우리 주주들과 관리자들은 이 회사를 대단히 장기적인 관점으로 보고 있는 데다가 이러한 측면에서 중요성을 띠는 사건들을 분기마다 찾아 새로운 이야깃거리로 가져오기란 쉽지 않습니다.

여러분이 회사와 소통하게 될 때 그 상대는 여러분이 회사의 경영을 맡긴 바로 그 사람이 될 것입니다. 주주들은 회사에서 무슨 일이 일어나고 있는지, 회사 대표가 기업을 어떻게 평가하고 있는지 CEO로부터 직접 들을 자격이 있습니다. 저는 이 회사의 대표로서 이 점에 대해 굳은 신념을 가지고 있습니다. 민간기업이라면 이해관계자들이 당연히 요구해야 할 일들입니다. 상장기업이라고 해서 다를 것은 없습니다. 한 기업의 관리자로서 1년에 한 차례 하는 보고를 일반 직원이나 외부의 홍보자문에게 맡기는 것은 당치 않은 일입니다. 그들은 관리자와 주주라는 관계를 바탕으로 여러분과 솔직한 이야기를 나눌 수 있는 위치에 있지 않습니다.

주주인 여러분께서 받는 보고는 버크셔 해서웨이의 최고 경영진들이 각 사업 부문의 관리자들로부터 받는 보고와 동일해야 합니다. 우리는 여러분께 그만한 자격이 있다고 믿습니다. 물론 세부적인 사항의 정도는 다를 것입니다. 특히 경쟁업체 등에 유용할 수 있는 정보와 같은 것에서는 분명 차이가 있겠지요. 하지만 전반적인 활동 범위, 균형, 솔직함에 있어서는 다르지 않아야 할 것입니다. 우리가 일선의 관리자들로부터 사업 현황을 보고 받을 때 기대하는 것은 대외용 홍보 문서 따위가 아닙니다. 더불어 주주 여러분께서 보시는 서류 역시 그런 수준의 것은 아니어야 한다고 생각합니다.

기업은 보통 그들이 추구하는 바에 부합하는 주주들을 만나게 됩니다. 기업의 생각과 소통의 중심이 단기적인 결과나 단기적인 주식 시장에서의 성과에 쏠려 있다면, 그들은 비슷한 요소에 집중하는 주주들을 끌어들이게 될 것입니다. 투자자들을 대하는 데 있어서 냉소적인 태도를 보인다면, 분명 투자 공동체로부터 그런 냉소를 돌려 받게 될 것입니다.

저명한 투자자이자 작자인 필립 피셔^{Philip Fisher}는 주주를 끌어들이기 위한 기업 정책을 잠재 고객을 끌어들이는 식당의 전략에 비유했습니다. 패스트푸드점이라면 패스트푸드를 좋아하는 사람을, 고급 레스토랑이라면 우아한 식당을 찾는 사람을, 전통 음식 식당이라면 각 나라에 맞는 전통 음식을 좋아하는 사람을 공략해야 합니다. 이렇게 기존 고객의 기호에 맞추어야 비로소 단골을 만들 수 있습니다. 사업을 제대로 꾸려간다면, 이 식당이 제공하는 서비스, 메뉴, 가격에 만족한 고객들이 꾸준히 이곳을 찾을 것입니다. 나아가 식당이 초심을 잃지 않고, 그 식당만이 가지는 가치관과 특성을 일관되게 유지한다면 새로운 고객들이 만족하고 단골이 될 것입니다. 그러나 식당의 정체성이 고급 프랑스 식당과 배달 전문 치킨집 사이를 오간다면 어떨까요? 만족은커녕 혼란만 느낀 손님들은 그 식당을 다시 찾지 않을 것입니다.

기업과 그들이 좇는 주주의 경우도 마찬가지입니다. 모두를 만족시킬 수는 없습니다. 당장 배당금을 많이 챙기는 것이 우선인 주주들과 장기적인 자본 성장을 바라는 주주들, 주식 시장을 주무르는 화려한 수완을 바라는 주주들을 동시에 만족시키는 것은 불가능한 일입니다. 자사주의 거래를 늘리려는 경영진에게는 어떤 속내가 있는 것일까요? 이런 모습 앞에서 우리는 어리둥절합니다. 사실상 그런 경영진들은 기존의 고객들이 자신을 떠나주기를, 그리고 새로운 고객들이 찾아오기를 바란다고 말하고 있는 셈입니다. 기존 주주들을 떠나보내지 않고서는 (새로운 기대를 가진) 새로운 주주를 맞이할 수 없을 테니 말입니다.

우리는 우리의 서비스와 메뉴를 아끼고, 해가 지나도 꾸준히 우리를 찾아주는 주주들을 원합니다. 지금 버크셔 해서웨이 주주 '좌석'에 앉아 있는 사람들보다 그 자리에 더 잘 어울리는 사람을 찾기는 어려울 것입니다. 그렇기에 우리는 주주의 전환율이 지금처럼 매우 낮은 수준에 대해 주주들이 우리의 운영 방식을 이해하고, 우리의 정책을 지지하며 우리와 기대를 공유한다는 것을 반영하는 이 수준을 유지하길 바랍니다. 더불어 우리가 그 기대를 충족시킬 수 있기를 소망합니다.

──── 1983년 ────
주식 분할

버크셔는 왜 주식을 분할하지 않는지에 관한 질문을 자주 받습니다. 이런 질문 뒤에는 주식 분할이 주주에게 유리한 조치라는 전제가 깔린 듯합니다. 그러나 우리는 그렇게 생각하지 않습니다. 그 이유에 대해 말씀드리겠습니다.

우리의 목표 중 하나는 버크셔 해서웨이 주식이 기업의 내재적 가치와 합리적으로 연관된 가격에 팔리는 것입니다. ('합리적으로 연관된'이지 '꼭 일치하는'이 아니라는 것에 주목해주십시오. 좋은 평판을 받는 기업의 주식이 시장에서는 그 가치보다 훨씬 낮은 가격에 팔린다면, 버크셔 주식의 가격도 그와 비슷하게 설정될 것입니다.) 합리적 주가의 핵심은 합리적인 현재의 주주와 잠재적인 미래의 주주 모두에 있습니다.

기업의 주식 보유자와 잠재 구매자가 (같이 혹은 각각) 걸핏하면 비합리적이거나 감정적인 결정을 하는 경우, 주기적으로 대단히 어이없는 주가가 나타날 것입니다. 조울증이 있는 사람들이 주가의 열쇠를 쥐고 있다면, 그 주식의 가치 평가는 조울증 증세와 같은 모습을 보일 것입니다. 우리가 다른 회사의 주식을 사고팔 때라면 그런 일탈

이 도움이 될 수도 있습니다. 그러나 버크셔의 주식에 관해서는 시장에서 그런 상황이 벌어지지 않도록 하는 것이 주주 여러분과 우리 모두에게 이익이라고 생각합니다.

수준 높은 주주를 모시는 것은 쉬운 일이 아닙니다. 캐롤라인 애스터Caroline Astor(미국의 유력 가문인 애스터 집안의 대표자로 19세기 말부터 20세기 초까지 뉴욕 사교계에 군림했다 - 옮긴이)는 400인 명부(애스터 여사가 관리하던 사교계 인사의 명부로 최상류층 명사의 척도로 여겨졌다 - 옮긴이)를 만들 수 있었지만, 주식이란 누구나 살 수 있는 것입니다. 주주 '클럽'의 가입 자격에는 지적 능력, 정서 상태, 도덕성, 옷차림 등의 잣대가 없습니다. 따라서 주주 우생학은 성립할 수 없는 꿈입니다.

그렇지만 우리가 꾸준히 우리의 사업 철학을 통해 소통하고 (충돌하는 메시지 없이) 그에 따라 선택이 이루어질 수 있다면, 수준 높은 소유자들을 끌어들이고 그 상태를 유지하는 일이 가능할 것입니다. 누구나 입장권을 살 수 있는 음악 행사라고 하더라도, 오페라로 광고한 행사와 록 콘서트로 광고한 행사에는 각기 다른 관중들이 찾아오는 것처럼 말입니다.

우리는 기업의 정책과 소통을 통해 (즉, 우리의 '광고'를 통해) 우리의 영업 활동, 태도, 비전을 이해할 수 있는 투자자들을 끌어들이도록 노력합니다(덧붙여 그렇지 않은 사람들의 주식 매수를 만류하는 것도 그만큼 중요한 일로 여기고 힘을 쏟습니다). 우리는 스스로를 회사의 주인으로 여기고, 오랫동안 회사와 함께하려는 의도로 회사에 투자하는 사람들을 원합니다. 그리고 시장가치가 아닌 사업의 결과에 초점을 맞추는 사람들을 원합니다.

이러한 특징을 가진 투자자들은 소수입니다. 하지만 우리는 그들 중에서도 특히 수준 높은 분들을 투자자로 모시고 있습니다. 저는 우리 주식의 90%(어쩌면 95%) 이상을 버크셔 주식을 5년 이상 보유한 주주들이 가지고 있다고 믿고 있습니다. 더불어 우리 주식의 95% 이상은 최대 보유 종목이 버크셔인 데다가 그 보유량이 2위 종목 보유량의 2배가 넘는 투자자들이 갖고 있을 것으로 추측합니다. 주주가 수천 명 이상이고 시장가치가 10억 달러 이상인 기업 중에 주주가 자기 자신을 회사의 주인으로 생각하고 그렇게 행동하는 정도를 기준으로 순위를 매긴다면, 우리가 1위의 자리에 설 것이라고 확신합니다. 이러한 성격을 가진 주주 집단을 더 높은 수준으로 끌어올린다는 것은 상당히 어려운 일입니다.

우리가 주식을 분할하거나 기업 가치가 아닌 주가에 집중하는 행보를 보인다면, 기존 주주들보다 열등한 구매층의 진입을 허용하는 셈이 됩니다. 하나의 주식을 사려던 사람에게 우리가 1대 100으로 분할해 100주를 판다고 가정해봅시다. 그것이 그 사람에게 이익이 될까요? 그것이 이익이 된다고 생각하는 사람이나 주식 분할을 했기 때문에 혹은 주식 분할을 기대하고 주식을 산 사람이라면, 기존 주주 집단의 질을 떨어뜨릴 것이 분명합니다. (명료히 생각하는 지금의 주주들 대신 100달러 지폐 1장보다 10달러 지폐 9장을 가진 것에서 더 부유하다는 느낌을 받는 사람을, 가치보다 종이를 더 좋아하는 사람을 새로운 주주로 받아들이는 것이 정말 주주 집단의 질을 높이는 일일까요?) 가치가 아닌 수단으로 주식을 사는 사람은 가치가 아닌 수단으로 주식을 팔게 될 것입니다. 그들의 존재는 사업 발전과는 전혀 관련 없이, 변덕스러운 가격 변동만 부추길 것입니다.

우리는 주가에 집중하는 단기 매수자를 끌어들이는 정책을 피하고, 기업 가치에 집중해 정보를 바탕으로 판단하는 장기 투자자를 끌어들이는 정책을 펴기 위해 노력할 것입니다. 당신이 합리적인 판단을 하는 투자자들로부터 버크셔의 주식을 매수했듯이, 매도하기를 원한다면 마땅히 그와 같은 종류의 시장에서 주식을 팔 기회를 얻어야 합니다. 우리는 시장을 그렇게 유지하기 위해 노력할 것입니다.

활동성에 초점을 맞추는 것은 주식 시장의 아이러니가 아닐 수 없습니다. 중개인들은 '환가성'이나 '유동성'과 같은 단어를 사용하면서 주식의 회전율이 높은 회사를 칭송합니다(당신의 주머니를 채워줄 수 없는 사람들은 당신의 귀라도 즐겁게 하려 할 것입니다). 하지만 투자자라면 딜러에게 유리한 것이 고객에게 유리할 리 없다는 점을 알아야 합니다. 과열된 주식 시장은 기업에 있어 소매치기나 마찬가지입니다. 예를 들어, 한 기업의 자기 자본 수익률이 12%이고, 매년 주식 회전율이 100%로 상당히 높다고 생각해봅시다. 주식의 매수와 매도가 장부가에서 이루어진다면, 이 가상의 회사 소유자들은 매년 소유권 이전의 대가로 회사 순자산의 총 2%를 내놓아야 합니다. 이러한 활동은 회사의 수익을 낮추며 소유자들은 수익의 1/6을 이전에 따르는 '마찰'비용으로 잃게 됩니다(우리도 이러한 활동이 자본 분배 과정의 합리성을 높여 파이를 키운다는 주장에 대해 알고 있습니다. 물론 그럴듯해 보이지만, 사실이 아니라고 생각합니다. 활동 과잉의 증권 시장은 합리적인 자본 분배를 교란하고 파이를 줄입니다. 애덤 스미스Adam Smith는 자유 시장의 모든 활동은 경제를 최대로 발전시키는 보이지 않는 손에 의해 인도된다고 생각했습니다. 도박장과 같은 시장과 지나치게 예민한 투자 관리는 자주 헛발질하는 보이지 않는 발의 역할을 해서 경제의 진전을 둔화시킨다는 것이 우리의 입장입니다).

거래량이 지나치게 많은 주식과 버크셔의 주식은 대조적인 모습을 보입니다. 우리 주식의 스프레드(기준가격과 비교가격 간의 차이 - 옮긴이)는 현재 약 30포인트, 즉 2%가 조금 넘습니다. 거래량에 따라 버크셔 주식의 매도자가 받는 수입과 매도자가 내는 비용의 차이는 1.5%(협상을 통해 투자 기관의 스프레드와 거래인의 수수료 모두를 낮출 수 있는 대량 거래의 경우)에서 4%(단 몇 주만을 거래할 경우) 사이일 것입니다. 대부분의 버크셔 주식은 거래량이 상당히 크기 때문에 모든 거래의 스프레드는 평균적으로 2%를 넘지 않습니다.

한편, 버크셔 주식의 실 회전율은 (딜러 간 거래, 증여, 유증을 제외한) 연 3% 정도로 추정됩니다. 따라서 우리 주주들은 이전 대가로 매년 버크셔 시장가치 1%의 6/100을 지급하고 있습니다. 어림잡으면 90만 달러입니다. 적지 않은 비용이지만, 평균에 비하면 훨씬 낮은 액수입니다. 주식 분할은 이 비용을 높이고, 주주 집단의 자질을 낮추며 시장가격과 기업의 내재가치 연관성을 약화시킵니다. 게다가 우리는 이러한 단점들을 상쇄하는 장점에 대해 알지 못합니다.

1984년
배당

기업은 주주에게 종종 배당 정책을 알립니다. 그러나 이에 관해 설명하는 일은 드뭅니다. 기업은 이런 식으로 말합니다. "우리의 목표는 수익의 40~50%를 배당하고, 배당률을 소비자물가지수 이상으로 높이는 것입니다." 이것이 전부입니다. 회사를 소유하고 있는 주주들에게 왜 그 정책이 최선인지에 대한 분석은 제시하지 않습니다. 하지만 자본의 분배는 사업과 투자 관리에 매우 중요합니다. 그래서 우리는 관리자와 소유자 모두에게 수익이 보류되어야 하는 상황에는 어떤 것들이 있으며, 분배되어야 하는 상황에는 또 어떠한 것들이 있는지 깊이 생각해보아야 합니다.

우선 알고 있어야 하는 것은 모든 수익이 똑같이 만들어지지는 않는다는 점입니다. 많은 기업(특히, 이익 대비 자산 비율이 높은 기업)의 경우, 인플레이션 때문에 보고된 이익의 전부 혹은 일부가 가짜가 되어버립니다. 기업의 경제적 위치를 유지하려면, 이 가짜인 부분을 (이러한 수익을 '제한된' 수익이라고 부르겠습니다) 배당으로 나누어줘서는 안 됩니다. 이 제한된 수익을 나누어준다면, 기업은 매출 유지 능력, 장기적 경쟁력, 재정 안정성 등의 사업 기반을 잃게 될 것입니다. 배당률을 아무리 보수적으로 잡더라도, 제한된 수익을 계속 분배하는 기업은 다른 방법으로 자기 자본이 투입되지 않는 한, 무너지게 될 것입니다.

제한된 이익이라고 해서 주주에게 전혀 가치가 없는 것은 아닙니다만, 보통은 그 가치를 상당히 할인해 평가해야 합니다. 실제로 기업은 잠재 경제 가치가 아무리 낮아도 제한된 이익을 배당하지는 않습니다. 10년 전, 콘솔리데이티드 에디슨Consolidated Edison은 수익이 낮아도 이익을 유보하는 아이러니한 상황을 잘 보여주었습니다. 당시는 징벌적인 규제 정책으로 이 회사의 주식이 장부가치의 1/4에 팔리고 있었습니다. 수익 1달러를 재투자를 위해 회사에 유보해두면,

시장에서는 그 가치가 25센트로 평가되는 상황이었던 것이죠. 하지만 금이 납으로 둔갑하는 이런 상황에도 이 회사는 대부분 수익을 주주에게 배당하지 않고 재투자했습니다. 뉴욕 전역의 공사장에는 회사의 슬로건인 "필요하다면 판다^{Dig We Must}"라고 적힌 표지판들이 자랑스럽게 걸려 있었죠.

제한된 수익은 이 배당에 관한 논의에서 더 문제될 것이 없습니다. 이제 훨씬 더 중요한 제한 없는 수익들에 관해 넘어가죠. 이런 수익은 유보될 수도 분배될 수도 있습니다. 우리는 경영진이 기업의 주주들에게 더 타당한 방향이 어느 쪽인지 선택해야 한다고 생각합니다. 다만 이 원칙은 보편적으로 받아들여지고 있지는 않습니다. 여러 이유로, 경영진은 바로 분배할 수 있는 제한 없는 수익도 주주에게 분배하지 않는 것을 선호합니다. 여기에는 경영진이 지배하는 기업 제국을 확장하거나, 재정적으로 매우 안정적인 위치에서 회사를 운영하기 위한 것 등의 이유가 있습니다. 하지만 유보를 정당화하는 이유는 단 하나뿐이라는 것이 우리의 생각입니다. 제한 없는 수익은 기업이 유보하는 1달러에 대해, 주주의 입장에서 늘어나는 시장가치가 1달러 이상이라는 합당한 전망(역사적인 증거나 미래에 대한 깊이 있는 분석을 통해 든든한 지지를 받는)이 있을 때에만 유보되어야 합니다. 이런 일은 투자자들이 유보된 자본을 통해, 일반적으로 얻을 수 있는 소득 이상의 수익을 창출할 수 있을 때에만 일어납니다.

예를 들어보겠습니다. 투자가가 위험이 없는 10% 무기한 채권 한 장을 가지고 있다고 가정해봅시다. 이 무기한 채권에는 눈에 띄는 특징이 있습니다. 투자자는 매년 10%의 이자를 현금으로 받을 수도 있고, 그 이자를 똑같은 조건(기한은 영구적이며 현금으로 받거나 재투자할 수 있는 옵션을 제공하는 이자표)을 가진 10% 무기한 채권에 재투자할 수도 있습니다. 어느 해에 무위험 장기 채권의 평균 이자율이 5%라면, 투자자가 이자를 현금으로 받는 것은 바보짓입니다. 투자자가 현금 수령 대신에 선택할 수 있는 10% 채권은 1달러당 100센트(=1달러)가 넘는 가치가 있을 것이기 때문입니다. 이런 상황에서 현금이 필요한 투자자는 이자표로 채권을 더 받은 뒤 바로 그것을 팔면 됩니다. 그렇게 함으로써 그는 바로 현금으로 이자를 받는 것보다 더 많은 현금을 얻게 될 것입니다. 모든 채권을 합리적인 투자자가 보유하고 있다는 가정하에, 이자율이 5%인 시기에는 아무도 현금 옵션을 선택하지 않을 것입니다. 생활비로 당장 현금이 필요한 채권 보유자라고 하더라도 말입니다.

그러나 이자율이 15%라면 합리적인 투자자는 10% 이자율에 돈을 재투자하려 하지 않을 것입니다. 대신에 현금이 전혀 필요하지 않더라도 이자를 현금으로 받을 것입니다. 그 반대 조치(이자를 재투자하는 것)를 한다면, 투자자가 받는 추가적인 채권의 시장가치는 현금보다 훨씬 낮을 것입니다. 현금이 아닌 채권을 원한다면, 현금을 받은 뒤에 더 할인을 받을 수 있는 시장에서 채권을 사면 됩니다.

회사의 제한 없는 수익을 유보할 것인가, 배당할 것인가에 대해 생각하는 주주 역시 이 가상의 채권 보유자가 하는 것과 비슷한 분석을 합니다. 물론, 이 분석은 더 어렵고 오류도 많습니다. 재투자의 이익률이 채권처럼 공식적으로 정해져 있는 것이 아니고, 변동이 크기 때문입니다. 주주들은 중장기적으로 평균 이익률이 얼마가 될지 예측

해야 합니다. 그렇지만 일단 정보를 기반으로 한 예측이 이루어지면, 나머지 분석은 간단합니다. 재투자가 고수익을 올릴 거라고 예상한다면 수익을 유보하고, 재투자의 결과가 낮은 수익이라면 배당을 하면 됩니다.

많은 기업 경영자들은 자회사들이 수익을 모회사에 배분해야 할지 결정할 때 이와 아주 흡사한 길을 따릅니다. 이 단계에서는 경영자들이 합리적인 주주와 같이 생각하는 데 아무런 문제가 없습니다. 하지만 모기업 수준에서의 배당 결정은 다릅니다. 이때는 경영자들이 주주의 입장에서 생각하는 데 어려움이 따릅니다. 이런 분열적인 접근법을 사용하는 여러 자회사를 거느린 기업의 CEO는 추가 자본에 대한 수익이 평균 5%로 예상되는 자회사 A에게 모든 운용 가능한 수익을 배당하라고 지시할 것입니다. 추가 자본 수익률이 15%로 예상되는 자회사 B에게 투자하기 위해서 말이죠. 도덕적인 CEO라고 하더라도 얼마든지 할 수 있는 행동입니다.

하지만 모기업의 추가 자본 수익률이 5%라고 하더라도(시장 수익률은 10%), CEO는 모기업 주주에 대해 역사적으로나 업계 전반의 평균적인 배당 수준에 따르는 배당 정책을 부과할 것입니다. 더불어 자회사의 경영진들에게는 수익을 자사에 유보하는 이유를 자세히 소명하라고 요구하면서, 정작 모회사 주주들에게는 그 분석을 제시하지 않을 것입니다.

주주들은 경영진이 수익을 유보해야 하는지 판단할 때, 최근의 총 추가 수익을 총 추가 자본에 비교해서는 안 됩니다. 핵심 사업에서 어떤 일이 벌어지고 있는지에 따라 그 관계가 왜곡될 수 있기 때문입니다. 인플레이션 기간이라면 유난히 경제성이 높은 핵심 사업을 가진 기업들은 그 사업의 추가 자본이 조금만 증가해도 매우 높은 수익률을 낼 수 있습니다. 사업 단위가 매우 커지지 않는 한, 이 사업은 엄청난 잉여현금을 만들게 됩니다. 회사가 이 돈의 대부분을 수익이 낮은 사업 부문에 투자하면, 핵심 사업에 추가 투자된 수익이 벌어들이는 높은 이익으로 이 회사의 전체적인 유보 자본에 대한 수익률이 매우 높아 보이게 됩니다. 이러한 상황은 프로암Pro-Am(골프에서 아마추어들이 프로 선수들과 짝이 되어 정규 프로 경기에 나서는 베스트 볼 대회 - 옮긴이) 골프 행사와 비슷합니다. 아마추어 선수들이 하나같이 형편없는 실력이더라도 프로 선수들의 탁월한 기량으로 팀의 베스트 볼best-ball(팀을 짜서 각 홀의 베스트 스코어를 팀의 스코어로 하는 방식 - 옮긴이) 점수는 꽤 괜찮은 수준이 됩니다.

자본과 추가 자본 양쪽에서 꾸준히 좋은 수익률을 보이는 기업들이, 실은 유보 이익의 많은 부분을 경제성이 그다지 좋지 않은, 심지어는 형편없는 일에 투자했습니다. 매년 수익을 늘려 가는 그들의 뛰어난 핵심 사업은 곳곳에서 벌어지는 반복된 자본 분배의 실수를 덮어줍니다. 이런 실수를 한 경영진은 그 일로부터 교훈을 얻었다고 보고합니다. 그런 후에 그들은 또 다른 교훈을 찾아 나섭니다(머리에 뭔가 문제가 있는 것이 틀림없습니다. 그렇지 않고서는 똑같은 실수를 그렇게 계속 반복할 리 없으니까요).

그런 경우, 주주들은 수익을 고수익 사업을 확장하는 데에만 유보하고, 남은 돈을 배당으로 지급하거나 자사주 매입에 사용하는 편(탁월한 성과를 내는 사업에서 주주 이익을 높이는 한편, 평균 이하의 사업에는 참여를 제한하는 조치)이 훨씬 나을 것입니다. 전체 기업의 수익성이 높더라도 고수익 사업의 이익을 계속해서 수익이 낮은 사업에 매몰시키는 경영자에 대해서는 책임을 물어야 합니다.

다만 분기별로 수익이나 투자 기회에 따라 배당이 달라져야 한다고 주장하는 것은 아닙니다. 당연한 얘기겠지만, 상장기업의 주주들은 배당이 일정하고 예측 가능한 것을 선호합니다. 따라서 배당은 이익과 추가 자본 수익률에 대한 장기적인 예측을 반영해야 합니다. 장기적인 기업 전망은 자주 변하는 것이 아니므로 배당 패턴도 자주 변할 필요가 없습니다. 하지만 배당이 가능한 이익이 경영자에 의해 유보되었다면, 그 돈은 그만큼의 값어치를 해야 합니다. 이익의 유보가 현명하게 이루어지지 못했다면, 그 경영진에 대한 유보도 현명한 처사는 아닐 것입니다.

자사주 매입

우리가 많은 투자를 하고 있는 기업들은 시장가격과 내재가치 사이에 상당한 차이가 있을 때 자사주 매입에 나섭니다. 주주의 입장에서 우리가 이것을 유망하고 수익성 있는 일이라 판단하는 데에는 2가지 이유가 있습니다. 하나는 아주 명백한 이유이고, 다른 하나는 꽤 미묘해서 이해하기에 쉽지 않은 이유입니다. 전자는 아주 기본적인 계산을 바탕으로 합니다. 주당 내재가치보다 훨씬 낮은 가격에 대량 매입을 할 경우, 그 즉시 내재가치가 큰 폭으로 상승합니다. 기업이 자사주를 매입할 때는 1달러에 2달러의 현재가치를 얻는 일도 흔합니다. 반면 기업 인수는 그만한 실적을 내기 어렵습니다. 지출한 1달러에 대해서 그에 가까운 가치를 얻는 데에도 실패하는 경우가 허다합니다.

환매의 또 다른 혜택은 정확한 측정이 불가능하지만, 시간이 지나면서 의미가 훨씬 커질 수 있는 것입니다. 기업의 시장가치가 내재가치보다 낮을 때, 매입을 시도하여 이것이 경영진의 영역을 확장하는 조치가 아닌 주주의 재산을 늘리는 조치라는 것을 분명히 보여줄 수 있습니다. 이런 모습을 본 주주들과 잠재 주주들은 이 기업의 미래 수익에 대한 예측치를 상향 조정하게 됩니다. 이렇게 기대가 상승하면서 시장가격은 기업의 내재가치에 더욱 부합하는 쪽으로 움직입니다. 이러한 시장가격은 전적으로 합리적입니다. 투자자들은 자기 이해를 좇는 데에만 급급한 경영진이 관리하는 기업보다는 친▓주주적 조치를 보여주는 경영진이 관리하는 기업에 더 많은 돈을 투자해야 합니다.

여기에서 핵심이 되는 단어는 '보여준다'입니다. 분명히 주주에게 이익이 되는 순간에도 자사주 매입을 꺼리는 경영자의 행동은 그 사람의 동기에 관한 많은 것을 보여줍니다. 이런 경영자가 "주주의 이익을 극대화한다."는 홍보성 문구를 아무리 강조한다고 하더라도, 결국 시장은 그의 손에 맡겨진 자산의 가치를 정확하게 할인하여 평가합니다. 그는 본심과는 전혀 다른 이야기를 하지만, 얼마 후면 시장도 그 점을 알게 됩니다.

보상

우리는 해당 분야에서 목표를 달성한 핵심 경영자들에게 보상하는 인센티브 시스템을 활용합니다. 사업 단위의 좋은 실적에 대해서는 버크셔의 주식이 오르든 떨어지든 그대로 유지되든 보상을 해야 한다는 것이 우리의 생각입니다. 마찬가지로 우리는 주가가 치솟더라도 일반적인 실적에는 특별한 보상을 할 필요가 없다고 생각합니다. '실적'은 사업의 바탕이 되는 경제성에 좌우되는 하나의 방식으로 정의됩니다. 피할 수 없는 역풍을 맞아 고전하는 경영자가 있는가 하면 각자의 노력 때문이 아닌 순풍 덕에 순항하는 경영자도 있습니다.

이러한 시스템에 따른 보상은 상당히 커질 수 있습니다. 여러 사업 부문의 최고 경영자들은 기본급의 5배에 이르는 인센티브를 받기도 합니다. 우리는 보너스에 상한을 두지 않으며 직급에 따라 다르지 않도록 합니다. 보너스는 오직 결과에 따라 정해집니다. 따라서 비교적 작은 사업 부문을 맡은 경영자이더라도 큰 사업 부문을 맡은 경영자보다 훨씬 많은 보너스를 받을 수 있습니다. 덧붙여 근무 연한이나 나이와 같은 요인들이 인센티브 시스템에 영향을 주어서는 안 된다고 생각합니다(기본 급여에 영향을 주는 때는 있겠지만).

버크셔의 모든 경영진은 보너스를 (혹은 차입금을 비롯한 다른 자금을) 우리 주식을 사는 데 사용할 수 있습니다. 많은 사람이 실제로 그렇게 합니다. 현재 일부 경영진은 버크셔의 주식을 상당량 보유하고 있습니다. 이들은 순매매에 따르는 위험과 보유 비용을 받아들여, 말 그대로 주주의 입장에 있습니다. 우리는 보상을 정할 때, 커다란 당근을 약속하고 싶지만 실제 지급은 해당 경영자가 통제하는 영역과 연결되어 있습니다. 한 사업에 상당한 자본이 투자되었다면, 그 추가 자본에 대해서는 경영자에게 그 대가를 톡톡히 청구하고, 마찬가지로 그들이 늘린 자본에 대해서도 크게 보상을 해줘야 합니다.

스톡옵션 지급

자본 이익률이 평범한 수준이라면, 많은 자금을 투자해 큰 이익을 내는 것은 경영자가 칭찬받을 일은 아닙니다. 당신도 얼마든지 할 수 있는 일입니다. 손 하나 까닥할 필요도 없습니다. 저축 예금 계좌에 잔액을 4배 늘려 보십시오. 바로 수익이 4배가 됩니다. 그 실적으로 들뜨며 기뻐할 일이 아닙니다. 그런데도 CEO의 은퇴를 기념하는 자리에서 그가 경영하는 동안 자회사의 수익이 4배가 되었다는 칭찬이 들립니다. 그 누구도 그 이익이 수년간 유보된 수익에서 나온 것인지, 복리 이자의 작용인지 분석하지 않습니다.

기업에서는 바로 이런 식으로, 스톡옵션이 지급되었습니다. 옵션의 가치가 올라간 것은 경영진이 기존의 자본으로 좋은 경영을 했기 때문이 아니라 이익을 유보했기 때문이었습니다. 물론 스톡옵션이 회사의 가치를 높인 재능 있는 경영인에게 주어지는 때도 있고, 그들에게 더없이 적절한 보상이 될 때도 있습니다. (실제로는 정말 특출한 경영자들이 그 재능과 실적에 걸맞은 보상을 받지 못하는 때가 더 많습니다.) 반면 결과가 공평하게 되면, 본질과 무관해집니다. 일단 스톡옵션이 주어지면 개별적인 성과와는 관계가 없어집니다. 취소할 수 없고 무조건적이기 때문에(그 경영자가 회사에 남아 있는 한), 나태한 경영자나 스타 경영자 모두 스톡옵션으로부터 정확하게 같은 보상을 받습니다. 10년 동안 사무실에서 졸 준비가 된 립 밴 윙클Rip Van Winkle(워싱턴 어빙의 《스케치북》속 단편작의 주인공으로 산에 들어갔다가 낯선 사람들의 술을 훔쳐 마시고 20년 동안 잠든다 -옮긴이)에게 이보다 좋은 '인센티브' 시스템이 있을까요?

이러한 단점들에도 불구하고 몇 가지 조건에서는 스톡옵션도 적절한 보상이 될 수 있습니다. 제가 비판하는 것은, 스톡옵션의 무분별한 사용입니다. 이를 적절하게 사용하기 위해서 강조하고 싶은 점은 세 가지입니다. 첫째, 스톡옵션은 필연적으로 기업의 전체 실적에 연결되어 있습니다. 따라서 전체 실적에 책임을 지는 경영자에게만 주어지는 것이 논리적입니다. 제한된 영역을 책임지는 경영자는 그의 책임 아래에서 생긴 결과에 따른 인센티브만 받아야 합니다. 둘째, 스톡옵션은 주의 깊게 설계되어야 합니다. 특별한 이유가 없다면 유보 이익이나 보유 비용의 요소를 포함해야 합니다. 그 가격이 현실의 사업 가치를 반영하게 하는 것도 그만큼 중요한 문제입니다. 셋째, 제가 무척이나 존경하는 경영자들 (저보다 경영 실적이 훨씬 나은 분들도 있습니다) 중에는 고정 가격 옵션에 대한 제 생각에 동의하지 않는 분들도 있다는 것을 밝혀두고 싶습니다. 그들은 매우 효과적인 기업 문화를 만들었고, 그 과정에서 고정 가격 옵션은 유용한 도구였습니다. 이 경영자들은 그들의 리더십과 솔선하는 자세, 그리고 인센티브로써 스톡옵션을 활용해 동료들에게 주인처럼 생각하는 법을 가르쳤습니다.

이러한 문화는 찾아보기 어렵습니다. 스톡옵션 프로그램을 위협하는 비효율과 불평등이 존재하는 환경에서도 이는 유지되어야 합니다. 여기에서는 '어떤 대가를 치르더라도'의 자세보다는 '못 쓸 정도가 아니라면'의 자세가 적합할 것입니다.

—————————— 1988년[13] ——————————
상장

우리는 곧 있을 버크셔 주식의 뉴욕증권거래소 상장이 주주들에게 이익이 될 것이라고 생각합니다. 우리는 시장이 버크셔 주식에 적합한지 판단할 때 2가지 기준을 적용합니다. 첫째, 주식이 기업의 내재가치에 합리적으로 연관된 가격에 거래되기를 바랍니다. 그렇게 된다면, 보유 기간에 각 주주가 달성하는 투자 실적이 버크셔 사업 실적에 가까워질 것입니다. 이러한 결과가 자연스럽게 도출되는 것은 아닙니다. 많은 주식이 심각한 과소평가와 과대평가 사이를 오갑니다. 이런 상황이 오면, 주주들은 보유하는 동안에 기업이 어떤 실적을 올렸는지에 전혀 부합하지 않는 보상을 받거나 손해를 입게 됩니다. 우리는 그런 변덕스러운 결과를 피하고자 합니다. 우리의 목표는 주주들이 다른 주주들의 어리석은 행동이 아닌 기업의 실적을 통해 이익을 얻도록 만드는 것입니다.

　합리적인 가격은 현재 그리고 미래의 합리적인 주주들에 의해 형성됩니다. 우리의 모든 정책과 소통은 기업에 중점을 두는 장기 투자자를 유인하고, 시장 지향적인 단기 투자자를 걸러내는 것입니다. 지금까지는 꽤 성공적이었습니다. 버크셔의 주식은 기업 내재가치를 기준으로 큰 차이가 없는 작은 범위 내에서 거래되고 있습니다. 우리는 뉴욕증권거래소 상장이 버크셔의 주식이 일관되게 적절한 가격으로 팔릴 것이란 전망을 개선하거나 악화시킬 것으로 생각하지 않습니다. 우리 주주의 자질은 어떤 시장에서든 좋은 결과를 만들어 낼 것입니다.

우리는 이번 상장을 통해 버크셔 주주의 거래 비용이 낮아질 것으로 생각합니다. 이것은 중요한 문제입니다. 우리는 오랫동안 주식을 보유할 주주들을 끌어들이려 하지만, 그들이 들고나면서 생기는 비용도 최소화하기를 원합니다. 장기적으로 우리 주주들이 얻은 세전 보상은 기업이 달성한 사업 수익에서 시장에서 부과되는 거래 비용(거래인이 부과하는 수수료+매수·매도 스프레드)을 제외한 액수와 같아질 것입니다. 이런 거래 비용이 뉴욕증권거래소 상장을 통해 상당히 감소할 것입니다. 거래량이 많은 주식은 그 비용이 꽤 높아서, 공개 기업 수익의 10% 이상에 이릅니다. 실제로 이런 비용은 주주들에게 막대한 세금으로 작용합니다. 우리의 정책과 주주 여러분의 투자 태도는 버크셔 주주들에게 부과되는 이런 '세금'을 대형 상장기업들 중에서 최저 수준으로 낮춰줍니다. 뉴욕증권거래소 상장은 시장 조성자 스프레드를 좁혀 버크셔 소유주에 대한 이 비용을 더욱 줄여줄 것입니다.

마지막으로 덧붙일 말이 있습니다. 우리가 버크셔 주식의 가치를 높이기 위한 목적에서 뉴욕증권거래소 상장을 추진하는 것은 아니라는 점을 분명히 이해해주시길 바랍니다. 비슷한 경제적 조건이라면, 버크셔 주식은 뉴욕증권거래소에서도 장외시장에서와 비슷한 가격에 거래되어야 하며 우리는 그렇게 되리라고 생각합니다. 뉴욕증권거래소 상장이 주식 매수나 매도의 이유가 되어서는 안 됩니다. 이번 상장은 당신이 매수나 매도를 결정했을 때, 거래 비용을 줄여준다는 측면에서 의미 있을 뿐입니다. 상장의 주요 목표는 거래 비용을 줄이는 것이었으며, 우리는 그 목표가 달성되었다고 생각합니다. 일반적으로 뉴욕증권거래소 매도 호가와 매수 호가의 스프레드는 장외시장에서보다 훨씬 작습니다.

우리 주식을 전담하는 헨더슨 브라더스Henderson Brothers, Inc.는 뉴욕증권거래소에서 가장 오랜 역사를 가진 스페셜리스트입니다. 창업자인 윌리엄 토머스 헨더슨William Thomas Henderson은 1861년 9월 8일 증권거래소의 회원권을 500달러에 사들였습니다. (현재 뉴욕거래소의 회원권은 62만 5,000달러에 거래되고 있습니다.) HBI는 83개의 종목을 맡고 있어서 배정된 종목수로는, 스페셜리스트로 활동하는 54개 회사 중 2위의 자리에 있습니다. 버크셔는 HBI에 배정된 것을 매우 기쁘게 생각하며, 이 회사의 실적에 대단히 만족하고 있습니다. HBI의 회장인 짐 맥과이어Jim Maguire가 직접 버크셔의 거래를 관리하고 있는데, 이보다 나은 사람을 만나기는 힘들 것입니다.

우리의 목표는 2가지 면에서 다른 상장회사들과 다릅니다. 첫째, 버크셔 주식의 거래가격을 극대화하는 것을 원치 않습니다. 우리가 바라는 모습은 주식이 기업의 내재가치(내재가치 역시 합리적인 비율로 상승하기를 바랍니다. 내재가치라면 터무니없이 상승하는 것도 좋겠죠)를 중심으로 좁은 변동 범위 내에서 거래되는 것입니다. 둘째, 거래 활동이 거의 없기를 바랍니다. 수동적인 동업자들과 사기업을 운영한다면, 그들이 동업 관계를 해지하려 할 때 크게 실망하게 될 것입니다. 공기업을 운영하는 우리 역시 마찬가지입니다.

우리의 목표는 매수 시점에 이미 매도 일정이나 가격을 미리 정해 주주가 아닌 우리와 무기한으로 함께하려는 계획으로 움직이는 장기 주주를 끌어들이는 것입니다. 우리는 주식 거래가 활발하기를 바라는 CEO를 이해하지 못합니다. 거래량은 주주들이 끊임없이 떠날 때 증가합니다. 도대체 어떤 조직의 리더가 회원이 이탈할 때 환호를 한단 말입니까? (그런 조직의 회원 전환율에 생계가 걸린 중개인이 있다면 이렇게 말하면서 이탈이 많은 쪽을 선호할 수도 있겠네요. "한동안 기독교 쪽에는 움직임이 없었으니, 다음 주에는 불교로 개종해야겠어.") 물론 버크셔 주주 중에도 때때로 주식을 매도해야 할 필요가 있어 매도를 원하는 사람이 있을 것입니다. 우리는 그들에게 적절한 가격으로 재투자가 이루어질 수 있기를 바랍니다. 따라서 우리는 정책, 성과, 소통을 통해서 우리의 사업을 이해하고, 기업의 미래에 관해 같은 생각을 가지며, 우리가 스스로를 평가하듯이 우리를 평가하는 새로운 주주를 끌어들이기 위해 노력합니다. 우리가 계속해서 이러한 주주들을 끌어들일 수 있다면 (단기적이거나 비현실적인 기대를 하는 사람들에게 흥미로운 존재로 남지 않는다면) 버크셔의 주식은 계속해서 기업 가치에 합리적인 상관관계가 있는 가격에 팔릴 것입니다.

—————————— **1992년** ——————————
내실 추구
우리는 우리의 주주 관련 정책(분할 금지 정책을 비롯한)이 그 어떤 미국 기업보다 지지도가 높고, 광범위한 주주 집단을 구성하는 데 도움이 되었다고 생각합니다. 우리 주주들은 합리적인 장기 투자자의 입장에서 생각하고 행동하며, 우리와 매우 비슷한 시각으로 사업을 평가합니다. 결과적으로 버크셔의 주식은 내재가치에 긴밀하게 연관된 범위의 가격으로 거래됩니다. 더불어 우리 기업의 주식 회전율은 여타의 공개 기업보다 낮다고 생각합니다. 자사의 거래 마찰비용(여러 종목을 보유한 주주들에게 거액의 '세금' 역할을 하는)은 거의 0에 가깝습니다(우리의 뉴욕증권거래소 스페셜리스트 짐 맥과이어의 시장 조성 기술이 거래 비용을 낮게 유지하는 데 큰 도움이 되고 있습니다).

1996년
차등의결권

우리는 버크셔와 유사한 펀드를 마케팅하려는 투자신탁회사의 움직임에 대응하기 위해 자본 구조를 변경했습니다. 그 과정에서 신탁회사들은 결코 복제할 수 없는 우리의 전력을 이용해 순진한 소액 투자자들을 끌어들이고, 무고한 그들에게 높은 수수료를 부과하려 했습니다. 그런 투신사에게 수십억 달러 규모의 펀드를 판매하는 것은 아주 손쉬운 일이었을 것입니다. 그들이 초기 마케팅에서 거둔 성공은 다른 펀드의 형성으로 이어졌을 것이 분명합니다. (증권업에서는 팔 수 있는 것은 무엇이든 내다 팝니다.) 투신사들은 고정적이고 제한적으로 공급되는 버크셔 주식에 자신들의 상품에서 얻은 수익을 무차별적으로 쏟아부었을 것입니다. 그로 인해 우리 주식에는 투기 거품이 생기게 되었을 겁니다. 최소 한 번은 가격이 급등하면서 상품 가치를 입증했을 것이고, 귀가 얇고 순진한 투자자들이 한 차례 더 투신사에 몰리면서 버크셔 주식을 매수하게 되었을 것입니다.

이탈을 선택했던 일부 버크셔 주주들은 그 결과를 이상적으로 받아들였을 것입니다. 그릇된 희망을 안고 진입한 매수인들의 희생으로 이익을 얻을 수 있었으니까요. 하지만 장기 보유를 계획했던 주주들은 고통을 겪었을 것입니다. 그 시점에 버크셔는 불만으로 가득 찬 수십만의 간접 소유자(투신사 상품의 구매자)를 떠안고 명성에 오점을 남겼을 것입니다.

우리는 B 주식 발행으로 투신사의 펀드 상품 판매를 막았을 뿐만 아니라, 이 주식을 발행하면서 우리가 한 경고를 듣고 나서도 여전히 투자를 원하는 사람들에게 적은 비용으로 버크셔에 투자할 수 있는 길을 열어주었습니다. 신주新株 발행을 밀어붙일 때, 중개인들이 가지는 열의를 (돈이 되는 일이다 보니) 완화하기 위해서 우리는 공모 수수료를 단 1.5%로 정했습니다. 이는 보통주 인수 사상 가장 낮은 비율이었습니다. 더불어 과대 선전과 물량 부족으로 인한 가격 급등을 노리는 전형적인 IPO 구매자를 쫓기 위해 공모 수량에 제한을 두지 않았습니다.

전반적으로 우리는 장기적인 시각을 가진 투자자만이 B 주식을 구매할 수 있도록 하기 위해 애썼습니다. 이런 노력은 대체로 성공적이었습니다. 공모 직후의 B 주식 거래량('초단타'에 대한 대략적 지표)은 보통의 신주 공모 때를 크게 밑도는 수준이었습니다. 우리의 주주는 약 4만 명이 늘었으며, 그 대부분이 자신이 소유한 기업에 대해 잘 파악하고 있고, 미래에 관해서도 같은 생각을 하고 있다고 믿습니다.

누구도 이 이례적인 거래를 살로몬Salomon보다 잘 처리할 수는 없었을 것입니다. 살로몬브라더스 투자 은행가들은 우리가 달성하려는 목표가 무엇인지 정확하게 이해했고, 모든 공모를 이에 맞추어 조정했습니다. 이 과정이 평범한 방식으로 이루어졌다면 살로몬은 훨씬 많은 돈을 벌었을 것입니다(대략 10배). 하지만 이 회사의 투자 은행가들은 그런 방향으로 세부 사항을 조정하려는 그 어떤 시도도 하지 않았습니다. 대신 살로몬의 재정적 이익에는 상충되지만, 버크셔의 목표 달성을 더욱 확실하게 보장하는 아이디어들을 제시했습니다.

1999년
자본 배분

기업의 자사주 매입이 바람직한 상황은 2가지 사실이 조합된 때뿐입니다. 첫째, 기업에 단기적 수요를 넘어서는 이용가능한 자금(현금과 상당한 차입 능력)이 있을 때와 둘째, 시장에서 자사 주식이 보수적으로 계산한 내재가치에 비해 낮게 팔리고 있을 때입니다. 다만 우리는 여기에 한 가지 경고를 덧붙입니다. 주주에게 기업 가치를 추정하는 데 필요한 모든 정보가 제공되어야 한다는 것입니다. 그렇지 않으면, 내부자들이 이 상황을 이용해 정보가 부족한 다른 주주들로부터 실제 가치보다 훨씬 낮은 가격에 주식을 매수해 이익을 취할 수 있습니다. 드물지만 이런 일이 실제로 일어나는 것을 목격한 바 있습니다. 물론 이런 속임수는 주식 가격을 떨어뜨리기 위해서가 아니라 올리기 위해서 사용됩니다.

　기업의 자금 '수요'에는 2가지 종류가 있습니다. 첫째, 회사가 경쟁력을 유지하기 위해 반드시 해야 하는 지출(예를 들어, 보석 소매업체인 헬츠버그Helzberg의 매장 리모델링 비용)입니다. 둘째, 경영진이 사업 성장을 목표로 지출에 비해 많은 가치를 창출할 것으로 예상하고 진행하는 선택적 지출(미국의 실내 장식용품 기업인 R. C. 윌리R. C. Willey의 아이다호 진출 비용)입니다.

이용가능한 자금이 이런 유형의 자금 수요를 넘어선다면, 성장 지향적인 주주 기반을 가진 기업은 새로운 기업을 인수하거나 자사주를 매입할 수 있습니다. 이 회사의 주식이 내재가치보다 훨씬 낮은 가격에 거래되고 있다면, 자사주 매입이 더 적절한 선택안이 됩니다. 1970년대 중반에는 경영진에게 자사주 매입이 필요하다고 귀에 못이 박이도록 이야기를 해도 거의 반응이 없었습니다. 보통 자사주 매입이 다른 대안들보다 주주들에게 훨씬 큰 이익을 줍니다. 실제로 1970년대에 (그리고 그 후 몇 년간) 우리는 자사주를 대량 매입한 회사들을 찾아다녔습니다. 회사의 가치가 저평가되고 친주주적 성향의 경영진에 의해 운영되고 있다는 증거였기 때문입니다.

그런 시절은 지나갔습니다. 지금은 자사주 매입이 대유행입니다. 하지만 많은 경우, 주가를 끌어올리거나 하락을 막기 위한 (우리가 보기에는) 저열한 이유로 적절한 설명 없이 자사주 매입이 이루어지고 있습니다. 물론 주식을 판매하기로 한 사람에게 구매자의 동기는 문제 되지 않습니다. 하지만 주식을 보유하는 사람은 내재가치를 넘어서는 가격의 자사주 매입으로 손해를 입게 됩니다. 1달러 지폐를 1.1달러에 사는 것은 남아 있는 사람 입장에서 좋은 거래가 아닙니다. 우리에게는 자사주를 매입하는 많은 회사들이 남아 있는 주주들을 희생시켜 떠나는 주주들에게 돈을 얹어 주는 것으로 보입니다. 그런 회사들을 옹호한다면, CEO의 입장에서 회사를 낙관적으로 보는 게 당연합니다. 심지어 그들은 저보다 그 자신들에 대해 더 많은 것을 알고 있습니다. 그렇지만 요즘의 자사주 매입은 주당 가치를 높이려는 욕구보다는 '자신감'을 보여주거나 유행에 따르려는 경영진의 욕구에 의한 것으로 느껴질 때가 많습니다.

종종 기업들은 낮은 가격에 부여된 스톡옵션이 행사되었을 때, 시장에 나온 물량을 줄이기 위해 자사주를 매입한다고도 말합니다. 이렇게 '비싸게 사서 싸게 파는' 전략은 운 나쁜 투자자들이 취하는 전략입니다. 물론 의도적인 전략은 아닙니다! 그렇지만 경영진들은 이런 부당한 행동을 매우 기꺼이 취하는 것처럼 보입니다. 물론 스톡옵션 지급과 자사주 매입 모두 타당한 때도 있습니다. 하지만 이 경우는 두 조치가 연관되어 있지 않기 때문입니다. 자사주를 사들이겠다는 결정이나 발행하겠다는 결정은 독립적으로 이루어져야 합니다. 옵션을 만족시키기 위한 (혹은 다른 어떤 이유에 의한) 주식 발행으로 주식을 내재가치 이상의 가격에 매입한다는 것은 말이 되지 않습니다. 마찬가지로 내재가치보다 훨씬 낮은 가격에 판매되는 주식은 이전에 발행되었든 아니든 (혹은 옵션 행사 때문이든) 매입해야 합니다.

여러분도 아시다시피, 과거 저는 자사주를 매입하지 않는 실수를 저지른 적이 있습니다. 버크셔의 가치 평가가 지나치게 보수적이었거나 자금의 다른 용처에 지나치게 열중하고 있었던 탓입니다. 그래서 우리는 몇 차례 기회를 놓쳤습니다. 그 시점의 버크셔 거래량은 너무 적어서 많은 매입이 불가능했고, 이는 주당 가치에서의 이득이 매우 적다는 것을 의미합니다(예를 들어, 주당 내재가치에서 25% 할인된 가격에 회사 주식의 2%를 매입한다면, 많아야 그 가치의 0.5%에 해당하는 이익을 낼 뿐입니다. 자금이 가치를 부가하는 조치에 이용된 경우라면 이익은 더 낮아집니다).

우리에게 매입을 종용하는 편지를 보냈던 분 중에는 일부 내재가치에 관심이 없고, 다만 우리가 자사주 매입을 소리 높여 알림으로써 주식 가격이 상승하는 것을 (혹은 하락이 멈추는 것) 바라는 것이 분명합니다. 이분께서 내일 주식을 팔 계획이라면 환매를 해야 한다는 생각에 일리가 있습니다. 그분께는 말입니다! 하지만 주식을 보유할 생각이라면 주가가 내려가 우리가 충분한 양을 사들일 수 있기를 바라야 합니다. 그것이야말로 자사주 매입이 장기 보유 주주들에게 실질적인 혜택으로 돌아가는 유일한 방법입니다.

버크셔 주식이 내재가치보다 훨씬 낮은 가격에 거래되고 있다는 확신이 없는 한 우리는 주식을 매입하지 않을 것입니다. 우리는 주가를 움직이려는 그 어떤 시도도 하지 않을 것입니다. (저는 공적으로나 사적으로나 누구에게도 버크셔 주식을 사거나 팔라고 말한 적이 없습니다.) 대신 우리가 주주의 입장이라면 얻고 싶을 내재가치와 그와 관련된 모든 정보를 주주분들께 (그리고 잠재적 주주분들께도) 제공할 것입니다.

자사주 매입이 타당하다고 생각되는 때가 오더라도 뉴욕증권거래소에 주문을 내는 일은 드물 것입니다. 대신 뉴욕증권거래소의 매도 호가나 그 이하로 직접 오는 매도 제안에는 응할 것입니다. 주식의 매도를 원한다면 중개인을 통해서 우리에게 연락 주십시오. 다만 한 가지 분명히 해둘 것이 있습니다. 우리는 버크셔 주식 가격의 하락을 막으려는 의도로 자사주를 매입하지 않을 것입니다. 우리는 회사 자금을 사용하기에 적절한 용처라고 생각되는 때에만 자사주 매입에 나설 것입니다. 환매가 이루어지더라도, 그것이 우리 주식의 향후 내재가치를 높이는 데는 영향력이 거의 없을 것입니다.

2012년
자본 배분

(내 친구들을 비롯한) 많은 버크셔 주주들은 버크셔가 현금 배당하는 것을 좋아합니다. 버크셔가 소유한 주식 대부분에서 배당을 받고 난 후, 주주들에게는 아무것도 지급하지 않는다면 그들은 어리둥절해질 것입니다. 따라서 주주 배당이 타당한 때와 그렇지 않은 때에 관해 살펴보겠습니다.

수익을 내는 기업은 그 이익을 (상호 배타적이지 않은) 여러 가지 방법으로 배분할 수 있습니다. 회사의 경영진은 기존 사업에서 제안된 재투자 가능성을 우선으로 살펴야 합니다. 즉, 효율을 높이거나 지리적 범위를 넓히거나 생산라인을 확대 및 개선하거나 경제적 해자垓字 (적의 침입을 막기 위해 성을 둘러 만든 연못 - 옮긴이)를 넓혀 회사와 경쟁업체의 격차를 벌리기 위한 프로젝트를 먼저 검토해야 합니다.

저는 자회사의 경영진들에게 항상 해자를 넓힐 기회에 집중하라고 이야기합니다. 이를 통해 그들은 경제적으로 유의미한 기회를 많이 발견합니다. 하지만 때로는 경영진이 의도한 효과를 거두지 못하는 때도 있습니다. 실패의 원인은 대개 역방향으로 일을 했기 때문입니다. 자신이 원하는 답에서 출발해 그것을 뒷받침하는 근거를 찾는 것이죠. 물론 그 과정은 무의식적으로 이루어집니다만, 그래서 더욱 위험합니다. 그런 실책들에도 불구하고 우리가 이용할 수 있는 자금을 앞에 두고 가장 우선시해야 하는 것은 그것들이 여러 사업에 현명하게 배치되었는지를 검토하는 일이 될 것입니다. 여기에서 우리는 유리한 위치에 있습니다. 우리는 대단히 많은 영역에서 사업을 하고 있기 때문에, 대부분 기업보다 선택의 범위가 훨씬 넓습니다. 무엇을 해야 할지 결정했다면, 꽃에 물을 주고 잡초를 뽑는 일은 건너뛸 수 있는 것입니다.

많은 양의 자본을 기존의 사업에 배치한 후에도 버크셔는 더욱 많은 현금을 창출할 것입니다. 따라서 다음 단계는 우리의 기존 사업과는 관련 없는 사업을 인수하는 것을 고려하는 일입니다. 이 부분에서 우리의 시험은 간단합니다. 찰리와 저는 인수에 앞서, 주주의 주당 수익률이 높아질 만한 거래인가를 먼저 생각합니다.

자금의 세 번째 용처(자사주 매입)가 회사 입장에서 분별 있는 선택이라면, 주식이 보수적으로 계산된 내재가치보다 상당히 할인된 가격에 팔릴 때입니다. 사실 잘 통제된 환매는 자금을 현명하게 사용하는 가장 확실한 방법입니다. 1달러 지폐를 80센트 이하로 살 때는 일이 잘못되기도 힘듭니다. 하지만 절대 잊지 말아야 할 것이 있습니다. 자사주 매입 결정에서 가격은 정말 중요합니다. 매입이 내재가치를 넘는 가격으로 이루어질 때, 가치는 파괴되고 맙니다. 이렇게 해서 이야기는 배당으로 이어집니다. 여기에서 우리는 몇 가지 가정을 하고 계산을 좀 해야 합니다. 숫자가 등장하면 읽는 데 까다롭기는 하지만, 배당에 적합하거나 그렇지 않은 상황을 이해하기 위해서는 피할 수 없는 일이니 조금만 참아주시기를 바랍니다.

우선 당신과 제가 순자산 200만 달러 규모 기업의 동등한 소유자라고 가정하겠습니다. 이 기업은 유형자산 중 총부채를 뺀 자기 자본의 12%(24만 달러)에 해당하는 수익을 올리며 수익을 재투자할 경우에 마찬가지로 12%의 수익을 올릴 것으로 예상합니다. 또한 외부에는 순가치의 125%에 주식을 사들이고자 하는 사람들이 늘 존재합니다. 따라서 우리 각자가 소유한 가치는 125만 달러입니다.

당신은 우리가 연수익의 1/3을 받고 2/3는 재투자하기를 원합니다. 당신은 이것이 당기 순이익과 자본 성장의 적절한 균형을 찾는 계획이라고 생각합니다. 따라서 당신은 당기 순이익 중 8만 달러를 배당하고 16만 달러는 회사의 미래 수익을 높이기 위해 유보할 것을 제안합니다. 첫해에 당신의 배당금은 4만 달러가 될 것이고, 수익이 증가하고 1/3이라는 배당률이 유지되면 배당금은 늘어날 것입니다. 전체적으로 배당과 주식 가치는 매년 8%씩 증가할 것입니다(순가치의 4%를 뺀 순가치에 대한 12% 수입 지불). 10년 후 우리 회사의 순가치는 431만 7,850달러(원래 200만 달러에 8% 복리)가 되고 당신이 다음에 받게 될 배당은 8만 6,357달러가 됩니다. 우리 각자가 보유한 주식의 가치는 269만 8,656달러(회사 순가치 절반의 125%)입니다. 이렇게 배당금과 주식 가치가 매년 8%씩 성장하는 가운데 우리는 오래오래 행복하게 삽니다.

우리를 이보다 더 행복하게 만드는 다른 접근법도 있습니다. 이 시나리오에서는 우리가 회사의 모든 수익을 유보하고 매년 주식의 3.2%를 매도합니다. 주식은 장부가치의 125%에 판매되므로, 처음에는 4만 달러의 현금이 생기지만, 그 액수는 매년 증가합니다. 이 방법을 '매각' 접근법이라고 부르기로 합니다. 이 시나리오에서는 10년 뒤 우리 회사의 순가치가 621만 1,696달러로 증가합니다(200만 달러에 12% 복리). 매년 주식을 팔기 때문에 우리의 소유권 비율은 떨어져서 10년 후면 우리 각자의 지분은 36.12%가 됩니다. 그렇다고 해도 그 시점에 회사 순가치에 따른 당신 주식의 가치는 224만 3,540달러입니다. 우리의 모든 주식을 순가치 1달러당 1.25달러에 팔 수 있다는 것을 기억하십시오. 그렇다면 당신이 보유하고 있는 주식의 시장 가치는 280만 4,425달러로 배당 접근법을 따랐을 때의 가치보다 4% 많아집니다. 더구나 이 접근법에서의 연간 현금 수령액은 배당 시나리오에서 받는 액수보다 4% 많습니다. 자, 어떻습니까? 매년 쓸 수 있는 현금도 많아지고, 보유 자본의 가치도 더 높아지는 것입니다.

물론 이 계산은 가상의 회사가 매년 순가치의 평균 12%에 이르는 수익을 올리고, 주주들이 장부가치의 평균 125%에 주식을 판매할 수 있다는 가정을 기반으로 합니다. 그 점에 대해서 말하자면, S&P 500지수에 드는 기업이 순가치의 12%가 훨씬 넘는 수익을 내며 순가치의 125%가 넘는 가격에 팔립니다. 확실하다고 못 박을 수야 없겠지만, 버크셔에게 이 2가지 가정은 상당히 타당해 보입니다. 물론 현실이 이 가정들을 넘어설 수도 있습니다. 그런 경우라면, 매각 접근법에 더 힘이 실립니다. 버크셔의 역사를 두고 판단한다면 (물론 역사가 반복될 리는 없지만) 이 정책은 배당 정책보다 더욱 우월한 결과를 낳았을 것입니다.

수적인 계산 외에도 매각 접근법의 손을 들어주는 주요한 논거가 2가지 더 있습니다. 첫 번째로 배당하게 되면 모든 주주에게 구체적인 현금화 정책을 강요하는 셈이 됩니다. 예를 들어, 수익의 40%를 배당한다면 30~50%의 배당을 바라는 사람들의 계획은 좌절됩니다. 우리 주주들은 현금 배당에 대해 다각적인 관점을 가지고 있습니다. 그렇지만 많은 주주들이 (어쩌면 대다수가) 순저축 상태에 있고, 배당을 전혀 원하지 않는다고 말해도 좋을 것입니다.

반면 매각 접근법은 주주가 현금화와 자본 증식 중에 선호하는 방법을 결정할 수 있도록 도와줍니다. 어떤 주주는 연수익의 60%를 현금화하기로 선택하고, 또 어떤 주주는 20%를 현금화하거나 전혀 하지 않을 수도 있습니다. 물론 배당 지급 시나리오에서의 주주 역시 지급된 배당금을 다시 주식을 매수하는 데 사용할 수도 있겠죠. 하지만 그렇게 하게 되면 타격을 입게 됩니다. 세금이 발생하고, 배당을 재투자하기 위해 25%의 프리미엄을 지급해야 하기 때문입니다 (공개 시장에서의 주식 매수는 장부가치의 125%에서 이루어진다는 것을 잊지 마십시오).

두 번째 논거 또한 중요합니다. 납세하는 모든 주주는 매각 프로그램에서 세금으로 인해 더 큰 (보통보다 훨씬 큰) 손해를 보게 됩니다. 배당 프로그램에서는 매년 주주가 받는 모든 배당금에 세금이 부과되는 반면, 매각 프로그램에서는 현금 수령의 수익 부분에 대해서만 부과됩니다. 제 경우를 예로 들어보면서, 주주의 일반적인 주식 처분이 사업에 대한 투자 증가와 어떻게 함께할 수 있는지 살펴봅시다. 저는 지난 7년 동안, 매년 제 버크셔 주식의 4.5%를 매도했습니다. 이 과정을 거쳐 저의 원래 포지션은 (분할 조정된) 7억 1,249만 7,000주에서 5억 2,852만 5,623주로 축소되었습니다. 회사에 대한 소유권 비율이 상당히 감소한 것입니다.

하지만 회사에 대한 제 투자금은 증가했습니다. 버크셔에 대한 저의 현 지분 장부가치는 7년 전의 가치를 훨씬 초과합니다. (2005년의 실제 수치는 282억 달러, 2012년은 402억 달러입니다.) 달리 말해, 회사에 대한 실질적 소유권은 감소했지만, 버크셔에 투자된 돈은 훨씬 많아진 것입니다.

2015년

배당

버크셔는 그 어떤 대기업과도 비교할 수 없는 독특한 주주 기반을 가지고 있습니다. 그 사실은 지난 회의 연차 주주총회에서 확연히 드러났습니다. 그 자리에서 주주들은 위임 결의안을 내놓았습니다. "이 회사는 필요 이상으로 많은 돈을 가지고 있고, 주주들은 워런과 달리 억만장자가 아니므로 이사회는 주식에 대해 연간 배당금을 지급하는 것을 고려해야 합니다."

이 결의안을 제안하는 주주는 총회에 나타나지 않았기 때문에, 그의 발의는 정식으로 제출되지 않았습니다. 그런데도 위임 투표가 집계되었는데 그 투표는 주주들의 뚜렷한 입장 차를 보여주었습니다. (비교적 적은 주주들이 소유하고 있으며 경제적 이해관계가 큰) A 주식은 89 대 1로 배당 요구를 거부했습니다. 주목해야 할 것은 B 주식 주주들의 투표였습니다. B 주식 수주는 수십만에 이릅니다(어쩌면 100만에 이를 수도 있습니다). 반대투표를 한 사람들은 6억 6,075만 9,855명이었고, 찬성투표를 한 사람들은 1,392만 7,026명으로 비율이 약 47대 1이었습니다.

이사들이 반대투표를 권하기는 했으나 회사 입장에서 주주들에게 영향을 주는 그 어떤 시도도 하지 않았습니다. 그렇지만 투표한 주주의 98%가 사실상 "우리에게 배당금을 보내지 마시오. 대신 모든 수익을 재투자하시오."라고 말한 셈입니다. 많든 적든 우리 주식을 보유한 주주들이 우리의 경영 철학에 뜻을 같이한다는 것은 놀랍고도 보람 있는 일입니다.

버크셔 실적 vs. S&P 500지수 실적 연간 비율 변화

연도	버크셔의 주당 장부가치	버크셔의 주당 시장가치	S&P 500(배당 포함)
1965	23.8	49.5	10.0
1966	20.3	(3.4)	(11.7)
1967	11.0	13.3	30.9
1968	19.0	77.8	11.0
1969	16.2	19.4	(8.4)
1970	12.0	(4.6)	3.9
1971	16.4	80.5	14.6
1972	21.7	8.1	18.9
1973	4.7	(2.5)	(14.8)
1974	5.5	(48.7)	(26.4)
1975	21.9	2.5	37.2
1976	59.3	129.3	23.6
1977	31.9	46.8	(7.4)
1978	24.0	14.5	6.4
1979	35.7	102.5	18.2
1980	19.3	32.8	32.3
1981	31.4	31.8	(5.0)
1982	40.0	38.4	21.4
1983	32.3	69.0	22.4
1984	13.6	(2.7)	6.1
1985	48.2	93.7	31.6
1986	26.1	14.2	18.6
1987	19.5	4.6	5.1
1988	20.1	59.3	16.6
1989	44.4	84.6	31.7
1990	7.4	(23.1)	(3.1)
1991	39.6	35.6	30.5
1992	20.3	29.8	7.6
1993	14.3	38.9	10.1
1994	13.9	25.0	1.3
1995	43.1	57.4	37.6
1996	31.8	6.2	23.0
1997	34.1	34.9	33.4
1998	48.3	52.2	28.6

연도	버크셔의 주당 장부가치	버크셔의 주당 시장가치	S&P 500(배당 포함)
1999	0.5	(19.9)	21.0
2000	6.5	26.6	(9.1)
2001	(6.2)	6.5	(11.9)
2002	010.0	(3.8)	(22.1)
2003	21.0	15.8	28.7
2004	10.5	4.3	10.9
2005	6.4	0.8	4.9
2006	18.4	24.1	15.8
2007	11.0	28.7	5.5
2008	(9.6)	(31.8)	(37.0)
2009	19.8	2.7	26.5
2010	13.0	21.4	15.1
2011	4.6	(4.7)	2.1
2012	14.4	16.8	16.0
2013	18.2	32.7	32.4
2014	8.3	27.0	13.7
2015	6.4	(12.5)	1.4
2016	10.7	23.4	12.0
2017	23.0	21.9	21.8
2018	0.4	2.8	(4.4)
연 복리 수익 1964~2018	18.7%	20.5%	9.7%
총수익 1964~2018	1,091,899%	2,472,627%	15,019%

참고: 자료를 역년 기준으로 하나, 다음을 예외로 한다. 1965년과 1966년은 9월 30일을 연말로, 1967년은 15개월이며 12월 12일을 연말로 한다. 1979년부터 회계 규칙에 따라 보험사는 보유한 증권을 비용이나 시장가 중 낮은 가격(이전의 요구 사항)이 아닌 시장가로 평가하게 되었다. 이 표에서 1978년의 버크셔 실적은 변경된 규칙에 따라 재작성되었다. 다른 모든 측면에서의 실적은 원래 보고된 수치를 사용해 계산되었다. S&P 500 수치는 '세전'이며 버크셔의 수치는 '세후'이다. 버크셔와 같은 기업이 단순히 S&P 500을 소유하고 적절히 세금을 부과했다면, 해당 지수가 플러스 수익을 보인 해에는 S&P 500보다 뒤처졌을 테지만, 마이너스 수익을 본 해에는 S&P 500을 초과하는 실적을 보였을 것이다. 수년에 걸쳐 세금으로 인해 상당한 침체가 있었을 것이다.

유연성을 가져라

로베르토 고이주에타
코카콜라

작고한 로베르토 고이주에타 CEO하에서의 코카콜라는 가치 창
출, 기업 상표의 강화, 장기적 관점에 대한 집중 이렇게 세 가
지로 우선 정의할 수 있다. 이 사항들이 고이주에타가 CEO의 자리
에 오를 때 시가 총액 40억 달러 규모였던 코카콜라를 1997년 그가
사망할 당시 1,500억 달러로 만들었다. 그의 열정이 그대로 담긴 글
들(일부는 그의 오른팔이었던 도널드 코프Donal Keough와 함께 썼다 - 1986, 1992년)이
어떻게 그런 일이 가능했는지를 보여준다.

주주에게 뛰어난 재정 실적을 보여주게끔 기업을 이끄는 데 도움
이 되었던 우선 사항들에 대해 이야기하는 고이주에타의 주주 서한

은 그가 어떤 종류의 리더이고 경영자였는지 보여준다. 1995~1996년, 코카콜라는 경제지 〈포춘Fortune〉에서 부의 창조자 순위 1위에 올랐다. 1995년 말, 코카콜라의 시가 총액은 930억 달러였다. 이전 해와 비교해 주주의 자산이 380억 달러 상승한 것이다. 1996년 말의 시가 총액은 1,310억 달러로 다시 380억 달러가 늘어났다. 1976년 코카콜라는 미국의 공개 기업 중 부의 창조자 순위에서 20위였으나, 1995년에는 4위, 1996년에는 1위를 차지했다.

1995~1996년 코카콜라 주식의 자본 총수익률은 40%를 상회했으며 그 이전 15년간 이 회사는 30%의 연평균 총수익률(배당 재투자)을 기록했다. 1980~1995년의 코카콜라 주가는 연평균 24% 상승해 주주의 자산을 거의 890억 달러 증가시켰다. 같은 기간 다우존스 산업 평균지수Dow Jones industrial average는 12%, S&P 500지수는 11%였다. 배당을 재투자한 것으로 가정해 1981~1990년의 총수익을 연수익률로 계산하면 37%이며, 1986~1990년의 연수익률은 34%였다. 즉, 고이주에타 시대 코카콜라의 주식 실적은 경이에 가까웠다.

그는 언제나 자신을 주주 자본의 관리자로 생각하고, 코카콜라의 활동이 주주의 자산가치를 높이게끔 만들기 위해 노력했다. 고이주에타는 "경험은 우리에게 분명한 사실을 말해준다. 단위 판매량의 증가는 경제적 이익 창출의 기반이며 이것은 주주 투자금의 가치를 높이는 열쇠이다."라고 말했다. 이렇게 관리자로서의 책무를 다하기 위해 고이주에타는 회사가 핵심 사업에 집중할 수 있도록 하였고, 장기적인 시각을 가졌다. 고이주에타는 지속해서 높은 단기적 성과를 내는 최선의 길은 우리의 주의를 장기에 고정하는 것이라고 생각했다.

1980년대와 1990년대에 장기에 집중했다는 것은 향후 수십 년에 걸쳐 단계적으로 '지속가능하며 수익성 높은 성장을 가능케 하는 세계적 사업 기구'를 구축하는 일을 의미했다.

고이주에타는 코카콜라의 실적을 측정하는 새로운 방식을 도입했다. 단순히 매출이나 수입 증가가 아닌 경제적 이익이 잣대가 되었다. 경제적 이익이란 '세후 순영업이익에서 그 이익을 내기 위해 채용된 평균 자본 비용을 제한 것'이다. 이런 척도로 사업을 평가하면서 코카콜라는 실적이 좋지 않은 일부 사업을 처분하고, 코카콜라의 핵심 사업인 청량음료에 다시금 집중하게 되었다. 그는 자신의 주된 과제가 선진국 시장에서 창출된 자원을 신흥 시장에 투자하는 데 이용하는 자원 분배라고 말했다. 코카콜라는 전략적 가격 설정과 원가 관리를 통해 세계적인 경제난에서도 효과적으로 자원을 배치했다. 유연한 마케팅 투자를 통해 그런 조건들을 기회로 삼기 위한 자원 배치에 나선 것이다.

자금조달에 있어서, 코카콜라는 주주 수익을 높이기 위해 부채를 사용하는 일이 거의 없었고, 주당 수익률을 높이기 위한 자사주 매입을 실행했다. 코카콜라는 배당 지급률을 낮추고 연 배당을 늘려 낮은 비용에 재투자할 자금을 늘렸다. 코카콜라는 이를 비롯한 방식으로 확보된 자금을 세계적 병입 네트워크를 확장하고 광범위한 효율적 사업 시스템을 구축하는 데 재투자했다. 고이주에타의 주주 서한(과 기사글)이 이를 설명해줄 것이다.

— 1984년 —
투자

우리의 주된 목표는 계속해서 주주 자산의 가치를 극대화하는 것이 될 것입니다. 우리는 이익을 늘리고 수익을 개선하는 방향으로 사업을 관리할 것입니다. 사업을 전략적으로 활용하고 확대하는 프로젝트, 즉 투자된 자본에 근거한 장기적인 현금 수익이 총 자본 비용을 상회하는 투자에 재투자될 것입니다. 이러한 투자에 있어서 우리는 3개 영업 부문 외에 영역에서 위험을 무릅쓸 계획이 없습니다. 이 3개 영업 부문에는 상당한 성장의 기회가 있기 때문입니다.

— 1986년 —
환매

회사의 기본적 역량에 대한 자신감을 바탕으로 우리는 자사의 보통주를 1,000만 주까지 매입하는 프로그램을 시작했습니다. 기존 사업의 장기적 수익과 성장 전망을 높이기 위해, 우리는 배당 비율을 장기에 걸쳐 점진적으로 조정해 40% 수준까지 낮출 계획입니다. 배당은 적절히 증가하겠지만, 그 비율은 우리의 연간 수익 성장률보다 낮아질 것입니다.

— 1992년 —
자본 분배

우리의 근본적인 힘은 어디에서 오는 것일까요? 그 힘은 여러 사업 부문이 지리적으로 다각화된 특성을 가지는 데에서 비롯됩니다. 이는 일부 시장의 침체가 거의 예외 없이 다른 시장의 강세로 상쇄된다는 의미입니다. 1992년 브라질, 오스트레일리아, 영국을 비롯한 시장의 사업이 경기 침체로 타격을 입었을 때, 독일이나 아르헨티나와 같은 곳에서의 더 발전된 사업과 빠르게 성장하고 있던 동유럽, 중앙유럽의 신생 사업이 그 부담을 나누었습니다.

이런 균형은 분기별 혹은 연간 실적을 꾸준히 유지해줄 뿐 아니라 장기적인 발전에도 도움을 줍니다. 이에 우리는 각 시장과 사업 단위를 우리의 전체 '포트폴리오'에 있는 개별 투자 기회로 봅니다. 예를 들어, 미국, 독일, 일본과 같은 시장을 안정적인 블루칩 투자처로 생각합니다. 이러한 나라에서의 사업은 많은 현금을 창출하고, 큰 규모의 단위 판매량과 매출을 바탕으로 꾸준한 성장을 만들어냅니다. 그들은 다소 '보수적'이지만 믿을 만한 투자처입니다.

그와 정반대 위치에 있는 것이 '기회의 신세계'입니다. 이 신세계는 각기 다른 개발 단계에 있습니다. 예를 들어, 우리는 인도네시아와 동유럽의 사업을 상당한 투자를 필요로 하는 고성장 벤처로 생각합니다. 반면 중국의 사업과 인도에 재진입한 사업은 장기적으로 무한에 가까운 잠재력을 가진 '스타트 업'으로 봅니다.

이러한 다양성에서 장기적인 수익 성장을 이룰 수 있는 기본 공식이 나옵니다. 바로 기존의 강점을 이용해 미래의 강점을 만들어낸다는 것입니다. 우리는 선진시장에서 창출되는 상당한 재정 자원의 일부를 저개발시장을 성장시키는 데 투자하여 이런 일을 해냅니다. 선진국시장을 우리 직원들의 훈련의 장으로 이용하여 그들에게 우리 사업의 가르침을 주입하고, 그 가르침을 저개발시장에서 적용해 큰 성공을 이끌어낼 수 있게 하기도 합니다.

결과적으로 우리의 주된 과제는 여러 투자 기회들 사이에서 자원을 적절히 배분해 주주에게 돌아가는 수익을 극대화하는 것입니다. 이런 과제를 달성하기 위해서 우리는 초점을 예리하게 조정하고 명료하게 계획한 전략을 따릅니다. 이 전략을 통해 우리는 명확한 방향하에 구체적인 계획을 개발하고, 그 계획을 공격적으로 실행하여 가시적인 성과를 만들어냅니다. 우리는 미래를 약속하지 않기 위해 항상 주의를 기울입니다만, 우리의 모든 경영이 오랜 시간을 거쳐 유효성이 입증된 기본 원칙에 근거를 둘 것이란 점만은 확언할 수 있습니다. 우리는 상당한 시간 동안 이 일을 해왔습니다. 그리고 한해가 지날 때마다 해야 할 일을 하는 데 있어서 더 많은 경험을 가진 능률적인 사람들이 되고 있습니다.

우리는 어려운 환경에서도 장기적인 사업 구축에 필수적인 결단력, 자원, 지구력을 보여주었습니다. 세계 경기가 회복세로 전환하면서, 이런 근본적인 힘이 잘 훈련된 경영진과 더불어 우리에게 더 큰 도움을 줄 것입니다. 이를 인식한 〈포춘〉의 최근 기업 평판 조사에서 우리는 미국에서 가장 존경받는 5대 기업에 이름을 올렸을 뿐 아니라 장기적인 투자 가치에서는 가장 존경받는 기업 1위의 자리를 차지했습니다.

1993년

장기

1993년의 영업 실적은 우리 사업의 근본적인 역량을 명확히 증명해 주었습니다. 그렇다면 최종 결산 결과는 어떠할까요? 그리고 투자에

대한 당신의 수익률은 또 어떨까요? 1993년 우리가 창출한 주주 총
수익률은 8%가 넘습니다. 이 수치는 1992년의 총수익률 6%에 뒤이
은 것입니다. 그러나 우리는 아직 만족하지 못하고 있습니다. 이런
수익률은 지난 12년의 실적이나 우리의 장기 전망에 미치지 못하기
때문입니다. 우리는 눈에 띄는 여러 성과에도 불구하고 만족하지 않
는 이런 마음 자세가 필요하다고 생각합니다.

우리의 독립 사업 단위들은 장기적 비전, 재정 건전성, 다른 기업
들이 모방하려 노력하는 본보기를 만든 측면에서 영국 최고의 판매
사, 아르헨티나에서 가장 존경받는 회사, 프랑스에서 가장 선호하는
식료품 공급업체, 미국 편의점 업계에서 가장 인기 있는 공급업체,
아시아 최고의 기업으로 인정받았습니다. 기업 전체로서는 〈포춘〉의
기업 평판 연례 조사에서 전체 순위 3위로 상승했고, 장기 투자에서
1위의 자리를 고수하면서 다시 한번 가장 존경받는 5대 기업으로 꼽
혔습니다. 이런 기분 좋은 소식들은 우리가 어려운 환경에서도 효과
적인 경영을 하고 있다는 것을 알려줍니다. 하지만 그보다 더 중요한
사실이 있습니다. "3~5년의 평균은 괜찮지만, 앞으로의 3년 혹은 5년
동안 당신들은 무슨 일을 할 건가요?"라는 질문을 던질 수 있는 주주
여러분이 있다는 점입니다.

총수익의 측면에서 구체적인 약속을 하는 것은 법으로 금지되어
있습니다. 법 때문이 아니더라도 우리는 그런 약속을 하고 싶지 않습
니다. 우리는 세계 경제나, 현지의 날씨, 미국 주식 시장의 단기적인
움직임을 통제할 수 없습니다. 하지만 스스로의 행동은 통제할 수 있
습니다. 그리고 10년 동안 주주 연간 총수익률 29%를 달성한 것과

같은 계획, 회사의 가치를 높이는 우리의 역량에 대해 여러분이 자신감을 가지도록 하는 등의 계획을 계속 추진할 것을 약속드립니다.

우리 행동의 원동력은 무엇일까요? 이사진부터 전 세계의 오지로 물건을 실어 나르는 운전사에 이르기까지 코카콜라의 사람들은 선교사와 같은 열정과 과학자와 같은 체계적 사고를 가지고 일을 합니다. 다음의 3가지 우선 사항이 우리의 생각과 행동을 지배합니다.

• 가치 창출　우리는 우리의 존재 이유를 분명히 알고 있습니다. 판매량 증대, 이익, 수익과 현금 흐름도 중요한 우선 사항들이지만, 그러한 척도 모두가 주주들을 위해 가치를 창출한다는 장기적인 목표에 이르는 수단일 뿐이라는 것을 이해하고 있습니다.

• 상표의 진정한 가치　상표의 가치는 대차대조표상의 계산에 의해서가 아니라 시장에서의 유효성에 의해 가장 정확하게 가늠됩니다. 우리 직원들은 브랜드의 파워가 물이 빠지는 웅덩이가 아닌 계속해서 물을 주입해야 하는 저수지라는 것을 알고 있습니다. 우리는 매일의 과제를 코카콜라와 우리 소속 브랜드의 상표에 새로운 가치를 부가할 기회로 보고 있습니다.

• 장기　경제적으로 어려운 시기는 두려움을 불러오고, 사업을 하는 사람들에게 장기적인 판단을 내려야 할 때 타협하게 만듭니다. 우리는 기업의 미래를 아주 작은 부분이라도 단기적인 기대라는 제단에 제물로 바치는 일이 없도록 할 것입니다.

의심의 여지 없이, 우리는 매일 초점을 분명히 하고 예리하게 만들 것입니다. 하지만 그것은 우리 회사를 매력적으로 만드는 조치는 아닙니다. 우리가 가진 최고의 셀링포인트는 코카콜라의 독특한 구성입니다. 다음과 같이 생각해보십시오. 코카콜라는 '코카콜라'라는 이름을 공유하는 세계적 규모의 집단으로 투자자에게 195개 이상의 독립 사업을 통해 세계에 투자할 기회를 제공합니다. 실제로 우리는 투자자들에게 뉴욕증권거래소에서 쉽게 접할 수 있고, 친숙한 경영진이 함께하는 청량음료라는 수익성 높은 사업을 통해 세계에서 가장 유망한 경제국에 투자할 특유의 기회를 제공합니다.

〈포춘〉은 자본금이 가장 많은 1,000개의 미국 기업 중 주주의 부를 창출하는 측면에서 우리 코카콜라를 월마트에 이어 2위의 회사로 꼽았습니다. 우리는 지난 12년간 약 540억 달러의 새로운 시장가치를 창출했으며 총 60억 달러가 넘는 현금 배당을 했습니다. 1993년에는 주주 자산을 40억 달러 증가시켰습니다. 미국 기업의 시장가치 순위에서 4위, 소비재 기업으로 1위에 올랐습니다. 1993년 말, 우리의 시장가치는 580억 달러에 이르렀습니다.

1994년
지표

작년에도 우리는 지난 12년과 매우 비슷한 방식으로 일했습니다. 1980년대 초부터 우리는 높은 단기적 성과를 내는 최선의 길이란 우리의 관심을 장기에 고정하는 것이라는 점을 유념해왔습니다. 이런 장기 지향적인 자세로 지난 15년간 회사는 상당한 진화를 이루게 되었습니다. 우리는 다음 세기로 원활하게 이동하는 성공의 길을 따르면서 지속가능한 수익 성장이 가능한 세계적 사업 기구를 체계적으로 구축해왔습니다. 가장 중요한 장기적 우선 사항에 공격적으로 달려들었고, 그 과제를 달성한 뒤에는 다음 단계로 빠르게 이동했습니다.

우리는 재무 정책을 개혁하기 위한 조치들을 하나씩 진행하기 시작했습니다. 대차대조표를 투명하게 만들고, 부채 비용을 크게 넘기는 수익을 내는 사업에만 신중하게 부채를 허용했습니다. 연 배당을 늘리되 배당률을 65%에서 40%로 낮춰, 수익 성장률보다 낮게 조정함으로써 1983년부터 사업에 재투자할 수 있는 34억 달러의 자금을 마련했습니다. 더불어 재원을 자사주 매입에 투입했습니다. 자사주 매입은 우리가 할 수 있는 가장 현명한 투자의 하나로 꾸준히 시행되고 있습니다.

또한 실적을 측정하는 방법을 새롭고 명백히 우월한 방법으로 전환했습니다. 현재 우리는 사업 단위와 기회를 단순 매출이나 이익이 아니라 매력적인 경제적 이익을 창출할 수 있는 역량에 근거해 평가합니다. 우리는 경제적 이익을 세후 순영업이익에서 그 이익을 내기 위해 채용된 평균 자본 비용을 제한 것으로 규정합니다. 이와 같은 평가 방법의 변화로 우리는 핵심 사업인 청량음료 사업의 눈에 띄는 펀더멘털에 비해 재정적으로 열악한 사업을 처분하기 시작했습니다.

스포츠에서 코치는 선수를 통해서만 역량을 내보일 수 있습니다. 사업에서도 마찬가지입니다. 경영자는 사업을 통해서만 역량을 입증할 수 있습니다. 투자할 가치가 있는 경영자가 되기 위해서 우리는 의도적으로 사업 부문을 축소해 우리가 빛날 수 있는 부문만 남겼습니다. 현재 우리는 평균 자본 비용의 약 3배에 이르는 수익을 일관적으로 창출하는 청량음료 사업에 거의 전적으로 집중하는 방식으로 기업을 운영하고 있습니다. 핵심 사업은 전 세계 주요 병입 기업의 선택적인 지분 보유로 확장되었으며, 장기적으로 견고한 실적을 보여주고 있는 코카콜라 푸드^{Coca-Cola Food}에 의해 적절히 보완되고 있다.

1995년
주가

우리는 실적에 비해 주가가 높은 해가 있는가 하면, 주가가 실적을 따라가지 못하는 해도 있다는 것을 이해하고 있습니다. 하지만 우리는 이 2가지가 서로 영 다른 방향으로 헤매는 것이 아니라 장기적으로는 매우 비슷한 방향으로 움직일 것이라고 믿습니다. 따라서 우리는 언제나 우리 주식이 장기 보유자에게 저렴하고 질 좋은 투자처라는 생각을 가지고 있으며 우리 주식을 계속해서 매입했습니다.

가장 중요한 것은, 우리 기업이 우리의 궁극적인 책임은 회사의 주인인 주주 여러분을 위해 가치를 창출하는 데 있다는 것을 절대 잊지 않으리란 점입니다. 그러기 위해서는 '가치 기반 경영'의 관행, 즉 우리가 고려하는 모든 결정으로 창출되고, 파괴되는 경제적 가치를 평가하는 단순한 방법론이 사업 시스템 전체에 깊이 뿌리 내리게 해야 합니다.

신뢰

이런 모든 성과를 바탕으로 우리의 이야기는 이제 시작됩니다. 사람들은 매일 64온스(약 1,814ml)의 음료 섭취를 요하지만, 전 세계적인 공급량은 2온스(약 57ml)에 불과합니다. 우리는 단호한 의지로 나머지 62온스를 채우는 일에 집중하고 있습니다. 이를 위해 지난해 우리는 그 어느 때보다 열심히 일했습니다. 그리고 우리는 공급량이 이처럼 낮은 이유를 파악하고 관련해 의견을 나누는 데 그 어느 때보다 많은 시간을 할애했습니다.

직원들의 솔직한 의견을 듣는 시간을 통해서, 사보를 통해서, 전 세계 사무실의 복도를 통해서 우리는 장기에 걸쳐 우리 주주의 자산 가치를 높여야 하는 우리의 사명에 대해 긴 대화를 나누었습니다. 우리가 함께 성공하려면 성공이 무엇인지에 대한 공통된 이해가 있어야 합니다. 코카콜라에게 성공이란, 우리에게 재산을 맡긴 주주 여러분을 위해 가치를 창출하는 것이라고 생각합니다.

요즘에는 신문만 집어 들어도, 자신들이 존재하는 진정한 이유를 잊고 있는 기업들의 사례를 쉽게 볼 수 있습니다. 우리는 우리 회사가 할 수 있는 좋은 일들, 즉 고객과 소비자에게 봉사하고, 일자리를 창출하며 사회에 긍정적인 영향을 주고, 지역사회를 지원하는 일들이 우리가 주주 여러분을 위해 가치를 창출하는 우리의 임무를 다해야만 일어날 수 있다는 것을 기억하기 위해 노력합니다.

2년 전에만 우리 회사에 투자하셨더라도, 당신의 투자금은 2배 이상 늘어났을 것입니다. 짐작하시겠지만, 우리는 그 점에 대해서 자부심을 느끼고 있습니다. 이 또한 짐작하시겠지만, 사회의 질서에 뒤처지면 안 된다는 것은 법무팀의 조언이 아니더라도 상식입니다. 하지만 우리는 차선책을 약속할 수 있습니다. 우리 코카콜라의 임직원들은 당신을 위해 가치를 창출하는 데 헌신하면서 무한에 가까운 성장 기회를 포착할 것입니다.

무엇보다도 주주 여러분이 우리에게 보여주신 신뢰에 깊은 감사를 전합니다. 우리는 어렵게 번 돈을, 광적으로 돌아가는 주식 시장에서 우리 코카콜라의 미래에 투자하는 사람들이야말로 진정한 투자자, 진정한 희망과 꿈을 가진 투자자라는 것을 잘 알고 있습니다. 우리 코카콜라에 당신이 투자한 돈을 충실하게 관리하는 관리자로서 당신이 우리 주식을 보유하는 동안 그 돈을 책임지고 맡겠다는 것을 약속드리며 당신의 지속적인 믿음에 감사드립니다.

우리는 2년 연속 〈포춘〉의 "미국에서 가장 존경받는 기업"으로 선정되는 영광을 누렸습니다. 하지만 명성이 덧없다는 것 역시 알고 있습니다. 〈포춘〉은 내년에 1위의 자리를 다른 기업에 줄 수도 있겠죠. 그러나 우리는 기업으로서 존경받는다는 것은 가치를 창출하는 데에서 비롯된다는 것을 알고 있으며, 우리가 구축한 시스템이 앞으로 수십 년 동안 가치 창출을 계속할 것이라는 굳은 확신을 가지고 있습니다.

우리 이사진은 10월 새로운 자사주 매입 프로그램을 승인했습니다. 이 프로그램으로 2억 달러가 넘는 규모로 우리 보통주를 추가 매수할 계획입니다. 1984년 우리의 자사주 매입 프로그램을 시작한 이래, 우리는 주당 평균 약 10달러(주식 분할을 감안해 조정)의 가격으로 거의 10억 주를 매수해 우리 주주들의 자산가치를 270억 달러 이상 높였습니다.

1984년 이후 우리는 평균 18.21달러(주식 분할을 감안해 조정)의 가격에 4억 8,300만 주를 매수해 주식의 가치를 약 170억 달러 높이고, 해당 기간의 연평균 주당 수익률을 18%로 높였습니다. 만약 우리가 환매에 나서지 않았다면, 그 비율은 14%였을 것입니다.

1988년 고이주에타는 "탈 재벌 시대에 미국 기업계의 변화하는 모습The Changing Shape of Corporate America in the Post-Conglomerate Era"이라는 대단히 흥미로운 글을 남겼다.

미국 기업이 숨 쉬는 공기에 '변화'가 스며들었다. 《기업 혁신Reinventing the Corporation》이나 《쇄신 요소Renewal Factor》라는 제목의 책들이 베스트셀러 자리에 오르면서 '변화'라는 단어가 진부까지는 아니더라도 상당히 익숙한 단어가 되었다.

무슨 일이 일어나고 있는 것일까? '변화'를 '탁월'이란 단어처럼 한 해에는 열광적으로 환영했다가 다음 해에는 내치는 운명을 가진 경영상의 유행처럼 취급해도 되는 것일까? 나는 그렇지 않다고 생각한다. 변화 자체는 새로운 것이 아니다. 기업 변화에 집중하는 지금의 세태는 지난 몇 년에 걸쳐 변화의 속도가 빨라진 데에서 비롯되었다. 그리고 이러한 가속화를 추진하는 힘, 예를 들어 전 세계 금융시장을 단일 세계시장으로 연결하는 힘이 굳건히 자리 잡았다. 비즈니스 전문가, 컨설턴트들은 변화를 외치는 데 곧 지칠지 몰라도, 나는 우리가 미국 자본주의의 새로운 시대, 즉 변화가 경영과 전술적 개념에서 기업 자체의 구조적 수준으로 격상되는 시대로 접어들었다고 생각한다.

• 기업 구조는 '주어지는' 것이 아니다

기업에 개방성, 유연성, 변화가 필요하다고 강조하는 논평가들은 경영 스타일, 제품 개발, 마케팅 전략에 집중해왔다. 즉, 주어진 구조에서 기업이 어떻게 운영되는지에 초점을 맞춰온 것이다. 그러나 회사의 구조는 '주어지는' 것일 수 없다. 자본주의에서 유일하게 주어지는 것은 기업의 목표가 주주들이 투자한 돈의 가치를 높이는 데 있다는 점뿐이다. 회사의 구조는 그 자체가 변수이며, 인사, 제품, 계획, 전략과 마찬가지로 쉽게 변경될 수 있다. 한 가지 예를 들어 보자. '지속적인 혁신을 위한 기업 역량 창출'의 필요성을 다루는 톰 피터스[Tom Peters]의 글에서, 나는 그가 회사가 운영되는 방식을 염두에 두고 있다고 생각한다. 나는 경영진의 과제가 그 아이디어를 한 발짝 더 발전시켜, 그 아이디어를 회사가 적용하는 것이라고 본다.

물론 '일반적'이거나 '평균적'인 회사의 모습 같은 것은 존재하지 않는다. 다만, 시대에 따라 선호되는 기업 조직의 형태는 있다. 20세기 전반, 대부분 기업은 단일 사업체의 형태를 띠고 있었다. 자신들이 가장 잘하는 일 하나에 집중하는 데 만족했던 것이다. 심지어 코카콜라 회사를 비롯한 일부 기업들은 단일 상품만을 취급하며 한 우물만 맹렬히 팠다. 이런 단순한 형태의 기업 구조는 큰 장점을 가진다. 하지만 1950년대 중반의 어느 시점부터 이러한 구조가 시대에 뒤떨어지고 유연성이 떨어지며, 단일 매출원에만 의존하면서 투자자에게 매력적이지 않은 기업 형태로 인식되기 시작했다.

• 어색한 사업 부문이 생기다

단일 사업체의 후임자인 재벌 기업은 기업 이론가들의 사랑을 한 몸에 받았다. 많은 기업 평론가와 분석가들은 재벌형 기업 구조를 경쟁이 치열해진 전후戰後의 사업 환경에서 꾸준한 수익 성장을 달성하기에 완벽한 수단으로 보았다. 이에 규모는 미국 기업의 필수 요소가 되었다. 기업들은 자동차처럼 확대, 확장, 개조되었다. 경영진은 어색한 모습에 기능도 좋지 않은 여러 사업 부문을 새로운 기업에 가져다 붙였다.

많은 재벌들이 모기업의 이름 외에는 공통점이 거의 없는 다양한 자회사를 거느리고 있었다. 그들 간의 시너지는 아무리 좋게 보아도 미약한 정도였다. 이런 관련 없는 사업들을 가족이라는 테두리에 묶어 놓고 경영하는 데에서 비롯되는 긴장은 필연적으로 손실을 불러온다. 재벌의 규모와 다양성은 힘의 징표가 아닌 아킬레스건으로 비치기 시작했다. 마찬가지로 중요도가 떨어지는 사업 부문의 재정적 성격과 니즈는 핵심 사업과 자주 상충되었다. 그러나 기업은 하나이기 때문에 자본 구조도 하나, 대차대조표도 하나여야 했고, 중요성이 떨어지는 사업은 각각의 니즈에 적응해야 했다. 기업 구조에 대한 이런 획일적인 접근은 누구에게도 이익이 되지 않았고, 재벌은 점점 인기를 잃어갔다. 더불어 재벌을 투자 명제로 이해하는 것이 점차 어려워졌다.

• 하이브리드 형태가 탄생하다

재벌 기업 형태가 사랑받는 시대는 끝났지만, 단일 사업이나 단일 상품 기업이 지배하는 시대로 돌아갈 가능성은 희박하다. 대신 우리는 새로운 하이브리드 형태의 기업 조직이 탄생하는 것을 목격하고 있다. 전임자의 단점을 없애거나 축소하는 한편, 강점을 유지하는 형태를 말이다.

1990년대의 복합 기업은 대부분의 관심과 이익이 쏠리는 핵심 사업을 보유하되 다른 회사와 사업에도 상당한 투자를 하게 될 것이다. 이런 모델을 뒷받침하는 논리는 단순하면서도 설득력 있다. 다른 경영 초점이 있어야 하고, 다른 재정적 특성과 니즈를 가진 사업들은 그에 맞는 자본 구조로 운영되어야만 한다. 경영진의 주된 과제가 이익, 현금 흐름, 수익의 증가를 통해 장기에 걸쳐 주주의 부를 늘리는 것임을 인정한다면, 자연히 다양한 재정적 특성과 니즈를 가진 사업들을 그 성장과 수익 잠재력을 최대한 실현하는 데 가장 적합한 재정 구조나 자본 구조로 운영하는 것이 경영진의 의무 중 하나가 된다. 이런 논리에 따라 코카콜라는 일부 논평가들이 '49% 해법'이라는 이름을 붙인 접근법을 개발했다.

배경 삼아 이야기하자면, 1982년 코카콜라는 콜럼비아 픽처스 인더스트리즈Columbia Pictures Industries, Inc.를 인수했다. 이로써 엔터테인먼트 비즈니스 섹터Entertainment Business Sector의 규모가 확대 및 재편되었다. 엔터테인먼트 사업으로의 진출은 코카콜라의 전략적 목표에 친숙하지 않은 많은 사람들을 놀라게 했다. 하지만 이 조치는 단기간에 멋진 결과를 냈다. 1986년 엔터테인먼트 비즈니스 섹터는 수익 측면에서 세계 최대의 영화사가 되었다. 지난해 우리는 엔터테인먼트 비즈니스 섹터의 자산을 이미 상당한 지분을 보유하고 있던 트라이스타 픽쳐스Tri-Star Pictures, Inc.와 통합했다. 주주에 대한 한 차례의 현물 배당 이후 현재 우리는 콜럼비아 픽처스 엔터테인먼트Columbia Pictures Entertainment, Inc.라는 이름 아래 통합된 이 합병 회사의 지분 49%를 보유하고 있다.

이 '새로운 콜럼비아'는 여러 면에서 엔터테인먼트 업계의 CCECoca-Cola Enterprises Inc.(1986년 우리가 만든 코카콜라 엔터프라이즈)라고 할 수 있다. CCE는 개별 회사로 상장되었으며 미국 청량음료 판매량의 40%를 차지하는 병입 사업을 운영한다. 우리는 그 지분의 49%를 보유하고 있다. 지난해 캐나다에서도 T.C.C. 베버리지T.C.C. Beverages Ltd.를 성립시켜 비슷한 구조 변경 작업을 완료했다.

• 대중과의 파트너십이 생기다

코카콜라 기업 집단의 새 구성원이 탄생할 때마다 언론의 큰 관심이 집중되고 있다. 그러나 언론이 항상 우리가 취한 조치의 진정한 의미에 초점을 맞추는 것은 아니었다. 우리는 음료 병입 사업과 엔터테인먼트 사업의 구성 및 자금조달 방식을 바꾸었다. 더불어 다양한 사업의 갖가지 재정적 니즈를 충족시키고자 대차대조표에만 의지하지 않고, 대중과의 '제휴'에 나섰다. 재정적으로 가장 중요한 차이점은 차입 자본의 이용이다. 음료 병입과 엔터테인먼트 기업에서 적절하다고 받아들여지는 부채 총자산 비율은 우리의 핵심 사업인 음료 시럽 및 농축액 제조와 판매에서 사용되는 것보다 훨씬 높다. 코카콜라 기업 집단의 일원으로서, CCE와 T.C.C. 그리고 새로운 콜럼비아는 코카콜라 컴퍼니Coca-Cola Company에 병합되어 있을 때보다 자산을 훨씬 많이 활용할 수 있다.

• 적합성과 유연성을 고려하다

재정적 '적합성'이 중요하기는 하지만, 이 구조가 1990년대 미국 기업의 모델이 되기 위해서는 이전의 '모기업'이 이 '계열사'에서 슈퍼-소수주주로서의 위치에 걸맞은 영향력을 유지할 수 있을 정도의 유연성이 있어야 한다. 이런 경우 과반수 소유는 바람직하지 않다. 적절한 영향력을 보장하는 기제는 이사회에서의 대표성(코카콜라가 계열사에서 보유한)이다. 하지만 슈퍼-소수 지분과 같이 영향력을 행사하는 방법이 적절한 자본 구조 개발을 고려하는 유일한 수단은 아니다. 조인트벤처, 파트너십, 20% 정도의 지분 투자도 같은 결과를 낼 수 있다. 국제 청량음료 병입 사업에서 우리는 지난 6년 동안 전 세계 청량음료 매출량의 1/4에 해당하는 병입 업체와 조인트벤처 계약에 들어가거나 지분 투자를 했다. 이를 통해 우리는 세계적인 병입 네트워크를 강화하면서도 90년 역사를 가진 프랜차이즈 시스템의 장점을 퇴색되게 하거나 우리의 대차대조표에 불필요한 부담을 주지 않을 수 있다.

세상은 바뀌어도 본질은 영원하다

프렘 왓사
페어팩스 파이낸셜 홀딩스

1985년, 프렘 왓사는 캐나다의 트럭 수송 보험 기업인 마켈코퍼레이션Markel Corporation의 상장 계열사, 마켈 파이내셜 홀딩스Markel Financial Holdings Limited.의 회장이 되었다. 왓사와 캐나다 출신의 사업가 동료들은 식스티투 인베스트먼트 컴퍼니sixty-Two Investment Company Limited를 통해 마켈 파이내셜과 함께 당시 스티브 마켈Steve Markel이 이끌던 마켈 코퍼레이션의 지배 지분을 인수했다. 2년 후 회사의 이름은 페어팩스 파이낸셜 홀딩스로 변경되었고, 그로부터 10년 후에 마켈과의 공동 투자 관계는 우호적으로 종료됐다. 하지만 왓사는 그 이후에도 회장직을 유지했고, 차등 자본 구조 덕분에 지배주주로서의 위치도 유지했다. 현재 이 회사는 여러 개의 분권화된 자회사를 가진 세계적 보험사이다. 자회사 대부분이 보험사이지만, 다른 업계에도 몇 개의 자회사를 두고 있다.

처음 목표는 주주 지분 수익률을 올리는 것이었다. 1985~2006년의 목표치는 20%를 상회했으나 계속 달성되지 않았다. 이후 목표를 15%로 낮추었다. 회사의 확장이 있었던 1999~2005년의 기간을 비롯해 불황기가 있었으나 항상 장기에 초점을 맞춘 이익 창출을 목표로 하고 있다. 왓사가 이끄는 페어팩스의 주주 서한은 장기의 중요성을 끊임없이 역설하는 것 외에도 이전의 서한과 회사의 연차 보고서에 대한 상호 참조를 많이 포함하고 있다. 각각의 새로운 서한을 작성할 때면 왓사는 이전의 서한들을 검토하고 같은 주제를 다루면서 상당 부분은 반복하되 최신 정보를 덧붙인다. 왓사의 서한은 이전의 서한을 읽은 사람들에게는 중심 주제를 강조하는 역할을 하면서, 새롭게 주주가 된 사람들에게는 왓사가 중요하게 여기는 주제들을 소개하는 역할을 한다. 뒤따르는 내용은 반복적으로 등장한 단락(배당, 종업원 지주제, 주식 시장 반응) 중, 서술에 있어서 가장 효과적이고 대표적인 단어, 적절한 문맥과 배열을 기준으로 선택한 것이다.

글에서도 그의 열정적인 성격이 그대로 드러난다. 왓사는 트위터Twitter가 존재하기 훨씬 전부터 감탄 부호를 듬뿍 사용했다! 이 서한들은 페어팩스가 적극적인 매수와 매도, 사업에 대한 투자 수준의 증가와 감소, 인수를 위한 주식 발행 및 주식 환매 등을 상당히 많이 하고 있다는 것을 보여준다. 버크셔보다는 훨씬 많이 이루어지고 있는 것은 분명하다. 마찬가지로 버핏은 담배꽁초 투자법을 단기에 졸업하고, 견고하고 내구성이 높은 프랜차이즈를 지향하는 투자로 돌아섰지만, 왓사는 그런 접근법을 버리기까지 꽤 긴 시간이 걸렸다. 그렇다 하더라도, 버크셔와의 공통점은 왓사의 주주 지향적 입장에 의심의 여지가 없다는 것이다.

철부지 시절: 1985~1998년

1985년
회사 연혁

우리는 왜 마켈에 투자를 했을까요? 주된 이유는 스티븐 마켈[Steven Markel]과 그의 가족에 있습니다. 이 회사는 최근 힘든 시기를 보내고 있습니다. 그러나 이와 관계 없이 우리는 이 회사가 오랜 세월 운영되어온 방식에 깊은 인상을 받았습니다. 거래를 추진하는 6개월 동안 저는 스티브와 마켈 가족의 진실성을 경험했습니다. 여러분은 이런 사람들이 여러분의 회사를 경영한다는 데 자부심을 가져야 합니다. 지난 2년 동안 스티븐 마켈과 토니 마켈[Tony Markel]의 지칠 줄 모르는 노력이 아니었다면, 여러분의 회사는 살아남지 못했을 수도 있습니다. 우리는 마켈 파이낸셜 홀딩스와의 제휴를 그들이 보험 업계에서 가지고 있는 경험과 우리의 투자라는 배경을 결합하는 마켈 가족과의 파트너십으로 봅니다.

투자

우리의 투자 철학은 벤저민 그레이엄[Benjamin Graham]이 제시하고 그의 제자 워런 버핏이 실천한 가치투자법에 기반을 두고 있습니다. 이는 우리가 재정적으로 건전한 회사의 주식을 본질적인 장기 가치보다 낮은 가격에 매수한다는 의미입니다. 우리는 한두 달 뒤가 아닌 긴 시간이 흐른 뒤에 수익을 올릴 수 있을 것으로 기대합니다. 사실 단기적으로는 주가가 비용에 크게 미치지 못할 수 있습니다. 주식 매수에서 우리는 언제나 돈을 벌고자 하기 전에, 당신의 자본을 장기적인 손실로부터 보호하기 위해 노력합니다. 우리는 당신의 돈으로 투기를 하지 않습니다. 그렇기에 옵션, 상품, 금 등 기타 단기적 상품에 손을 대지 않습니다. 시간이 흐르면서 우리의 투자 철학은 우리에게 보답했고, 우리는 그 철학을 고수할 계획입니다.

당신이 미래에 마켓로부터 기대할 수 있는 것은 무엇일까요? 우리의 주된 목표는 모든 주주의 장기적 이익을 위해서 회사를 경영하는 것입니다. 우리 역시 주주이기 때문에 여러분께 유용하다고 판단할 만한 유형의 정보를 제공할 것입니다. 이 연차 보고서는 더 완벽한 정보 공개를 위한 우리의 첫 번째 시도입니다. 우리는 우리의 실적을 어떻게 평가해야 할까요? 바로, 모든 기업이 보통 주주 지분에 대한 세후 수익률로 평가받아야 한다고 생각합니다.

차등의결권

우리가 투표권이 하나뿐인 하위의결권 주식은 판매하고 다중(10표) 의결권 주식은 유보한 이유는 무엇일까요? 주된 이유는 우리가 마켈 파이낸셜을 통제 및 관리해서 주주에게 평균 이상의 장기 수익을 돌려주려는 데 있었습니다. 우리의 다중의결권은 거래되지 않으며 공개 시장에서는 하위의결권 주식으로서만 판매될 수 있습니다. 또한 우리 주식에 대한 인수 제안이 있다면, 그 제안이 받아들여질 경우 발행된 모든 보통주에 대해서도 비슷한 제안이 이루어집니다.

그렇지만 우리의 다중의결권을 매도하게 될 가능성은 극히 낮다는 말을 덧붙이고 싶습니다. 현재 시장가격의 2배로 매수 제안이 들어온다고 해도 말입니다. 따라서 다중의결권 주식으로 투자자가 우리 주식을 통해 한 번에 노다지를 얻을 가능성은 사라집니다. 우리는 이 단기적 어려움에 비해 훨씬 큰 장기적 이익을 얻을 수 있을 것으로 생각합니다. 예를 들어, 버크셔 해서웨이의 주가는 1965년 20달러에서 지금의 3,500달러로 엄청난 상승을 기록했습니다. 버크셔 해서웨이에 대한 인수 제안은 단기적으로는 매력적일 수 있을지 몰라도 그 회사가 이룩한 장기적인 수익에 비견되어야 한다는 부담을 안게 될 것입니다. 버크셔 해서웨이에게 이것이 현실이라면, 우리에게는 이것이 목표입니다!

회사 연혁

우리는 여러분의 승인을 얻어 마켈 파이낸셜이라는 이름을 페어팩스 파이낸셜 홀딩스로 변경할 것을 제안합니다. '페어팩스'가 어디에서 유래했는지 궁금한 주주들은 그것이 이사회나 컨설턴트의 '이름'에서 비롯된 것이 아니고, 키스 잉고Keith Ingoe의 비서 브렌다 애덤스Brenda Adams로부터 나온 것이란 이야기에 놀랄지도 모르겠습니다. 우리는 페어팩스가 공정하고fair 우호적인friendly 인수acquistions라는 브렌다의 논리에 납득했고, 그래서 그 이름을 사용하려 합니다. 마켈 인슈어런스Markel Insurance는 35년 동안 사업에서 사용했던 '마켈'이라는 이름을 계속해서 사용할 것입니다.

1987년

비전

우리는 페어팩스의 비전이 무엇이냐는 질문을 여러 차례 받았습니다. 페어팩스의 장기적인 계획은 무엇일까요? 우리의 개별 사업 부문들은 '비전'과 '사명' 선언을 가지고 있지만, 페어팩스의 비전은 장기적으로 보통주 수익률을 20% 이상으로 높이는 것뿐입니다. 우리는 그날그날의 기회에 반응하는 것 외에 다른 장기적 계획을 가지고 있지 않습니다.

많은 사람들이 10월의 주식 시장 붕괴가 불황으로 이어질 수 있다고 말합니다. 1929년의 상황이 되풀이되는 걸까요? 안타깝지만 우리는 이 질문들에 대한 답을 알지 못합니다. 우리가 알고 있는 것은 시장의 단기적인 변동은 항상 두려움과 탐욕이라는 감정의 결과이지, 국가나 기업의 근본적인 비즈니스 펀더멘털과는 아무런 관계가 없다는 점뿐입니다.

증권 분석계의 거물인 벤저민 그레이엄은 오래전 그의 책《현명한 투자자》에서 이렇게 말했습니다. "건전한 주식들로 이루어진 포트폴리오를 가지고 있는 투자자는 각 종목의 가격이 변동할 것을 예상해야 하며, 상당한 하락에 걱정하지도 상당한 상승에 흥분하지도 말아야 한다. 투자자는 언제나 시장 시세가 그의 편의를 위해 존재하는 것이라는 점을 기억하고, 필요할 때는 이용하고 그렇지 않을 때는 무시해야 한다. 이것을 간단히 '큰 폭의 상승 직후에 당장 주식을 사거나 큰 폭의 하락 직후에 당장 주식을 파는 일이 없어야 한다.'로 이해해도 크게 틀리지 않을 것이다."

1988년

환매

1987년의 연차 보고서(주식 시장 붕괴 직후)에서 우리는 벤(저민) 그레이엄의 말을 인용했습니다. "큰 폭의 상승 직후에 주식을 사거나 큰 폭의 하락 직후에 주식을 파는 일이 없어야 한다." 우리는 큰 폭의 하락을 경험한 후 붕괴는 장기 투자의 기회를 더 많이 마련했다는 결론에 이르렀습니다. 지나고 나서 생각해보니, 우리는 이런 기회들을 이용할 수 있었습니다.

회사 연혁

1990년의 가장 의미 있는 사건은 마켈코퍼레이션의 파트너십 지분 구조를 두 회사가 성장을 추구하는 데 자유를 갖도록 조정한 것입니다. 지난 5년 동안 페어팩스와 마켈코퍼레이션 모두가 아주 좋은 시기를 보냈습니다. 각 회사가 1,000만 달러가 되지 않는 기초 자본에서 출발해 현재 약 1억 달러까지 확장되었기 때문입니다. 그렇지만 최근에 스티븐 마켈과 저는 장기적으로는 기존의 구조가 계속 최선일 것 같지 않으며, 페어팩스와 마켈을 합치거나 분리해야 한다는 생각을 하게 되었습니다.

페어팩스와 마켈의 사업 지분을 분리하는 이유에는 각자에게 성장을 위한 더 많은 자유를 허용한다는 데 있었다. 하지만 사업을 분리하더라도 왓사와 스티브 마켈은 오랫동안 상대 회사의 이사회에서 자리를 지킬 것이다(토니 마켈은 다음 해 페어팩스 이사회에서 은퇴했다).

인베스터 릴레이션

언론과 IR 부서에 대해 한마디 하겠습니다. 우리에게는 언론이나 IR^Investor Relation(기업이 주주 및 일반투자자, 기관투자자 등에게 회사 경영과 관련된 각종 정보를 제공하고 설명하는 홍보 활동-옮긴이)을 담당하는 부서가 없습니다. 우리는 연례 보고서, 연례 주주총회, 중간 재무 보고서, 필요한 경우에는 정기적인 공고를 통해서 충분히 공시된다고 믿고 있습니다. 그 이상의 공개 논평은 필수적이거나 건설적인 때가 드뭅니다. 우리는 페어팩스와 그룹 내의 각 기업이 '좋거나 나쁜' 언론 대응이 아닌 장기적인 결과를 통해 평가받아야 한다고 생각합니다. 이것이 우리가 언론에 정기적인 논평을 하지 않는 이유입니다.

1992년

회사 연혁

1992년 우리는 햄블린 왓사 인베스트먼트 카운슬Hamblin Watsa Investment Counsel Ltd., HWIC과 페어팩스의 지배주주인 식스티투 인베스트먼트 컴퍼니의 지분 49.9%를 매수하면서 기업 간 관계를 대폭 간소화했습니다. 저는 이 두 회사의 주주이며 이해관계가 충돌할 수도 있다는 것을 인식했기 때문에 여러분도 이 거래가 왜, 어떻게 이루어졌는지, 그리고 그것이 공정한 조치였는지 이해하실 수 있도록 설명해드리고자 합니다. (여러분도 뜻을 같이해주시길 기대합니다!) HWIC는 토니와 햄블린 그리고 제가 1984년에 설립한 투자 카운슬링 회사입니다.

우리는 회사의 가치를 어떻게 평가했을까요? 우리는 이사회에 로버트 하토그Robbert Hartog를 의장으로 하는 개별적인 위원회를 만들었습니다.[14] 우리는 투자 카운슬링 사업의 거물이자 우리의 대주주인 존 템플턴 경Sir John Templeton과 상의했습니다. 로버트와 템플턴 경 두 사람이 공정하다고 합의한 가격을 정한 후, 우리와 계약한 소수주주의 50% 이상으로부터 이 거래에 대한 서명 승인을 얻었습니다. 따라서 1,400만 달러(현금 185만 달러와 주당 28달러 가치의 페어팩스 주식 43만 3,773주)의 평가 가치가 공정한 것으로 결정된 후, 이사회와 과반의 소수주주들, HWIC의 모든 파트너의 승인을 얻었습니다.

HWIC가 왜 페어팩스에게 타당한 선택이었을까요? 다음 3가지 이유 때문이었습니다. 첫째, HWIC는 페어팩스에게 매우 좋은 투자 처입니다. 매우 합리적인 가정하에(관리하의 추가 자금이나 인센티브 없음) 페어팩스가 20%의 투자 수익을 달성할 수 있을 것으로 예상되었습니다. 투자 카운슬링 기업의 공개 가치 평가나 비공개 거래에 비교해 3.8배 높은 매출, 8배 높은 세전 수익도 합리적이었습니다. 더구나 우리는 매입가 대부분을 주당 28달러라는 공정한 가격에 페어팩스의 주식을 발행해 지급했습니다. 둘째, HWIC는 검증된 투자 관리를 페어팩스로 끌어들였습니다. 셋째, 이 인수를 통해 제가 인식한 이해관계의 충돌이 해소되었고 제 모든 지분을 하나의 솥에 담을 수 있게 되었습니다.

배당

페어팩스가 보유한 (배당으로 지급된 것과 달리) 1달러는 그 시장가치가 주주의 세금 납부 없이 최소 1달러 이상이 되었습니다. 이런 결과가 계속 유지되고 (즉, 보유한 매 1달러의 시장가치가 1달러 이상으로 상승하면) 우리가 계속해서 주주 지분에 대해 20%의 수익을 올리는 한 우리는 배당금을 지급하지 않을 것입니다. 배당은 우리가 우선적으로 보호하려는 장기 보유 주주의 이익에 반하기 때문입니다.

주식 발행

7년 동안 주식을 발행하지 않았던 우리는 최근 투자 중개인 업계의 큰손이 되었습니다. 우리는 1993년 주당 55달러에 200만 주의 공모채를 발행했고, 1994년에는 주당 96달러에 100만 주를 사모발행하였습니다. 우리의 주주가 되신 여러분을 환영합니다. 다시 한번 강조하지만, 1993년에 밝혔던 것처럼 우리 회사는 장기를 목표로 운영됩니다. 따라서 단기적인 결과를 지나치게 염려하지 마십시오. 우리는 수익의 단기적인 변동을 흡수하고, 더 나은 장기적 결과를 낼 것이기 때문입니다.

여기에서 우리가 주식 발행에 대해서 대단히 신중한 입장이라는 것을 밝혀야겠습니다. 우리는 장부가치의 2배 가격으로 인수에 나서고, 장부가치보다 낮은 가격에 자사주를 발행해 자금을 조달하는 기업이 되지 않을 것입니다. 우리의 주식이 공정한 가격에 팔리지 않는다면, 우리는 주식을 발행하지 않을 것이고 따라서 인수도 하지 않을 것입니다. 우리는 회사의 규모를 키우는 데에는 전혀 관심을 두지 않고 고객, 직원, 주주를 공정하게 대우하여 주주 자본의 수익률을 높이는 데에만 관심을 두어 왔다는 것을 기억해주십시오.

최근 76달러의 주식 발행은 이례적이었습니다. 전날의 거래가보다 12달러가 높은 가격이었기 때문입니다. 대부분의 금융시장 참가자들은 전날의 거래가격을 그 회사의 공정한 가치로 생각합니다. 그 가격에 거래된 것이 200주뿐이더라도 말입니다. 하지만 우리의 견해는 다릅니다. 우리는 우리 주식의 공정가격이 76달러라고 생각합니다. 금융시장에서 이루어지는 주식 발행의 경우 대부분이 발행 후에 가격이 상승해서 단기적으로 매수자에게 만족을 줄 수 있도록 가격을 설정합니다. 실제 장기적 경험은 그와 반대가 되더라도 말입니다. 주가가 발행 후에 오른다면 우리도 기쁘겠지만, 우리는 우리의 투자자들이 장기적으로 좋은 입장에 서는 것에 더 큰 관심을 둡니다.

──────── 1994년 ────────
보상

저는 페어팩스로부터 고정급으로 25만 달러를 받습니다. 페어팩스나 다른 자회사로부터(HWIC 외) 받는 보수나 보너스는 없습니다. HWIC로부터는 그곳의 다른 파트너들과 마찬가지로 20만 달러의 봉급을 받고, 최대 30%의 이윤 배분을 받습니다. 대리인 회람에서 제 앞으로 표시된 보너스는 이런 이윤 배분에서 나오는 것입니다. 제가 받는 보상은 투자 결과에 큰 영향을 받기 때문에, 저는 여러분께서 보상이 어디에서 비롯되는지 정확히 이해해주시길 바랍니다.

제가 받는 보상에 관해 이야기하자면, 페어팩스가 설립되고 처음 7년간 저는 회사로부터 어떤 보수나 보너스도 받지 않고 오로지 주식 매입 프로그램에 참여했습니다. 1995년에도 그 프로그램에서 받는 주식을 그 프로그램이나 시장에 팔 계획이며, 더는 회사로부터 무이자 대출을 받지 않을 것입니다(우리 임원진들은 계속해서 이 제도를 이용할 것입니다). 이렇게 저는 매입 프로그램과 이해관계를 갖지 않게 되므로 앞으로 그 프로그램을 어떻게 운영할지 자유롭게 결정할 수 있게 될 것입니다.

내실 추구

우리의 주식이 세 자릿수 가격으로 거래되고 있다 보니, 유동성 확대나 주가 상승 등을 위한 주식 분할에 대한 문의가 자주 들어옵니다. 우리는 언제나 부정적인 답을 내놓았습니다. 우리는 주식 분할이 주식의 가치를 높이거나 낮추지 않는다고 생각합니다. 주식 분할은 케이크(회사)에서 당신이 차지하는 조각의 수를 늘릴 뿐이지 그 크기를 늘리지 않습니다. 우리의 초점은 케이크의 조각 수에 변화를 주는 일보다는 케이크의 내재가치를 높이는 일에 있습니다.

배당(없음), 인베스터 릴레이션 부서(없음), 분기 수익 집중(없음)에 대한 정책과 함께 우리는 장기 투자자, 즉 우리 주식을 매수해 장기간 보유하는 투자자를 만족시키는 정책을 만들어왔습니다. 우리는 이런 유형의 투자자를 유인하는 데 성공했을까요? 1995년 페어팩스 주식 150만 주가 테헤란증권거래소^{TSE}에서 거래되었습니다. 이는 대중 주식 보유량의 약 20%입니다. TSE 300 기업들과 비교했을 때, 1995년 페어팩스의 회전율(대중 주식 보유량에서 거래된 주식 비율)은 밑에서 8번째였습니다. 정확히 우리가 바란 위치입니다! TSE의 최고 회전율은 1,250%, 최저 회전율은 13%이고 평균은 60%입니다. 우리가 TSE 옵션 목록에 들어가는 일이 생길 때에나 주식을 매도하십시오. 장기에 관해 이야기하면서 당신에게 상기시켜야 할 일들이 있습니다(1986년 연차 보고서에서 했듯이). 제가 모든 다중의결권 주식을 통제하여 당신이 갖게 되는 눈에 띄는 단기적 단점은 한 가지입니다. 저는 현재 가격의 2배(즉, 주당 200달러)로도 제 주식을 팔지 않을 것이고 따라서 저의 다중의결권 주식은 당신으로부터 한 번에 노다지를 얻을 기회를 빼앗을 것입니다. 우리는 이 단기적 어려움에 비해 훨씬 큰 장기적 이익을 얻을 수 있을 것이란 희망을 갖고 있습니다. 복리의 힘에 대해서 잊고 계신 분들을 위해, 13년 동안 자기 자본 이익률이 20%일 때 장부가치는 10배 늘어난다는 것을 말씀드리고 싶습니다. 다만, 과거에는 이보다 높은 성과를 올렸지만 미래에는 확실히 보장할 수 없었습니다.

장기적 시각에 관한 논의에서, 페어팩스가 직접 지은 밥을 먹는다는 이야기를 전한다면 여러분을 기쁘게 할 수 있을 것 같습니다. 저를 포함한 페어팩스의 모든 핵심 임원들, 햄블린 왓사의 파트너들, 자회사의 사장들은 페어팩스 주식에서 순자산의 매우 중요한 부분을 차지합니다. 또한 우리 이사 6명 중 3명 이상이 페어팩스에 의미 있는 투자를 하고 있습니다. 페어팩스 전체 주식의 21% 이상을 페어팩스의 이사, 임원, 종업원들이 보유하고 있습니다. 주당 100달러로 환산하면 이는 약 1억 8,900만 달러에 이릅니다. 당신이 경제면에서 우리 주가를 보고 소화불량을 겪고 있을 때, 우리 역시 그렇다는 점을 기억해주십시오!

──────── **1996년** ────────

종업원 지주제

우리는 종업원 지주제를 두고 있습니다. 직원들이 자사주 매입에 투자하는 봉급의 10%까지는 회사가 자동으로 그 자금의 30%를 지원하며 페어팩스가 자기 자본 이익률 20%의 목표를 달성할 경우 지원

비율은 20% 증가합니다. 봉급이 2만 달러인 직원이 재직하는 9년간 이 제도에 최대로 참여한다면, 이 사람은 1996년 말 약 22만 5,000달러 가치의 775주를 보유하게 됩니다. 페어팩스 직원들의 표정이 밝은 이유를 알 수 있겠지요! 이 제도에 직원들이 높은 참여율을 보이며, 우리는 그들이 장기적으로 생각할 수 있도록 격려합니다. 우리는 직원들이 회사의 주인이 되는 것을 바라며, 이 제도는 이를 위한 아주 좋은 방법이라고 생각합니다. 종업원이 아닌 주주들에게 걱정을 끼치지 않기 위해서 페어팩스 주식은 시장에서 매수합니다(최신 정보는 2015년의 내용을 참조).

낮은 주식 회전율

우리 회사는 장기적 관점에서 운영되며 오랜 시간에 걸쳐 장기적인 시각을 가진 주주들을 끌어들였습니다. 1996년에 페어팩스의 주식 250만 주(발행 주식 총수의 약 25%)가 TSE에서 거래되었습니다. TSE 300의 모든 기업과 비교할 때, 페어팩스의 회전율(대중 주식 보유량에서 거래된 주식 비율)은 계속해서 하위 10%대를 유지하고 있습니다.

1997년
주가

주가는 언제나 등락을 거듭해왔고 앞으로도 그럴 것입니다. 이는 주식 전반에 적용되지만 특히 페어팩스 주식에 적용되는 말입니다. 장기 투자자들을 끌어들이려는 우리의 지속적인 정책에 홍보도 거의 하지 않아, 장기적으로 페어팩스의 주식은 일반 주식보다 변동이 적을 것입니다. 하지만 단기적으로는 우리 주식도 '에어포켓$^{air \ pocket}$(비행기의 급강하를 초래하는 저기압 지역, 주식의 급락을 이른다 - 옮긴이)'을 경험할 수 있습니다. 우리는 1997년에 이런 경험을 했습니다. 그해 우리 주가는 290달러에서 403달러까지 급등했다가 285달러까지 떨어졌고 320달러로 마감되었습니다. 발행가 395달러에서 19% 하락한 320달러 선에서 마감된 것입니다. 이러한 변동과 관련해 몇 가지 언급한 사항이 있습니다.

첫째, 이런 변동은 변화량의 절댓값이 크기 때문에 과장되어 보입니다만, 비율의 변화에 근거한다면 비정상적인 것이 아닙니다. 만약 우리 주식이 100대 1로 분할된다면, (걱정 마십시오. 그런 일은 일어나지 않습니다.) 같은 비율로 하락해도, 즉 주가가 3.95달러에서 3.20달러로 하락해도 대부분은 눈치채지 못했을 것입니다.

둘째, 과거 우리는 비슷하거나 더 큰 폭으로 주가가 변동하는 것을 경험했습니다. 지금의 경영진이 겪은 페어팩스 주가가 가장 큰 하락을 보였을 때는 1990년이었습니다. 주가는 215/8달러에서 87/8달러로 60% 하락했습니다. 우리는 미래에도 이런 비슷한 하락을 경험할 수 있습니다. 그러나 우리가 만약 계속해서 20% 성장 목표를 달성한다면, 이런 변동은 5년 후에는 무관한 일이 될 것입니다. 1990년의 변동이 현재의 관점에서 그렇듯이 말입니다. 다만 '만약'이 강조되었다는 데 주목해주시고, 장래에 우리가 20% 목표를 달성한다는 보장은 없다는 것을 기억해주십시오.

셋째, 최근 일부 주주들은 이런 변동에 대한 반응으로 본사에 계속 전화를 걸어와 엘니뇨, 멕시코 지진, 아시아 경제 위기 등의 영향을 물었습니다. 우리 회사가 장기적 시각에서 운영된다는 것을 다시 한 번 강조해야겠습니다. 단기적 주가 변동에는 의미가 없습니다. 더구나 본사에서 일하는 인력은 13명뿐입니다. 우리는 그러한 전화에 응답할 시간이 없습니다. 따라서 단기적인 변동을 감당할 수 없는 분들에게 우리 회사의 주식은 적절한 선택이 아닐 것입니다.

우리 연차 보고서의 목표는 여러분에게 ⓐ페어팩스의 가치는 무엇인지, ⓑ 책임을 이행할 수 있는 우리의 능력(달리 말해, 우리의 재무건전성)은 어떠한지, ⓒ 우리가 주어진 상황을 어떻게 처리해왔는지에 관해 파악하는 데 필요한 정보를 제공하는 것입니다.

이 보고서는 주로 ⓑ와 ⓒ에 관해 다룹니다만, 저는 ⓐ에 대해서도 간단히 논의하고 싶습니다. 페어팩스의 가치는 무엇일까요? 저는 1995년 연차 보고서에서 본질적 가치의 개념이나 기업의 가치에 대해 언급했습니다. 내재가치는 주가만큼 기복이 크지 않으며 (기업의 자본 지출과 운전자금을 위한 기업의 재투자 요건을 충족한 다음, 주주에게 분배할 수 있는) 기업 수익이나 미래 현금 흐름을 기반으로 합니다. 일반적으로, 우리의 보험과 재보험 사업의 경우에는 자본 지출과 운전자금 요건은 아주 적습니다. 따라서 우리는 주주들에게 수익을 마음껏 분배할 수 있습니다. 그러므로 페어팩스의 미래 수익이 회사의 내재가치를 결정할 것입니다.

반면에 회사의 장부가치는 오랜 시간에 걸쳐 회사에 투자되어온 돈의 순 금액을 보여줍니다. 주주의 자기 자본 수익률, 즉 장부가치 수익률은 장부가치와 내재가치 사이의 연결 고리입니다. 미래 수익은 주주의 자기 자본 수익에 의해 결정되기 때문입니다. 페어팩스와 같은 회사의 주주 자본 수익률이 20%를 넘고 장기 이자율이 이 수치보다 낮을 경우, 회사의 내재가치는 회사의 장부가치를 넘어설 것이고 시간이 지나면서 회사의 주가는 회사의 내재가치를 반영하게 될 것입니다. 따라서 주가는 단기적으로는 변동하지만, 장기적으로 항상 근본적인 내재가치를 반영합니다. 우리가 장부가치, 내재가치, 그리고 주가 사이의 연결 고리를 보는 시각은 이렇습니다.

우리는 여러분께 페어팩스의 가치를 평가하는 틀을 제공했지만, 여러분은 본질적인 가치에 대해 나름의 기준을 갖고 계실 것입니다. 기업을 인수하고 주식발행을 통해 자금을 조달했을 경우에 우리는 주가가 매도자(우리)와 매수자에게 공정하도록, 즉 가능한 내재가치에 가깝도록 만전을 기했습니다. 하지만 이는 장부가치에 프리미엄을 붙여 주식을 발행했다는 의미입니다. 여러분 중 일부는 우리가 하려는 모든 일이 주식을 장부가치보다 높은 가격에 발행해 주당 장부가치를 높이려는 것이라고 생각합니다. (이는 오해입니다!) 많은 기업이 실제로 이렇게 하고 있고, 수익이 높아질 것이라며 인수를 정당화합니다. 그러나 우리 생각의 초점은 인수를 위해 조성한 추가 자본에 대한 주주 지분 수익률입니다. 추가 자본의 수익률이 10%에 불과하더라도 수익은 증가할 수 있습니다! 우리는 언제나 추가 자본에 대한 20% 이상의 수익률을 목표로 해왔고, 앞으로도 그럴 것입니다.

로베르토 고이주에타

민간 부문의 모든 기업이 장기적으로 주주 가치를 높이는 데 초점을 맞춰야 하는 이유를 명쾌하게 설명한 글이 있습니다. 여러분께 이 글을 꼭 추천하고 싶습니다. 이 글은 당시 코카콜라 회장이었던 고故 로베르토 고이주에타가 쓴 것으로 "왜 주주의 가치인가?"라는 제목 아래 코카콜라의 1996년 연차 보고서에 담겨 있습니다. 로베르토가 쓴 글의 요지는 장기적으로 주주 가치를 높이는 것이 주주뿐 아니라 고객, 직원, 지역사회에도 이익이 된다는 것입니다. 단기적으로 주주 가치를 높이려 하는 것은 결국 그 누구에게도 이익이 되지 못합니다.

헨리 싱글톤

텔레다인Teledyne의 헨리 싱글톤은 주식 환매에 있어서 마이클 조던 Michael Jordan이라 할 수 있습니다. 헨리는 1961년 텔레다인에서 일을 시작했습니다. 당시 발행 주식은 약 700만 주였습니다. 이 회사는 인수를 통해 규모를 늘렸고, 발행 주식은 1972년 8,800만 주로 정점을 찍었습니다. 주식 환매가 인기를 얻기 훨씬 전인 1972~1987년에 헨리는 사외주를 87% 줄여 1,200만 주로 만들었습니다. 헨리가 텔레다인에 몸담은 27년 동안 주당 장부가치와 주가는 연 22% 이상 성장했습니다. 기업계 역사에서 최고 기록입니다. 우리는 투자를 고려할 때 언제나 어떤 인수보다 우리 주식(즉, 주식 환매)을 먼저 생각합니다.

1998년

주의

페어팩스의 평균 자기 자본 이익률은 20.4%로 목표를 초과했으며 TSE 300에서 3위, S&P 500에서 58위에 있습니다. 여러분도 아시겠지만, 장기에 걸쳐 자본 수익률 20%를 달성한다는 것은 대단히 어려운 일입니다. 자본 기반이 클 때는 특히 더 그렇습니다. 지난 13년 동안 우리보다 주가가 빠르게 상승한 기업은 캐나다에 1개, 미국에서 2개뿐입니다. 다만 이것은 지난 전적이지 미래를 예측하는 데 도움을 주는 것은 아닙니다. 과거 상승률의 절반만 달성해도 우리에게는 매우 기쁜 일이 될 것입니다.

우리가 1996년 연차 보고서에서 말했던 것을 잊지 마십시오. "다행히 우리는 단기적으로 뜻밖의 일을 겪지 않았습니다만, 분명 조만간 그런 일이 생길 것입니다!" 금융시장에서 흔한 관행이지만 여러분은 우리로부터 "수익 경고profits warning" 발표를 듣는 일은 없을 것입니다. 기대를 더 낮추려면 우리가 과거에 저지른 모든 실수를 나열한 이전 연차 보고서들을 읽어보실 것을 권합니다.

비전

이러한 성장은 우리조차 믿기 어려운 것이지만, 그것이 페어팩스가 가진 '비전' 선언이나 장기적인 계획에 바탕을 두지 않았다는 점은 나쁜 소식입니다(확인해보았지만, 지금까지는 발견하지 못했습니다!) 이는 미래에는 이런 성장을 기대할 수 없다는 의미입니다(미래에도 이런 식의 성장이 계속된다면 우리는 온 세상을 손에 넣게 될 것입니다!).

차등의결권

저는 제가 다중의결권 주식 전부를 통제함으로써 여러분은 상당한 단기적 불이익을 안게 된다고 여러 번(1986, 1995, 1997년) 이야기한 바 있습니다. 제 주식(의결권이라고 말해야겠습니다!)은 우리가 회사를 키워나가는 동안, 즉 향후 20년 이상 팔지 않을 것이기 때문에 당신은 단시간 내에 부자가 될 수 없습니다.

또한, 우리는 가격에 상관없이 어떤 자회사도 팔지 않는다고 말한 바 있습니다. 당신에게는 대단히 부정적일 수도 있는 이런 태도는 우리 자회사들에게 대단히 긍정적인 측면입니다. 현재 우리는 규모에 구애받지 않고 인수합병에 휩쓸리는 충격적인 경험을 피할 수 있는 몇 안 되는 회사 중 하나이기 때문입니다. 미국(그리고 그 외 지역)의 대규모 경쟁업체들은 독립성에 대한 염려로 방어 조치를 취하기 위해 경제성이 맞지 않는 인수에 나서고 있습니다. 우리는 의도적으로는 경제성이 없는 인수를 하지 않을 것이며 우리 경영진은 회사가 팔리는 데 대한 걱정 없이 장기에 집중하는 경영을 하게 될 것입니다.

1998년의 서한은 왓사가 마켈 이사회에서 물러나고, 스티브 마켈이 페어팩스 이사회에서 사임한다는 내용도 발표했다. 주된 이유는 두 회사 간의 경쟁 심화였으나, 사임 후에도 두 사람의 우정과 상호 존중의 마음은 변하지 않았다.

1999년

1년을 단위로 볼 경우, 주가의 변화는 장부가치나 내재가치의 변화와 연관이 없습니다. 1986년 페어팩스 주가는 292% 상승했으나 장부가치는 183% 상승하는 데 그쳤습니다. 1990년에는 주식 가격이 41% 하락했으나 장부가치는 39%는 상승했고, 페어팩스의 자기 자본 이익률은 23%였습니다. 표를 자세히 검토하면 연간 주가 변동은 상당히 임의적지만, 장기적으로는 경제 현실(또는 내재가치)을 반영한다는 것을 알 수 있습니다.

종업원 지주제

그렇다면 1999년 주가 하락에 대해 우리는 어떤 생각을 하고 있을까요? 우선, 훨씬 가난해졌습니다! 이 회사의 이사, 임원, 종업원이 발행 주식의 16%를 소유하고 있으며 대부분 주식은 매도하지 않았다는 것을 기억해주시기 바랍니다. 저를 비롯한 페어팩스의 모든 핵심 임원들, 그리고 이사들과 햄블린 왓사 외 대부분 자회사의 사장들은 순자산의 대단히 큰 부분을 (제 경우 90% 이상) 페어팩스 주식으로 보유하고 있습니다. 그래서 우리는 확실한 주인 의식을 가지고 일하고 있습니다.

보상

아시다시피, 우리는 자회사와 지주 회사의 사장들과 핵심 임원들에게 무이자 대출을 이용해서 페어팩스의 주식을 보유하도록 권장하고 있습니다. 이것이 캐나다에서는 좋은 성과를 냈지만, 세계적으로는 세금과 여러 가지 이유로 그만큼 효과를 발휘하지 못했습니다. 따라서 1999년 말, 우리는 최대 10년의 기간에 핵심 경영진을 대상으로 하는 제한부 주식 매입 제도를 시행했습니다. 대출 제도와 같이 이 주식들은 공개 시장에서 매수되며, 금융 비용은 발생 시점에 처리되고, 계약 기간에 원금은 상각됩니다. 우리는 이 제도가 핵심 경영진들에게 큰 도움이 될 것으로 기대하고 있습니다.

또한 1999년 말, 우리는 보험과 재보험 자회사가 그해 수익률 목표를 달성한다면 그 회사의 모든 종업원을 대상으로 매년 봉급의 5%에 해당하는 제한부 주식을 지급하는 제도를 시행했습니다. 이것은 지난 연차 보고서에서 설명한 종업원 지주제에 추가되는 것입니다.

지도 원리

우리가 1985년 9월의 창립 때부터 가지고 있던 3가지 목표를 기반으로 페어팩스의 지도 원리를 개발한 지 10년이 넘었습니다. 우리는 회사의 모든 것이 바뀔 수 있지만, 오랫동안 우리에게 큰 도움을 주었던 이 지도 원리만은 바뀌지 않을 것이라고 강조해왔습니다. 이 지도 원리는 우리 회사에 깊게 뿌리 내렸습니다. 그래서 이제는 그 원리를 공개적으로 보여주기로 했습니다(지도 원리들이 확실한 '지침'이 될 때까지 공개하지 않고 기다리고 있었습니다). 우리의 지도 원리 핵심은 가치에 관한 것입니다. 분명히 말하지만 우리는 가치를 희생하는 성공을 원치 않습니다.

상장

1999년 말, 현재 우리 사업의 약 75%는 US 달러로 이루어지며 우리 직원의 약 75%는 미국에 있습니다. 이런 이유로, 우리는 기업 보고를 US 달러로 할 계획이며 향후 2년 내에 뉴욕증권거래소에 상장할 예정입니다.

───────────── 2000년 ─────────────
장기

저는 지나치게 낙관적이었습니다! 2년 연속 자본 수익률이 20%를 넘지 못했습니다. 2000년의 주주 지분 수익률은 4.1%(TSE 300 11.4% 대비)로, 연간 자본 수익률이 2년 연속 TSE 300 평균에 미치지 못한 해를 다시 맞게 되었습니다. 우리의 낮은 주가는 많은 '심층 가치^{deep} $_{\text{value}}$' 투자자를 끌어들였습니다. 2000년 페어팩스는 부동산 가치가 시가총액보다 높은 형국이었습니다. 우리의 실적을 놓고 보면 그 이유를 쉽게 알 수 있을 것입니다.

지난 2년 동안 상당히 실망스러운 결과를 냈다는 것은 인정하지만, 우리 회사가 1985년 9월 설립된 이래 항상 장기를 목표로 운영되었다는 것을 다시 한번 지적하고 싶습니다. 우리는 수년간 여러 차례에 걸쳐, 최근에는 1999년 11월의 주주 서한을 통해, 주주 여러분께 "우리는 수익의 단기적인 변동성을 받아들이고 더 나은 장기적 결과

를 얻기 위해 노력할 것이다."라고 강조했습니다. 미래는 늘 불확실
합니다. 그러나 저는 페어팩스의 장기적 전망이 그 어느 때보다 밝다
고 믿고 있습니다.

2000년도를 언급하기에 앞서 (항상 현재보다는 과거에 관해 이야기하
는 것이 쉽습니다!) 손해 보험 업계 역사상 가장 길고 힘겨웠던 하강
사이클 동안 페어팩스가 장기적으로 이루어 낸 탁월한 실적을 언
급해야겠습니다. 주당 장부가치는 연평균 37% 상승했고, 주가는
1999~2000년의 하락에도 불구하고 연평균 33% 상승했습니다.

보상

지금까지 저는 회사의 경영에 참여하는 지배주주로서 제가 받는
보상이 모든 주주와 긴밀하게 연관되어야 한다고 생각해왔습니
다. 그래서 2000년부터 저는 보너스 없이 60만 달러의 고정급을 받
게 될 것입니다. 이 보상액은 해가 지나도 증가하지 않을 것이며,
1999~2000년의 상태가 반복된다면 감소할 수도 있습니다. 단, 우리
가족이 먹고살 수 있도록 페어팩스는 2001년에 주당 1달러 (혹은 2달
러) 연이율의 배당금 (그렇습니다. 많지 않습니다!) 도입을 검토할 것입니
다. 이렇게 되면 저와 주주인 당신의 유일한 차이는 제 봉급 60만 달
러(최근의 실적만 고려한다면, 많은 분이 너무 많은 것 아니냐고 생각하시겠죠!)
가 될 것입니다. 배당금 지급은 대부분의 주주들로 하여금 이중으로
세금을 물게 할 것이고, 수익을 모두 유보해 수익률을 높이는 것만큼
(지난 15년 동안 해왔듯이) 경제적이지 않을 것입니다. 그러나 이것이 제
가 받는 보상을 당신의 이익과 일치시키기 위해 제가 생각할 수 있는

유일한 방법이었습니다.

공매도

1999~2000년의 저조한 실적으로 인해 우리는 사상 처음으로 새로운 유형의 투자자를 끌어들이게 되었습니다. 공매자가 나타난 것입니다. 2000년 12월 31일 현재까지 우리 주식 4만 7,100주에 대한 공매도(주가 하락에서 이익을 얻기 위한)가 있었습니다. 저는 우리가 장기 투자자만을 끌어들였다고 생각했습니다.

2001년
지도 원리

지난해 페어팩스의 소규모 경영진과 회사를 경영하고 우리의 지도 원리를 실천하는 사장단은 전에 없는 시험을 거쳤습니다. 사방에서 공격이 들어왔고, 우리는 아무 일도 하지 않은 것 같은 기분을 느꼈습니다! 그렇지만 우리의 지도 원리는 온전하게 살아남았고, 우리의 핵심 경영진도 유머를 잃지 않았으며 주주에게 실적으로 보답하기 위해 변함없이 노력하고 있습니다.

2003년
지배구조

회사의 지배주주이자 CEO인 저는 2000년부터 60만 캐나다 달러의 고정급을 받고 있습니다. 추가 보너스나 기타 주식 매입 선택권은 전혀 없고, 60만 캐나다 달러가 전부입니다. 그리고 그마저도 지난 몇 년간은 받지 않았다는 것을 말해두고 싶습니다! 회사와 주식 거래를 하지 않았으며, 제 순자산의 95% 이상은 페어팩스 주식입니다. 우리는 스톡옵션이나 기타 주식 인센티브를 발행하지 않았습니다. 우리의 모든 주식 인센티브는 시장에서 매수된 이급주secondary stock로 교부됩니다. 이 모든 인센티브는 장기적이고 어떤 개인에게든 단 한 번만 혹은 아주 드물게 제공됩니다.

2004년

2004년은 우리가 19년 역사 이래, 커다란 손해를 기록한 두 번째 해입니다. 유례없이 활발했던 허리케인 활동, 대단히 보수적인 투자 포지션으로 인한 투자 수입의 감소, 유출 손실이 그 원인이었습니다. 2004년 주주 지분 수익률은 1.0%(S&P 500은 15.5%, S&P와 TSX는 12.7%의 자기 자본 수익률과 비교해) 떨어졌습니다. 2004년의 손실과 장부가치 이하로의 주식 발행으로 우리 기업의 역사상 두 번째로 주당 장부가치가 4.1% 하락해 주당 184.86달러가 되었습니다. 한편 우리 주가는 2003년 말의 174.51달러에서 3.4% 하락한 168.50달러가 되었습니다. 그렇지만 보험과 재보험 회사들의 뛰어난 실적 덕분에 2004년 내재가치는 상당히 상승했습니다.

주식 발행

우리는 240만 주를 발행해서 3억 달러의 자금을 조달했습니다. 주된 조달원은 마켈코퍼레이션(1억 달러)과 사우스이스턴 애셋 매니지먼트Southeastern Asset Managment(1억 5,000만 달러)였습니다. 이전에 말씀드렸듯이, 가격은 마음에 들지 않았지만 오랫동안 함께 했던 스티븐 마켈과 사우스이스턴의 메이슨 호킨스^Mason Hawkins와는 좋았습니다. 우리가 출범하던 1985년에 우리 파트너였던 스티브 마켈과 다시 함께하게 된 것은 무척 기쁜 일이었습니다. 사우스이스턴은 당신도 아시다시 피 우리의 최대 주주입니다. 우리는 이번 주식 발행으로 인한 약 5% 의 장부가치 저하가 이 발행으로 인한 추가적인 유연성을 통해 회수 될 것으로 기대하고 있습니다.

르네상스: 2006~2007년

— 2006년 —
공매도

2006년 7월 특정 헤지펀드 등을 상대로 소송을 제기했습니다. 이전 에 말씀드렸듯이 우리는 공매도나 공매자에 대해 반대하지 않습니 다. 공매도는 투자 전략이나 헤지 전략의 적절한 구성요소가 될 수 있습니다. 사실, 우리도 현재 포트폴리오에서 공매 포지션을 취하고 있습니다. 그러나 우리가 주장했듯이, 이윤이든 다른 무엇을 위해서 든 조작과 협박을 사용하는 것은 결코 용인할 수 없습니다. 21년 동 안 우리가 건 소송은 이것이 겨우 두 번째입니다. 기억하실지 모르겠 지만, 첫 번째 소송에서 우리는 영국 런던의 보험업계에서 불법적인 시장 조작이 있다는 혐의를 제기했습니다. 우리는 그 소송을 끝까지 밀어붙여 완승을 거두었습니다.

민스키와 그레이엄

금융 불안정성 가설Financial Instability Hypothesis의 아버지, 하이먼 민스키는
"안정이 불안정을 유발한다."는 것을 역사가 보여준다고 말했습니
다. 장기간의 번영은 불안정을 초래하는 과다 차입 금융 구조로 이어
집니다. 우리는 지금 가장 짧은 불황(2001년)을 통해 미국에서 가장
긴 경기 회복(20년 이상)의 여파를 보고 있습니다. 평균으로의 회귀는
시작되었습니다. 다만 아직은 시작에 불과합니다!

우리는 모기지 보험, 채권 보험, 정크 본드에서 신용 스프레드가
극적으로 커지는 것을 목격했습니다. 주택 시장의 문제를 반영하는
것이었죠. 우리는 이러한 위험이 신용 시장 전체로 확산될지 주의 깊
게 지켜보고 있었습니다. 신용 시장 대부분에 주택 시장과 마찬가지
로 느슨한 대출 기준과 자산 저당 구조가 적용되었기 때문입니다. 과
거에도 언급했듯이, 미국의 기록적인 세후 이익 마진 감소 가능성과
그것이 주가에 미칠 영향에 대해서도 여전히 우려하고 있습니다. 더
불어 미국 경제와 주가가 여타 세계 경제와 주가에 미칠 잠재적 영
향, 특히 세계 대부분 주식 시장의 거래량이 사상 최고치에 이르렀다
는 점을 고려해, 50년에 한 번 혹은 100년에 한 번 있을 금융 폭풍으
로부터 우리의 포트폴리오를 보호하기 위해 노력하고 있습니다.

우리에게 '장기 가치투자'의 지적 토대를 마련해준 동시에 우리가
큰 신세를 진 사람이 있습니다. 벤 그레이엄입니다. 우리는 최근 그
의 흥미로운 관찰을 발견했습니다. 벤 그레이엄은 1925년 주식 시장
에 투자했던 100명의 투자자 중 1929~1932년 사이의 시장 붕괴에
서 살아남은 사람은 단 한 명뿐이라고 지적했습니다. 1925년에 리스

크를 예상하지 못했다면 그런 붕괴에서 살아남을 가능성은 매우 낮습니다! 우리는 벤의 관찰이 우리가 지난 5년간 경험한 상황과 연관 있을 것이라 생각합니다. 우리는 2005년의 연차 보고서에서 "제레미 그랜섬Jeremy Grantham이 전 자산 범주에서 연구한 28개 버블(1929년 버블을 비롯한 금, 은, 일본 증권) 중 완전히 역전되지 않은 유일한 버블은 최근 미국 주식 시장의 버블뿐이라고 말했습니다(2003년에 예상되었던 것과 같이, 방향이 바뀌고 반등했다)"라고 언급했습니다.

─────────────── **2009년** ───────────────

2010년 9월 23일 페어팩스는 설립 25주년을 맞게 됩니다. 많은 행운과 노력, 뛰어난 팀 문화 덕분에 2019년 말에 아직 1년을 남긴 시점에서 우리의 주당 장부가치는 243배 상승했고, 우리의 주가 역시 126배 상승했습니다! 장기에 대해 이야기하자면, 내가 가장 좋아하는 역사 속 회사는 동인도회사British East India Company입니다. 이 회사는 1600년 설립되어 250년 동안 존속했습니다! 여왕도 대주주 중 한 사람이었습니다. 이 회사의 투자 자본 수익률 목표가 20%라는 것을 읽고 제가 얼마나 놀랐는지 상상하실 수 있겠습니까? 세상은 바뀌어도 본질은 영원한 것입니다.

이 위대한 회사의 총독은 성공 이유에 관한 질문을 받았습니다. 그는 "단 두 단어입니다. 바로 열광적인 무위Frenetic Inactivity이죠."라고 답했습니다. 250년은 장기적 시각을 가진 우리 주주들에게도 지나치게 긴 시간이겠죠.

AIG의 역사는 장기적 시각에 대해서 그리고 왜 사업에는 안주의 여지가 없는가에 대해서 큰 교훈을 줍니다. AIG가 주주 자본을 1,000억 달러에 가깝게 축적하는 데에는 89년이 걸렸지만, 그것을 잃는 데에는 1년(2008년)도 채 걸리지 않았습니다. 무시무시하지 않습니까? 최근 저는 가족들과 함께 제가 45년 전 졸업한 인도 하이데라바드의 고등학교를 방문했습니다. 향수에 잠겨 있던 와중에 저는 정문에 선명하게 적혀 있는 교훈을 보고 충격을 받았습니다. "경계를 게을리하지 말라." 여태 벤 그레이엄의 《증권분석》에서 배웠다고 생각했는데 말입니다.

상장

지난해 말, 우리는 뉴욕증권거래소에서의 상장 폐지를 결정했습니다. 우리는 이 상장이 장기 주주들, 우리 회사 운영의 궁극적인 목표인 그들에게 어떤 순편익도 주지 못하고 있다고 생각했습니다. 우리는 이 상장 없이도 필요할 때 자금을 조달했고, 전 세계의 우리 직원들은 토론토증권거래소에서 캐나다 달러나 미국 달러로 보통주를 살 수 있습니다.

2010년
지표

1년을 기준으로 하면, 장부가치의 상승과 주가의 상승 사이에는 아무런 연관성이 없습니다. 그렇지만 장기를 기준으로 보자면, 우리의 보통주 가격은 주당 장부가치가 증가하는 것과 거의 같은 속도로 증가해왔습니다.

지표

2011년 우리는 주당 장부가치의 본질적인 변화 없이 제자리걸음을 했습니다. 실적은 언제나 기복이 있지만, 주당 장부가치의 상승으로 가늠되는 장기적 실적은 훌륭했습니다.

─────── **2012년** ───────

요즘 시장에서는 놀랄 만큼 많은 거래가 이루어집니다. 예를 들어 2012년 블랙베리^{BlackBerry}의 발행주 수는 5억 주였으나 14억 9,000주의 거래가 이루어졌습니다. 즉, 회전율이 발행주 수효의 3배에 가까웠던 것입니다. 페어팩스의 경우, 뉴욕증권거래소의 상장 폐지 전 7개년의 주식 거래는 1일 평균 약 12만 9,000주였고, 이후 3년간의 평균 거래량은 1일 약 4만 7,500주였습니다(85% 이상의 거래가 토론토증권거래소에서 이뤄졌다). 우리의 주식 회전율은 이 기간 발행 주식수의 2배에서 0.6배로 떨어졌습니다. 우리 회사는 장기 주주들을 위해 운영되기 때문에 우리의 회전율이 더 떨어지기를 희망합니다. 여담이지만, 페어팩스의 주식은 토론토증권거래소에서 캐나다 달러나 미국 달러로 매수 혹은 매도할 수 있습니다!

들뜨고 광적인 환경에서 행동주의 투자자$^{activist\ investor}$(경영권에 개입하기 위해 지분을 매집하려고 하는 개인이나 단체-옮긴이)와 헤지펀드가 활개를 치고 있습니다. 단기적인 이익에 초점을 두고 있는 이들이죠. 투자자들이 빨리 이익을 볼 수 있도록 경영진은 교체되고, 직원은 해고되며 사업 부문은 매각되고, 회사는 경매됩니다. 이러한 행동은 좋은 회사를 파멸로 몰아넣을 수 있습니다. 우리는 장기적인 시각을 유지하고, 늘 우호적 상태에서 경영진을 지지합니다.

직원

페어팩스는 우리가 지난 27년 동안 발달시켜온 '공정하고 우호적인' 문화로부터 큰 이익을 얻고 있습니다. 뛰어난 진실성과 연대 의식을 갖추되 야욕은 없는 우리 지주 회사의 소규모 팀은 우리가 예상치 못한 하방리스크로부터 우리를 보호하고, 기회가 있을 때 그것을 활용하도록 도와주면서 전체 기업의 발전을 이끕니다. 우리 기업을 한데 묶는 접착제는 장기에 대한 집중과 신뢰입니다. 우리 이사회 임원들과 전 직원이 언제나 장기적인 시각으로 모두가 옳은 일을 할 것이라 믿어주십시오.

따라서 페어팩스에서는 자회사의 일거수일투족을 감시하고, 단기적인 이익을 극대화하기 위해서 회사를 매각합니다. 더불어 경영진에게 과다한 보상을 하며 대량 해고를 감행하고, 경영진이 쉽게 교체되며 인베스트 릴레이션을 적극적으로 펼치는 지주 회사를 보실 수 없을 것입니다. 우리 임원들은 우리 주식을 판매하지 않으며 함께 일할 수 있는 사람들입니다. 우리는 지키고자 하는 사장이나 임원을 잃은 적이 없습니다. 페어팩스와 평균 13.5년을 함께해온 우리의 사장, 임원들은 우리 회사의 궁극적인 힘이며 우리의 미래를 기대할 수 있는 이유입니다.

헤징

국제회계기준$^{\text{International Financial Reporting Standards, IFRS}}$에 따른 회계를 통해 주식 투자의 변동성은 실현되지 않았어도 손익계산서와 대차대조표에 유입되어 실적의 기복을 만들어냅니다(실제 결과는 장기적 관점에서만 볼 수 있습니다). 2013년, 보통주 가격이 큰 폭으로 상승한 상황에서 우리는 20억 달러 이상의 보유 보통주를 팔아 13억 달러의 차익을 실현했고, 그에 비례해 헤지를 줄임으로써 헤지에서 실현된 손실로 상쇄되었습니다. 최종적으로 우리는 보통주와 채권의 매도로 2,900만 달러 수익을 실현했으며, 미실현 투자손실은 159만 3,000달러(채권 10억 달러, 보통주 5억 달러 포함)로 순손실은 156만 4,000달러였습니다. 2013년 시장의 등귀로 보통주 포트폴리오에 대한 방어 헤지 비용은 약 20억 달러였습니다(우리가 계속 헤지의 효과를 보고 있다는 면에서 상당 부분은 비실현화되었습니다). 금융시장에 대한 우리의 우려와 장기 투자로 달성한 뛰어난 수익률을 감안해, 우리는 어쩔 수 없이 웰스파고$^{\text{Wells Fargo}}$(수익률 125%), 존슨앤드존슨$^{\text{Johnson \& Johnson}}$(수익률 47%), U.S. 뱅코프$^{\text{U.S. Bancorp}}$(수익률 135%)의 장기 보유 지분을 매각하기로 했다.

— 2014년 —
승계

장기에 집중하는 회사의 입장을 지키기 위해서는 반드시 다음 세대의 참여가 있어야 하며 그들은 페어팩스 경영진과 친밀해야 합니다. 그렇기에 올해 우리는 제 아들 벤^{Ben}(온전히 자신의 노력으로 포트폴리오 매니저로 성공한)을 이사로 지명했습니다. 저의 다른 자녀들은 페어팩스의 임원이나 직원이 아닙니다만, 이사회 차원의 참여는 회사의 장기적 성공에 대단히 중요한 요소인 '공정하고 우호적인' 페어팩스 문화의 지속성을 확보해줄 것입니다.

2017년에 스프루스그로브Sprucegrove의 연구 소장인 왓사의 딸 크리스틴 매클레인Christine Mclean이 페어팩스 이사회에 합류했다.

──────────── **2015년** ────────────
경고

요즘에는 가격과 관계없이 보통주가 훌륭한 장기 투자 수단이라는 시각이 우세합니다. 이는 빗나간 장기 투자의 좋은 사례입니다. 물론 전 세계가 부러워하는 법규와 규모를 갖춘 기업들이 많은 곳으로 미국 외에 찾기는 어렵습니다. 하지만 역사가 말해주듯이, 1929년 다우존스가 400에 이른 활황은 다우존스가 다시 400에 오르기까지 25년을 기다려야 한다는 의미입니다. 한편 당신은 지표의 90% 하락에서 살아남아야 합니다. 최근의 예를 살펴보자면, 일본은 1989년에 도달했던 4만 선에 아직도 접근하지 못하고 있습니다. 당시 사상 최고치에서 50%가 좀 넘는 수준을 유지하고 있는 것입니다. 사람들이 말하듯 '위험은 매수자의 몫'입니다.

저는 의도적으로 세계가 지금 직면하고 있는 모든 문제와 과제를 요약해 제시했습니다. 의도치 않은 결과와 그로 인한 고통의 여파는 대단히 큽니다. 벤 그레이엄이 1925년 (예, 1925년입니다) 투자한 사람이 불황에서 살아남을 수 있는 확률은 1/100이라고 말한 이유가 여기에 있습니다. 실제로 1930~1932년에 이르는 증시의 붕괴는 1930년의 고점에서 86%의 손실을 초래했습니다. 우리는 계속해서 우리 주주인 여러분과 우리 회사를 우리가 예측할 수 있는 잠재적인 문제로부터 최선을 다해 보호하고 있습니다. 이미 말했듯이, 옳고, 옳고, 옳고, 옳았다가 그른 것보다는 그 반대가 낫습니다! 우리는 AIG가 주주 자본을 900억 달러로 만드는 데 89년이 걸렸으나 그것을 모두 잃는 데 단 1년만 걸렸다는 것을 기억합니다.

차등의결권

2015년, 저는 여러분께 제 다중의결권 주식이 가진 투표권에 대한 보전 승인을 부탁드렸습니다. 지난 30년 동안 저는 반복해서 제가 회사의 지배권을 갖는 것이 여러분께 가장 좋지 않다고 언급했습니다. 제가 가격에 상관없이 인수 제안을 받아들이지 않을 것이기 때문에 여러분이 페어팩스 주식으로 단기간에 큰 이익을 얻는 것은 불가능하다고 말입니다. 대신에 우리는 여러분이 장기적으로 이익을 얻는 데 최대한 집중할 것입니다.

시간이 흐르면서 우리가 진행한 주식 발행을 통해 한때 의결권의 80%였던 제 다중의결권 주식은 의결권의 41.8%만 보유하게 되었습니다. 지배권이 이 수준 이하로 떨어진다면 저는 마음이 대단히 불편해질 것입니다. 우리 회사가 인수의 대상이 되기 때문입니다. 그렇다면 우리에게는 2가지 선택이 남습니다. 다중의결권 주식의 구조를 바꾸거나 우리 주식을 통화로 이용하는 인수를 중단하는 것입니다. 우리 이사회는 특별 위원회를 구성했습니다. 이 위원회는 신중한 고려 끝에 소수주주의 이익을 보호하면서 다중의결권 주식의 힘을 보전하는 조건을 제안했습니다.

우리는 이 문제를 대주주들과 논의했고, 임시 주주총회에서 주주들의 승인을 얻었습니다. 다중의결권 주식의 조건을 변경하는 데에는 공개 거래되는 하위 의결 지분 2/3의 승인이라는 까다로운 과정이 필요합니다. 그런데도 우리는 승인을 얻어냈습니다. 우리는 주주들이 이것이 페어팩스의 환경에 가장 적합한 지배구조라는 점을 인식했기 때문이라고 생각하고 있습니다. 주주들을 대신해 광범위한 작업과 신중한 고려를 위해 애써 주신 특별 위원회 구성원들께 감사드리며 지지해주신 주주 여러분께도 깊은 감사를 전합니다!

이 승인과 관련해 2025년까지 저는 보너스, 스톡옵션, 연금 수당의 형태로 어떤 보수도 받지 않을 것입니다. 저는 제 연봉이 (제 요청으로) 2000년부터 받았던 그대로 60만 캐나다 달러로 유지될 것이라는 데 동의했습니다. 또한, 다중의결과 주식의 힘을 보전하는 데 대한 승인 효과는 발행 주식의 수효에서 미리 정해진 증가가 이뤄진 후, 정기적으로 지정된 날에 주주 과반의 추인 투표를 거쳐 발생합니다.

이것은 페어팩스와 그 주주들에게 아주 좋은 거래입니다. 이를 통해 우리는 눈에 띄는 확장을 하면서도 지난 30년간 구축해온 귀중한 기업 문화를 유지할 수 있기 때문입니다. 여러분은 페어팩스에서 인수 프리미엄을 누리지는 못할 것입니다. 그러나 우리는 고객, 직원, (우리가 자리한) 지역사회를 공정하고 우호적인 방식으로 대함으로써 주주 여러분의 장기적인 자산가치를 높이는 데 집중할 것입니다. 제가 편향된 입장이긴 하지만, 페어팩스가 매각을 목표로 하지 않으며 그 어떤 보험사도 팔지 않을 것이란 사실은 우리 회사와 모든 직원에게 대단히 긍정적인 영향을 주고 있습니다.

단기적인 이익만을 생각하는 오늘날의 기업 행동주의 세상에서 이것은 페어팩스의 주요한 강점입니다. 기업 행동주의자들은 빠른 이익을 보기 위해 회사로 하여금 사업 부문을 매각하거나, 무분별하게 비용을 낮추거나, 합병을 받아들이라는 공격적인 요구를 가합니다. 이들의 단기적 관점 때문에 기업들이 파괴되는 일이 너무 자주 일어납니다. 이런 행동주의는 우리가 혐오하고 배척하는 것으로 기업의 평판을 떨어뜨립니다. 우리는 그런 일에 절대 가담하지 않을 것입니다.

낮은 주식 회전율

우리는 계속해서 매우 장기적인 시각을 가진 주주들을 모시는 행운을 누리고 있습니다. 1985년 설립 이래, 많은 주주들이 저희를 지지해주고 계십니다. 기관 주주들 역시 유난히 장기 보유가 많습니다. 많은 기관 주주가 10~25년 동안 우리와 함께하고 있습니다. 이 점은 우리의 회전율을 통해 확인할 수 있습니다. 우리 주식의 연간 회전율은 32%로 토론토증권거래소나 뉴욕증권거래소에서 가장 낮은 수준입니다. 뉴욕증권거래소에서 가장 활발하게 거래되는 회사의 경우 연 회전율이 500%를 상회하고 있습니다.

직원

우리는 종업원 지주제를 통해 모든 직원이 회사의 주주가 되도록 격려하고 있습니다. 이 제도하에서 급여 공제 방식을 통한 직원의 주식 매수에는 고용주의 기여금이 추가됩니다. 이것은 아주 훌륭한 제도이고 직원들은 장기적으로 큰 수익을 올려왔습니다. 직원의 봉급이 4만 캐나다 달러이고 처음부터 이 제도에 전적으로 참여했다면, 2015년 말 3,306주가 될 것이고 그 가치는 220만 캐나다 달러입니다. 이렇게 제도를 이용한 직원이 많다는 것을 알릴 수 있게 되어서 너무나 기쁩니다! 우리는 직원들이 회사의 주인이 되고 회사의 실적으로부터 이익을 얻기를 바랍니다.

2016년
문화

우리는 지난 31년 동안 발전시켜온 뛰어난 기업 문화를 가지고 있습니다. 우리는 그것을 공정하고 우호적인 기업 문화라고 부릅니다. 이 문화는 우리 스스로가 대우받기를 원하는 방식으로 모두를 대한다는 황금률을 기반으로 합니다. 이런 문화와 분권적 구조 덕분에 우리는 뛰어난 기업들과 경영진을 많이 끌어들일 수 있었습니다. 지금은 시작일 뿐입니다! 우리는 우리가 이룬 것들로부터 혜택을 보기 위해서 인수에 대한 문턱을 높이고 우리 주식을 사들이고 있습니다. 연차보고서에서 이미 언급한 우리의 영웅, 헨리 싱글톤은 1960년 텔레다인의 발행 주식을 700만 주에서, 1972년에는 8,800만 주로 만든 뒤 1987년에는 사외주를 87% 줄여 1,200만 주로 만들었습니다. 우리의 장기적 초점은 명확합니다.

지도 원리

설립 이래 처음으로 우리는 그동안 인지하고 있었고, 정기적으로 언급해왔던 2가지 항목을 명확하게 드러내기 위해 지도 원리를 갱신했습니다. 이 2가지는 우리의 투자가 항상 장기적인 가치 지향적 철학에 근거해 이루어질 것이며, 우리가 사업을 하고 있는 지역사회에 보답하는 일의 중요성을 인식하고 있다는 것입니다.

─────────── **2017년** ───────────
투자

저는 새로운 보고서를 쓰기에 앞서 우리의 모든 연차 보고서를 검토하곤 합니다. 저는 올해, 2011년 주주 여러분께 향후 3년과 그 이후에 경제의 대규모 리스크가 올 수 있고, 보통주가 다음 10년간 약진할 것이며, 당시 장기 재무성 채권의 수익률이 2.9%에 불과했기 때문에 다음 10년간은 지난 20년과 달리 채권이 주식보다 좋은 실적을 낼 가능성이 없다는 서한을 드린 것을 발견했습니다. 불행히도 우리는 여전히 경기에 대해 걱정하고 있었기 때문에, 이후 3년 동안 헤지 항목을 제거하지 못했습니다. 그렇지만 2016년 새로운 미국 행정부가 들어서면서 상황이 변했습니다. 우리는 재빨리 제거했고, 개별 공매 포지션도 제거했습니다. 향후 우리가 우리 포트폴리오를 보호하기 위해 공매도에 의지할 가능성은 극히 낮습니다.

법인세율을 21%로 인하하는 미국 행정부의 조치, 자본 지출 감가

상각의 가속화, 규제 후퇴, 막대한 기반 시설 지출의 가능성은 미국이 8년 연속 2% 이하의 실질 경제 성장을 기록한 적이 없다는 사실과 맞물려 몇 년 안에 훨씬 높은 경제 성장률이라는 결과를 낳을 수 있습니다. 높은 경제 성장률은 많은 기업의 높은 이윤으로 이어져, 눈에 띄게 지표가 상승하지 않더라도 우리 같은 가치투자가들이 번창할 수 있는 '스톡 피커stock picker(지수를 따라가는 투자자와 대조적으로 종목을 선별하는 투자자 - 옮긴이)' 시장이 나타날 것으로 예상합니다. 따라서 우리는 다시 공격적인 자세로 돌아갑니다. 물론, 주식 시장이 쉬운 곳이 아니라는 점을 명심하면서 말입니다. 장기 이자율은 바닥을 쳤고, 아마도 다음 5년 동안 상당히 큰 상승세를 보일 것입니다.

2018년
문화

페어팩스는 장기를 목표로 운영되며, 그것은 제가 사라진 후에도 계속될 것입니다! 페어팩스는 회사를 매각할 생각이 전혀 없으며 주주들에게 장기적으로 큰 자본 수익을 안겨주는 일에 초점을 두고 있습니다. 우리의 성공과 엄청난 경쟁력을 뒷받침하는 것은 우리가 페어팩스에서 발전시키고, 우리의 지도 원리를 지지하는 데 바탕이 된 공정하고 우호적인 문화입니다. 우리의 문화는 다른 기업들이 페어팩스에 끌리고, 사람들이 우리 회사에 합류하고 싶어 하는 이유입니다.

분기별 지침

분기별로 회의를 소집해 성장 실적에 초점을 맞추는 관행은 주식 시장을 단기적 결과에 극도로 민감하게 만들었습니다. 대부분의 시장 참가자들이 매일의 날씨를 예측하는 데 집중하는 것처럼 보입니다. 하지만 우리는 계절에 집중하고 싶습니다. 우리는 겨울이 끝날 것이고 봄이 올 것이며 그 뒤를 여름이 따른다는 것을 알고 있습니다. 정확한 날짜는 알 수 없지만, 간혹 봄에도 눈발이 날릴 수 있습니다! 하지만 계절이 되풀이되는 것처럼 우리는 우리 스타일의 가치투자가 다시 두각을 나타내고, 주주에게 높은 수익을 가져다주기를 기대합니다.

환매

왓사는 1997년과 2016년 헨리 싱글톤의 주식 환매 계획을 찬양했고 그의 서한에서 여러 차례 그 주제를 다루었다. 다음은 그 예이다.

1988년 당해에 페어팩스 주식은 11.75~15.125달러 사이에서 거래되었습니다. 그 범위의 하단에서, 우리는 우리 주식이 회사의 좋은 투자처라고 생각하며 발행 주식의 10%를 환매했습니다. 우리는 주당 평균 12.94달러의 가격에 겨우 1만 4,200주를 매수할 수 있었습니다. 우리는 회사가 이용가능한 최선의 투자처라고 생각될 때마다 우리 주식의 매수에 나설 것입니다.

1999년 암울한 상황에도 긍정적인 면은 있는 법입니다. 우리 주가가 큰 폭으로 하락했기 때문에 우리는 발행 주식의 약 5%를 환매할 수 있었습니다(평균 가격 293달러에). 1990년 비슷한 조건에서 우리는 주당 약 9달러에 발행 주식의 25%인 180만 주를 매입했습니다. 우리가 진행한 좋은 투자 중 하나였습니다.

우리는 그 어떤 주식 취득보다 우리 주식에 대한 투자, 즉 주식 환매를 우선으로 고려할 것입니다. 우리의 인수 정책과 비슷하게, 우리의 재정적 위치를 희생시키면서 자사주 매입에 나서는 일은 하지 않을 것입니다. 매력적인 가격에 주식을 환매하는 것은 회사의 전반적 내재가치를 높이지는 않지만, 회사의 주당 내재가치는 크게 높입니다. 나아가 분모가 줄어드는 효과가 있기 때문에, 시간이 지나면서 자기자본 이익률 20% 달성이라는 목표를 이루는 데 도움을 줄 것입니다.

배당

왓사는 주주 서한에서 배당 정책에 대해 상세히 다루지 않는다. 하지만 서한의 막바지에 그 주제에 대한 한두 단락의 글을 포함한다. 환매에서처럼, 독자의 입장에서는 배당에 관한 글을 연대별 서한에서 따로 보기보다는 발췌글을 한 번에 모아 보는 게 도움이 될 것이다. 다음 글은 지난 10년간의 서한에서 뽑은 것이다.

2007년 지난해의 연차 보고서에서 우리는 주당 2달러의 명목 배당금을 상회하는 연 배당금 지급은 매년 말의 우세한 환경을 반영할 것이라고 말했습니다. 2007년의 실적과 지주 회사의 현금, 시장성 유가증권 포지션을 고려할 때, 우리는 주당 3달러의 추가 배당이 타당하다는 결정을 내렸습니다. 따라서 2008년의 배당금 지급액은 주당 5달러로 연말 장부가치의 약 2.2%가 될 것입니다.

2008년 당해의 실적, 지주회사의 기록적인 현금, 시장성 유가증권 포지션, 강력하고 보수적인 대차대조표를 감안하여 우리는 주당 8달러(주당 2달러의 명목 배당금보다 주당 6달러가 많은)의 배당금을 지급했습니다.

2009년 지주회사의 상당한 현금, 시장성 유가증권 포지션, 우리의 3대 기업이 100% 소유한 보험사들의 현금 흐름 유용성, 강력하고 보수적인 대차대조표를 감안해, 우리는 주당 10달러(주당 2달러의 명목 배당금보다 주당 8달러가 많은)의 배당금을 지급했습니다. 이런 비율이 유지될 가능성은 낮습니다.

2010년 지주회사의 상당한 현금, 시장성 유가증권 포지션, 우리의 3대 기업이 100% 소유한 보험사와 재보험사들의 현금 흐름 유용성, 강력하고 보수적인 대차대조표를 감안해, 2011년 초 우리는 주당 10달러(주당 2달러의 명목 배당금보다 주당 8달러가 많은)의 배당금을 지급했습니다. 명목 배당금을 상회하는 액수는 우세한 환경을 반영할 것입니다.

2012년 우리는 연간 배당의 액수는 지주 회사의 현금 흐름은 물론 지주 회사의 현금과 시장성 유가증권 포지션에 근거해 설정되므로 액수를 추정하지는 말 것을 계속 경고했습니다만, 2012년에도 주당 10달러 배당금을 유지했습니다. 주당 10달러의 배당금은 2012년 우리 장부가치의 2.5~3% 범위에 있습니다.

2014년 우리의 연 배당액은 기록적인 수익에 영향을 받지 않고 2014년에도 동일하게 유지되었습니다. 우리는 안정적인 배당이라는 아이디어를 좋아합니다. 따라서 우리는 가까운 시일에는 배당액이 바뀌지 않을 것이라 예상합니다.

2015년 우리의 연 배당액은 2014년과 동일하게 유지되었습니다. 우리는 주당 장부가치의 약 2% 혹은 수익의 약 17%를 지급하고 있습니다. 우리는 안정적인 배당이라는 아이디어를 좋아하기 때문에 시간이 지나면서 이 비율은 상당히 하락할 것이며 한동안은 배당액이 바뀌지 않을 것이라 예상합니다.

2016년 당해 우리의 연 배당액은 동일하게 유지되었습니다. 우리는 2001년부터 배당금을 지급하기 시작했으므로 지금까지 지급한 누적 배당금은 주당 93달러입니다. 여러분이 이 돈을 현명하게 사용하셨기를 바랍니다!

이전의 연차 보고서들에서 논의된 대로, 우리는 장부가치를 내재가치의 첫 번째 판단 척도로 이용합니다. 다음의 표에서 장부가치의 변화는 US 달러로, 주가의 변화는 캐나다 달러로 표시하고 있습니다. 이전에 말했던 대로, 우리는 우리의 내재가치가 장부가치보다 훨씬 높다고 생각합니다. 표에서 볼 수 있듯이, 시장에서 내재가치가 인식되어 우리의 주가가 크게 상승한 해가 많습니다. 우리는 그런 일이 다시 일어나도록 하고자 실적에 집중하고 있습니다.

연도	내재가치 (주당 장부가치의 백분율 변화, USD)	주식 가격 (주당 주식 가격의 백분율 변화, CAD)
	내재가치와 주식 가격의 변화	
1986	+180	+292
1987	+48	-3
1988	+31	+21
1989	+27	+25
1990	+41	-41
1991	+24	+93
1992	+1	+18
1993	+42	+145
1994	+18	+9
1995	+25	+46
1996	+63	+196
1997	+36	+10
1998	+30	+69
1999	+38	-55
2000	-5	-7
2001	-21	-28
2002	+7	-26
2003	+31	+87
2004	-1	-11
2005	-16	-17
2006	+9	+38
2007	+53	+24
2008	+21	+36
2009	+33	+5
2010	+2	-
2011	-3	+7
2012	+4	-18
2013	- 10	+18
2014	+16	+44

연도	내재가치 (주당 장부가치의 백분율 변화, USD)	주식 가격 (주당 주식 가격의 백분율 변화, CAD)
2015	+2	+8
2016	-9	-1
2017	+22	+3
2018	-4	-10
1986~2018 연평균 성장률	+18.7	+17.1

4

전략적 합병을 고려하라

커밍, 스타인버그, 핸들러, 프리드만
루카디아

루 카디아의 역사는 2012년 서한에 몇 단락으로 요약되어 있다. 이렇게 시작한다.

1970년 하버드 경영대학원을 졸업한 후 우리는 칼마크스앤컴퍼니Carl Marks and Company라는 호기심을 일으키는 이름을 가진 가족 소유의 작은 투자 은행에서 함께 일을 시작했습니다. 우리 중 한 사람이 서부로 모험을 떠나면서 우리의 길은 갈렸습니다. 우리는 한 사람이 탤컷내셔널코퍼레이션Talcott National Corporation을 인수하려고 애쓰는 와중에 재회하게 되었습니다. 탤컷은 오랜 역사를 가지고 있으나 빈사 상태에 가까운 금융 서비스 회사의 지주 회사로 잘 알지 못하는 사업에 휘말리게 되면서 거의 파산에 이르렀습니다.

200명이 넘는 채권자를 회유해 마지막 채권자에게 서명을 받기까지 1년이 더 걸렸습니다. 마침내, 1979년 4월 당사자 합의로 지금까지 가장 복잡한 것으로 꼽히는 조직 변경이 성공적으로 이루어졌습니다. 탤컷은 장부가치가 800만 달러인 상태로 조직 개편에 들어가 2,300만 달러로 다시 모습을 드러냈습니다. 우리는 영업 활동과 금융 자산이 뒤범벅된 상황에서도 가치를 찾아내고 회복시키면서 회사의 구조를 재편했습니다. 우리조차 알지 못하는 사이에, 이 접근법은 이후 35년 동안 거의 관행에 가까운 과정으로 자리 잡았습니다.

1978~2012년에 이안 커밍Ian Cumming과 조 스타인버그Joe Steinberg가 루카디아 주주 서한을 공동으로 집필했다. 처음 몇 개의 서한은 사업과 회계에 대한 관리자로서의 단순하고 견실한 논평이었다. 1980년부터 대부분의 서한은 회사의 나이와 주주 자산의 수준에 대한 언급으로 시작한다. 이는 보통 첫 번째 문장에서 나타나는데, 1980년은 "우리 회사의 126번째 해는 바쁜 한 해였습니다.", 1982년은 "올해는 우리 회사 128년 역사에서 두드러지는 해였습니다."라는 식이다. 그들이 재임하는 동안, 대부분 서한은 보통주 한 주당 장부가치의 측면에서 그해를 요약적으로 보고했다.

길이는 익숙한 패턴을 따랐다. 처음 10년 동안은 몇 쪽에 불과했으나 중기에는 약 10쪽으로 늘었고, 마지막 5년(2007~2011년)간은 15~17쪽 선을 유지했다. 처음 10년간의 서한은 사업 부문(소비자 금융, 보험, 제조)의 관리자들이 쓴 한두 장의 개별 서한이 첨부되었다.

재임 기간의 중반쯤인 1996년부터 커밍과 스타인버그는 금융 정보의 포괄적인 경과 도표를 포함하기 시작했다. 장부가치 및 시장가격을 변화와 함께 보여주는 이 표는 2005년을 마지막으로 연간 '평가표'로 대체되었다. 여기에 주목할 만한 가르침이 있다. 관리자들은 재임 초반에 평가표를 자세히 설명할 필요가 없다. 하지만 얼마간 자리를 잡아 어떤 지표가 중요한지 파악하고, 그에 따라 사업을 운영하는 방법을 알게 된 후에는 평가에 대해 다루어야 한다. 루카디아의 경우, 경영진은 재임 20년이 되어서야 안정적인 실적 평가표를 만들었고, 이후 20년 동안 사용했다. 은퇴 즈음해서 두 사람은 자신들과 회사에 대한 인상적인 승계 계획을 창안했다. 그들은 2012년 서한에서 이렇게 설명했다.

세월이 빠르게 흘렀습니다. 나이가 들어가면서 승계 계획이 점점 큰 의미를 띠게 되었습니다. 몇 년에 걸쳐 우리는 많은 대안을 탐구하고, 논의하며 우리 주주의 신뢰를 받을만하다고 생각되는 모든 사람들과 루카디아를 인도할 방안에 관해 이야기했습니다. 2013년 3월 1일, 우리의 승계 계획은 제프리스 그룹 Jefferies Group, Inc.을 인수하는 데 이르렀습니다.

제프리스의 능력 있는 리더십 팀, 리치 핸들러Rich Handler와 브라이언 프리드만은 루카디아의 CEO와 사장이 되었고, 우리 중 한 사람은 회장의 역할을, 다른 한 사람은 (이번에는) 가족을 파트너로 삼아 다시 사업을 시작하려고 준비하고 있습니다.

승계자들은 회사의 주주 서한이라는 측면에서 막중한 책임을 맡았다. 핸들러-프리드만의 서한은 이행으로 인한 새로운 스타일을 보여주면서도 동일한 전통과 가치를 반영하는 면도 가지고 있다. 그들의 첫 서한은 5쪽, 다음 서한은 14쪽, 그 뒤에는 9쪽이었다. 2016년 이래 그들은 수필과 같은 분위기의 서한에 "추가적 사업 검토Additional Business Review"란 별도의 부록이 뒤따르는 형태에 정착했다. 부록은 첫해에는 5쪽, 다음 해에는 4쪽이었다.

선임자인 커밍-스타인버그의 서한과 같이, 핸들러-프리드만의 서한은 부문별 검토와 함께 주요 인수에 대한 추가적인 논평과 자산 구조 및 회계 규칙의 변화에서부터 주식 환매에 이르는 다른 문제들에 대한 부분을 포함하고 있다. 해마다 연속성이 상당히 두드러진다. 이런 접근법은 그들이 주어진 한 해보다 훨씬 긴 시간을 내다보고 있으며 사업에 있어서 연도별 보고 기간은 인위적인 것에 불과하다는 의식을 전달한다.

첫 10여 년

회사 연혁

1979년 이 경영진이 루카디아의 지분을 인수한 이래, 귀사는 재정적 곤란을 겪고 있던 채권 매입과 금융 업체 문제에서 벗어나 자산 10억 달러 규모의 지주 회사로 발전했습니다. 우리의 자회사들은 주로 보험, 제조, 기타 금융 서비스에 참여하고 있습니다.

투자

루카디아는 재무제표와 보고서가 복잡하고 이해하기 어렵다는 말을 자주 듣습니다. 우리도 동의합니다. 하지만 불행히도 이런 복잡성은 우리의 비즈니스 전략에 따른 것입니다. 우리는 어려움에 있거나 신망을 잃은 회사들을 사들이는 경향이 있고, 그 결과 우리의 가치는 우리 스스로가 생각하는 것보다 상당히 낮게 평가됩니다. 이후 우리는 현금 흐름과 채산성을 확대하는 방향으로 인수한 사업을 개선하기 위해 노력합니다.

시장가격이 우리가 생각하는 유리한 수준에 이르렀을 때, 우리는 종종 사업 일부를 매각합니다. 이 전략에 있어서 우리가 완벽하다고 할 수는 없습니다만, 우리는 장기적인 실적에 자부심을 느끼고 있습니다. 우리는 손익계산서에 휘둘리지 않으며, 분기별 혹은 연도별 수익에 과도하게 집중해 회사를 운영하지 않습니다. 우리는 회계 관행

과 정책에서 보수적이며 우리의 대차대조표 역시 보수적으로 작성
된다고 생각합니다.

1990년
전략

우리는 루카디아의 사업 전략과 장기 목표에 관해 설명해달라는 요
구를 자주 받습니다. 이전에 우리가 언급한 경고를 통해 수정한 이
후, 우리가 드릴 수 있는 최선의 설명은 1988년 주주 여러분께 드린
서한에서 말한 내용의 반복입니다.

우리가 운영하는 회사들은 분권화되어 있습니다. 우리는 우리의
사업이 주주들의 과도한 간섭 없이 운영되어야 한다고 믿습니다. 따
라서 우리는 회사를 경영하는 뛰어난 경영진에게 의지합니다. 그들
은 매우 훌륭하게 일하고 있습니다. 우리는 불가피하게 발생하는 문
제들을 해결하는 데 도움을 주고, 자본은 배분하며 미래를 위한 계획
을 세우는 일을 합니다. 더불어 합리적인 가격의 인수 기회를 지속해
서 찾고 있습니다.

분수령: 1990년대

1991년

분수령이 되는 기업 인수가 있었다. 자동차 보험 회사인 콜로니얼 펜
Colonial Penn의 인수이다.

큰 수익이 지속해서 생긴다는 전망은 기쁨과 상당한 안도감을 줄 것입니다. 경영진은 때로 쳇바퀴를 계속 굴리는 애완용 쥐가 된 듯한 기분을 느낍니다. 즐겁기는 하지만 가끔은 쳇바퀴에서 내려 휴식을 가지는 것도 좋을 것입니다. 그런데도 우리는 저평가된 기회들을 계속해서 찾고, 이미 소유하고 있는 사업들도 관리할 것입니다.

1992년
지도 원리

우리는 보험 사업에 대한 우리의 접근법을 인도하는 몇 가지 원리에 관해 이야기하는 것이 유용할 듯합니다.

- 우리를 움직이는 것은 물량이나 시장 점유율이 아닌 수익성입니다. 그 결과 최선의 전략이 후퇴일 때가 있습니다.

- 우리는 유보가 부족해서 뒤늦게 손실을 보고하는 것보다는 보수적인 유보를 통해 유보분을 풀어놓는 쪽을 택합니다.

- 우리는 "세상이 품을 수 있는 코끼리는 몇 마리 되지 않는다. 그러나 쥐라면 많이 품을 수 있다."라는 이론을 근거로 지배를 노리기보다는 틈새를 공략해야 합니다.

- 우리는 포트폴리오에 보수적으로 투자합니다. 예측 가능성, 안전, 숙면을 위해서 미미한 수익은 기꺼이 포기합니다. 이런 전반적 보

수주의 덕분에 우리는 1980년대에 살아남을 수 있었습니다.

· 우리는 두려움 속에서 끊임없이 경계하며 다른 사람의 돈을 관리
하는 책임을 맡고 있습니다. 보험 적립금은 주주에게 속하는 것이
아닙니다. 자본만이 주주의 것입니다.

1993년
지도 원리

· 우리는 단기 채권에 투자합니다. 장기적 관점에서는 주식이 낮지
만, 단기적인 면에서는 예측 불가능한 특징을 가집니다. 우리 피
보험자에 대한 의무는 예측할 수 있습니다. 우리는 채권에 투자함
으로써 우리의 책임을 가장 잘 이행할 수 있습니다.

· 우리는 장기 채권을 두려워합니다.

· 우리는 보험 포트폴리오를 보험이 적용되지 않는 부동산 대출, 정
크 본드, 친숙하지 않은 해외 증권에 투자하지 않습니다.

· 우리는 다른 보험사의 리스크를 재보험하지 않습니다. 우리의 리
스크만으로도 우리 접시는 가득합니다.

· 우리는 사업체를 적절한 가격에 사들여 주주의 재산을 늘립니다.
포트폴리오 증권에 투기하는 방법은 쓰지 않습니다.

─────────── **1994년** ───────────
호황과 불황

《창세기》41장에서 요셉은 파라오의 꿈을 해석해줍니다. 야윈 암소가 살진 암소를 잡아먹는 것은 7년의 풍년 이후에 7년의 흉년이 따라온다는 의미라고 말입니다. 1980년부터 끊임없이 상승장이 이어졌습니다. 15년 동안 풍년이었던 것입니다! 우리는 그 강세 시장이 언젠가는 끝날 것을 염려하고 있습니다. 분명 엄청난 기근이 올 것입니다. 우리는 그 기근의 도래에 대비하고자 합니다. 약세 시장에도 기회는 존재합니다.

─────────── **1995년** ───────────
경고

지난 몇 년 동안 연차 보고서에서 작년 말보다 30% 이상 증가한 세후 자본 수익률을 보고할 수 있었던 것은 우리에게 큰 기쁨이었습니다. 그와 동시에 우리는 이러한 높은 수익률이 계속될 수는 없다고 경고했습니다.

루카디아의 세후 자기 자본 수익률

연도	1990	1991	1992	1993	1994	1995
수익률(%)	18.4	35.3	5.7	39.7	7.8	12.2

이러한 변동적 성격에 영향을 미치는 요소가 몇 가지 있습니다. 우리가 하는 일과 그 일을 하는 방식을 고려하면, 순자산의 규모가 증가함에 따라 높은 수익률을 유지하는 것은 점점 어려워집니다. 위의

표는 모든 자산 등급이 오랜 시간에 걸쳐 높은 수익률을 유지하는 데 어려움이 있다는 것을 보여줍니다. 자본의 양이 증가하면서 수익률은 불가피하게 떨어지는 경향을 보일 것입니다. 이것은 자연의 법칙입니다.

또 다른 이유는 우리가 상당량의 자산을 미래의 가능성에 투자하는 데 있습니다. 이러한 자산은 부화 기간에 수익을 거의 혹은 전혀 내지 않습니다. 일을 훌륭히 해냈다는 전제하에, 부화한 그들은 좋은 가격에 팔거나 높은 수익을 올릴 것입니다. 마지막으로 우리 운영업체의 일부는 장부가치보다 훨씬 큰 가치 지니고 있습니다. 아직 실현되지 않은 가치 말입니다. 운영 전략은 우리가 무슨 일을 하는지 설명해줍니다.

작자들은 1988년 처음으로 언급되고 여러 차례 반복되어 이제는 고전이 된 단락을 다시 인용한다. 이 단락은 좋은 평가를 받지 못하는 기업을 할인된 가격에 사들여 때때로 이익을 남기며 파는 일, 장기적인 시각의 강조, 회계의 보수주의에 관련된 내용을 담고 있다. 이러한 전략은 그들의 표현대로 "연수익률이 때론 불규칙하다."는 것을 암시한다.

우리 중 한 명은 곧 56세가, 다른 한 명은 52세가 됩니다. 일을 그만두기에는 젊지만, 우리의 방식을 변화시키기에는 많은 나이입니다. 그렇기에 우리는 우리가 가장 잘 아는 일을 계속할 것입니다. 자산을 싸게 사들여 다른 누군가가 우리보다 그것을 더 원할 때 파는 일을 말입니다.

사이클

지난 몇 년간 이 서한을 읽어온 분들께 우리는 미래에 대해서 비관적인 유전자를 가진 사람들로 보였을 것입니다. 그런 입장은 바뀌지 않았습니다. 우리는 자본의 축소에 대해 두려움을 가지고 있습니다. 워싱턴에 있는 우리 정부는 어수선합니다. 우리는 이 세기 중 가장 긴 강세 시장을 놀라운 시선으로 관찰하고 있습니다. 우리의 전문 투자 자문가들은 S&P 500의 50년 평균 가격/배당, 가격/장부가치, 가격/수익, 그리고 가격/현금 흐름 비율을 계산했습니다. 이러한 역사적 평균으로 되돌아가려면 S&P는 1995년 말, 적게는 21%에서 많게는 52%까지 하락해야 합니다. 얼마나 높이 올라갈 수 있을까요? 비즈니스 사이클이 언제 방향을 바꾸게 될까요?

1996년
전략

1996년의 수익은 우리가 바랐던 것보다 낮았지만, 우리는 장기적인 실적에 여전히 만족하고 있습니다. 우리는 반년이 모자라는 20년 동안 동일한 전략을 따르고 있습니다. 다음과 같은 전략을 반복하고 있습니다. 장기 주주들에게는 이러한 설명을 끝없이 반복하는 데 대해 사과를 드려야겠습니다. 하지만 우리가 하는 일을 이보다 잘 설명하는 것은 없습니다. (작자들은 전략에 대한 고전적 진술을 인용한다. 1992년의 부분에 그 내용이 담겨 있다.) 우리는 이 전략을 한결같이 실행합니다. 가끔 이 철학에서 벗어난 때에는 후회가 뒤따랐습니다. 좋은 해도 있고 나쁜 해도 있습니다. 하지만 우리는 주주 여러분이 (우리가 그런 것처럼) 전체적인 결과에 만족하시기를 바랍니다.

투자

우리는 벤처캐피털 업계에서 투자는 과학의 영역이고, 매각은 예술의 영역이라는 믿음을 발전시켰습니다. 관련이 없어 보이는 방대한 정보를 모으고 통합해서 불가사의한 방식으로 보유인지 매각인지에 대한 의견에 도달하는 예술 말입니다. 오랜 시간에 걸쳐 우리는 이 과정에 의지하는 법을 배웠습니다.

콜로니얼 펜 회사들을 매각할 것인지 결정하는 데 있어서 우리는 과학과 예술을 모두 이용했습니다. 우리는 제프리스앤컴퍼니Jefferies & Company를 고용해 이들 거래에 대한 공정한 의견을 요청했습니다. 그들이 한 분석결과는 위임 설명서에서 확인할 수 있습니다.

우리의 개인적인 생각은 이렇습니다. 콜로니얼 펜 손해보험Colonial Penn Property & Casualty이 자동차 보험을 직접 소비자에게 파는 것 말입니다. 현재의 일반적 통념은 보험의 직접 마케팅이 미래의 물결이라는 것입니다. 직접 마케팅 기업들은 수요가 훨씬 높으며, 현재 그 사업에 많은 돈이 흘러들고 있습니다. 가이코GEICO, 제너럴 일렉트릭General Electric, 프로그레시브Progressive를 비롯한 기업들이 격렬한 경쟁자가 될 것입니다. 대기업이 모여들기 시작하면 가격 압박이 반드시 뒤따릅니다. 시장점유율 확대와 수익성 증대를 바라며 마케팅에 많은 돈을 지출하는 것은 우리의 특기가 아닙니다.

자동차 보험은 성장세가 두드러진 시장이 아니기에 새로운 고객을 유치하는 유일한 방법은 경쟁업체의 고객을 뺏는 것입니다. 우리는 미래에 자동차 보험 업계에서 돈을 버는 일이 증기롤러^{steam roller}(도로를 다질 때 쓰는 건설용 중장비 - 옮긴이) 앞에서 동전을 줍는 일, 즉 위험한데다 보상도 크지 않은 일이 될까 걱정하고 있습니다. 총 10억 달러 이상, 일반회계기준 장부가의 2.6배, 법정 장부가의 3.2배, 세후 수익의 24.1배에 이르는 매각에는 많은 용기가 필요했습니다.

우리는 저평가된 투자처를 찾고 일을 바로잡는 사람들이지 마케팅의 귀재가 아닙니다. 4억 6,000만 달러는 일반회계기준 장부가의 3.1배, 법정 장부가의 5.8배, 1996년 세후 수익의 14.7배입니다. 우리 눈에는 썩 괜찮아 보입니다. 시장을 분석해 비슷한 기업들에 지불된 가격을 비교하고 최대한 미래를 예측한 후에, 우리는 그 가격들이 유리한 수준에 이르렀다고 판단하고 매각을 결정했습니다. 미운 오리가 백조가 된 것입니다.

경고

우리는 성공이 꾸준한 열의와 동기를 가지는 데 도움이 되는지 여러 차례 질문을 받았습니다. 우리 두 사람은 꿈꾸었던 것보다 훨씬 큰 성공을 거두었습니다. 우리에게는 똑똑한 직원과 열의 넘치는 조언자, 풍부한 자본, 기업, 부동산, 아르헨티나의 투자, 은행, 보험 회사, 포도원, 금광, 병입 공장, 그리고 전례 없는 기회가 있습니다. 우리는 세계적인 확장의 시기를 맞고 있으며 자유 시장 경제가 유행하고 있고, 우리는 거기에 열광하는 사업가들입니다. 세계라는 모래사장은 홍미로운 곳입니다. 지금의 계획은 오랜 시간의 우여곡절을 거치면서 속도가 느려질 때까지 계속될 것입니다. 이처럼 재미있는 일을 왜 멈추겠습니까? 혹 우리가 그만두기로 결정하는 때가 오면 여러분은 바로 그 소식을 접하게 될 것입니다.

열의에 대한 이러한 경고의 말은 여전히 유효합니다. 거의 모든 것에 대한 평가가 사상 최고치 혹은 그 근방에 있습니다. 우리가 하는 투자는 이런 시기에 곤란을 겪습니다. 매각 거래들이 성사된 후에 우리는 많은 현금, 자금 가용성, 다양한 운영업체와 투자처를 가진 회사가 될 것입니다. 우리는 우리 주머니에 구멍이 나도록 두지 않을 것입니다. 주변 여건으로 상당 기간 활동이 없을 수 있습니다. 우리는 그에 대한 준비를 갖추고 있습니다. 당신 역시 준비해야 합니다.

─────────── **1997년** ───────────
투자

지난 20년 동안 우리는 같은 일을 반복해왔습니다. 현금 흐름을 개선하고 내재가치를 실현하기 위해 열심히 일하고 있다고 생각하는 회사나 자산을 사들인 것입니다. 누군가가 우리 손에 있을 때의 자산 가치보다 더 많은 돈을 제안하면 우리는 그 자산을 팝니다. 콜로니얼 펜처럼 말입니다.

그 과정은 20년 동안 좋은 효과를 냈습니다. 돈이 넘쳐나고 물가가 오르던 떠들썩한 1980년대에도 우리는 가치 있는 자산들을 발견했습니다. 그러나 1990년대에는 가치를 캐는 일이 점점 어려워졌습니다. 세계의 시장들이 계속해서 부상하면서 물가는 더 높아졌고, 매일 더 많은 돈이 창출됐습니다. 저평가된 자산은 모래사장에서 바늘을 찾는 것과 같습니다. 우리의 눈은 점점 어두워지고 있습니다.

높은 물가는 필연적으로 낮은 수익률을 의미합니다. 가격이 오를수록 계산 착오나 실수의 결과는 더 치명적입니다. 극도로 조심해야 합니다. 우리는 선천적으로 호기심이 많고 여행을 많이 다니기 때문에 지난 몇 년 동안 더 높은 수익률을 찾아 러시아, 가이아나, 아르헨티나, 한국, 앙골라, 키르기스스탄, 독일, 파나마, 콩고, 네덜란드 등지를 다녀왔습니다. 어디나 큰 차이는 없습니다. 위험 조정을 기반으로 하면, 대개 투자를 정당화하기에는 수익이 너무 낮습니다. 전 세계적으로 엄청난 양의 돈이 낭비되고 있습니다. 이런 상황에서는 우리가 아무리 열심히 해도 부정한 돈이 우리를 이깁니다. 우리 중 하나는 이런 비이상적이고 불행한 결말을 예견하고 있고, 다른 하나는 아무 생각이 없는 상태입니다. 우리는 이런 난제에 봉착했습니다만, 여기에서 사용할 수 있는 몇 가지 대안이 있습니다.

• 아무것도 하지 않습니다. 현금 부족 상태를 유지하고 예전과 같은 상황이 재연되기를 기다립니다. 그동안의 수익률은 당연히 낮을 것입니다.

• 이처럼 하면서 주주들에게 돈의 상당 부분을 돌려줍니다. 개인적으로 당신은 우리보다 나은 투자를 할 수 있을지도 모릅니다. 최소한 우리의 걱정은 덜 수 있을 것입니다.

- 20년의 경영이면 충분하다는 이론으로 모든 돈을 돌려줍니다. 예전의 상황이 조만간 재연될 가능성은 낮습니다. 정확히 같은 형태를 띠지 않을 것은 확실합니다. 지금의 집사들은 새로운 재주를 익히기에는 너무 늙은 것 같습니다.

- 이 모든 대안을 조합합니다.

우리는 최근 이 문제에 대해서 많은 생각을 하고 있습니다. 그러나 결론에 도달하면 바로 여러분께 알릴 것입니다. 의견이 있다면 연락을 주십시오(단, 적절한 것이 눈에 띄면 우리는 전혀 다른 태도를 취할 수도 있습니다).

1998년
전략

지난해 우리가 직면한 과제에 대해 심사숙고하며 경제적으로 몹시 혼란한 이런 시기에 주주들의 돈으로 평균 이상의 수익을 올리기 위해 노력하며 느낀 좌절에 관해 이야기한 바 있습니다. 우리는 이런 일이 불가능하다는 결론을 내렸습니다.

반면 우리 우편실의 관리자는 첨단 기술주에 초단타 매매를 하면서 대단히 좋은 실적을 올렸습니다. 그는 우리가 성실과 노력에만 매달린다고 생각합니다. 이베이E-Bay와 아마존닷컴amazon.com은 우리의 특기가 아닙니다. 무슨 일을 해야 할지 결정하는 과정에서 우리는 우리의 역사를 재발견했습니다. 여러 번 강조했듯이 우리가 하는 일은 이런 일입니다.

작자들은 그 유명한 1988년의 글을 다음의 주해와 함께 인용했다. "1988년 처음 보고서에 담겼고, 1990, 1991, 1995, 1996년의 연차 보고서에서 반복되었다."

우리는 이 전략을 외곬으로 지켜왔습니다. 우리는 당신도 이 전략에 뜻을 같이하기를 바랍니다. 가장 중요한 것은 우리가 그 전략을 지켜오면서 즐거웠고, 그 과정에서 번성했으며 그만두기를 원치 않는다는 점입니다. 그러나 우리에게는 당신과 우리 자신을 위해 효과적으로 투자해야 할 돈이 너무나 많습니다. 따라서 이 서한을 쓰는 지금 우리는 주주들에게 주당 13.48달러, 8억 1,200만 달러의 배당금을 지급할 계획이며, 가까운 미래에도 루카디아를 계속 관리할 것입니다. 올해는 좋은 해가 될 가능성이 있습니다. 그러한 분위기가 계속될지 아닐지 우리는 알지 못합니다! 다만 기회가 나타나지 않는다면 우리는 주주들에게 이익을 드릴 다른 대안을 고려할 예정입니다.

─────────── **1999년** ───────────
전략

1998년의 서한은 회사가 예정된 주주 배당을 자본 이익으로 취급해, 보통의 배당보다 낮은 결합 비율로 과세한다는 국세청의 결정이 내려졌음을 알렸다.

국세청을 통해 세금을 절약하는 방식으로 주주들에게 돈을 돌려드릴 기회를 얻게 된 것보다 더 나은 일은 상상할 수 없습니다. 이 노구들은 20억 달러의 자산을 계속 효과적으로 투자할 수 있다고 생각지 않습니다. 지금의 순자산 11억 달러와 상당한 유동 자산만으로 금융 생태계에서 저평가된 자산의 달콤한 향을 찾는 일은 쉽지 않습니다. 자본 시장에서 루카디아가 접근할 수 있는 추가 자금을 활용하는 일은 말할 것도 없습니다. 이는 이후에 더 자세히 다룰 것입니다.

지난 몇 차례의 연례 주주총회에서 주주들은 우리가 왜 S&P 500의 활황, 나스닥NASDAQ의 인터넷과 생명 공학 시장을 놓쳤는지 질문했습니다. 우리의 대답은 그것은 우리가 하는 일이 아니라는 것이었습니다. 새로운 주주를 위해 우리가 하는 일을 여기에 다시 밝힙니다.

활기 넘치는 2000년대

2000년
격동

2000년은 미국 금융시장에 격동의 한 해였습니다. 연방준비제도이사회Federal Reserve Board 의장 앨런 그린스펀Alan Greenspan은 몇 년 전 "이상 과열"이라는 말을 처음으로 사용했습니다. 이런 현상은 바이러스로 변해 2000년 큰 고통을 초래했습니다. 이 단어의 등장으로, 자산 평가액이 인정사정없는 지속적 상승을 보이면서 그린스펀 박사조차 마지못해 신경제론을 인정하게 되었습니다.

오만은 우리가 일하는 방식이 아닙니다. 하지만 지난 세월 동안 우리가 다시는 지속되지 않을, 그리고 지속될 수도 없는 옛날식의 금융 광란을 목격하고 있다고 꾸준히 주장해온 것에 대해서는 얼마간 만족을 표해야 할 것 같습니다. 경제학은 오랫동안 유효하게 적용되었으며 투자자의 위험 앞에서나 묵살될 수 있는 중력과 같은 힘을 가지고 있습니다. 따라서 우리 주주들이 그런 일들에 대해서 우리가 어떤 생각을 하고 있는지 알 수 있도록 과거에 어떤 일이 일어났고, 미래에는 어떤 일이 일어날 것인지에 관한 의견을 여기에서 이야기할 것입니다.

1980년대 초, 미국 경제는 경쟁력과 효율이 점차 떨어지고 있다는 것을 발견했습니다. 경제지에는 일본의 기적이 도배되었습니다. 미국 자동차 업계는 자신들이 겪고 있는 모든 어려움을 일본의 탓으로 돌렸습니다. 더 싼 가격에 더 좋은 질의 차라니! 결국 미국 업계는 정신을 차렸습니다. 어둠을 탓하는 대신 생산성을 외치게 되었습니다. 충분히 예상할 수 있듯이, 이 활기 넘치고 원기 왕성하며 자기 혁신적인 나라에서는 국민 정서에 공통의 목표가 주입될 때 엄청난 일이 일어납니다. 미국 기업계는 일본의 공격을 생산성으로 방어했습니다. 더 이상은 모든 경제적 문제에 대해서 일본의 기적을 탓하며 손가락만 빨고 있지 않습니다.

거의 동시에, 거대하고 새로운 혁신이 여물고 있었습니다. 과거에는 물론이고 지금으로서도 혁명적인 규모였습니다. 그것은 트랜지스터의 발견에서 시작되어 디지털 시대로 현재까지 이어지고 있습니다. 산업계와 상업계가 더욱 효율적인 길을 찾고 있을 때, 팀 버너스리^{Tim Berners-Lee}는 스위스 제네바의 유럽입자물리연구소에서 생각에 빠져 있었습니다. 당시에도 인터넷이 존재했습니다. 다만 그것은 물리적인 것, 전 세계 대학과 연구소의 여러 컴퓨터를 연결하는 광섬유 케이블 뭉치를 의미했습니다. 이들 컴퓨터는 다른 컴퓨터의 정보를 찾을 길이 없었고, 그런 방법이 있다고 해도 해석이 가능한 형태로 정보를 전송할 표준 방식이 없었습니다. 팀 버너스 리는 WWW^{World Wide Web}라는 비전을 가지고 있었고, 《무엇이든 물어보세요^{Enquire Within Upon Everything}》라는 책에서 이름을 딴, 첫 검색 엔진 '인콰이어^{Enquire}'가 탄생했습니다. 이제 컴퓨터들은 소통할 수 있게 되었습니다. 우리는 인터넷과 지금까지 흘러온 모든 것을 갖게 되었습니다.

정보는 재고와 같습니다. 회전이 많을수록 생산성은 높아지죠. 인터넷이란 도구를 통해 온 세상 모든 일의 속도가 빨라졌고, 시간과 공간이 축소됐습니다. 미국 경제의 관심이 효율성에 쏠린 동시에, 세상을 축소하고 시간을 절약하는 커뮤니케이션 장치가 나타났습니다. 디지털 경제는 빛과 같은 속도로 진전하고 있습니다. 새로운 개념, 상품, 아이디어, 소프트웨어, 하드웨어, 전기 통신이 태어나 계속 진화하면서 오늘에 이르고 있습니다. 미국 경제 전체가 인터넷 커뮤니케이션의 속도로 개조 및 개편되고 있었습니다. 효율 지향적인 미국 산업계와 디지털 에이지의 출현이라는 두 사건이 융합되면서 시너지에 새로운 의미를 부여했습니다. 활기 넘치는 시장은 무한한 열정으로 새로운 시대에 반응했고, 우리는 10년 이상 이어지는 활황을 누렸습니다.

루카디아의 경영진은 매일 무위험 재무성 채권에 투자된 수백만 달러와 함께 아침을 맞습니다. 저희를 일상적인 습관을 가진 땅다람쥐라고 생각하십시오. 저희는 매일 아침 구멍에서 나와 시장을 둘러보며 투자 기회를 찾습니다. 우리가 던지는 첫 번째 질문은 이런 것입니다. "위험에 따라 조정된 무위험 수익률보다 더 많은 수익을 올릴 수 있는 것은 눈에 띄지 않는가?" 지난 몇 년처럼 시장이 활황일 경우에 우리는 관심이 가는 투자처를 거의 찾지 못하고 구멍으로 돌아가야 했습니다. 사실 우리는 자산 대부분을 비정상적으로 높다고 생각하는 가격에 매도할 수 있었습니다. 8억 1,190만 달러를 주주에게 배분한 뒤에도 루카디아에는 충분한 유동성, 비슷한 간접비, 작은 경상 영업이익이 남았습니다. 다음 몇 년 동안 우리가 할 일은 경상이익을 사들여 그 자산으로 다음 광란을 준비하는 것입니다. 이 과정에는 인내가 필요하지만 복잡하지는 않습니다.

행운

우리는 1978년 신용카드로 대출받는 5만 3,000달러를 가지고 루카디아에서 출발했습니다. 우리는 엄청난 행운을 누렸고, 이에 대해 말할 수 없이 감사한 마음을 갖고 있습니다. 이제 우리는 24년의 세월만큼 나이를 먹었고, 부유해졌으며 아마도 조금은 게을러졌을 것이고, 의심할 여지 없이 더 보수적으로 되었습니다. 우리는 주주들도 같은 상황에 있기를 바랍니다.

마케팅

• 기억해주십시오. 와인은 음식입니다. 《성경》에도 등장하죠. 하루 한 잔의 파인 릿지나 아처리 서밋 와인을 마시면 주주 여러분은 행복하게 장수하실 수 있습니다.

• 기억해주십시오. 와인은 음식입니다. 와인은 호머[Homer]가 "진한 와인 빛깔 바다[wine-dark sea]"를 건너는 오디세우스의 항해를 상상한 때부터 존재했습니다. 하루 한 잔의 파인 릿지나 아처리 서밋 와인은 주주 여러분의 건강과 활력에 도움을 주고, 여러분을 행복하게 만들어줄 것입니다. 파인 릿지는 (800) 575-9777, 아처리 서밋은 (800) 732-8822에 전화하셔서 루카디아 주주라고 말씀하신 다음, 투어를 요청하시고 우리 와인 클럽의 회원이 되어주십시오.

• 기억해주십시오. 와인은 음식입니다. 적당히 마시면 심혈관 건강을 유지하는 데 도움이 됩니다. 와인은 인류가 비옥한 초승달 지대의 티그리스강, 유프라테스강 유역에서 (지금은 문제가 많은 곳이지만!) 농경 및 도시 문화를 만들던 시절부터, 괴로운 일이 있을 때나 축하할 일이 있을 때나 늘 찾던 우리의 친구였습니다. 우리 와인 클럽을 방문해서 회원이 되어주십시오. 루카디아 주주라고 말하고 투어를 요청하십시오. 루카디아 주주인 것을 밝히면 20%의 주주 할인을 받으실 수 있습니다.

지도 원리

우리 주주들은 물론 우리 스스로에게 우리의 인수와 사업 관행을 지도하는 몇 가지 원리를 상기시켜 보려 합니다.

• 가치보다 많은 돈을 내지 않습니다.

• 사람들이 필요로 하고 원하는 제품과 서비스를 만들고, 사람들에게 꾸준히 좋은 품질의 제품과 서비스를 가능한 싸게 제공하는 회사를 인수합니다. 외면을 받고 있으나 재건의 가능성이 있는 업계에서 후보를 찾습니다. 우리는 체계를 잃었거나, 수익을 내지 못하거나, 지쳐 쓰러져 있거나, 빈사에 빠진 회사들을 소생시키는 산파로서 상당히 좋은 기록을 갖고 있습니다.

• 국세청의 과세 가능 수익보다 이월결손금으로 보호되는 수익이 훨씬 중요합니다.

• 직원들의 실적에 보상하고, 그 대가로 성실과 정직을 기대합니다.

• 가치보다 많은 돈을 내지 않습니다.

우리의 장기적 바람은 주당 자산가치를 평균치보다 끌어올리는 것입니다. 성공한다면 주주 여러분은 큰 혜택을 볼 것입니다. 매력적인 기회를 발견하지 못한다면, 우리는 시장을 멀리할 것입니다.

이 원리들은 2006년 "여정의 규칙Rules of the Road"이라는 제목으로 다시금 서한에 담겼다. 그와 함께 1988, 1990, 1991, 1995, 1996, 1998, 1999년에 등장한 "우리가 하는 일What We Do"에도 반복되었다.

2006년
승계

우리는 승계 문제에 2가지 방식으로 접근합니다. 우리의 투자 기술에 의존하지 않는 대기업을 인수합병하거나, 회사 내부나 외부에서 좋은 거래 기술을 가진 재능 있는 투자 인재들을 육성하는 것입니다.

2007년
달려라 스팟 15

다음으로 지난 30여 년 동안 세상에서 일어난 일을 아주 간략히 소개하려 합니다. 1988년 우리 중 한 사람은 아이들을 데리고 아마존을 여행했습니다. 평저선을 타고 일주일간 아마존강을 따라가던 중이었습니다. 강의 폭이 좁아지고 수심이 얕아졌습니다. 굽이를 돌았더니 작은 마을이 있던 공터를 누군가 치워놓은 것이 보였습니다. 우리는 배에서 내려 그곳을 둘러보았습니다.

멀리서 익숙한 소리가 들렸습니다. 마을 아이들이 뒤따르는 가운데 정글 속에 난 길을 따라갔습니다. 그곳에는 작은 소니 발전기, 텔레비전, 이동식 위성 방송 수신 안테나가 있었습니다. 연구팀이 수년 전에 남기고 간 것이었죠. 이 장비들을 이용해 마을 사람들은 CNN 을 보고 있었습니다.

정글에서 근근이 살아가는 사람들도 텔레비전을 보면서 북반구의 풍요를 간접적으로 경험하고 있었습니다. 세계 구석구석의 정부들은 국민들의 높아지는 기대에 부응해왔습니다. 중국은 독재체제인데도 세계 저가 제조의 중심이 되어 국민의 생활 수준을 높일 방법을 만들었습니다. 인도는 다른 길을 따랐습니다. 하지만 그곳 역시 생활 수준이 극적인 속도로 높아졌습니다. 이 두 나라만 해도 지구 인구의 1/3을 차지하며 나머지 아시아의 인구를 더하면 세계 인구의 절반이 넘습니다. 아시아의 성장이 만들어내는 수요 덕분에 소비재 가격이 극적으로 높아졌습니다. 우리는 이 모든 것을 신문을 통해 읽고 경험하고 있습니다.

우리의 이름

우리는 루카디아라는 이름이 어디에서 비롯되었는지에 관한 질문을 수도 없이 받았습니다. 30년 전 여름, 우리 두 사람 중 1명은 37세의 나이에 탤컷내셔널코퍼레이션의 회장으로 선출되었습니다. 그 직후 34세였던 다른 한 사람은 사장이 되었습니다. 탤컷은 1854년부터 존재했습니다. 우리는 남북 전쟁 때, 탤컷이 북부군의 양말을 대주었다는 증거 서류를 가지고 있습니다.

탤컷은 1937년 뉴욕증권거래소에 상장되었고 소비자 금융, 상업 금융, 팩토링, 부동산 이렇게 4개의 사업을 운영하는 금융 회사로 진화했습니다. 금리가 대단히 높은 상태에서 경솔하게 부동산 투자를 한 끝에, 회사는 마이너스 순자산과 많은 부채를 끌어안게 되었습니다. 바로 그때 우리가 다른 사람들이 꺼리는 일에 뛰어든 것입니다.

1980년 5월 27일, 우리는 팩토링 사업인 제임스탤컷팩터즈James Talcott Fators, Inc.를 로이드 은행Lloyds Bank과 스코틀랜드 왕립 은행Royal Bank of Scotland의 조인트벤처인 로이드 앤 스코티시Lloyds and Scottish Ltd.에 매각했습니다. 제임스탤컷은 팩토링 사업에서 오랜 역사를 가진 이름이었기 때문에 매수자들이 그 이름을 원했습니다. 협상 끝에 우리는 매수 가격을 높이는 대신 이름이 없는 상태가 되었습니다.

우리는 그런 결과가 생길 수 있다고 생각했고, 뉴욕주에서 등록될 수 있는 이름을 찾기 위해 노력했습니다. 아메리카 원주민들이 맨해튼 섬을 판 이래로 뉴욕에는 매우 많은 이름이 등록되었습니다. 캘리포니아 샌디에이고에서 5번 국도를 타고 북쪽으로 가던 우리는 "다음 출구 루카디아"라는 커다란 녹색 표지판을 지나쳤습니다. 그렇게 해서 루카디아라는 이름을 시도해보기로 했고, 바로 승인이 났습니다(루카디아는 그리스에서 유래한 것으로, 이오니아에 있는 한 섬의 이름입니다).

2008년
투자

1990년대 말, 많은 자산을 매각한 후에 주주들은 주당 4.53달러, 총 8억 1,190만 달러의 배당금을 받았습니다. 그때 손을 떼고 승리였다고 선언했어야 했을까요? 대신 우리는 30년간 해왔던 일을 계속했습니다.

이 서한들은 반복된 어려운 환경에 대한 변화를 담고 있다. 많은 부분이 중복되지만, 세계관에 있어서 큰 차이를 보이기도 한다. 생각의 진화를 보여주기 위해 두 서한을 나란히 배치했다. 2009년 버카디아Berkadia 조인트벤처가 유망한 인수에 성공했을 때의 낙관적인 글도 포함한다.

── 2009년 ──

버카디아 인수

'루카디아 요새'의 비관적인 사고방식에도 불구하고 우리는 지난해 서한을 "우리는 인수할 기업을 계속 찾아다닐 것입니다. 다만 수익성이 있고, 밝은 미래를 띠며 내구성이 있는 기업만을 고려할 것입니다."라는 전망의 말로 마무리했습니다.

이번에는 그 전망의 좋은 출발을 알리고자 합니다. 버카디아 커머셜 모기지 LLCBerkadia Commercial Mortgage LLC는 상업 모기지 서비스를 제공하는 비은행 소유의 업체로 현재 국내에서 가장 큰 규모를 자랑합니다. 우리는 캡마크 파이낸셜 그룹Capmark Financial Group Inc.의 파산 과정에서 이 업체를 인수했습니다. 버크셔 헤서웨이와 합작 회사인 버카디아는 캡마크의 서비스 자산과 대출을 4억 4,400만 달러의 파트너 지분과 버크셔의 신용한도로 인수했습니다. 이로써 견실한 장기 성장의 토대가 마련되었습니다.

2008년	2009년
우리 자산의 대부분은 세계 경제의 회복에 결부되어 있습니다. 세계 경제가 제 궤도를 찾는다면, 우리 자산은 그 가치와 가격이 오를 것으로 전망됩니다. 그동안 우리는 간접비와 장기 부채에 대한 이자를 계속해서 내야 합니다. 세상이 정상으로 돌아갈 때까지 버틸 수는 있겠지만, 쉬운 일은 아닐 것입니다.	우리 자산의 대부분은 세계 경제의 회복에 결부되어 있습니다. 2009년 우리는 회복에 있어 아기 걸음마 같은 진전만 보였습니다. 우리는 이 아기가 바닥에 털썩 주저앉지 않기를 바랍니다.
현재와 같은 불경기에서는 사업체 운영과 투자에서 나오는 수익으로 우리의 간접비와 이자를 감당할 수 없습니다. 이 어려운 시기를 버티기 위해서는 우리가 가지고 있는 현금, 유동성 투자, 유가증권, 그리고 다른 자산들을 현금화해야 할 것입니다. 우리는 비용을 절감하기 위해 노력하고 있습니다. 재능 있는 관리자와 직원들이 열심히 일하고 있습니다. 우리는 최선을 다할 것입니다.	현재와 같은 불경기에서는 사업체 운영과 투자에서 나오는 수익으로 우리의 간접비와 이자를 감당할 수 없습니다. 이 어려운 시기를 버티기 위해서는 우리가 가지고 있는 현금, 유동성 투자, 유가증권, 그리고 다른 자산들을 현금화해야 할 것입니다. 우리는 비용을 절감하기 위해 노력하고 있습니다. 재능 있는 관리자와 직원들이 매일 열심히 일하고 있습니다.
이 불경기가 언제 끝날 것인지에 대해서 우리는 신중함에서 비롯된 비관적인 견해를 갖고 있습니다. 그 반대의 생각은 호황의 시작에 대해 도박을 하는 것과 다를 바 없습니다. 반면 암울한 미래를 상상하여 우리는 호황이 도래할 때까지 생존 확률을 높일 수 있습니다.	이 불경기가 언제 끝날 것인지에 대해서 우리는 신중함에서 비롯된 비관적인 견해를 갖고 있습니다. 그 반대의 생각은 호황의 시작에 대해 도박을 하는 것과 다를 바 없습니다. 우리는 그런 도박을 하고 싶지 않습니다.
이런 어려운 시기에도 분명 좋은 투자 기회가 존재하며 우리는 계속 사냥할 것입니다. 우리는 좋은 거래를 알아보는 능력이 있으며 그 거래를 성사시키기 위해 노력할 것입니다.	이런 어려운 시기에도 분명 좋은 투자 기회가 존재하며 우리는 계속 사냥할 것입니다. 버카디아의 인수는 그 사냥의 첫 번째 결실입니다. 우리는 좋은 거래를 알아보는 능력이 있으며 그 거래를 성사시키기 위해 노력할 것입니다.
우리는 '금융 도박'이라고 생각되는 것에 저항할 것입니다.	우리는 '금융 도박'이라고 생각되는 것에 저항할 것입니다.

승계를 향하여: 2010~2012년

2010년
승계

이사회는 계속해서 우리에게 승계 계획을 제시해달라고 종용하고 있습니다. 우리는 몇 년에 걸쳐 그 문제에 대해서 깊이 생각해오고 있습니다. 다행히 얼마간의 진전이 있었고, 내년까지는 좀 더 뚜렷한 윤곽이 나오기를 기대하고 있습니다.

2011년
레버리지

우리는 미국의 지속적인 디레버리지^{deleverage}에 대해서 많은 이야기를 듣고 있습니다. 아침저녁으로 〈월스트리트저널^{Wall Street Journal}〉을 탐독하는 유형이 아닌 분들을 위해 설명하자면, 디레버리지란 새롭게 재인식된 개념으로 역차용 없이 부채를 갚는다는 뜻입니다.

베어스턴스^{Bear Stearns}와 리먼브라더스^{Lehman Brothers}는 대침체^{Great Recession}의 첫 번째 결과였지만, 그 뿌리에는 과다한 레버리지(부채를 끌어다가 자산 매입에 나서는 투자 전략 - 옮긴이)가 있습니다. 지난 20년 동안, 주택 소유주들은 새로운 집을 산 뒤에 기존의 모기지를 사상 최대 규모의 모기지로 차환했습니다. 이 지속 불가능한 책략은 2008년 끝을 맺었고, 낮은 주택 가격으로 자기 행동에 책임을 지게 되었습니다.

같은 기간에 엄청난 대출을 통해 끝없는 식욕을 채웠던 쇼핑센터,

아파트 건물의 소유주와 땅 투기꾼들도 비슷한 결과를 마주했습니다. 낮은 금리 덕분에 상업 용지는 일시적으로 담보권 행사를 피할 수 있었을지 모르겠으나, 우리는 많은 기업이 종말을 맞게 될 것이라고 예상합니다. 이상적으로라면 우리는 버카디아와 함께 그 상황을 헤쳐나오게 될 것입니다. 정크 본드를 발행한 사람들은 저금리로 도움을 받았습니다. 그러나 회사의 성장 전망이나 현금 흐름보다 금리가 가파르게 상승하게 되면 그들은 심판의 날을 맞게 될 것입니다.

거주용과 상업용 부동산 소유주들과 달리, 〈포춘〉 1000 기업들은 과다한 차입을 하지 않으며 우리의 대기업들은 채권 수익보다 배당 수익이 높은, 건전한 상태입니다. 그렇지만 가장 건실한 기업도 새로운 부채를 떠안고 새로운 투자를 하는 데 대단히 신중한 입장을 보입니다. 이는 실업률이 높고 GDP의 성장이 느린 주요 원인입니다. 2008년의 트라우마를 겪은 미국 기업계는 위험 회피적인 성격을 보이고 있습니다. 우리도 그렇습니다.

주 정부도 연방 정부도 방 안에 부채라는 코끼리를 두고 있습니다. 유럽과 미국의 정부들은 소비자와 은행과 마찬가지로 디레버리지라는 같은 고통을 겪고 있습니다.

미국 정부는 다행히도 샤를르 드 골Charles de Gaulle 행정부의 재무장관이었던 발레리 지스카르 데스탱Valéry Giscard d'Estaing이 "과도한 특권the exorbitant privilege"이라고 부른 통화 발행의 권리를 가지고 있습니다. 그렇지만 그 특권조차 한계가 있으며, 우리는 조만간 부채 문제의 해결에 나서야만 합니다(빠른 시일에 그렇게 되기를 희망합니다). 연방준비제도 이사회는 가까운 장래까지는 계속해서 금리를 억제할 것이라고 말했습니다. 이는 과도한 레버리지의 고통을 미루고 정부가 증세하거나 지출을 줄이거나 둘 모두를 하는 쓴 약을 먹을 수밖에 없는 불가피한 마녀사냥의 시간을 뒤로 미루겠다는 뜻입니다.

우리는 이전과 같은 한탄을 계속하고 있습니다. 낮은 수익을 좇는 수많은 사모펀드와 헤지펀드가 존재합니다. 루카디아와 같은 투자부적격등급 차용자의 경우 단기적인 금리는 대단히 낮지만, 장기적으로는 예상 수익에 비해 금리가 매우 높습니다. 결과적으로 우리의 투자 기준에 부합하는 기회가 거의 없습니다. 우리는 인수를 더욱 매력적으로 만드는 고금리와 낮은 자금 가용성을 선호합니다. 우리는 신중하게 레버리지를 활용하며 지나친 레버리지 이용이나 단기 차입으로 장기 투자를 하는 함정에 빠지지 않을 생각입니다. 그런 바보짓은 헤지펀드에게 맡기겠습니다.

--------- 2012년 ---------
승계

40년 전, 우리 두 사람은 하버드 경영대학원에서 만났고, 35년 전부터 동업했습니다. 2012년 말, 우리의 동업 관계는 마지막을 맞이하고 우리 두 사람은 마지막 주주 서한을 쓰게 되었습니다. 2012년은 재정적 실적의 측면에서 우리에게 가장 성공적인 해이기도 합니다. 2012년의 세전 수익은 13억 7,100달러라는 최고치를 기록했습니다.

작자들은 이 장 시작 부분에 인용된 승계 계획을 언급한 후에, 승계자들을 자세히 소개했다.

우리가 리치를 처음 만난 것은 1987년이었습니다. 그는 막 스탠포드 경영대학원을 졸업하고 업계에 발을 들인 26세의 젊은이로 드렉셀Drexel에서 일하면서 루카디아와 관련된 몇 개의 거래에 참여했습니다. 그는 드렉셀에서 금융 회사의 경우 '약한' 유동성 위기와 같은 것이 존재하지 않는다는 점을 바로 익혔습니다. 취약성에 대한 이런 교훈은 그가 이후 인생을 사는 동안 큰 도움이 되었습니다.

1990년 리치는 제프리스에 합류했습니다. 당시 제프리스는 매출이 1억 4,000만 달러, 순수익이 700만 달러인 소규모 주식 거래 업체였습니다. 우리는 그의 첫 클라이언트 중 하나였고, 리치와 그의 팀은 1992년 우리의 1차 하위 채권 발행을 이끌었습니다. 이것은 제프리가 최초로 취급한 기관 채권 거래였습니다. 리치가 23년 전, 제프리스에 합류한 이래로 주주들의 연수익률은 22%였습니다. 리치는 CEO가 되면서 주식으로 수령한 누적 보상액의 75%를 받아 제프리스의 대주주가 되었습니다. 우리는 이용하지 않았지만, 헤드헌팅 회사도 그를 '적임자'라고 말했을 것입니다.

브라이언 프리드먼은 2001년 8월, 리치의 팀에 합류했고 방대한 지식과 지칠 줄 모르는 근면함으로 팀에 큰 보탬이 되었습니다. 결국 두 사람은 파트너가 되어 제프리스를 경영하게 되었고, 브라이언은 그 성공의 매 단계에 없어서는 안 되는 역할을 했습니다. 우리는 어떤 거래에 '윈윈winwin'이라는 이름을 붙일 정도로 매료된 적이 없었습니다. 하지만 이 마지막 서한을 쓰면서는 이 표현보다 더 잘 어울리는 단어를 찾기 힘들었습니다.

2013년
취임

1년 전, 루카디아와 제프리스는 합병을 통해 독특하고 강력한 상업·투자 은행 플랫폼을 이루었습니다. 상업 자체만큼이나 오래된 조합이죠. 조급증과 점점 짧아지는 투자 시계가 특징으로 묘사되는 세계에서 루카디아는 장기적인 시각을 취하는 능력으로 차별화되는 회사입니다. 끈기 있고 신중한 위험 부담의 철학은 루카디아의 창립자들은 물론 우리 두 사람 역시 공유하는 것입니다. 우리는 노력과 행운을 통해서 우리의 풍부한 고정 자본과 장기에 투자하는 역량이라는 기회를 잘 이용하려 합니다.

올해 조 스타인버그 회장과 일하면서 우리는 루카디아와 제프리스 이사회를 통합하고 그 규모를 늘렸습니다. 우리는 장기적으로 가치를 창출하는 레시피에는 노련하고 능력 있으며 헌신적인 이사들을 주위에 두고, 적극적이고 투명한 방식으로 그들과 일하면서 그들의 지식, 경험, 인맥을 활용하는 것도 포함된다고 믿습니다.

뒤로 그리고 앞으로

우리는 행동과 실적으로 말하는 루카디아의 역사적 관행을 따르려 하지만, 주주, 채권소지자, 기타 관계인들이 루카디아와 제프리스에 대해 더 많이 알 수 있도록 몇 가지 연례행사를 진행할 예정입니다. 루카디아를 만들고, 우리 주주들 사이에 진정한 장기적 시각을 확립하며 제프리스에 투자해주신 이안과 조에게 감사를 전합니다. 무엇보다 우리 두 사람을 믿고 보내주신 호의로 승계 과정을 이끌어주신데 깊이 감사드립니다.

──── 2014년 ────
장기

우리는 루카디아를 장기적 가치 창출이라는 제1의 목표를 달성할 수 있는 자리에 올리기 위해 열심히 일해왔습니다. 우리는 다각화된 기업 집단을 만들고, 인수하며 운영하는 상업·투자 은행 플랫폼을 움직여 이 목표를 달성하고자 합니다. 우리는 루카디아가 목표에 집중하고, 다각적이며 의욕 넘치고, 투명한 회사가 되기를 바랍니다. 우리는 우리 투자 프로필에 적합한 가치와 기회를 볼 수 있는 곳에만 투자할 것입니다. 우리는 루카디아 전체와 그 기업들에 긴박감과 함께 일을 더 가치 있게 만들고자 하는 지속적인 투지를 불어넣었습니다. 그 과정에서 많은 성과를 내고, 종종 좌절하기도 하지만 매일 새로운 것들을 배웠습니다.

첫째도, 둘째도, 셋째도 주주

우리 두 사람은 첫째도, 둘째도, 셋째도 주주로서 생각하고 행동합니다. 우리가 가장 관심을 가지는 것은 5년, 10년, 15년 뒤의 주가입니다. 이는 우리에게 긴박감이 없다거나 일상적으로 우리에게 맡겨지는 일에 대해 책임을 느끼지 않는다는 뜻이 아닙니다. 우리는 엄청난 진전을 이루었으며 세계적 투자 은행과 다각화된 상업 은행이 닻을 내린 다각화된 투자 지주 회사인 고정 자본 기업으로 특유의 포지셔닝을 했다고 생각합니다.

2015년
실적의 부침

역사적으로 루카디아의 실적에는 부침浮沈이 있었고 (우리도 마찬가지입니다) 과거에서 미래로의 이행에는 우리가 예상했던 것보다 많은 역풍이 있었습니다. 하지만 우리의 초점은 우리의 주식 가치를 높이는 것이니 안심하셔도 좋습니다.

2016년
현실주의

우리 두 사람은 우리 자신을 가장 가혹하게 판단하는 현실주의자들입니다. 그렇긴 하지만 루카디아 전반에 대해서는 낙관적으로 될 수밖에 없는 근거들이 있습니다. 우리는 승리를 단언하지 않을 것입니다. 세상은 정말 예측하기 힘든 곳입니다. 하지만 우리의 현재 포지션과 다음의 관찰과 생각(약속이나 확언이 아닌)을 조합하면, 결국 이 두 현실주의자들은 금융 위기 이전보다 우리의 전망에 대해 더 낙관적인 입장에 서게 됩니다.

• 미국의 금리는 연방준비제도(연준)가 주도하는 시장과 대조적으로 시장의 정상적 기능을 통해 자연스럽게 상승하고 있는 것으로 보입니다. 이것은 정상화된 금리에서 혜택을 보는 회사들과 투자자

들에게 좋은 일입니다. 물론 금리의 급격한 격차가 발생한다면 짧은 시간에 많은 고통을 초래할 수 있습니다.

• 시장과 기업들이 기업 친화적 환경이라고 인식하는 것과 부담이 덜한 규제에 적응하고 있다는 점은 우리의 여러 회사를 비롯한 미국의 많은 기업에 좋은 징조일 것입니다. 우리는 이들 기업이 상당한 규제 완화의 효과를 경험할 것이라고 확신하지는 않지만, 조금이라도 역풍이 줄어든다면 도움은 될 것입니다. 기업 친화적 환경은 CEO 신뢰도 향상과 함께 제프리스의 기업 클라이언트 기반과 활동이 계속 가속되는 데에도 도움을 줄 것입니다.

• 미국 법인세 인상은 발이 묶인 해외 자본의 환류 가능성과 함께 일반적인 결제와 금융시장에 매우 긍정적인 영향을 줄 것이고, 따라서 제프리스와 우리의 다른 금융 서비스 사업들도 혜택을 보게 될 것입니다. 기업의 순수익이 증가하고, 활동성과 공격성도 증가할 것입니다.

• 제프리스의 경쟁력 있는 포지션은 점점 강력해질 것입니다. 현재 미국에서는 위기 이전보다 경쟁이 줄어들었습니다. 특히, 미국을 비롯한 전 세계에서 우리의 주된 경쟁자인 유럽 은행 지주 회사들이 아직 레거시 문제에 매달리고 있습니다. 제프리스는 여전히 사업의 약 80%를 미국에서 운영하고 있으며 덕분에 우리는 시장 점유가 용이하고, 어쩌면 미래에 세계적 파트너십을 구축하는 데에

도 유리한 입장에 있습니다.

- 제프리스와 내셔널 비프$^{National\ Beef}$의 실적이 크게 호전되었고, 여기에 우리 기업들의 지속적인 추진력을 더하여 마침내 회사가 상당한 세액 공제 혜택을 받게 되었습니다.

- 우리는 계속해서 자금을 늘릴 예정이며, 더 많은 화력을 모아 현명한 투자를 하고 기존 기업들의 가치를 높일 것입니다.

- 우리 루카디아와 제프리스의 브랜드는 매일 강화되고 있으며 우리는 기회와 관련해 점점 더 많은 특별하고 귀중한 '요청'을 받고 있습니다. 확실한 것은 아무것도 없습니다. 단 하나 우리가 확신할 수 있는 것이 있다면, 불가피한 변동성의 폭발로 세상은 예측할 수 없는 상태로 남을 것이란 점입니다. 따라서 우리는 우리의 모든 사업에 적절한 유동성을 유지하고, 위험을 경계하며 기회에 민감하게 반응하고, 조직적으로 단호하고 투명한 자세를 취해 정보가 자유롭고 적절하게 순환되도록 할 계획입니다.

- 중요한 것은 문화와 사람입니다. 이 2가지는 루카디아와 우리 모든 리더와 기업들이 언제나 최우선으로 삼는 가치가 될 것입니다.

- 우리의 사명은 현실에 기반을 두며 겸손하고, 현상에 만족하지 않으며 열정적이고 솔직한 자세로 주주와 긴밀하게 협력하면서 우

리 클라이언트, 고객, 직원, 채권소지자들을 위해 일하고 그들을
보호하는 것입니다.

2017년
전략

우리가 2012년 중반부터 완료한 다양한 전략적 거래와 운영 실적의
강화로 루카디아의 사업과 전망은 변화되고 명확해졌습니다. 루카디
아는 제프리스와의 합병 이전의 다소 임의적이었던 자산 집단에서
명확한 추진력과 방향을 가진 금융 서비스 지주 회사가 되는 길을 걷
고 있습니다. 투자 은행업과 상업 은행업이 결합한 플랫폼의 실현이
우리 눈앞에 있습니다.

　우리는 루카디아의 미래에서 더 많은 가치를 창출할 수 있는 진정
한 기회를 살핍니다. 우리는 미래의 성장이 제프리스의 발자국을 따
라 기본 사업들의 유기적 노력과 전략적 추진력, 우리에게 꾸준히 올
기회, 새로운 상업 은행업 기회에서 비롯될 것이라고 예상합니다.

　우리의 계획은 기존 기업의 성장을 지원하면서 자본을 현명하게 활
용할 새로운 기회를 찾는 것입니다. 호황인 경기와 부상하는 새로운
시장들 가운데에서는 쉽지 않은 일일 것입니다. 그러나 우리는 인내심
을 가질 것입니다. 분명 예상치 못한 상황도 생길 테지만, 매력적인 상
황의 부름도 받게 될 것입니다. 또한 주식 환매, 배당금 지급, 필요한 경
우에는 현물 지급 등을 통해 계속해서 자본을 주주들에게 되돌려드릴
것입니다. 우리는 우리가 운영하는 회사들이나 모기업의 재정적 토대
를 위태롭게 한다고 생각되는 일은 그 어떤 것도 하지 않을 것입니다.

루카디아 내셔널 코퍼레이션 평가표

(1,000만 달러, 주당 액수일 때는 제외)

연도	주당 장부가치	장부가치 백분율 변화 (%)	S&P 500에서의 백분율 변화 (배당 포함, %)	주당 시장가치	시장가치 백분율 변화 (%)	주주 지분	순이익(손실)	주주 자산에 대한 평균 수익률 (%)
1978	($ 0.04)	NA	NA	($ 0.01)	NA	($ 7,657)	($ 2,225)	NA
1979	0.11	NM	18.2	0.07	600.0	22,945	19,058	249.3
1980	0.12	9.1	32.3	0.05	(28.6)	24,917	1,879	7.9
1981	0.14	16.7	(5.0)	0.11	120.0	23,997	7,519	30.7
1982	0.36	157.1	21.4	0.19	72.7	61,178	36,866	86.6
1983	0.43	19.4	22.4	0.28	47.4	73,498	18,009	26.7
1984	0.74	72.1	6.1	0.46	64.3	126,097	60,891	61.0
1985	0.83	12.2	31.6	0.56	21.7	151,033	23,503	17.0
1986	1.27	53.0	18.6	0.82	46.4	214,587	78,151	42.7
1987	1.12	(11.8)	5.1	0.47	(42.7)	180,408	(18,144)	(9.2)
1988	1.28	14.3	16.6	0.70	48.9	206,912	21,333	11.0
1989	1.64	28.1	31.7	1.04	48.6	257,735	64,311	27.7
1990	1.97	20.1	(3.1)	1.10	5.8	268,567	47,340	18.0
1991	2.65	34.5	30.5	1.79	62.7	365,495	94,830	29.9
1992	3.69	39.2	7.6	3.83	114.0	618,161	130,607	26.6
1993	5.43	47.2	10.1	3.97	3.7	907,856	245,454	32.2
1994	5.24	(3.5)	1.3	4.31	8.6	881,815	70,836	7.9
1995	6.16	17.6	37.6	4.84	12.3	1,111,491	107,503	10.8
1996	6.17	0.2	23.0	5.18	7.0	1,118,107	48,677	4.4
1997	9.73	57.7	33.4	6.68	29.0	1,863,531	661,815	44.4
1998	9.97	2.5	28.6	6.10	(8.7)	1,853,159	54,343	2.9
1999	6.59⑩	(33.9)	21.0	7.71	26.4	1,121,988⑪	215,042	14.5
2000	7.26	10.2	(9.1)	11.81	53.2	1,204,241	116,008	10.0

연도	주당 장부가치	장부가치 백분율 변화 (%)	S&P 500에서의 백분율 변화 (배당 포함, %)	주당 시장가치	시장가치 백분율 변화 (%)	주주 지분	순이익(손실)	주주 자산에 대한 평균 수익률 (%)
2001	7.21	(0.7)	(11.9)	9.62	(18.5)	1,195,453	116,008	(0.6)
2002	8.58	19.0	(22.1)	12.44	29.3	1,534,525	(7,508)	11.8
2003	10.05	17.1	28.7	15.37	23.6	2,134,161	161,623	5.3
2004	10.50	4.5	10.9	23.16	50.7	2,258,653	97,054	6.6
2005	16.95ⓒ	61.4	4.9	23.73	2.5	3,661,914ⓒ	145,500	55.3
2006	18.00	6.2	15.8	28.20	18.8	3,893,275	1,636,041	5.0
2007	25.03%ⓓ	39.1	5.5	47.10	67.0	5,570,492ⓓ	484,294	10.2
2008	11.22ⓔ	(55.2)	(37.0)	19.80	(58.0)	2,676,797ⓔ	10.2%	(61.5)
2009	17.93	59.8	26.5	23.79	20.2	4,361,647	(2,535,425)	15.6
2010	28.53ⓕ	59.1	15.1	29.18	22.7	6,956,758ⓕ	1,939,312	34.3
2011	25.24	(11.5)	2.1	22.74	(22.1)	6,174,396	25,231	0.4
2012	27.67	9.6	16.0	23.79	4.6	6,767,268	854,466	13.2
CAGR (1978~2012)ⓐ	18.2%		11.2%	25.7%		18.8%		
CAGR (1979~2012)ⓐ	18.2%		11.0%	19.3%				

ⓐ 음수는 더할 수 없기에 1979년을 사용했다.
ⓑ 주당 4.53달러, 총 8억 1,190달러의 1999년 배당금 지급의 결과인 축소를 반영한다. 루가디이의 연평균 성장률은 연 배당금이나 1999년의 특별 배당금과 같은 혜택을 반영하지 않는다.
ⓒ 이연법인세 자산 11억 3,510만 달러, 즉 주당 5.26달러를 반영한다.
ⓓ 이연법인세 자산 5억 4,270만 달러, 즉 주당 2.44달러를 반영한다.
ⓔ 이연법인세 자산 16억 7,210만 달러, 즉 주당 7.01달러의 평가 인하를 반영한다.
ⓕ 이연법인세 자산 11억 5,710만 달러, 즉 주당 4.75달러를 반영한다.

2부

빈티지

1990년대

5

가치를 위해 헌신하라

돈 그레이엄, 팀 오쇼네시
워싱턴 포스트 컴퍼니

워싱턴 포스트 컴퍼니^{WaPo}는 1970~1990년 버크셔 해서웨이에서 루안커니프$^{Ruane\ Cunniff}$에 이르는 유명 주주들을 끌어들인 빛나는 기업이었다. 하지만 2000년대 초반, 기술과 정치의 맹공으로 비즈니스 모델이 크게 약화하면서 회사의 기함이라고 할 수 있는 신문 사업은 물론 수익성이 높은 교육 사업, 캐플런^{Kaplan}까지 위협을 받게 되었다. 2010~2014년 이 회사는 극적인 규모 축소를 겪었으며 결국 이름까지 그레이엄 홀딩스$^{Graham\ Holdings}$로 변경했다. 이제 그레이엄 홀딩스는 연 매출 30억 달러 규모로 다양한 사업을 운영하고 있다. 분리된 신문 부문은 현재 제프 베이조스가 소유하고 있다.

1971년 상장 직후, WaPo는 버핏의 관심을 끌게 되었다. 버크셔는 대주주가 되었고 버핏은 30년 동안 이사회의 일원이었다. 버핏은 도널드 코프와 론 올슨Ron Olson과 같은 다른 저명한 주주들을 WaPo 이사회에 영입하기도 했다. 버핏은 회사 초기에 빌 루안Bill Ruane과 샌디 가츠먼Sandy Gottesman에게 연금을 맡기라는 조언을 했다. 이들의 전략은 연금 제도의 재정 자금을 엄청나게 과잉 조달했고, 영구적으로 연금 비용을 경감시키는 이례적인 실적을 냈다. WaPo의 지도부는 주식 환매에 대한 버핏의 가르침을 완벽히 익혔고, 인수 분야에 관련된 식견도 얻었다.

케이 그레이엄은 1971~2000년의 모든 서한에서 저자이거나 공저자였다. 1970년대 공저자들은 동료 임원들(프레데릭 비브Frederic Beebe, 래리 이스라엘Larry Israel, 마크 미거Mark Meagher)이었다. 이들 서한은 짧고, 사무적인 문제만 다루었으며, 일반적인 용어를 사용했다. 이후 회사의 특색이 된 주식 환매 프로그램에 관해 이야기할 때조차 말이다.

1981~1990년, 케이의 공저자는 딕 시먼스Dick Simmons였다. 그는 기업과 주주들의 입장에서 순조롭게 번창했던 이 회사의 10년을 케이와 함께 감독했다. 그들은 짧게 축약된 당시 주주 서한의 스타일을 그대로 따라 성과와 문제를 다루는 정석적인 기업 주주 서한을 만들었다.

스타일과 범위의 변화는 승계가 있었던 1991년부터 시작되었다. 딕 시먼스의 은퇴로 10년 동안 이사직에 있었던 앨런 스푼Alan Spoon이 회장이 되고, 어머니 케이가 은퇴 후 명예 회장이 되면서 1978년부터 〈워싱턴 포스트〉 신문 발행인이었던 도널드 그레이엄이 CEO

가 되었다. 스푼이 회사를 떠난 1998년까지는 세 사람이 주주 서한을 공동 집필했다. 도널드와 케이는 1999~2000년의 서한을 함께 만들었다. 케이가 숨을 거둔 2001년부터 회사가 그레이엄 홀딩스가 된 2015년까지 도널드가 서한을 썼다. 그 이후 돈의 승계자인 그의 사위 팀 오쇼네시가 혼자 서한을 써왔다.

도널드의 관리 기간은 몇 개로 구분된다. ① 범위가 확대되고 스타일이 사적으로 변한 집합체^{team}의 시기(1991~2000년), ② 이 시대의 투쟁과 기업 정책을 해결하는 데 더 깊이 논의한 고난의 시기(2001~2009년), ③ 회사의 비범한 변화가 최고조에 달했던 변혁의 시기(2010~2014년)이다.

도널드의 서한을 비롯한 모든 주주 서한은 기업별 분석을 제공하며, 주주 지향적이고 주주를 동반자로 생각하는 보수적인 기업 문화를 드러낸다. 도널드의 서한은 회사의 본래 사업(저널리즘과 뉴스)에 동력을 공급하고, 인쇄 저널리즘과 영리 교육 사업에 이르기까지 사업 운영이 받는 기술과 정치의 공세에 대한 회사의 전략적 대응이 어떤 것인지 알려주면서 역동성을 드러낸다. 회사 정책, 특히 주식 환매와 연금 회계에 대한 설명은 매년 점차 명확해졌다.

이 회사의 주주 서한들은 다양하기는 하지만 공통적인 주제를 담고 있다. 반복되는 주제로는 연금 투자와 주식 환매 프로그램의 위업이었다. 이 2가지는 너무나 많이 등장해서 여러 자료를 연대별로 설명한 뒤에 다양한 사례를 제시하려고 한다. 그 외의 주제로는 체계적인 인수 전략, 문제와 실수에 대한 솔직한 인정, 다른 팀원의 성과를 극찬하는 겸손함, 중요한 것은 분기별 실적이나 단기적인 주가가 아니라 다년간의 수익률이라는 내용이다.

또 다른 주제는 이사회에 합류하거나 떠나는 이사들에 대한 주기적인 언급이다. 이 이사진 '인명사전'에는 리 볼링거[Lee Bollinger], 워런 버핏, 댄 브뤼케[Dan Burke], 크리스 데이비스[Chris Davis], 배리 딜러[Barry Diller], 멜린다 게이츠[Melinda Gates], 톰 게이너, 조지 길레스피[George Gillespie], 도널드 코프, 론 올슨, 앨리스 리브킨[Alice Rivkin], 빌 루안이 올라 있다(이사회를 떠나는 것은 임기 제한이나 그 외 이유보다 나이 제한 때문인 듯 보인다).

주주 서한의 작자로서 돈 그레이엄[Don Graham]의 가장 독특한 특성은 간단명료한 스타일이다. 그에게 기자의 피가 흐르고 있어서인지, 그는 사실적이고 간결하며 명쾌하게 논점을 드러낸다. 의견은 사업에 직접적으로 연관된 것에 제한되며, 드러난 의견은 단호하다. 서술 기법에는 여성 수장의 아들이며 승계자의 장인으로 가업에 종사한다는 것을 드러내는 보수주의가 존재한다. 이 책의 CEO 중에서 유일하게 도널드만이 짧은 단락들을 이용하고 지나칠 정도로 간결성에 의지하는 글을 쓴다. 그가 쓴 서한들은 6~10쪽의 선을 넘지 않는다. 1991년의 서한에는 그의 어머니가 WaPo에서 이룬 사업적 성과에 대한 2쪽 분량의 헌사가 덧붙여 있다. 1963년 수익은 8,600만 달러였으나 1991년 14억 달러로 늘어나면서 순이익이 500만 달러에서 1억 7,500만 달러로 증가했다.

퓰리처상의 18회 수상 경력을 갖고 있다. 1984년의 캐플런과 1986년의 대규모 케이블 업체 캡시티즈[CapCities]로부터의 인수를 비롯해 수많은 사업체를 사들였다. 1963~1990년에 주당순이익[Earning Per Share, EPS] 연평균성장률[Compound Annual Growth Rate, CAGR]은 17.1%이며 평균 자기 자본 이익률은 20.4%였다. 도널드는 펜타곤 문서[Pentagon Papers](미국이 베트남전쟁에 군사개입을 강화하는 구실로 삼았던 통킹만 사건이 조작이었다는 내용 등을 담은 미국국방부의 기밀문서 - 옮긴이)와 워터게이트[Watergate](1972년 워싱턴 D.C.의 민주당 본부 건물에 도청 장치가 발견된 사건 - 옮긴이)에 대한 보도도 언급했다. 1991년은 이 서한 끝부분에서 언급된 전설의 편집인 벤 브래들리[Ben Bradlee]가 은퇴한 해이기도 했다.

1991년의 헌사는 이렇게 시작된다. "객관적 실재를 찾고 있다면, 페이지를 넘겨라." 이후 어머니와의 유대의 산물이 아닌 사실만을 나열한다. 도널드가 빈틈없는 사업가이고 뛰어난 주주 서한 작자라는 것을 증명한다. 이런 주장에 대한 증거로, 워런 버핏이 케이 그레이엄이 작고한 뒤 바친 헌사(2001년 연례 보고서)로 이 장을 시작한다.

'케이 그레이엄의 경영 이력'에 대하여_워런 버핏

캐서린 그레이엄은 내가 할 수 있는 것보다 자신의 이야기를 훨씬 잘 들려주었다. 《퍼스널 히스토리[Personal History]》는 내가 읽은 최고의 자서전이다. 하지만 내가 덧붙일 수 있는 것으로, 내가 가까이에서 지켜볼 수 있었던 경영 이력에 대한 견해이다.

케이의 비즈니스 오디세이는 독특했다. 그녀는 1963년 회사 경영을 책임지게 되었다. 자신에 대한 확신은 전혀 없으나 자신의 원칙에 대해 무엇보다 강한 확신을 가지고 시작한 일이었다. 그녀는 평생 남성만이 경영 유전자를 가지고 있다는 잘못된 가르침에 속아 살았다. 하지만 그녀는 독립적인 일류 언론 기관이 훌륭한 사회를 만들고 유지하는 열쇠라는 것을 온전히 이해하고 있었다. 정확한 이해였다. 남편의 죽음으로 인해 그런 기관을 관리해야 하는 의무가 주어졌을 때, 그녀는 아무리 다리가 후들거려도 앞으로 나아가는 것 외에 다른 선택지는 없다고 느꼈다.

그녀의 행진이 어떠했는지 보라! 펜타곤 문서와 워터게이트는 수 세기 동안 소환되고 연구되는 보도 역사의 이정표이다. 이렇게 겉으로 드러난 저널리즘의 성공에 사업적 성공까지 함께했다. 1971년 6월 15일 워싱턴 포스트 컴퍼니는 주당 6.50달러의 가격에 상장되었다(이후 4대 1 분할에 따라 조정). 케이가 1991년 5월 9일 CEO 자리에서 물러났을 때 주가는 222달러였다. 수익률이 3,315%에 달한 것이다. 같은 기간 다우존스는 907에서 2,971포인트로 227% 상승했다. 케이는 이런 극적인 (테스토스테론이 넘치는 동료 경영자들을 훨씬 능가하는) 실적에 항상 놀라워했고 거의 믿지 않는 쪽에 가까웠다. 그녀는 MBA 학위가 없는 것은 물론 차변과 대변이 무엇인지도 확실히 알지 못하는 자신이 사업을 실패로 몰고 갈 것이라는 생각을 떨치지 못했다.

물론 그 어떤 것도 문제되지 않았다. 케이는 사업의 가장 기본적인 규칙 2개를 이해하고 있었다. 첫째, 재능 있는 사람들을 주위에 두고 책임과 감사라는 자양분을 공급한다. 둘째, 고객에게 항상 발전하는 뛰어난 제품을 공급한다. 저널리즘계의 리더 중에 그녀보다 이 과제를 잘해낸 사람은 없다. 그 결과는 엄청난 이윤이었다. 내가 '품질 조정quality-adjusted'이라고 부르는 것을 기준으로 신문과 텔레비전의 이윤 폭을 판단한다면, 그녀는 워싱턴 포스트 컴퍼니를 바닥에서 꼭대기로 끌어올린 셈이다.

케이를 가장 괴롭힌 경영상의 문제는 1975년의 기자 파업이었다. 이전 몇 해 동안 〈워싱턴 포스트〉 기자실의 상황은 난장판에 가까운 상태로 악화되었다. 마침내 10월 1일 노조가 파업을 시작했다. 우선 모든 인쇄 기계를 망가뜨린 후에 한 대에는 불을 질렀고 현장 감독을 심하게 구타했다. 노조원들은 파업이 길어지면 신문사는 문을 닫을 수밖에 없다는 것을 알았기 때문에 기세가 등등했다. 그들은 케이가 굽힐 것이라고 확신했다. 그러나 그녀는 그들과 맞섰다.

파업 초기, 경쟁 신문인 〈워싱턴 스타Washington Star〉에는 광고가 쇄도한 반면, 〈워싱턴 포스트〉는 놀라운 속도로 독자와 광고주를 잃었다. 그 기간에 나는 케이가 가족들이 40년 이상 일구어온 사업을 망가뜨리고 있다는 생각에 괴로워하는 모습을 지켜보았다. 그녀가 신뢰하는 몇몇 조언자들은 무릎을 꿇으라고 권했다. 하지만 그녀는 버텨냈고 마침내 승리했다. 그녀는 두뇌와 기개, 배짱, 그리고 절대 빼놓을 수 없는 불타는 애국심을 가지고 워싱턴 포스트 컴퍼니의 CEO라는 자신의 임무에 임했다. 그녀는 경영의 퓰리처상이 있다면, 꼭 받고 싶다고 말하곤 했다. 내 책에서 그녀는 그 상을 받았다.

집합체의 시대: 1991~2000년

1991년
승계

우리 전임자들이 받아들였던 성공의 원칙들이 새로운 경영진을 인도할 것입니다. 우리는 특히 시장과 조직 내에서 높은 기준에도 흔들리지 않는 헌신으로 지탱되는 출판물과 프로그램, 서비스의 질에 최선을 다할 것입니다. 우리는 계속해서 주주, 특히 분기별 혹은 연도별 실적을 훨씬 넘어서는 시각을 가지고 있는 장기 주주들의 이익을 위해 회사를 경영할 것입니다. 우리는 매출의 규모나 우리가 통제하는 기업의 수로 성공을 가늠하지 않을 것입니다.

우리는 비용을 철저하게 관리할 것입니다. 매년 비용을 일정하게 관리해서 많은 기업이 견뎌야 했던 분열적 성격의 인원 감축을 피하면서 이윤을 극대화하기를 바랍니다.

우리는 자금의 사용을 늘 체계적으로 관리할 것입니다. 높은 평가를 받는 우리의 투자 기준에 부합하는 인수 기회를 추구할 것이고, 흥미로운 성장 가능성을 제시하는 새로운 커뮤니케이션 기술을 찾을 것입니다. 우리에게는 우리가 찾은 기회를 활용할 충분한 자원이 있습니다. 또한 상시로 주식 환매가 있을 것이며 이것은 우리 투자 전략의 중요한 부분으로 남을 것입니다.

우리는 경쟁사에 비교하거나 주당수익률과 같은 기준에 근거한 회사의 실적 등 주주에게 이익이 되는 의미 있는 실적을 기반으로 경영진을 평가하며 그들에게 보상할 것입니다. 이러한 원칙들이 계속해서 회사와 그 주주들에게 장기적으로 좋은 결과를 낼 것이라고 믿습니다.

1992년
투자

기존 사업에서 창출된 자금을 투자하는 것은 회사의 미래에 중요한 변수입니다. 이 일을 잘하는 것은 가치를 창출하고 지속적인 수익 성장을 달성하며 주주에게 높은 수익을 전달하는 데 꼭 필요합니다. 새로운 투자 기회에 접근하고 평가하는 우리의 원칙은 변함없이 유지되고 있습니다. 우리는 경쟁력을 갖춘 기업에 관심을 가집니다.

우리는 자본 지출이 지나치게 많지 않으며 시장으로 인해 우리에게 휘둘리지 않을 기업, 우리가 합리적인 가격 결정권을 가지는 기업, 시장에서 독특한 특징으로 높은 보상을 받는 기업에 관심을 둡니다. 우리는 우리가 알고 있는 기업을 특히 선호합니다. 우리는 여러 곳에 밀도가 낮은 투자를 하기보다는 나열한 것과 같은 특징을 가진 몇몇 투자처에 큰 액수로 투자할 가능성이 높습니다. 우리의 목표는 유리한 투자 비용으로 견실한 수익 흐름을 개발하는 것입니다.

1993년
정보 기술

과거 우리는 질 좋은 정보를 신문, 잡지, 방송, 유선 프로그램을 통해 전달하는 방법을 찾아 이런 벤처 사업을 수익성 있는 사업으로 바꾸었습니다. 이제 우리는 상당히 진화한 미디어 시장에서 그와 같은 일을 할 방법을 생각하고 있습니다. 시장에서 우리의 최종 포지션이 어떤 것이 될지 아직 알지 못하지만, 현재 우리가 미래에 접근하는 적절한 방법이라고 보는 것은 다음과 같은 조치입니다.

1994년
정보 기술

초고속 정보 통신망을 구성하는 새로운 기술들은 여전히 우리와 같은 기업에 흥미로운 가능성을 제시합니다. 안타깝게도, 지난해 우리가 말했듯이, 우리는 미래의 성공적인 뉴 미디어 기업으로 가는 지도를 가지고 있지 않습니다. 1994년의 사건들은 그런 지도를 선명하게 만드는 역할을 전혀 해내지 못했습니다.

환매

우리는 계속해서 주식을 매입할 것입니다. 우리 회사는 주식 환매를 가격이 유리할 경우에 주주 자금의 뛰어난 용처로 보는 시각을 오랫동안 유지해왔기 때문입니다. 우리는 주식을 환매함으로써 우리가 대단히 잘 알고 있고, 높이 평가하는 기업에 대한 투자를 늘리고 있습니다. 주주들도 같은 생각이길 바랍니다.

1995년
환매

회사의 실제 가치에 비해 낮은 주가 덕분에 지분을 늘려 기존 주주의 부를 늘릴 수 있게 되어 기쁩니다.

연금 크레디트

연금 관리자들이 예리한 통찰력으로 올린 성과 덕분에, 우리의 운영 수익에는 지난 3년 동안 거의 6,000만 달러에 달하는 연금 크레디트가 포함되었습니다. 투자자들은 이것이 다른 수익(산출된 자금은 연금 기금에 남으며 배당, 인수, 주식 환매에 사용되지 않는다)과 같은 특징을 갖지는 않지만, 연금 비용의 상승을 막는 효과가 있으므로 상당한 의미가 있다는 점을 알아두시는 것이 좋습니다.

--- **1996년** ---
문화

우리가 몸담은 여러 업계에서 오랫동안 들어온 일반적 통념이 있습니다. 대규모 기업 집단이 작은 규모의 기업 집단에 비해 좋은 성과를 낸다는 이유만으로 가격이 어떻든 규모를 키워야 한다는, 즉 기업을 계속 인수해야 한다는 주장입니다. 우리는 여기에 다소 회의적입니다. 우리가 사업하는 분야에서의 '통합' 필요성에 대해서는 계속해서 증거를 검토할 생각입니다. 가장 역사가 긴 우리의 사업, 즉 신문업에서 계속 인수 전략을 구사하는 기업들은 많은 신문을 소유하는 데 장점이 있다고 주장합니다. 그렇지만 우리가 알고 있는 이 업계의 최고 수익률은 우리 이사들 중 한 명이 경영하는 회사 소유의 한 신문사에서 나오고 있습니다.

  워런 버핏이 운영하는 버크셔 해서웨이 소유의 〈버팔로 뉴스Buffalo News〉를 언급하는 것으로 보인다.

우리는 우리가 운영하는 어떤 영역에서든지 가격이 적절한 새로운 기업이라면 인수할 생각이 있고, 그렇게 할 능력도 있습니다. 우리는 매도자들의 사업에 좋은 조건을 제공합니다. 우리 회사에 속한 기업들은 모기업 임원이 아니라 자격이 있는 경영진이 책임지고 운영합니다. 미래에 사업이 어떻게 운영되어야 하는가에 관심을 두고 있는 매도자에게 우리는 더 없이 좋은 매수인입니다. 물론 우리 주주들은 투자되는 자본의 가치에 대한 우리의 정의에 부합하는 기업을 찾는 일에 매진하는 우리의 모습을 보게 될 것입니다. 가격이 과열되었을 때에는 우리가 물러나 있더라도 놀라지 마십시오. 우리는 주식을 환매함으로써 다른 누구보다 우리가 잘 알고 있는 기업에 대한 지분을 늘리는 일도 계속할 것입니다.

1998년
지도 원리

우리가 어떤 성과를 올렸는가에 대한 자가 평가에서 우리의 목표는 큰 몫을 담당합니다. 우리는 오랫동안 그 점에 관해 이야기했지만, 여기에서 다시 반복하는 것도 나쁘지 않을 것입니다.

우리는 고도로 분권화된 회사입니다. 운영 책임자들이 실질적으로 기업을 운영합니다. 우리의 목표는 각자의 분야에서 최고의 사업 실적을 내는 것입니다. 거의 매년 우리는 배당과 자본 지출로 사용해야 하는 것보다 많은 돈을 법니다. 그 자본을 어떻게 배분할지 결정하는 것이 우리의 핵심 업무입니다. 우리 회사는 매출 증가 그 자체에 관심을 가져본 적이 없습니다. 아직 완벽하게 실현되지 않은 우리의 확고한 목표는 주주에게 이익이 되는 최고의 자금 사용처를 찾아 이윤을 높이고 사업 프랜차이즈를 강화하는 것입니다.

우리는 분기별 실적에 전혀 관심 없습니다. 그리고 그것이 예측 가능한 패턴을 보여주지도 않는다고 단언할 수 있습니다. 우리는 회사(그리고 당신 주식)의 가치를 높이는 과정에서, 투자를 통해 미래에 이익을 볼 수 있다고 믿는다면 그해에는 기꺼이 손실을 볼 것입니다. 그렇기에 우리는 여러분이 우리에게 성장에 대한 책임을 맡겨주길 기대합니다.

다각화

우리는 워싱턴 포스트 컴퍼니가 특히 인터넷의 영향력이 가속되고 있는 지금과 같은 시기에 다양한 기업을 보유하고 있는 것을 기쁘게 생각합니다. 이런 다각화는 원대한 비전에서 진화한 것이 아니라 장기적인 사업 전망에 대한 합리적인 예측과 최근 몇 년간 투자 기회가 주어졌을 때 시행한 가치 평가에서 비롯된 것일 뿐입니다. 우리가 방송, 케이블, 교육에 많은 자금을 투여한 것은 회사를 팔아치우겠다는 매도인의 임의적 결정의 결과가 아니라 (우리가 참여하는 모든 업계에 실제로 이런 매도인들이 있습니다) 위험과 수익에 대한 합리적인 투자 판단의 결과입니다. 케이블과 교육 사업에 대한 인터넷의 순영향은 인쇄 출판 사업에 대한 영향보다 클 것이 분명합니다.

투자

이 회사는 버크셔 주식에 1억 6,500만 달러를 투자했다.

도널드와 앨런이 1991년 승계했을 때 투자를 했더라면, 그 가치는 현재 15억 달러가 되었을 것입니다.

1999년
신뢰

주주의 돈을 이런 위험한 벤처들에 투자하는 우리를 여러분이 신뢰해야 하는 이유는 무엇일까요? 첫째, 우리는 당신의 입장에서 투자하고 있습니다. 이 회사의 최고 경영진은 자기 순자산에서 이례적으로 많은 부분을 회사 주식에 집중시키고 있습니다. 둘째, 지금까지 우리의 전적은 상당히 좋습니다.

셋째, 우리는 우리가 낸 것보다 많은 대가를 지불하고도 기꺼이 투자하겠다고 공언하는 의지가 강한 투자자들을 발견했습니다. 이것은 유쾌하면서도 의미 있는 일입니다. 이것이 강세 시장 현상인지는 아직 지켜봐야 할 일입니다.

마지막으로, 성공이든 실패든 여러분은 이후의 연차 보고서를 통해서 프로젝트별로 그 결과를 듣게 될 것입니다. 우리가 반드시 전달해야 할 것이 있을 때는 그 시기가 앞당겨질 수도 있습니다. 우리가 분석가들에게 하는 모든 프레젠테이션(보통 1년에 2번)은 온라인으로 즉시 포스팅되어서 여러분이 볼 수 있게 될 것입니다.

주주 여러분께서 확실히 알아두셔야 할 것이 하나 더 있습니다. 우리가 통제하는 모든 조직은 이 사업들에서 우리가 초래한 손실이 회계 이익에 미치는 영향을 축소하기 위한 그 어떤 노력도 하지 않을 것입니다. 우리는 실적 회계에 대단히 보수적인 견해를 갖고 있습니다.

이 회사의 수익은 분기별 혹은 정기적 패턴을 띠지 않습니다. 스타트 업과 웹에 대한 투자가 언제든 가속될 수도 축소될 수도 있는 지금과 같은 시기에는 특히 더 그렇습니다. 우리는 분기별 실적에 관심을 두지 않으며, 향후 특정 분기에 무엇을 할 것인지에 따라 회사의 주식을 매입할지 결정하는 것은 큰 실수를 범하는 것입니다.

언론 사업

우리는 보통 이사회의 조언에 따라 그들이 성공을 완전히 확신할 때에만 투자를 원했습니다. 우리가 지금 하는 종류의 개발 투자는 그 패턴에 맞지 않습니다. 그런데도 우리는 그런 투자가 주주들에게 적절한 선택으로 보인다고 느낍니다. 어떤 의미에서, 우리의 웹 투자는 이전의 인수와 다릅니다. 이 과도기적 환경에서의 경영은 대단히 어려우며, 전통적인 사업과 인터넷 사업을 동시에 운영하는 회사는 2가지를 맞물리게 하는 데에서 어려움을 겪고 있습니다. 구식 사업과 새로운 사업 사이의 충돌은 피할 수 없습니다. 그렇기에 그런 충돌을 최대한 줄여야 합니다.

내실 추구

우리 회사는 기업 커뮤니케이션에 있어서 대부분의 기업과 다른 접근법을 취합니다. 몇 년간 연차 보고서를 통해 이야기한 것처럼, 우리는 사업의 수익성에 큰 관심을 가지고 있지만, 분기별 운영 실적과 같은 것에는 전혀 신경을 쓰지 않습니다. 우리가 증권 분석가들에게 오랫동안 꾸준히 이야기했듯이, 우리는 우리의 분기별 수익에 대한 누군가의 추정이나 우리의 실제 수익이 그 추정치를 넘어섰는지에 전혀 관심이 없습니다(사실 우리는 추정치가 얼마인지도 알지 못합니다).

그렇지만 우리는 분기별 수치에 대한 무관심을 실적 부진에 대한 변명으로 사용하지는 않을 것입니다. 우리의 초점은 장기에 걸쳐 사업의 내재가치를 높이기 위해 노력하는 데 있을 것입니다. 여기에 성공했는지는 순수익으로만 측정할 수 있습니다. 우리의 목표는 내실이라는 워싱턴 포스트 컴퍼니의 초점에 부합하는 가능한 가장 성공적인 장기 사업을 만드는 것입니다. 이것은 쉽게 달성할 수 있는 목표가 아닙니다. 분기별 수익에 정신을 팔지 않는 것도 도움이 되겠지만, 그 외에도 더 많은 노력이 필요합니다.

우리는 분기별 실적에 집중해 증권 분석가들에게 비공개 정보를 제공하는 일을 하지 않습니다. 반면 주주 여러분과는 긴밀히 소통하고자 노력합니다. 2000년, 연례 주주총회에서 심각한 사업적 문제를 해결하지 못한 제한적 능력에 불만을 느낀 우리는 주주의 날^{Shareholders Day}에 우리 주주들(오로지 우리 주주만)을 초청했습니다. 연례 주주총회의 참석 인원이 50명을 넘은 적이 없었기 때문에, 초대장을 보낼 때

참석 인원은 30명 정도로 예상했습니다. 그런데 놀랍게도 300명이 넘는 주주들이 모습을 나타냈습니다.

주주 여러분은 5시간에 걸쳐서 케이블 원Cable ONE, 캐플런, 〈워싱턴 포스트〉, 뉴스위크 인터랙티브Newsweek Interactive의 상세한 사업 계획에 대해 듣고, 질의응답 시간을 가졌습니다. 〈워싱턴 포스트〉의 참석자와 〈뉴스위크〉의 기자들 역시 3일 전 있었던 선거에 대해 논의했습니다. 주주의 날 행사는 회사의 모든 사람들에게 훌륭한 경험이었습니다. 이것을 연례행사로 만들지는 않겠지만, 앞으로 더 많은 주주의 날 행사가 있을 것이라고 믿으셔도 좋습니다.

고난의 시기: 2001~2009년

2001년
어색한 낙관론

지난 몇 년 동안 이 보고서를 읽어오신 분들은 제가 낙관적인 전망을 유난히 불편하게 여긴다는 것을 눈치채셨을지도 모르겠습니다. 따라서 다소 어색한 상태로 이 낙관적인 전망을 해보겠습니다. 근래에 없던 심각한 광고 불황에도 불구하고, 우리는 2002년에 상당히 좋은 한 해를 보낼 수 있을 것입니다. 사실 다음 2~3년에 광고계가 회복되지 않는다 해도 (악화되지 않는 한) 괜찮은 시기가 될 것입니다. (그것이 언제가 될지는 모르지만) 광고의 회복세가 시작되면, 우리는 회사 전반에 걸쳐 진전을 이룰 준비를 갖추게 될 것입니다.

장기

여러분은 몇 년 동안의 서한에서 우리 회사가 장기에 걸친 가치 구축에 초점을 두고 있으며 단기적 결과에 별 관심이 없다는 글을 읽었을 것입니다. 그렇다면 과연 언제, 그 장기가 완성되는 시점인지 궁금한 분들도 있을 것입니다. 우리는 기적과 같은 결과가 계속 이어지리라고 생각지 않습니다. 다만 우리가 지난 몇 년간 한 투자의 일부가 결실을 이루기 시작했습니다.

보상

부시 대통령은 2002년 연설에서 CEO들이 회장 서한을 통해 보상의 총액을 밝혀야 한다고 말했습니다. 좋습니다. 1991년 CEO가 되었을 때, 저는 이사회 구성원 몇몇과의 논의를 거쳐 〈워싱턴 포스트〉의 발행인으로서 받던 액수로 보상액을 동결하기로 했습니다. 저는 연 40만 달러를 벌며, 회사의 보너스 제도 하나에 참여하고 있습니다. 회사가 대단히 좋은 실적을 내면 2년에 한 번씩 최대 40만 달러를 받는 제도입니다. 더불어 같은 제도의 일환으로 제한주의 일부 (대부분 최근 사이클에서는 300주)를 받습니다. 앞으로 수년 동안은 보상에 있어 변화가 없을 것입니다. 변화가 없는 한 이후의 서한에서는 이런 세부적 인 사항을 다시 언급하지 않을 것입니다. 물론 제 순자산의 95%는 계속해서 워싱턴 포스트 컴퍼니의 주식일 것입니다.

기업 매도인의 유인

워싱턴 포스트 컴퍼니는 원활하게 운영되고 있으며 특별한 성격을 띠고 그런 성격을 계속 유지하고자 하는 업체에 적합한 환경을 제공합니다. 물론 다른 분야의 기업들도 고려하고 있습니다. 단, 이 경우에는 대단히 강력한 경영진이 함께해야 합니다. 우리는 500만 달러 이상의 영업 수입이 있는 기업을 선호하며 기존의 사업 부분과 잘 맞는다면 규모가 작은 기업에도 관심을 둘 것입니다(이것이 우리와 버크셔 해서웨이의 차별점입니다. 버크셔 해서웨이는 여러 기업에 나무랄 데 없는 환경을 제공하지만, 수익이 5,000만 달러 이상인 기업만을 인수 대상으로 삼습니다).

우리는 우리가 이해할 수 있는 기업(기술 기업 제외), 강력한 경영진이 있는 기업, 필요 자본량이 낮은 기업, 명확히 호가를 제시하는 기업을 선호합니다. 우리는 스타트 업이나 부실기업(일시적으로 부실을 겪는 교육 기업 제외)을 맡기에는 적합하지 않은 회사인 것으로 밝혀졌습니다. 우리는 소유주와 직접 거래하는 것을 선호하며 경매에 참여하는 경우는 거의 없습니다.

2003년
주주의 날

두 번째 주주의 날에 참여해주신 250명의 주주 여러분께 감사드립니다. 연례 주주총회의 청중은 5배 증가했습니다. 청중들의 질문은 1년 동안 회사의 임원들에게 받은 어떤 질문보다 좋았습니다. 주주의 날 행사를 다시 개최할 것을 약속드립니다.

2004년
장기

당해의 성장으로 우리는 새로운 주주를 많이 받아들이게 되었습니다. 환영합니다. 기존의 주주라면 그동안 들었던 이야기를 다시 듣게 될 수도 있습니다. 이 회사는 다소 독특한 원칙에 따라 경영되고 있습니다. 우리는 장기적으로 회사의 내재가치를 키우는 데 관심을 두고 있습니다. 우리는 단기적인 결과나 가까운 미래의 주가에는 관심이 없습니다. 우리의 모든 관심은 지금으로부터 오랜 시간이 흐른 후에 회사의 가치를 최대한 높이는 데 있습니다(회사의 장기적 가치가 높아지면, 주가도 오를 것입니다).

우리의 수익에는 변동이 있을 것입니다. 포스트-뉴스위크 스테이션스Post-Newsweek Stations는 홀수 해보다는 짝수 해(선거나 올림픽 등이 있는)에 훨씬 많은 수익을 올립니다. 우리의 모든 언론 사업은 순환적인 성격을 띠며 일부는 그 성격이 대단히 강합니다. 우리는 이런 격차를 줄이고자 시도하지 않고 분기별 실적이나 월가의 추정치에 관심을 두지 않습니다.

2005년
전략

우리는 몇 년 후에 훨씬 더 가치 있는 기업이 될 기회가 있을 것이라 생각합니다. 이는 확실한 것이 아니라 가능성입니다(언론 사업에서 확실성은 사라진 지 오래입니다). 우리 회사가 이 기회를 온전히 살리려면 다음의 4가지가 일어나야 합니다.

- 캐플런이 잠재력을 발휘해야 합니다. 10년간 우리 교육 기업이 이 뤄온 진전만큼 더 크고 나아질 수 있는 기회가 여전히 존재합니다.

- 〈워싱턴 포스트〉는 전통적으로 〈워싱턴 포스트〉가 워싱턴 지역에 서 보유해온 것과 같거나 그보다 큰 경쟁력과 영향 범위를 가져야 합니다. 그리고 〈뉴스위크〉는 웹 계열사의 빠른 성장을 필요로 합 니다.
- 포스트 뉴스위크 스테이션스는 내실을 다져 앞으로 방송업계에 닥 칠 폭풍에도 견실한 기업으로 남도록 해야 합니다.

- 케이블 원은 계속해서 위성, 전화, 기타 경쟁업체를 앞서는 전략을 구사하고, 해당 시장에서 고유의 강점을 구축해야 합니다.

할 일이 무척 많습니다. 요약하면, 캐플런은 보기 드문 성장세를 보였고, 우리의 성공을 위해서 그런 성장세를 지속해야 합니다. 하지 만 2005년 영업이익의 76%를 차지한 것은 언론 사업입니다. 그들의 지속적인 성공은 우리가 캐플런에 기대하는 성장만큼이나 우리의 미래에 중요합니다.

언론 사업

저는 1971년 신문사에 입사했습니다. 그때나 1981년에 그다음 20년 을 예측했다면 당신의 예상은 거의 맞아떨어졌을 것입니다. 1991년 저는 이후 20년을 자신 있게 예측했습니다. 그러나 그 예상은 크게 빗나갔습니다. 상황은 제가 예상했던 것보다 훨씬 빠르게 변했습니다. 발행부수는 빠른 속도로 떨어졌고, 젊은 독자들은 제가 짐작했던 것보다 더 신문을 읽으려 하지 않았습니다(《워싱턴 포스트》는 다른 신문에 비해, 젊은 독자들 사이에서 좋은 성과를 거두고 있습니다).

2006년
내실 추구

주주들께 그리고 주식을 매수하려고 생각하는 분들께 친숙한 이야기를 몇 가지 하려 합니다. 우리 경영진은 장기적으로 워싱턴 포스트 컴퍼니의 주당 가치를 높이는 데 초점을 맞추려 노력합니다. 경영진은 분기별 실적에 전혀 관심을 두지 않습니다. 그런 부분에 관심이 있는 분이라면 우리 주식을 사서는 안 됩니다. 우리는 주주들에게 더 가치 있는 기업을 만들 조치라면 분기, 한 해, 몇 년 동안 저조한 실적을 낸 조치더라도 기꺼이 취할 준비가 되어 있습니다.

장기적으로 내재가치를 높이는 데 초점을 맞추는 일에서 중요한 조건이 있습니다. 우리는 질 높은 〈워싱턴 포스트〉와 〈뉴스위크〉를 발행해야 한다는 신념을 가지고 있습니다. 이 신문사와 잡지사의 임직원들은 높은 질을 유지하기 위해서는 기업이 성공해야 한다는 것을 이해하고 있습니다(그리고 역사 역시 이를 입증하고 있습니다). 하지만 우리는 이들 회사가 하는 일이 얼마나 중요한지도 알고 있습니다. 그리고 어느 정도는 더 나은 저널리즘이 장기적으로 더 나은 회사라는 결과를 낸다고 믿고 있습니다.

케이 그레이엄의 말을 한 번 더 인용하겠습니다. "〈워싱턴 포스트〉

는 지역, 국가, 세계적 사건에 대해 거침없이 의견을 말하는 관찰자라는 평판을 듣고 있습니다. 워싱턴 포스트 컴퍼니의 법인 설립 인가증에 표현된 대로 이 회사의 경영진과 〈워싱턴 포스트〉의 편집진은 역사적으로 신문의 사회적 책임에 역점을 두어왔습니다. 법인 설립 인가증은 회사의 목표가 '회사가 소유한 모든 신문사가 자유로운 언론이라는 원칙을 지키며 공동체와 국가의 안녕에 헌신하는 독립적인 신문을 발행하도록 하는 것'이라고 말하고 있습니다."

--------------- **2007년** ---------------
역동성

15년 전, 우리는 언론 기업이라는 말로 정확히 묘사되었습니다. 그 이후 캐플런이 회사의 주요한 동력원으로, 세계의 다른 어떤 교육 기업과도 다르게 여러 분야를 망라하는 세계적인 기업으로 성장했습니다. 지난 6개월 동안 캐플런의 매출은 회사 매출의 거의 절반에 이르는 49%였습니다. 캐플런은 2008년에도 견실한 성장을 계속하고 있습니다. 워싱턴 포스트 컴퍼니는 이제 교육·언론 기업이며 앞으로 교육에 더욱 무게가 실릴 것입니다.

신문 사업의 쇠퇴는 인터넷 뉴스 사업을 결합해도 막을 수 없습니다. 우리에게는 그에 대한 완벽한 해결책이 없습니다. 우리가 가지고 있는 것은 뛰어난 시장 포지션, 훌륭한 보도진, 재능 있는 경영진(그리고 미래를 위한 변화에 대한 몇 가지 아이디어)입니다.

캐플런과 워싱턴 포스트 컴퍼니는 2가지 공통적인 강점을 가지고 있습니다. 우리는 (합리적인 투자 기회가 존재하는 한) 교육 사업에서 벌어들인 돈을 재투자할 수 있습니다. 또한 캐플런은 분기별 수익에 주는 영향을 고려하지 않고 장기적인 투자를 자유롭게 할 수 있습니다 (워싱턴 포스트 컴퍼니의 모든 주주는 이 회사가 분기별 실적에 전혀 관심을 두지 않는다는 것을 알고 있어야 합니다).

회사가 성장하면서 〈워싱턴 포스트〉의 사업 실적은 이제 과거와 같이 큰 의미를 가지지 않게 되었습니다. 나쁜 일이기도 하지만, 좋은 일이기도 합니다. 신문사가 더는 과거와 같은 이윤을 내지 못한다는 것은 주주들에게 나쁜 소식입니다만, 신문사가 벌어들이는 돈이 성공이 입증된 교육과 케이블에 대한 투자로 간다는 것은 좋은 소식입니다.

워싱턴 포스트 컴퍼니는 캐플런과 케이블 원 덕분에 다음 몇 년간 주주들에게 증가하는 운영 수익을 제공할 수 있을 것입니다. 동시에 〈워싱턴 포스트〉가 새로운 독자층과 매출원으로의 이행을 이루도록 할 수 있을 것입니다. 그 이상은 약속할 수 없습니다. 성공적인 결과를 보여준다면, 워싱턴 포스트 컴퍼니는 〈워싱턴 포스트〉와 〈뉴스위크〉의 이행에 기꺼이 자금을 투자할 것입니다.

〈워싱턴 포스트〉를 분리하는 것은 어떨까요? 회사를 다른 방식으로 '재설계'하는 것은 어떨까요? 그런 일은 일어나지 않습니다. 우리는 주주를 위해서 회사의 장기적인 가치를 높이는 것을 목표로 하며 지금 당장 주가를 높일 수 있는 방법으로 정책을 전환하지는 않을 것입니다. 어떤 면에서, 지금 〈워싱턴 포스트〉에 투자하는 것은 유진 마이어Eugene Meyer가 1930~1940년대에 걸쳐서 했던 일과 비슷합니다. 그는 파산한 〈워싱턴 포스트〉를 사들인 후에 (워런 버핏의 표현대로) 큰 물에서 낚시를 했습니다.

마이어는 신문의 성공에 경제적 성과도 뒤따를 것이란 강한 확신을 가질 수 있었습니다. 그의 시대에는 어떤 도시에서든 높은 판매 부수를 올리는 신문이 많은 수익을 내는 사업이었기 때문입니다. 지금은 아무리 규모가 커도 신문과 인터넷 사업을 결합하여 시장을 지배해도 성공에 이를 수 없습니다.

2008년

장기

지난 몇 해 동안 저는 이 주주 서한들을 통해 우리 회사와 주주와의 관계에 대해 이야기했습니다. 워싱턴 포스트 컴퍼니의 최고 경영진들은 수세대에 걸쳐 같은 일을 해왔습니다. 우리는 장기에 집중합니다. 우리는 주주를 위해서 가치를 높이는 데 헌신합니다. 제 개인 자산은 90% 이상이 우리 회사 주식에 집중되어 있습니다.

이 모든 것이 계속 유지되고 있습니다. 하지만 저는 워싱턴 포스트 컴퍼니의 주가가 50% 이상 떨어진 다음 해에 주주 서한을 써야 하는 난처한 입장에 있습니다. 실적 비교는 전혀 위로되지 않습니다.

한 치 앞도 보기 힘든 오늘날의 경제 상황에서 무언가를 단언한다는 것이 바보처럼 느껴지지만, 우리는 이 회사가 주주들을 위해 가치를 높일 방법을 찾게 되리라는 장기적 견해를 갖고 있습니다. 큰 사업 2가지가 비교적 불경기에 내성이 있으며 해가 지날수록 그 규모가 커질 것이기 때문에 (그리고 우리 회사에서 더 큰 비중을 갖게 될 것이에) 우리의 수익은 몇 년에 걸쳐 증가할 것입니다. 우리는 인쇄 매체

회사들의 손실을 통제하고 그들을 다시 수익성 있는 회사로 되돌릴 것입니다.

2009년
역동성

1991년(현 경영진에 승계가 이루어진 해), 워싱턴 포스트 컴퍼니 매출의 82%는 신문, 잡지, 지역 TV 방송 사업에서 나왔습니다. 신문 사업 부문은 워싱턴 포스트 컴퍼니 매출의 47%를 차지했습니다. 2009년에는 이 세 사업 부분의 매출이 전체 매출의 25%에 불과했습니다. 캐플런 혼자 매출의 58%를 담당하고 있으며 케이블 원이 16%입니다.

이윤에 있어서는 변화가 더 극적입니다. 한때 막강했던 신문 사업은 2009년 엄청난 손실을 보았습니다. 〈뉴스위크〉도 마찬가지였습니다. 연말 회사의 금고에 들어온 새 자금은 거의 캐플런, 케이블 원, 포스트-뉴스위크 스테이션스에서 나온 것이었습니다. 이 새로운 질서는 주주들이 워싱턴 포스트 컴퍼니가 맞이한 일련의 다른 현실을 지켜보고 있다는 것을 암시합니다. 워싱턴 포스트 컴퍼니는 그 어느 때보다 단일 사업, 즉 캐플런에 크게 의존하고 있습니다. 교육은 우리에게뿐만 아니라, 다른 기업들에도 아주 좋은 사업입니다. 리스크가 있긴 하지만 미래에도 그럴 것입니다.

변혁의 시대: 2010~2014년

2010년
역동성

우리는 〈뉴스위크〉를 매각했습니다. 이 글을 쓰는 것만으로도 마음이 아픕니다. 제 아버지 필립 그레이엄Philip Graham은 1963년 〈뉴스위크〉를 인수했습니다. 아버지와 어머니, 누나 랠리 웨이머스Lally Weymouth와 저는 항상 이 잡지를 자랑스럽게 여겼고, 그곳에서 일하는 사람들을 동경했습니다.

그들이 계속 손실을 내고, 흑자 전환 가능성이 없는 상황만 아니었다면 그 사업을 매각하는 것을 몹시 주저했을 것입니다. 하지만 〈뉴스위크〉의 상황은 그러했습니다. 대규모 웹사이트와의 결합은 언제나 흥미로운 선택입니다. 현명한 새 주인 시드니 하먼Sidney Harman은 〈뉴스위크〉를 〈데일리 비스트The Daily Beast〉와 합병해 티나 브라운Tina Brown에게 맡겼습니다.

버핏의 은퇴

워런 버핏이 이사회를 떠나게 됩니다. 그는 37년 동안 이사회에서 일했습니다(그동안 단 한 차례 중단이 있었습니다. 워런은 1974년 이사회에 합류했습니다만, ABC의 인수 이후 캐피탈 시티즈Capital Cities 이사회에 몸담았던 1986~1996년에는 우리 이사회를 떠나 있었습니다. 그러나 그는 계속해서 케이 그레이엄이나 저와 여러 문제에 관해 상의했습니다).

긴 세월 동안 워싱턴 포스트 컴퍼니의 모든 중요한 결정 중에 워런의 의견을 묻지 않고 이루어진 것은 없었습니다. 그가 유도한 결정에는 현재 케이블 원이 된 기업의 매수, 휴스턴 TV^Houston TV와 샌 안토니오 TV^San Antonio TV 인수, 적극적인 주식 환매, 연금 조언자 선정 등이 있습니다. 그가 막은 일은 더 중요합니다. 케이 그레이엄은 《퍼스널 히스토리》에서 그녀가 신문사와 TV 방송국들을 사들이려 할 때, 워런이 했던 충고에 대해 설명했습니다. 그녀는 입찰을 하되 가치에 대한 워런의 생각을 따라 정상에서 벗어난 가격을 부르지 않았습니다. 마찬가지로 그는 저 역시도 몇몇 잘못된 인수 아이디어에서 빠져나오도록 해주었습니다. 그가 아니었다면 심각한 문제가 발생했을 것입니다.

워런은 누구와도 비교할 수 없습니다. 37년 동안 우리는 기업이 가질 수 있는 최고의 조언자와 함께하는 특권을 누렸습니다. 그는 전처럼 기꺼이 조언을 해주겠다고 말합니다.

──────────── **2011년** ────────────

잠시 진부한 이야기를 해보려 합니다. 지금의 사교육에 대한 연방 규제는 전혀 일관성이 없습니다. 약 10년마다 의회 조사와 뉴스 보도들이 쏟아진 후에는 "악당을 벌준다."는 목적으로 새로운 규제들이 채택됩니다. 이전의 규제들은 그대로 둔 채로 말입니다. 나쁜 것을 좇는 열정은 가득한데, 학생들에게 낮은 비용에 질 높은 프로그램을 제공하는 대학에 보상을 주겠다는 열정은 찾아볼 수 없습니다.

이런 무대에 지난해 새로운 목소리가 부각되었습니다. 캐플런의 CEO 앤디 로젠^Andy Rosen이 놀랍게도 책을 쓸 시간을 낸 것입니다. 《체인지닷에듀^{Change.edu}》라는 제목의 이 책은 사교육을 옹호하지 않고, 미국 고등 교육 전반이 앞으로 어떻게 펼쳐질지 조망하고 있습니다. 앤디는 우리의 사립대학들이 직면하고 있는 문제와 지역 공립대학의 장점과 한계를 공감적인 시각으로 바라봅니다. 이후 그는 민간 부문 대학들에 대해 다루면서 우리가 잘하고 있는 것이 무엇이며 그렇지 못한 것은 무엇인지 이야기합니다. 전 뉴욕시 교육감 조엘 클라인^{Joel Klein}은 이렇게 말했습니다. "우리나라 고등 교육의 문제를 바로 잡는 데 관심이 있는 사람들이라면 반드시 읽어야 할 책이다." 빌 게이츠 역시 "설득력 있고, 정말 중요하며, 대단히 재미있게 읽히는 책!"이라고 말했습니다.

앤디(그리고 제)가 주장하는 이야기의 요지는 현재 미국 전체 일자리의 60%는 대학 혹은 전문대학 졸업자를 원한다는 것입니다. (이 수치가 더 올라가지 않을까요?) 성인의 40%만이 (초)대졸 이상의 학력을 가지고 있습니다. 이 나라는 더 많은 대졸자를 원합니다. 특히 기존 대학들의 서비스를 받지 못하는 인구 집단에서 대졸자가 나와야 합니다. 그러나 이런 학생들에게 교육 서비스를 제공하기 위해 전통적인 대학을 확장하는 것은 가능성이 낮은 일입니다.

─────── **2013년** ───────
〈워싱턴 포스트〉 매각 [16]

신문 사업이 계속해서 문제를 초래하고 우리는 해답을 찾지 못하면서, 캐서린과 저는 우리의 작은 공개 기업, 워싱턴 포스트 컴퍼니가 여전히 신문사를 담기에 적당한 그릇인지 자문하기 시작했습니다.

2006년부터 매출은 매년 하락했습니다. 우리는 기업을 쇄신했고, 저의 비판적인 시각에서 봤을 때, 우리의 쇄신은 청중과 질의 측면에서 상당히 성공적이었습니다. 하지만 그것으로 매출의 하락을 만회하지는 못했습니다.

우리의 답은 비용 절감이어야 했으나 여기에 한계가 있다는 점을 알고 있었습니다. 우리 소유인 상태에서도 〈워싱턴 포스트〉가 살아남을 수는 있습니다. 하지만 우리는 그 이상의 일을 하기를 바랐습니다. 따라서 우리와 이사회는 워싱턴 포스트 컴퍼니가 갖지 못한 재정적·기술적 장점을 끌어들일 수 있는 매수자가 있지 않을까 하는 질문을 하기 시작했습니다. 그래서 〈워싱턴 포스트〉를 경매에 내놓지 않았습니다. 우리는 책임감을 가지고 소유권에 접근하는 매수자, 옳은 이유로 소유를 원하는 매수자, 〈워싱턴 포스트〉와 다른 지역 사업에 큰 도움이 될 수 있는 매수자, 그리고 곧 이름이 바뀔 워싱턴 포스트 컴퍼니의 주주들에게 공정한 매수자를 찾았습니다.

거대 인터넷 회사 창립주 중 한 사람이 이 도전을 받아들이려 하고 있습니다. 그도 이것이 힘든 도전임을 알고 있습니다. 왜 제프 베이조스일까요? 저는 그것이 대단히 명백하다고 생각합니다. 그는 문제를 해결하기 위해 수년에 걸쳐 인내심을 가지고 투자하는 것으로 유명합니다. 그리고 그런 투자에서 큰 성공을 거둔 것으로도 유명합니다. 저는 워런 버핏이 제프를 미국에서 가장 능력 있는 CEO로 꼽는 것을 들었습니다. 제프는 전 세계의 최고 기술자들을 많이 알고 있습니다. 아주 많이 말입니다. 그것이 그가 신문 사업의 문제에 대한 해법에 이르게 될 것이란 의미는 아닙니다. 그렇지는 못할 것입니다. 다만 〈워싱턴 포스트〉의 장기적인 성공에 대한 가장 가능성 높은 기회임을 의미합니다. 〈워싱턴 포스트〉는 쇄신해야 합니다. 그렇게 하기 위해서는 인내심이 있어야 하고 현명해야 합니다. 우리의 가치관은 바뀌지 말아야 합니다. 하지만 우리가 가는 길은 바뀌어야 합니다. 회사는 제프를 필요로 합니다. 또, 그는 여러분을 필요로 합니다.

─────────── **2014년** ───────────
역동성

2014년 대단히 많은 일이 있었습니다. 우리는 〈워싱턴 포스트〉의 남은 자산을 매각하는 일을 마무리했습니다. 우리는 현금과 일부 버크셔 해서웨이 주식을 우리 회사의 버크셔 해서웨이 지분 대부분과 맞교환하면서 마이애미의 텔레비전 방송국 WPLG를 버크셔 해서웨이에 넘기는 거래를 완료했습니다. 그리고 2015년 케이블 원을 분리할 것이라고 발표했습니다.

이 모든 거래의 결과로 우리 회사는 상당한 변화를 겪었습니다. 우리의 규모는 더욱 작아졌습니다. 발행 주식의 수도 크게 줄었습니다. 하지만 재정적으로는 상당히 견실해졌습니다. 우리 앞에는 기회로 가득한 세상이 있습니다.

승계

리빙소셜LivingSocial 창립자, 팀 오쇼네시가 사장으로 일을 시작했습니다. 팀과 저는 여러 면에서 서로 다릅니다. (짜증스럽게도, 그는 저보다 훨씬 젊습니다.) 하지만 그레이엄과 오쇼네시 집안은 한 가지 면에서 공통점을 가지고 있습니다. 대부분의 자산이 그레이엄 홀딩스의 주식에 집중되어 있는 것입니다. 제 경우에 우리 가족 자산의 90%를 훌쩍 넘습니다. 우리는 그 주식을 더 가치 있게 만들기를 원합니다. 따라서 우리는 장기적인 관점을 가질 것입니다. 늘 그래왔듯이, 분기별 실적에 대한 관심은 0이 될 것입니다. (당신이 주주이고, 분기별 실적에 신경을 많이 쓴다면, 우리 주식을 매도하는 것에 대해 생각해보아야 할 것입니다.) 우리는 장기적인 가치 성장에만 집중할 것입니다.

보상

팀의 투자 초점은 저와 다를 것입니다. 팀과 저는 워런 버핏이 말하는 '능력 범위circle of competence'도 상당히 다릅니다. 하지만 우리는 장기 지향적인 관점을 공유합니다. 팀의 보상에서 핵심적인 부분은 특유의 스톡옵션입니다. 그는 2014년 11월 3일, 이 회사에 합류했습니다. 당시 주가는 787달러로 마감했고, 팀의 옵션은 1,111달러이며 10년간 그가 합류한 날의 마감가보다 매년 3.5% 높아집니다.

우리의 배당(약 1.35%)을 더하면, 팀은 주주들이 그의 옵션 기간에 연 5%의 수익을 내지 못하면 어떤 보상도 받지 못합니다. 이것은 옵션을 제공하는 날의 시장가로 주어지는 보통의 스톡옵션과 상당히 다릅니다. 수년 동안 워런이 지적했듯이, 기업들은 수익의 일부를 유보합니다. 그리고 회전시킨 자본으로 정상적인 (심지어 정상에 약간 밑도는) 수익만 올려도, 임원들은 10년 동안 상당히 많은 돈을 벌 수 있습니다. 주주들은 아무런 보상을 받지 못해도 말입니다. 팀은 우리 주식의 약 1%를 옵션으로 가지게 될 것입니다. 더구나 주주들이 수익을 얻을 때까지는 스톡옵션으로 보상을 받지 못합니다. 여러분도 저도 그가 많은 돈을 벌기를 바라야 합니다.

오쇼네시의 시대: 2015년~현재

2015년
역동성

경영진에 변화가 있을 때, 사람들은 회사에 관해서 많은 궁금증을 갖게 됩니다. 선대의 경영진이 놀라운 안정성을 보여주었고 동일한 지도 원리하에서 오랜 세월 운영된 그레이엄 홀딩스 같은 회사라면 더욱 그렇겠죠. 이 글을 읽고 있다면 당신은 이미 주주이고 과거 경영진의 가치관, 윤리, 판단에 대해 익히 알고 계실 겁니다. 앞으로 회사에 어떤 변화가 있을지 궁금한 것이 많으실 겁니다. 저는 여러분이 궁금하게 여기실 만한 질문을 예상해 거기에 답할 생각입니다. 스포일러가 될 위험을 무릅쓰고 얘기하자면, 그레이엄 홀딩스라는 세계가 돌아가는 기본 축은 크게 달라지지 않을 것입니다.

2015년 우리는 자회사들과 모회사 양쪽에서 기업 비용 구조를 개선하는 데 집중했습니다. 우리는 이러한 변화가 우리의 분권화된 운영 모델과 잘 맞으며, 경우에 따라서는 운영 개선이 이루어질 수도 있다고 생각합니다. 우리는 이것을 일회적인 일이 아닌 운영 사고방식의 변화로 봅니다. 매출에 동력을 공급하거나 장기적으로 매출을 개선할 제품의 질을 올리지 않는 비용은 그 필요성을 철저히 조사할 것입니다. 비전략적 비용이 평균보다 낮게 유지되는 기업이 다른 기업에 비해 장기적으로 더 나은 성과를 낸다는 것이 우리의 생각입니다.

돈 그레이엄의 유산

도널드 그레이엄이 관리하는 동안 주식을 소유했던 분들이라면 사업의 마법을 목격하셨을 것입니다. 그는 약 25년간 CEO로 있으면서 비슷한 위치의 다른 사람들보다 훨씬 뛰어난 실적을 올렸고 높은 수익을 창출했습니다. 도널드가 맡은 신문업은 그 후 한동안 호시절을 보냈지만, 결국 뛰어난 선수들도 무릎을 꿇을 수밖에 없는 혼란에 직면했습니다. 그는 이 지뢰밭을 헤쳐나갔고, 견실한 대차대조표와 탄탄한 성장 전망을 갖춘 다각화된 기업을 남겼습니다.

또한 도널드는 우리와 사업을 하는 사람이라면 누구나 그 가치를 높게 평가하는 회사를 남겼습니다. 그레이엄 홀딩스는 제품의 질과 고객의 성공을 단기적인 이윤보다 우선시하고, 단호하지만 공정한 경쟁자이자 신뢰받는 파트너이며, 직원들을 소중하게 여기고 그들에게 신의를 보이며 그 대가로 그들의 충성심을 얻는 고용주입니다.

이것이 도널드와 그 선임자인 캐서린 그레이엄의 가치관이기도 한 것은 우연이 아닙니다. 워싱턴 포스트 컴퍼니가 상장되기 이전부터 주주였던 행운을 누린 분이라면, 주요한 세계적 사건에서 이 회사가 한 역할과 그 기반이 된 가치관에 대해서 잘 아실 것입니다. 또한 그러한 가치관이 사업의 성공에 방해가 되지 않는다는 점도 아실 것입니다. 오히려 오랫동안 주주들에게 괄목할 만한 수익을 창출하는 회사의 능력에 중요한 방식으로 기여했습니다.

저의 핵심 신념은 이런 것들을 바탕으로 합니다. 여러분은 우리 사업의 동반자이며 공동의 주인입니다. 우리는 여러분을 위해 일합니다. 우리는 당신이 찾을 수 있는 가장 장기 지향적이고, 주주 친화적인 회사가 되는 것을 목표로 합니다. 우리는 우리의 성공을 장기적인 재정적 결과, 만족한 고객, 직원들이 커리어를 구축하고 번창할 수 있는 문화로 측정할 것입니다. 이것이 도널드의 유산을 지키겠다는 결단으로 보인다면, 제 뜻을 정확히 짚어내신 겁니다. 저의 신념은 도널드에 대한 헌신이 아닙니다. 여러분 모두에 대한 헌신입니다.

자본 배분

우리는 자본을 어떻게 배분할까요? 케이블 TV 사업의 분리로 우리는 훨씬 규모가 작아진 상태로 미래를 향하게 되었습니다. 무엇보다 우리는 교육, 매체, 의료, 산업의 기존 분야를 기반으로 삼을 것입니다. 우리 기업들은 각기 다른 재정 상태에 있습니다. 그들 내부에서 자본을 사용할 기회 역시 모두 다릅니다. 하지만 우리는 이미 오랜 시간에 걸쳐 대단히 높은 수익을 올리면서 성장한 동시에 해자를 확대할 수 있는 기업들을 보유하고 있습니다. 우리는 이 업계들에 대해서 이미 알고 있으며 이들 기업을 운영하는 사람들에 대해서도 상당히 많이 알고 있습니다. 우리는 위험 대비 보상이 가장 큰 결과는 이런 접근법에 집중할 때 나온다고 생각합니다.

완벽한 세상에서라면, 모든 자산을 가격이 적절하고 수익성이 높은 인수와 신뢰도가 높은 유기적 성장 이니셔티브에 분배할 수 있을 것입니다. 그러나 그것을 아무리 간절히 소망해도, 계속 그렇게 할 수는 없을 것입니다. 우리는 내부 수익률이 그다지 매력적이지 않은 기업들도 지켜볼 준비를 할 것입니다. 그렇다면 우리의 기준은 어떤 것일까요?

- 우리가 이해할 수 있는 분야에 속하며 경영 상태가 건실하고 수익성이 있는 기업

- 기업을 지속적으로 운영하는 데 헌신하는 실력 있는 경영진

- 최소한 10년의 안정적인 수익이나 수익 성장이 기대되는 기업

- 내부의 투자 기회가 명확히 드러나는 기업

지표

우리 스스로를 어떤 잣대로 평가해야 할까요? 우리는 장기적으로 볼 때 기업의 내재가치가 주가와 거의 비슷해야 한다고 생각합니다. 중단기 진전을 측정하려면, S&P 1000의 주당 순이익 증가율에 주당 경상 순이익의 4개년 연속 평균을 비교해 보실 것을 제안합니다. 그 이유는 무엇일까요? 현재 우리의 5개 TV 방송국들은 그레이엄 홀딩스의 가장 큰 수입원입니다. 그들은 올림픽이나 선거 때문에 짝수 해에 더 좋은 실적을 내는 경향이 있습니다.

자본 분배

우리는 기존 사업에 자본을 분배하는 것을 선호합니다. 경영진에 대해서 잘 알고, 사업에 대한 이해가 깊으며 이 2가지 요소 덕분에 최대 수익이 여기에서 나올 것이라고 생각하기 때문입니다. 회사 외부로 눈을 돌릴 때는 소유하고 있지 않기 때문에 알지 못하는 부분을 만회하기 위해 매우 높은 일련의 기준을 적용합니다.

- 우리가 이해할 수 있는 분야에 속하며 경영 상태가 건실하고 수익성이 있는 기업

- 기업을 지속적으로 운영하는 데 헌신하는 실력 있는 경영진

- 최소한 10년의 안정적인 수익이나 수익 성장이 기대되는 기업

- 내부의 투자 기회가 명확히 드러나는 기업

  어딘가 친숙하게 느껴진다면 그것은 2015년의 주주 서한에서 제가 공유한 것과 같은 기준이고, 제가 2014년 입사한 이래 계속 사용해온 기준이기 때문입니다.

시장성 유가증권 포트폴리오에 대한 수익을 포함한 우리의 배당은 27%, 총 1억 1,400만 달러로 크게 증가했습니다. 앞으로도 이런 수준의 수익을 올린다면 정말 기쁘겠지만 우리는 이것이 이례적이란 것을 알고 있고, 이런 높은 실적을 매년 보는 것을 꿈꾸지는 않습니다. 우리는 이들 증권을 단기간에 거의 변화를 줄 수 없는 회전율이 낮은 통합된 포트폴리오로 생각합니다. 우리는 각각의 매수를 전체 사업을 매수하는 것처럼 평가하고 장기 소유주의 입장에서 생각합니다. 우리는 이런 접근법으로 장기간에 걸쳐 좋은 성과를 볼 수 있을 것으로 기대합니다.

환매

다음은 〈워싱턴 포스트〉의 주주 서한에서 주식 환매에 대해 언급한 부분을 추가 발췌한 것이다.

1997년 우리의 주식 환매 프로그램은 1975년 캐서린 그레이엄이 시작한 것입니다. 당해 우리는 주당 평균 435.51달러에 846,290주를 환매했습니다. 이는 발행주의 7.7%입니다. 주식은 1975년만큼 좋은 거래는 아니지만 여전히 현명한 투자로 보입니다.

1999년 1975년부터 우리는 회사 발행 주식의 절반 이상을 환매했습니다. 이는 캐서린 그레이엄이 이 프로그램에 착수하지 않았더라면 당신이 보유하고 있었을 것의 2배가 되는 신문, 잡지, 방송, 케이블, 교육 사업의 소유권을 갖고 있다는 뜻입니다. 주식은 1970년 대만큼 싼 가격은 아니지만, 우리에게는 여전히 가치 있는 상품으로 보입니다.

2010년 워싱턴 포스트 컴퍼니의 주식을 소유하고 있다면, 현재 당신은 1년 전보다 많은 회사 지분을 갖고 있습니다. 2010년 주가가 날뛰는 동안, 2010년 초에 매수할 수 있는 약 930만 주 중 100만 주 이상을 환매했습니다.

1971년 우리가 상장했을 때 우리 회사의 발행 주식은 약 2,000만 주였고 현재는 820만 주입니다. 우리의 목표는 주주에게 이익이 될 때 (주식이 자산가치보다 낮은 가격에 팔리고 있는 시점에 매수함으로써) 환매 하는 것입니다. 가격에 상관없이 일상적으로 환매에 나서지는 않습 니다. 35년간의 단속적인 환매로, 오래전부터 우리 주식을 보유해온 주주는 1970년대보다 거의 2배 반이 많은 회사 지분을 보유하게 되 었습니다.

2015년 기회가 있을 때마다 우리는 자사주를 매입합니다. 단 주 가가 내재가치보다 낮다고 생각될 때만 매수를 합니다. 우리 회사는 오랜 시간에 걸쳐 상당한 양의 주식을 환매했지만, 규칙적으로 매수 한 것은 아닙니다. 우리는 장래에도 이런 식의 환매를 할 것입니다. 특정한 기간에 일정량의 돈을 주식 환매에 쓰겠다는 식의 발표는 기 대하지 말아주십시오.

주가가 내재가치보다 낮지 않을 때 환매를 한다면 그것은 주주 자산의 가치를 훼손하는 것입니다. 우리는 그런 일을 하지 않을 것입니다. 우리는 이것이 주식 환매에 대한 최선의 접근법이라고 믿으며 당신도 그렇게 믿기를 바랍니다.

2017년 우리는 당해 총 5,080만 달러의 비용으로 우리 회사 발행주식의 약 1.5%를 환매했습니다. 우리는 기회가 있을 때마다 환매에 나서는 접근법을 계속할 것이고, 이런 철학이 미래에도 이어질 것으로 예상합니다. 저는 잠깐 환매 프로그램을 확대하고 싶습니다. 그레이엄 홀딩스는 다른 많은 기업에 비해 다소 특출한 자사주 매입 역량을 가지고 있다고 생각하기 때문입니다.

우리는 기회가 있을 때 환매에 나서며 모든 자본 지출에 대한 지배권을 장악하는 것을 선호하기 때문에, 수익 발표에 가까웠거나 아직 발표되지 않은 주요한 거래와 같은 비공개 정보를 입수했다는 이유로 그렇지 않았다면 환매할 수 없었을 상황(자사주 매입 거래 정지 기간, 내부자 거래를 막기 위해 분기가 끝나기 2주 전부터 실적 발표 이틀 후까지 자사수 매입을 막는 기간-옮긴이)에서 환매를 하는 10b5-1(상장기업 내부자가 보유한 주식을 정해진 가격이나 날짜에 매각할 수 있도록 하는 것-옮긴이) 공시를 꺼립니다. 최근, 이 거래 정지 기간은 매년 15주 정도로 정해져 있습니다. 그 기간을 제외하고도 방해 없이 주식을 매수할 수 있는 거래일이 약 179일 남습니다.

우리의 일간 거래량은 대부분의 상장기업들에 비해 작습니다. 우리는 이 점을 긍정적으로 받아들입니다. 이는 대부분의 우리 주주가 기꺼이 회사의 주인으로 남겠다는 의미이기 때문입니다. 2017년 일간 거래량은 발행 주식의 약 0.35%였고, 총 거래주는 발행 주식의 약 63%였습니다. 그렇지만 장기 주주 기반을 고려하면 거래량의 상당 부분은 같은 주식이 여러 차례 거래된 것입니다.

또한 가격이 매력적일 때를 택해야 합니다. 시장에서 공격적인 환매를 할수록 단기적으로 주가를 높일 위험도 커집니다. 따라서 우리는 보통 시장에서 대량의 주식을 매입하는 일은 하지 않습니다. 하지만 오랜 시간에 걸쳐 주식이 저평가되었다고 생각될 때 매입을 하는 (그리고 그렇지 않을 때는 매입에 나서지 않는) 관행을 유지함으로써 주주들에게 큰 이익을 드렸습니다.

연금 크레디트

다음은 〈워싱턴 포스트〉의 주주 서한에서 회사의 연금 크레디트에 대해 언급한 부분을 추가 발췌한 것이다. 환매에서처럼, 독자에게는 특정한 주제가 한곳에 모여 있는 편이 연대별로 등장하는 것보다 유용할 것이다.

1998년 연금 수익은 실제적인 수익입니다. 장래에 연금 수당으로 회사의 많은 자금을 사용하는 일을 피하도록 하기 때문입니다. 하지만 이들 수익은 현금이 아니기에 다른 수익에 비해 그 가치가 낮게 평가됩니다.[17]

2001년 워싱턴 포스트 컴퍼니의 연차 보고서에는 연금 회계에 대한 언급이 빠지는 법이 없습니다. 우리 회계 수익의 상당 부분이 우리의 연금 크레디트에서 나옵니다. 우리의 펜션 크레디트는 언제나 우리 수익의 큰 몫을 차지합니다. 연금 기금이 보기 드문 투자 결과를 내왔기 때문입니다. 빌 루안과 그의 회사 루안, 커니프가 기금의 가장 큰 몫을 맡아 투자함으로써 우리는 미국의 어떤 기업보다 높은 수익을 올렸습니다. 이로써 우리 회사에서 일하는 사람들은 연금 기금에 대한 확신을 가지고 있습니다. 다른 곳에서 보기 힘든 일이죠. 우리가 언제나 연금 크레디트를 부각시키는 이유는 그것이 현금이 아닌 항목이어서 다른 수익보다 저평가되기 때문입니다.

복잡한 회계 규칙이 연금 크레디트 중 얼마를 수익 일부로 보고해야 하는지 결정합니다. 하지만 중요한 결정 요인은 연금 기금 자산의 예상 수익률입니다(예상 수익률이 높을수록, 연금 크레디트가 커지고, 회사의 회계 이익도 커집니다). 2002년과 그 이후에 대해서 우리는 워싱턴 포스트 컴퍼니의 투자 수익 추정치를 9%에서 7.5%로 낮췄습니다. 할인율이라고 부르는 2차 추정치도 0.5% 낮추었습니다. 1월에 발표한 대로, 이런 변화와 추정치가 주는 효과로 현금 수입은 감소하지 않는데도 2002년의 수익은 2,000만~2,500만 달러 감소할 것입니다. 1월의 발표 이후, 우리 보험계리사들은 우리의 투자 수익이 예상보다 훨씬 높았기 때문에 2002년의 연금 크레디트가 1,000만~1,500만 달러 정도만 감소할 것이라는 정보를 제공했습니다.

수익 추정치를 낮추겠다는 우리의 결정은 이례적인 일이며 다른 기업들에 비교한 우리의 수익에 불리한 영향을 줄 것입니다. 2001년 12월 10일 자 〈포춘〉에 실린 워런 버핏의 글이 저와 우리 이사회의 장래에 9% 수익을 기대하는 것이 신중치 못한 일이라는 확고한 증거를 제공한 것 같습니다.

2002년 워런 버핏이 1976년 우리 연금 기금의 두 관리자를 케리 그레이엄에게 추천한 이래, 우리는 어느 누구와 비교해도 뒤떨어지지 않는 실적을 올려왔습니다. 우리의 연금 제도는 우리 연금 기금의 약 86%를 관리하는 루안 커니프의 빌 루안과 나머지 14%를 관리하는 퍼스트 맨해튼First Manhattan의 샌디 고츠먼Sandy Gottesman 덕분에 필요액을 훌쩍 넘는 자금을 조달하고 있습니다. 지난해 주주 서한에서 언급했듯이, 우리는 연금 기금의 미래 수익 추정치를 9%에서 7.5%로 낮췄습니다. (할인율이라고 부르는 2차 추정치도 0.5% 낮추었습니다.) 미래의 주식 시장 실적이 과거와 같을 가능성이 낮다는 확신 때문입니다. 올해 우리는 또다시 0.25% 낮출 것입니다. 지난해 우리의 투자 결과는 시장보다는 높았지만, 우리의 수익 추정치보다는 낮았습니다.

이 문제를 왜 이렇게 자세히 설명하는 것일까요? 2002년의 경우, 연금 크레디트는 운영 이익의 17%에 달했습니다(초기 퇴직 제도 비용 제외). 연금을 받는 워싱턴 포스트 컴퍼니 직원들에게 높은 안정성을 제공하기는 하지만, 이 크레디트는 현금이 아니고 다른 수익보다 가치가 낮습니다. 따라서 우리의 회계 이익에는 돈궤에서 절대 보지 못할 수백만 달러의 자금이 포함되어 있다는 점을 이해하는 일이 여러분께 중요한 것입니다.

2015년 우리는 유니콘unicorn(뿔이 하나인 전설의 동물, 가치가 높은 사업

-옮긴이)에 대해서 최근 대중들에게 알려진 버전과는 다른 정의를 갖고 있습니다. 우리가 알고 있는 유니콘은 훨씬 드뭅니다. 우리에게는 필요액을 훨씬 초과하는 자금을 조달하는 연금 제도, 2015년 수익에 6,200만 달러를 기여한 연금 제도가 유니콘입니다. 당신 생각도 우리와 같다면, 그 숫자는 무시하십시오. 그 수익은 운영과 관련된 것도 아니며 기업의 투자 목적에 사용될 수도 없기 때문입니다. 우리는 자금조달 상황에 훨씬 더 큰 관심을 두어야 합니다.

2015년 말, 과잉 조달 자금은 10억 달러를 웃돌았습니다. 연금 투자 관리의 측면에서는 분명 보통 수준 이하의 해였기 때문에, 연금 자산에서 6.2%의 손실을 보았는데도 말입니다. 우리는 과잉 자금 조달이 그레이엄 홀딩스의 실제적 재원이라고 생각합니다. 하지만 그 포지션의 독특함 때문에 유효성이 증명된 방법은 거의 없습니다. 2016년 우리는 그 과잉 조달 자금을 활용할 수 있는 몇 가지 방법을 확인해볼 계획입니다.

실패를 성장의 기회로 잡아라

스티브 마켈, 톰 게이너
마켈코퍼레이션

마켈코퍼레이션의 뿌리는 1930년대로 거슬러 올라간다. 3대에 이르는 가족 기업으로 성장한 이곳은 1986년 공개 기업이 되었다. 현재는 광범위한 증권 투자 포트폴리오와 사업체를 거느린 세계적인 대형 보험사이다. 버크셔 해서웨이와 꼭 닮은 모습이지만, 규모는 그보다 작다. 이 회사는 버크셔의 가장 오랜 대주주 중 하나로 버크셔 주식의 0.5%를 수십 년 동안 보유하고 있다.

마켈의 주주 서한은 모두가 공동으로 작성했다. 1986~2004년은 스티브 마켈의 목소리가 두드러지고, 2005년부터는 톰 게이너의 목소리가 부각된다. 이 서한들이 포괄하는 기간과 30년이 넘는 세월 동안 회사에서 일어난 변화의 규모를 생각할 때, 주제들의 일관성이 두드러진 특징이라고 볼 수 있다.

스티브 마켈의 시대는 마켈코퍼레이션을 정의하는 토대를 제시했다. 서한들은 이 사업 관행에 대해 밝힘으로써 장기에 걸친 경제적 성공에 헌신하겠다는 생각을 뚜렷이 표현한다. 1986~1992년의 전반기에는 서한의 길이가 짧고 단순하며 경영 성과에 집중한다. 표제는 단순하고 서술적인 경향이 있으며, 서명이 있는 부분에 저자들이 함께 찍은 사진이 담겨 있다.

1993~2004년에는 깊이를 더해갔고, 특히 1996~1997년의 서한은 고전으로 남았다. 여기에는 회사의 보수주의라는 고무적인 철학, 가치 체계, 문화, 스타일, 마켈의 보너스 제도와 인센티브 보상 체계를 비롯한 마켈의 지배구조와 일반적 지배구조 등의 주제에 관한 방대한 논의가 담겼다.

이 서한들은 계속해서 경영진의 장기적 사고를 강조하면서 같은 뜻을 가진 주주를 끌어들이려는 광고를 꾸준히 해나갔다. 서한의 스타일에 있어서는 모두가 약 3,000개 단어 내외의 거의 같은 길이로, 평균 8쪽으로 인쇄되었다. 1997년에는 사진이나 디자인 이미지와 같은 장식이 들어갔다.

2005년부터 게이너가 주요 작자로 나서면서 변화의 씨앗이 뿌려졌다. 초점은 여전히 마켈만의 두드러진 사업과 철학에 맞추어졌지만, 소논문과 같은 스타일로 주제를 더 깊이 있게 다룬다. 장기적인 시각을 강조하면서 자료 분석과 함께 20년을 회고한다. 규율, 지속적인 배움, 경영진의 의무, 투자 철학, 장기적 지평의 장점에 대한 소론들이 있다. 세계적 기업으로의 진화에 적응하기 위한 마켈의 변화하는 조직 구조도 다룬다.

마켈의 상장 20주년인 2006년부터 모든 서한은 마지막 2쪽에서 이전 20년간의 핵심 재무 실적 자료를 보여준다. 여러 서한이 행동 방침을 담고 있다. 이는 주주는 물론 경영진에게도 장기적인 사고가 중요하다는 것을 상기시키는 역할을 한다.

2010년부터는 "새로운 마켈new Markel"에 대한 의식적인 언급, 훌륭한 회사가 되겠다는 포부 등에 더욱 뚜렷한 변화가 나타났다. 스타일은 역동적이고 정력적이며 심지어는 절박하기까지 했다. 표제들은 생기가 넘쳤으며 매년 달라졌는데, 20년 자료를 근거로 한 항목, 그해 주요 소식, 가치관을 구동시키는 엔진 등과 같은 단일한 서사 주제를 중심으로 삼아 전체론적으로 구성되었다.

주주 서한은 여전히 10쪽을 넘지 않지만, 더 많은 단어를 사용하며 여백이 적다. 2012년의 서한은 약 7,000개 단어가 사용되었으며, 이후 2번의 서한은 각각 6,000개 단어에 조금 못 미치고, 이후로는 약 5,000개 단어 정도이다. 이 서한들은 읽는 사람의 시간을 고려해 길이가 길다는 점을 사과하되 회사의 성장 규모와 복잡성을 고려하면 그 정도 길이의 서한이 필요하다는 점을 강조한다.

마켈 주주 서한의 전통은 두 시대로 나눌 수 있다. 경영진의 장기적 사고를 강조하는 스티브 마켈이 두드러진 시대와 장기 지향 원칙을 재차 강조하는 한편, 미묘한 지향점의 확대로 모든 주주에게 장기적 지평과 마켈 접근법의 장점을 교육시키려는 게이너의 시대가 그것이다. 게이너의 시대는 다시 개발 시대, 그 뒤의 이행 시대로 나눌 수 있다.

마켈 시대: 1993~2004년

1993년
내실 추구

우리 회사의 역사는 1930년으로 거슬러 올라가지만, 우리는 비교적 젊은 상장회사입니다. 첫 주식 공모는 겨우 7년 전인 1986년 12월에 있었습니다. 공개 기업으로서 우리는 우리 주주들을 동등한 파트너로 대우하기 위해 노력하고 있습니다. 우리는 건전한 사업 관행에 전념하며 완전한 기업공개를 통해 우리 파트너들이 회사의 가치를 온전히 이해할 수 있도록 하기 위해 노력합니다. 주주 유대 프로그램의 목표는 우리의 장기적 목표를 공유하는 투자자를 유인하고 유지하는 것입니다. 우리가 이에 성공하면, 우리 주식은 내재가치로 거래될 것이고 회사의 가치와 연관되지 않은 문제에 덜 민감해질 것입니다.

배당과 분할

우리는 자본을 통해서 많은 수익을 올리고 있으며 장래에도 그렇게 할 능력을 갖추고 있다고 확신합니다. 그 결과 우리는 현금 배당을 도입할 계획을 갖고 있지 않습니다. 우리 회사의 내재가치는 우리가 발행 주식 수를 5,400만 주로 유지하든 분할해서 그 수를 늘리든 같을 것입니다. 분할로 발행 주식의 수를 늘리는 일이 주식이 내재가치와 밀접하게 연관된 가격에 거래되는 결과를 불러오는 것은 아닙니다. 오히려 그 반대일 것입니다.

지표

회사 경영에 있어서, 우리는 회계 관행보다는 건전한 경제적 판단에 가치를 두려고 노력합니다. 회계 관행은 의미 있는 경제 현실을 보여주지 못하는 때가 많습니다. 이런 철학은 때로 회계 이익을 줄이는 결정에 이르게 하기도 합니다. 그러나 이 결정은 우리의 '진짜 현금 수익'을 증가시킵니다.

우리 사업에서 적절한 사례를 찾을 수 있습니다. 첫 번째로, 우리의 투자 목표는 총수익의 극대화입니다. 그렇게 하면서 우리는 보통주에 투자를 합니다. 시세 차익을 얻을 기회를 잡으려고 경상 소득을 포기하는 것입니다. 이런 정책의 가치는 지난 5년간의 평균 총수익에서 확인할 수 있습니다.

두 번째 사례는 무형자산의 상각償却과 관련 있습니다. 이전 인수의 결과로 우리는 상당한 양의 무형자산을 가지고 있습니다. 이들 자산의 대부분은 세금 공제가 가능하며 가속 상각으로 비용 처리됩니다. 회계 관행은 운영비에 상각을 포함하게 하지만, 그 비용은 경상 운영비와는 거의 관계 없습니다.

─────────── **1994년** ───────────

우리는 장기 실적 측정에 집중합니다. 실현된 투자 수익이나 미실현 투자 수익은 변덕스럽기 때문입니다. 투자 전략에 대한 좋은 테스트는 몇 년에 걸친 총수익의 평가입니다.

보상

총보상 프로그램의 관리 측면에서, 우리는 봉급과 수당이 시장에서 경쟁력을 갖되 이례적이지는 않기를 바랍니다. 반면에 우리는 이례적인 보너스와 종업원 주주 제도를 확립해 우리 조직에 비범한 기여를 할 인재들을 끌어들이고 그들에게 보상하기 위해 노력합니다.

우리의 보너스 제도는 참여의 단계가 3개로 나뉘어 있습니다. 첫째, 모든 사원은 높은 실적 기준이나 보너스 협의에서 개술한 개별 목표를 달성했을 때 의미 있는 현금 보너스를 받을 기회를 얻습니다. 둘째, 언더라이팅^{underwriting}(보험자가 위험, 피보험 목적, 조건, 보험료율 등을 종합적으로 판단해 계약의 인수를 결정하는 일 - 옮긴이) 결과에 직접적인 영향력을 가진 모든 직원은 제품이나 부문이 내는 언더라이팅 이윤과 명백히 연관된 보너스를 받을 수 있습니다. 마지막으로 임원들은 주당 장부가치의 5개년 연평균 성장률을 기반으로 보상을 받습니다. 우리의 목표는 주당 장부가치를 연 20% 높이는 것입니다. 5개년 연평균 성장률의 최저 하한인 15%를 넘지 않으면 임원들은 보너스를 받지 못합니다.

종업원 지주제

현금 보상 인센티브도 직원의 이해관계와 주주의 이해관계를 일치시키는 데 효과적이지만, 우리는 직접 주식을 소유하는 것이 더 강력한 방법이라고 생각합니다. 1986년 공개 기업이 되었을 때 우리의 주된 목표 중 하나는 많은 직원들이 우리 주식을 보유하게 하는 것이었습니다.

당시 보너스 프로그램이 존재하지 않았기 때문에 우리는 인센티브 보상으로 스톡옵션을 후하게 지급하고 우리 사주 신탁제도도 권유했습니다. 스톡옵션은 미래의 주식 소유를 자극할지 모르지만, 우리는 스톡옵션이라는 '선물gift'이 주식의 실제적 매수로 회사에 대한 장기적 헌신을 낳을 만큼 효과적이지는 않다고 생각합니다. 회사에 사적으로 투자하는 행동은 회사의 주인처럼 생각하고 행동하기 시작하는 유대를 조장하는 중요한 단계입니다. 따라서 우리는 장래에, 추가적인 스톡옵션이 우리 인센티브 보상 제도의 중요한 부분이 되지 않을 것이라고 예상합니다.

우리는 직원들에게 주주가 될 많은 기회를 제공합니다. 은퇴 프로그램 대상자인 모든 직원은 (퇴직 제도에 대한 회사 보상의 일환으로) 공개 시장에서 매수한 마켈 주식을 받습니다. 또한 직원들은 보상의 일부나 전부를 회사 주식에 대한 투자로 지정할 수 있습니다. 또한 직원들은 급여 공제 제도payroll deduction plan(고용주가 직원의 급여에서 돈을 원천징수하는 것 - 옮긴이)를 통해 우리 주식을 획득할 수도 있습니다. 매 급료에서 일정 부분이 공제되도록 정하면 개인의 재정 상황이 허락하는 만큼 주식을 늘려갈 수 있습니다. 회사는 관리비와 수수료를 책임지고, 이 제도를 통해 매수한 주식 10주당 1주를 주는 방식으로 이 제도를 지원합니다.

최근 우리는 모든 직원들에게 회사가 일부를 보조하는 저금리 융자로 주식을 구매할 수 있는 기회를 제공했습니다. 200명이 넘는 직원들이 이 프로그램에 참여했습니다. 1995년 12월 31일 현재, 이 주식 매수 제도를 통해 직원들이 매수한 주식은 12만 5,000주가 넘습니다. 우리는 직원들이 보유한 총 주식을 회사 주식의 약 32.5%로 추정합니다. 이는 우리 모두에게 우리의 장기적 성공에 집중하게 하는 강력한 인센티브를 제공합니다. 우리는 주주로서 우리가 낸 실적을 공유합니다.

1996년
안전한계

그레이엄의 안전한계란, 간단히 말해 투자와 사업 결정에 안전망을 구축하려는 시도입니다. 안전한계는 실수와 바람직하지 못한 결과에 대한 완충제 역할을 합니다. 이는 감정이 아닌 사실에 근거해 행동하고, 결과를 보수적으로 예측하며 선택지가 주어졌을 때는 안전을 고려해 위험과 실수를 다각화하여 달성됩니다. 꾸준히 적용한다면 이 개념은 강력한 비즈니스 도구가 될 수 있습니다. 마켈은 그레이엄의 개념을 우리의 모든 결정에 적용합니다.

보수주의

미지급 손실과 손실 조정 비용에 대한 충당금은 보험사의 재무제표에서 무엇보다 중요한 계정입니다. 측정이 대단히 어렵고, 그 액수가 크기 때문입니다. 마켈도 예외는 아닙니다. 또 이 계정은 보수적인 회계 철학과 안전한계 제공이라는 우리의 뜻을 가장 잘 반영하는 부분입니다. 우리가 여러 차례 이야기했듯이, 우리의 목표는 부족하기보다는 충분한 것으로 입증될 가능성이 높은 수준으로 손실충당금을 유보하는 것입니다. 이에 대한 이런 기준은 다른 보험사와 약간 다릅니다.

투자

우리는 투자 활동 역시 언더라이팅 활동에서와 같은 사고방식, 주의 의무, 안전한계로 관리하는 것이 중요하다고 믿습니다. 뛰어난 투자 실적은 우리의 언더라이팅 수익과 결합해 장부가치의 탁월한 장기 성장을 낳습니다. 우리의 투자 철학은 세후 총수익을 최고로 달성하고, 우리 보험 영업의 완전성을 보호하자는 목표를 기반으로 합니다. 우리는 당기 순이익보다는 총수익에 초점을 맞추며 가치 창출을 추구합니다.

자산 포트폴리오에서 우리가 매수하는 종목에 대해서 가능한 많은 것을 앎으로써 과도한 손실 위험을 피하려고 노력합니다. 우리는 기업들에 대한 광범위한 조사를 진행하고 회사를 방문해 경영진과 대화를 나눕니다. 보험 업계에 대해 많은 지식을 갖고 있고 편안함을 느끼기 때문에 보험 주식을 매수하는 일이 많습니다.

우리는 미실현 자본이득을 키운다는 생각을 좋아합니다. 우리는 수익이 실현되지 않고 세금이 이연되는 범위까지는 세금 지불에 사용될 자금을 계속해서 투자합니다. 여기에는 장점이 많지만, 특히 안전한계를 창출한다는 혜택이 따릅니다. 미래의 시장에서 지금보다 주가가 낮아진다면, 이런 세금 대비를 통해서 장부가치에 미치는 영향을 완화할 수 있을 것입니다.

상장

1997년 6월, 우리는 뉴욕증권거래소에 상장되었습니다. 우리는 NASDAQ에 전반적으로 만족하고 있었고 NASDAQ 시장 조성 기업들로부터 상당한 지원을 받았지만, 우리 주식의 매수 호가와 매도 호가 사이의 스프레드를 줄여보고자 하는 욕심이 있었습니다. 우리는 이런 효과를 보았다고 생각하며 뉴욕증권거래소 상장기업이 된 것을 기쁘게 생각합니다. 우리는 여전히 주식 분할에 대해 납득할 만한 이유를 찾지 못하고 있습니다(사실 뉴욕증권거래소 수수료는 발행 주식의 수에 근거하므로 우리는 주식을 분할하지 않음으로써 돈을 절약하고 있습니다).

그렇지만 주주 여러분과 잠재 주주께 우리 주식을 사거나 팔 때 심사숙고해달라는 말씀을 드리고 싶습니다. 매수매도 호가의 스프레드가 2달러라면, 주가가 160달러일 때는 그 스프레드가 1.3%밖에 되지 않는다는 것을 기억해주십시오. 다른 증권 거래는 비용이 더 큽니다. 또한 우리는 충성심이 높은 주주 기반과 낮은 주식 회전율을 선호합니다. 결과적으로, 주가에 큰 변동이 없기 때문에 매수나 매도에는 인내심을 가지는 것이 현명합니다.

내재가치

주가의 성장과 내재가치의 성장은 같은 것이 이상적입니다. 이런 일은 단기적으로는 잘 나타나지 않고 장기적으로 일어납니다. 우리는 여러분과 회사의 중요한 정보를 공유해 여러분이 회사의 내재가치를 추정할 수 있도록 만들고자 합니다. 우리는 우리 주식을 내재가치보다 눈에 띄게 높거나 낮은 수준에서 거래할 마음이 없습니다.

안타깝게도, 내재가치를 정확하게 판단할 방법은 없습니다. 오늘날에는 이전보다 다양한 가격 결정 요인이 주가를 높이는 데 관여합니다. 그렇지만 우리는 장부가치를 연 20%로 상승시키는 데 꾸준히 헌신할 것이며, 우리 회사가 장기적인 시각을 가진 주주들에게 계속해서 가장 좋은 투자처가 될 것이라고 생각합니다.

문화

마켈 스타일Markel Style은 우리의 가치 체계입니다. 더불어 우리가 사업을 하는 방식을 설명합니다. 우리가 신뢰하는 가치는 '탁월성의 추구, 모든 거래에서의 정직과 공정, 권위에 대한 존중과 관료주의에 대한 경멸'입니다. 우리 조직에는 현재 830명의 임직원이 있습니다. 이런 큰 조직이 강력한 기업 문화를 구축하는 것은 쉬운 일이 아닙니다. 그러나 이러한 기업 문화는 우리 성공의 중요한 부분이었고 앞으로도 그럴 것입니다. 이런 성공의 가장 큰 이유는 오랫동안 회사에 몸담은 많은 직원들 덕분입니다. 직원의 25%(227명)가 10년 이상 근속자입니다. 40명 이상은 20년 넘게 회사와 함께해왔습니다.

또 다른 중요한 사실은 모든 마켈 직원이 회사의 주식을 보유하고 있고, 많은 직원이 상당한 규모의 투자를 하고 있다는 점입니다. 몇 년 전 우리는 스톡옵션 제도를 없애고, 그 대신 직원들에게 회사 주식 매수에 사용되는 자금을 회사의 보조로 저리 융자해주고 있습니다. 지난해 250명이 넘는 직원들이 이 제도를 이용해 630만 달러 가치의 주식을 매수했습니다. 우리의 목표는 우리 직원들이 회사의 주인이 되기를 원하도록 만드는 것입니다. 우리는 이것이 마켈 스타일을 활성화시키고, 모두가 열심히 일하고 우리가 하는 일을 즐기며 장기적인 가치를 높이는 일에 집중하게 해줄 것이라고 생각합니다.

1998년
문화

하나의 조직으로서 우리가 가지고 있는 핵심 강점 중 하나는 강력한 가치관입니다. 우리는 이 가치관에 마켈 스타일이라는 이름을 붙였습니다. 조직들은 종종 클라이언트, 직원, 주주의 다른 요구들 사이에서 균형을 찾는 데 어려움을 겪습니다. 어떤 이들은 모든 결정이 이런 이해관계 사이의 절충이라고 말합니다. 그러나 우리는 그렇게 생각지 않습니다. 우리의 목표는 모든 구성원을 지지하는 결정을 하는 것입니다. 예를 들어, 직원들은 물타기 스톡옵션이 아니라 급여를 통한 주식 매수 제도나 융자 제도로 회사의 주인이 됩니다. 게다가 우리의 인센티브 보상 시스템은 개별적인 성과에 보상하도록 만들어졌습니다. 우리의 실적 문화는 클라이언트들이 신뢰할 수 있는 재무 안정성을 구축합니다. 사람들이 자신의 잠재력을 발휘할 수 있는 분위기를 창출한다면 기업이 성장하고 성공하는 것이 훨씬 쉬워집니다.

성공은 성공을 낳습니다. 우리는 성공을 염두에 두고 마켈을 만들었습니다. 또한 우리가 안주하는 순간, 퍽 잘한다고 생각하는 순간에 문제가 생기기 시작한다는 것을 알고 있습니다. 우리는 과거에 해낸 일에 만족하지 않을 것을 약속합니다. 우리는 장기적인 목표를 세우고 매일 그 목표를 향해 나아갈 것입니다. 우리는 많은 진전을 겪었습니다만, 앞으로 가야 할 길에 여전히 설렘과 흥분을 느낍니다.

1999년
투자

우리는 상당한 투자 자금을 자기 자본에 분배함으로써 장기적으로 주주의 자산가치를 크게 높일 수 있다고 생각합니다. 우리는 리스크를 단기적인 변동의 맥락이 아닌 자본의 영구적인 손실 맥락에서 생각합니다. 또한 높은 자본 수익률을 보일 것이라고 생각되는 회사, 회사의 가치를 높이는 정직하고 재능 있으며 주주 지향적인 경영자가 운영하는 회사의 주식을 삽니다. 우리는 장기적으로 그 회사의 상승된 가치를 공유하고자 합니다. 1999년 우리의 자산 투자 결과는 실망스러웠습니다. 하지만 대부분 우리가 선택한 기업에 만족하며 주식 시장의 가격이 떨어졌다고 해도 비즈니스 펀더멘털은 건전하다고 생각합니다.

우리는 자산 포트폴리오를 비교적 적은 수의 종목에 집중합니다. 연말 5개 상위 종목이 전체 포트폴리오의 32% 이상을 차지했고, 20개 상위 종목이 전체의 71%를 차지했습니다. 다각화가 단기적인 변동성을 줄여줄 수는 있겠지만, 장기적인 총수익을 극대화할 수는 없다고 생각합니다. 우리는 우리의 관심과 포트폴리오를 우리가 잘 알고 있는 유망한 분야에 집중하는 것이 최대의 수익을 가져올 수 있다고 믿습니다. 1999년에 우리는 보험주에 집중된 포지션 때문에 실망스러운 결과를 얻었고, NASDAQ 시장의 과열된 부분에 투자하지 않음으로써 호황 시장의 요란한 (그러나 기반이 좁은) 수익을 향유할 수 없었습니다.

2003년
지배구조

2000년대 초, 사베인스 - 옥슬리법^{Sarbanes-Oxley Act}을 촉발한 부정회계 때문에 기업 지배구조에 전국적인 관심이 집중되었다.

최근 부정회계 사건의 결과로 우리는 기업 지배구조를 개선하려는 의도를 가진 새로운 법규와 규정을 받아들여야 하는 상황에 있습니다. 안타깝게도 이런 새로운 규칙을 따르고, 그 위에 있는 정신에 부응하기 위한 일을 하지 않는 기업도 있을 것입니다. 또 이들 요구사항의 대다수는 어떤 이득도 없이 비용을 늘리고 심지어는 지배구조를 악화시킬 것입니다.

다행히 우리는 언제나 건전한 기업 지배구조의 정신에 부응해왔으므로 철학을 바꿀 필요가 없습니다. 우리는 우리 주주들이 사업 수익의 공정한 몫을 얻고, 경영진의 어떤 '차감' 행위에도 노출되지 않아야 한다는 믿음을 항상 지키고 있습니다. 우리는 이미 오래전 물타기 스톡옵션의 발행을 중단하기로 결정했습니다. 우리의 보너스 제도는 논리적이고 합리적이며 직원의 성과와 주주의 자산가치를 정확히 일치시킵니다. 이는 직원에게도 주주에게도 공정한 제도입니다.

우리의 주식 매수 융자 제도는 직원들이 매력적인 금리에 적절한 조건으로 적정한 양의 주식을 매수하도록 합니다. 우리는 주식 매수 융자를 탕감하지 않습니다. 이 제도는 스톡옵션 제도보다 훨씬 더 주주 친화적입니다. 불행히도, 고위 임원과 이사들은 더는 이 제도에 참여할 수 없습니다. 옵션 제도는 허용되지만, 융자 제도는 허용되지 않는 새로운 규칙은 모순으로 보입니다. 옵션 제도는 수혜자가 원금 상환을 회피할 수 있는 무이자 대출과 마찬가지입니다.

2004년
투자

우리는 투자 시장에서 돈을 버는 데 기본적으로 2가지 접근법이 있다고 생각합니다. '트레이더trader(여기에서는 일반 거래자가 아닌 단기 증권 매매를 하는 사람 - 옮긴이)'는 가격의 변동을 통해서 이득을 얻고 이윤을 획득하기 위해서 포지션을 성공적으로 거래하려 애씁니다. 반대로 '투자자'는 합리적인 가격에 수익성이 있는 기업의 주식을 매수하려 하고, 그들이 보유한 기업의 근본적인 성장에서 이익을 보려 합니다. 단기적으로만 생각한다면 요령 있는 트레이더가 되는 것이 중요합니다. 유명한 투자자 존 템플턴도 "주가는 주식의 가치보다 변동이 많다."고 말했으니까요. 그러나 장기적으로는 투자 역량이 중요해집니다. 합리적인 가격의 수익성 있는 기업을 알아보는 재무 기술과 시장의 부침에도 그 종목을 고수하는 기질이 있어야 유망한 미래 수익을 산출할 수 있습니다.

우리는 투자자이지 트레이더가 아닙니다. 우리는 매수한 기업들에 만족합니다. 지난 몇 년 동안 자기 자본에 대한 분배를 늘려왔고, 그들의 미래 전망에 대해 낙관하기 때문입니다. 주식 시장의 상황과 회사의 특정한 사건들로 매년 수익에는 변동이 있겠지만, 우리는 오랜 시간에 걸쳐 우리가 투자자로서 얻는 수익은 기업의 기본적 수익 자체와 비슷할 것이라고 예상합니다. 우리가 소유한 기업들을 기준으로 본다면 우리는 그 전망에 만족합니다.

동업자 의식

마켈의 주주들 역시 우리의 장기적인 성공에 헌신하고 있습니다. 우리 주식의 많은 부분을 마켈의 지분이 자신의 재정적 미래에서 중요한 부분이라고 생각하는 직원들이 보유하고 있습니다. 외부 주주는 장기 보유 경향이 높으며, 우리가 목표를 달성하는 데 도움이 되는 금융 자본, 아이디어, 지원을 우리에게 제공합니다.

게이너 시대 1단계: 2005~2009년

2005년

투자 시장에서 요즘 가장 각광 받는 분야는 '대체 투자Alternative Investment'입니다. 여기에는 헤지펀드, 사모펀드를 비롯해 투자자에게 매력적이면서 비상관적인(전체 시장의 흐름에 영향을 받지 않고 가치가 정해지는 - 옮긴이) 수익을 제공하는 것으로 여겨지는 다양한 자산 등급 상품들이 포함됩니다. 워런 버핏이 최근 지적했듯이 투자 시장은 처음에는 혁신가들, 그다음으로 모방가들에 의해 주도되고, 이후에는 무능력자들이 몰려드는 일련의 과정을 거칩니다. 우리는 대체 투자 시장이 그 과정에서 정확히 어떤 단계에 있는지 알지 못합니다. 하지만 우리는 그들이 세 번째 단계까지는 아니더라도 두 번째 단계에 있다고 생각합니다. 더불어 이 분야에서는 거래량이 많고 관리 수수료가 계속 발생하기 때문에, 이것이 기업의 궁극적인 소유자들이 얻을 수 있는 장기 수익을 감소시킨다고 생각합니다.

이 시장에서 다음 5~10년 동안 전개될 가능성에 준비하고, 더 중요하게는 유망한 기회에 참여하기 위해 우리는 2005년 2건의 민간 거래를 추진했습니다. 이번에는 투자된 자금이 적지만, 우리는 이것이 추가적인 기회로 이어질 것이라고 낙관하고 있습니다. 이런 2가지 기회는 우리가 앞서 말한 4가지 기준, 즉 자본 이익률이 높은 수익성 있는 기업, 재능과 성실성에 동등한 척도를 가진 경영진, 재투자 기회와 자본 효율성, 합리적인 가격에 부합합니다.

--- **2006년** ---
장기

우리가 2006년 언급했듯이 한 해의 우연한 타이밍도 우리의 본질적인 사업 규율만큼 (그보다 많지는 않더라도) 우리의 실적에 큰 영향을 줄 수 있습니다. 그러나 장기적인 시계에서는 타이밍의 영향이 점차 약화됩니다. 그 영향은 시간의 흐름을 통해서만 입증되는 건전한 사업 원칙과 그 원칙의 숙련된 적용으로 대체됩니다. 이런 사실들은 우리 마켓이 왜 장기적 척도에 집중하는지를 설명해줍니다. 단기적으로라면 우리를 비롯해 그 누구든 행운을 잡을 수 있습니다. 그렇지만

10~20년 혹은 그 이상의 긴 세월 동안이라면, 기술과 원칙을 갖춘 기업만이 주주를 위해 일관되게 가치를 창출할 수 있습니다.

우리는 미미한 시작에도 불구하고 지난 20년 동안 모든 중요한 부문에서 평균 20%가 넘는 성장률을 기록했습니다. 이런 척도들은 언더라이팅 이윤과 주당 장부가치의 증가라는 우리의 핵심 목표를 반영합니다. 20여 년 동안 우리가 연간 언더라이팅 이윤 목표 달성에 이르지 못한 것은 6번입니다. 이런 실패는 개선이 필요한 기업 인수, 2001년 9월 11일 폭발테러사건, 2005년의 허리케인 때문이었습니다. 하지만 이런 실패에도 불구하고 장기에 걸친 언더라이팅 실적은 우리가 자부심을 느끼기에 충분했습니다.

2006년은 투자 포트폴리오에서도 환상적인 한 해였습니다. 우리는 올해 자산 포트폴리오에서 25.9%, 고정 수입 포트폴리오에서 5.2%의 수익률로 과세 등가 기준 총수익률 11.2%를 기록했습니다. 보험 사업 고유의 투자 레버리지를 고려하면, 이런 수준의 투자 수익은 마켈 주주 자산의 높은 수익이라는 장기적 목표를 든든하게 뒷받침합니다.

한 해의 수익보다 더 중요한 것은 여러 해 동안 창출되는 수익입니다. 장기에 걸쳐 시간이 쌓이고 우리의 투자 원칙이 행운보다 강해지는 때가 오면 우리의 실적도 좋아지게 됩니다. 지난 5년 동안 우리가 자산 투자에서 올린 수익률은 13.9%였으며, 10년을 놓고 보면 수익률은 14.3%입니다. 그에 비해 이 기간의 S&P 500 수익률은 각각 6.2%와 8.4%였습니다. 상당 기간을 기반으로 훨씬 우세한 성과를 거둔 것입니다.

20년이라는 기간 동안 당신은 주당 장부가치의 성장률이 해마다 변동하는 것을 보게 될 것입니다. 당신은 장기적인 시계를 가지고 있으며 우리는 경제적 수익에 에너지를 집중하기 때문에, 때로는 분기별, 연도별 회계 이익에 손상이 갈 수 있습니다. 그렇지만 긴 시간을 놓고 보면, 변동성은 약화되고 실적의 패턴이 드러납니다. 이는 지난 5년 그리고 20년간의 주당 장부가치의 연평균 증가율이 각각 16%와 23%인 데에서 알 수 있습니다.

장기

1986년에 1990년대의 미국 주택 가격 하락이나 저축·대부업 시스템의 붕괴를 예상하는 것은 불가능했을 것입니다. 인터넷의 부상이나 약세 그리고 강세 이후 다시 약세로 돌아선 달러화의 움직임을 예상하는 것도 불가능했을 것입니다. 에너지 가격의 부침, 우리가 중동에서 보고 있는 지정학적 문제를 예측하는 것, 그리고 2001년 9월 11일의 테러 공격을 예상하는 것 또한 불가능했을 것입니다. 이 모든 일이 세계 경제에 일시적으로 영향을 미칩니다. 하지만 아무도 그런 일을, 그런 일의 영향을 일관되게 예측할 수 없습니다.

마켈 역시 그러합니다. 그리고 장기적으로 주주들에게 좋은 실적을 돌려주는 데에는 그런 예측이 필요치 않습니다. 우리는 우리가 보험과 투자 분야에서 가진 역량을 최대한 발휘하면서 입증된 건전한 사업 관행에 따라 우리가 가진 자본을 사용할 뿐입니다. 우리는 매년 배움을 얻고 꾸준히 보험과 투자, 인수에서 지식을 쌓아왔습니다. 장기적인 실적이 그 결과를 이야기해줍니다. 마찬가지로 중요한 것은 이런 접근법이 우리의 문화, 시스템, 학습, 기술, 의사결정이 장래에 뛰어난 자본 수익을 얻기 위한 노력에서 효과를 낼 것임을 시사한다는 것입니다.

원칙

우리는 언더라이팅에서든 투자에서든 장기간 이어온 원칙이 우리를 경쟁자들과 차별화하는 점이라고 생각합니다. 많은 직원이 마켈에서 오랫동안 일해온 사람들입니다. 2006년 12월 31일 현재 직원은 총 1,897명이며 그중 1/4이 10년 이상 우리와 함께한 이들입니다. 그들은 보험 시장, 투자 시장의 부침을 고루 경험해왔습니다.

역동성

우리는 또한 오랜 세월에 걸쳐 유효성이 증명된 투자 철학이 미래에도 배움을 얻고 좋은 실적을 낼 확률을 높인다고 생각합니다. 최근, 지난 20년간 가장 성공적인 실적을 올린 금융 업자 빌 밀러[Bill Miller]가 이 점을 강조했습니다. 그는 안정 지향적인 가치 기반 원칙은 사건이나 상황을 예측하는 데 기반을 둔 투자 접근법과 크게 다르다고 말했습니다. 이 둘 사이의 중요한 차이는 좋은 예측이 그것만으로 미래의 정확한 예측을 보장하는 것은 아닌 듯 보인다는 점입니다. 반면 자본 이익률의 근거들, 경영 기술, 성실성, 재투자 가능성, 가치 평가에 대한 이해와 같은 비즈니스 펀더멘털에 집중하는 가치 기반 접근법은 장기적으로 실행할 때 더 나은 기술과 결과를 내는 것으로 보입니다. 우리는 우리의 언더라이팅과 투자 원칙들로 불가피한 실수에서 배움을 얻으며 시간이 지남에 따라 더 발전할 수 있습니다.

투자

4개 부분으로 나뉜 우리의 자산 투자 철학을 다시 검토해보면, 우리는 첫째, 자본 수익률이 높은 수익성 있는 기업의 보통주와 둘째, 정직하고 재능 있는 경영진, 셋째, 재투자 기회와 자본 효율성, 마지막으로 공정가격에 투자합니다. 오랜 시간에 걸쳐 유효성이 검증된 원칙은 꾸준한 배움과 개선을 향한 지침이 됩니다.

좋은 상황에서 이 원칙을 깊이 뿌리 내리게 하는 게 중요합니다. 상황이 좋지 않을 때도 반드시 기억하고 고수해야 하기 때문입니다. 미래에 해당 연도 투자 활동의 가치가 결코 좋다고 할 수 없는 때를 맞을 것입니다. 좋은 투자자들도 실적이 낮은 시기를 겪는 법입니다. 최근 12개월 동안에는 당신이 사용하는 것이 어떤 원칙이든 어떤 접근법이든 그리 좋은 효과를 내지 못했을 것입니다. 그런 때에는 의지할 곳을 잃고 다른 투자 스타일이나 방법에 휩쓸리기 쉽습니다.

당신의 기본 원칙이 건전하다면 거기에서 벗어나는 것은 큰 실수입니다. 아마추어 투자자든 프로 투자자든 이런 실수를 흔히 저지릅니다. 대부분은 낮은 실적에 따르는 심리적 고통을 그리 오래 견디지 못합니다. 불투명한 미래에 대한 생각과 투자가 본질적으로 띠는 불확실성 때문에 당신은 다른 사람들이 지금 당장 쓰고 있는 관행을 받아들이게 됩니다. 인간은 사고와 행동을 독립적으로 유지하면서 상대적으로 고립되는 것보다는 군중 속에서 편안함을 느끼는 본성을 갖고 있습니다.

우리의 투자 원칙은 장기에 걸쳐 뛰어난 절세 효과를 내는 경향이 있습니다. 기본적 수익성이나 재투자 속성과 같이 우리가 초점을 맞추는 항목들은 전형적으로 회사의 장기적 속성입니다. 그렇기에 우리는 자산을 투자하고 그것을 대부분의 기관 자금 관리자들보다 더 오랫동안 보유합니다. 사실, 우리가 이상적으로 생각하는 미래에 대한 투자는 우리가 영원히 보유할 수 있는 투자입니다. 그 결과 단기 트레이더들이 하듯이, 매번 세금을 내는 것이 아니라 세금 지급을 미래로 이연시킵니다.

2007년
보상

최근 많은 기업의 임원 보상이 적정한 수준보다 훨씬 빠르게 증가했습니다. 우리는 마켈에서는 이런 일이 일어나지 않았다고 생각합니다. 우리는 적절하고 공정한 보상을 원하며, 이사회는 상식과 적절한 판단력을 이용해 고위 경영진의 보상 수준을 정했습니다. 우리는 보상 컨설턴트를 사용하지 않으며 경쟁업체의 프로그램에도 주의를 기울이지 않습니다. 다만 마켈 주주들이 임원 보상과 관련해 완벽하게 공정한 거래가 이루어진다고 확신하기를 원합니다.

임원진에 대해서는 5년간의 주당 장부가치 평균 성장률에 근거한 매우 단순한 보너스 제도가 적용됩니다. 이것은 오랫동안 우리의 실적을 판단하는 일차적인 재정적 기준점이었습니다. 주당 장부가치의 성장이 언더라이팅과 투자를 모두 포함하며, 5년이라는 기간이 장기에 대한 우리의 관심을 집중시키기 때문에 많은 의미가 있습니다. 우리는 이 접근법이 장기에 걸쳐 재정적 가치를 높이겠다는 우리의 목표에 부합한다고 믿습니다.

종업원 지주제도 우리 보상 철학에서 대단히 중요한 요소입니다. 많은 기업들이 스톡옵션이 이런 주인 의식을 만들어준다고 생각하지만, 우리는 그렇지 않습니다. 우리는 옵션을 종업원 지주제의 일환으로 사용하지 않습니다. 주식을 매수하고, 거기에 대해 대가를 지불하며 리스크를 감수하는 것이 종업원 지주제에서 없어서는 안 될 부분이라고 봅니다. 마켈의 모든 고위 경영진은 우리 회사에 투자하고 봉급의 일부를 마켈 주식으로 보유할 수 있습니다. 우리는 주인 의식이 생성되도록 많은 기회를 만들었습니다.

퇴직자 연금 제도에 참여하는 미국 마켈의 모든 직원은 마켈의 기여분 일부를 마켈 주식으로 받습니다. 우리는 직원의 주식 구매를 촉진하기 위해 저금리 융자는 물론 급여 공제 제도를 가지고 있습니다. 마지막으로 고위 임원 상당수의 연간 보너스는 제한부 주식으로 지급됩니다. 이런 제도들의 중요한 요소는 직원의 교육입니다. 즉, 직원들이 회사의 경제와 종업원 지주제에 대해서 이해하게끔 하는 것입니다. 2007년 연말을 기준으로 우리 직원들은 발행 주식의 10% 이상을 보유하고 있습니다. 그 시장가치는 연간 보상 지출의 3배가 넘습니다.

주가

보통 우리는 주식의 시장가격에 대해 논의하지 않습니다. 그러나 우리는 주주 여러분을 사업의 동반자로 대우하는 것과 밀접하게 관련된 또 다른 버크셔 해서웨이의 주주 원칙을 공유합니다. 여기에는 우리가 주가, 우리 사업 및 장기 지향에 대해 어떻게 생각하는지에 관한 이야기도 포함합니다. 우리의 목표는 장기에 걸쳐 회사의 재정적 가치를 높이는 것이며, 우리는 주가가 회사의 근본적 가치를 가능한 일관되게 반영하기를 바랍니다.

우리는 단기적인 주가가 회사의 내재가치와 정확히 일치해 움직이지 않으며 심지어는 방향마저 다를 수 있다는 점을 알고 있으며, 당신도 이 점을 이해하기를 바랍니다. 회사와 장기 주주들에게는 주가가 비현실적으로 높거나 낮은 것은 도움이 되지 않습니다. 결과적으로 우리는 시장이 우리의 내재가치를 합리적으로 판단하는 데 도움을 주기 위해 가능한 개방적이고 일관되게 소통하려 합니다. 우리는 장기적으로 우리의 내재가치가 합리적인 판단을 받아왔다고 생각합니다.

주가와 내재가치가 밀접한 상관관계를 갖도록 하기 위한 노력의 일환으로, 우리는 우리의 사업에 대해 잘 이해하고 있고 장기 지향적 시각을 공유하는 주주를 유인합니다. 이상적으로라면 주주들은 스스로를 동업자로 생각할 것이고, 우리의 장기 실적과 미래 전망을 주가의 일간 변동보다 중요하게 여길 것입니다. 우리는 이러한 주주 기반을 가진 것이 우리의 가장 큰 장점 중 하나라고 생각합니다.

1년 전, 우리는 "여러분과 우리 스스로에게 장기적인 시각을 유지하는 것이 중요하다는 점을 상기시키고자 20년간의 표를 제시한다."고 말했습니다. 지난해의 상황은 좋았지만, 올해는 그렇지 못했습니다. 10년 동안 우리의 근본적인 철학과 장기적 비전은 동일하게 유지되고 있습니다. 우리는 일이 생각한 만큼 잘 풀리지 않는 해에 이 점을 기억하는 것이 더 중요하다고 생각합니다. 우리가 2008년에 관해 말할 수 있는 것 중 최고는 2008년이 끝났다는 점입니다. 올해는 우리가 변동성, 회복력, 유연성, 안전한계에 대해 많은 것을 배울 수 있었던 한 해였습니다. 우리는 그렇게 얻은 교훈을 2009년과 그 이후에 잘 활용할 수 있기를 고대합니다.

장기

우리는 마켈을 장기적인 지평에서 받아들임으로써 엄청난 혜택을 보았습니다. 우리는 이 사업을 분기와 연도별 비교가 아니라 연간 그리고 수십 년을 통해 보는 시각으로 운영하고, 이것이 오늘날의 기업계에서 독특한 강점이라 여기며 그것을 최대한 이용할 생각입니다. 우리는 이런 자유를 이용해 장기적으로 회사의 가치와 당신의 지분 가치를 높이기 위해 장기적 결정을 내립니다. 우리 사업의 동반자인 주주 여러분께 감사드립니다. 여러분은 대단히 단기 지향적인 세상에서 장기적인 탁월성을 우선하는 기업 문화를 유지하는 데 큰 기여를 해주셨습니다.

마켈코퍼레이션의 주주를 위한 가치 창출 전체를 한 가지 잣대로 평가할 수는 없을 것입니다. 그러나 우리는 주당 장부가치가 가장 비슷한 역할을 하리라고 생각합니다. 5년과 10년이라는 상당한 기간에 걸쳐서 우리의 주당 장부가치는 각각 11%, 15% 상승했습니다. 우리는 보통의 투자자들이 낮은 수익을 올리거나 손실을 본 기간에 이런 결과를 냈습니다.

우리의 목표는 우리를 그 누구도 될 수 없는 존재, 불멸의 존재로 만드는 것입니다. 그렇기에 경영진을 계속해서 새로 채우고 갱신해서 장기적으로 회사의 건전성을 보장하고 발전을 도모하는 일이 중요한 것입니다. 이러한 갱신은 기존 경영진이 새로운 역할이나 책임을 맡음으로써 가능하고, 조직에 새로운 사람들을 영입함으로써도 가능합니다.

게이너 시대 2단계: 2010~2017년

2010년
승계

2010년 우리는 마켈의 장기적 성공을 영속시키기 위한 경영진 승계 계획을 공식화했습니다. 우리는 앨런 키르슈너Alan Kirshner를 회장으로, 스티브 마켈과 토니 마켈을 부회장으로 하여 회장단을 구성하였으며 마이크 크롤리Mike Crowley, 톰 게이너, 리치 휘트Richie Whitt로 사장단을 구성했습니다. 앨런, 스티브, 토니는 1986년 공개 시장에 발을 들인 현대 마켈코퍼레이션의 비전을 만들었습니다. 회사에 대한 그들의 꿈은 마켈을 작은 지역 보험사에서 글로벌 보험·금융사로 탈바꿈시켰습니다. 그들의 리더십은 '마켈 스타일'에서 개술한 우리 모두가 공유하는 명확한 가치 표현과 일련의 대담한 인수, 세부적인 사항의 실행을 통해 위대한 성공 스토리를 만들었습니다. 그들은 전략적인 관리·감독의 역할을 무기한으로 할 계획입니다.

역동성

이 연차 보고서에서 올해의 재무 성과, 사업 활동, 미래에 대한 전망을 업데이트하게 된 것을 기쁘게 생각합니다. 마켈코퍼레이션의 주인으로서 이 회사의 장기적 가치를 높이는 데 대한 우리의 관심을 공유해주신 여러분께 감사드립니다. 우리는 단기에 초점을 두는 지금의 세상에서 마켈의 경영진과 주주의 관계가 흔치 않은 것이란 점을 알고 있습니다. 우리는 이 관계를 소중히 여깁니다. 이 관계로 우리가 이 회사를 지속하고, 수익을 낳는 방식으로 키워갈 수 있는 흔치 않은 기회를 얻을 수 있기 때문입니다.

지표

하나의 척도로 전체적인 재무 상황을 완벽하게 포착할 수는 없겠지만, 우리는 줄곧 실적의 가장 합리적인 지표로 주당 장부가치를 보고해왔습니다. 우리는 계속해서 주당 장부가치를 회사 발전을 측정하는 가장 중요한 지표로 보고 의지할 계획입니다. 주식 환매와 같은 자본 운용 활동과 마켈 벤처스^{Markel Ventures}에 속한 비보험 사업의 지속적인 성장은 우리가 그 통계치에 다른 척도를 추가할 수 있다는 것을 의미합니다. 우리는 사업적 결정을 내리고 평가하기 위해 스스로에게 적용하는 핵심 수단들을 당신과 속속들이 공유할 것입니다.

역동성

전반적인 환경의 변화에 맞춰 모든 일의 속도를 끌어올리기 위해 우리 마켈은 최근 일련의 극적인 변화를 일으켰습니다. 우리는 보험의 마케팅과 보험금 배분 방식에 대한 기본적인 사업 모델을 바꾸었습니다. 또한 미래에 연속성을 확보할 수 있도록 고위 리더십 팀을 바꾸었습니다. 우리는 회사를 운영하는 방법에 대한 접근법과 정보 통신 기술 시스템을 바꾸었고, 영업 시장과 국가를 추가하는 변화 역시 일으켰습니다.

이러한 와중에도 변하지 않은, 그리고 앞으로도 변하지 않을 한 가지는 마켈 스타일입니다. 이것은 우리가 이 회사를 운영하는 가치관을 설명합니다. 마켈은 정직을 바탕으로 운영됩니다. 우리는 직원과 고객에게 가치를 둡니다. 그리고 사업을 운영하는 데 있어서 장기적인 시각을 유지하며 당기 실적을 인위적으로 더 낮게 만들기 위해 원칙을 무시하거나 지름길을 택하지 않습니다.

훌륭한 기업을 찾아[18]

우리는 기업에 투자할 때에도 공개적으로 거래되는 증권에 투자할 때 사용하는 것과 같은 4개 항목의 체크리스트를 따릅니다. 이 보고서를 오랫동안 읽어온 분이라면 아시겠지만, 우리는 자본 수익률이 좋은 수익성 높은 기업으로, 정직하고 재능 있는 경영진이 운영하고, 재투자 기회와 자본 유효성이 있으며 가격이 적절한 곳을 찾습니다.

또한 이런 기업의 잠재 매도자들에게 대단히 큰 혜택을 제공합니다. 우리는 훌륭한 기업이 오랫동안 자리를 잡을 좋은 환경을 제공합니다. 인내심을 가지고 경영진을 도와 기업으로 성장시키는 사람들과 영구히 함께하기를 바라는 매도인들에게 우리는 좋은 매수인이 될 것입니다. 우리는 과도한 레버리지를 사용하거나 후속 매수인을 찾지 않을 것입니다. 이 한 문장이 세상에 있는 다른 매수인들의 90%와 우리를 차별화합니다.

2011년
성장

1986년 총 38쪽의 연례 보고서에 담긴 내용을 주주 서한에서 다루는 데에는 한 페이지가 필요했습니다. 커뮤니케이션에 대한 우리의 목표는 정확히 똑같지만, 보고 관행 규정의 엄청난 변화와 사업의 큰 성장으로 올해의 연차 보고서는 138쪽에 이르렀습니다. 따라서 서한의 길이도 약간 길어집니다.

읽기에 좀 벅차시겠지만, 마켈에는 수년 동안 많은 변화가 있었기에 이 보고서에서 드릴 말씀이 꽤 많습니다. 우리는 2012년, 1986년에 비해 수익을 올리는 훨씬 많은 방법을 가지고 있습니다. 우리는 마켈이 다각화된 금융 지주 회사로서 새로운 시대를 막 시작하려 하고 있다고 생각합니다.

신뢰

오랜 시간에 걸쳐서 마켈의 사업이 이렇게 원만하게 진행된 가장 중요한 이유는 여러분의 회사에 존재하는 신뢰의 문화 때문입니다. 오랫동안 투자의 가치를 높이도록 자신의 자본을 우리에게 믿고 맡겨주신 주주 여러분께 감사드립니다. 여러분은 우리에게 인위적인 제약 없이 이 목표를 추구할 수 있는 엄청난 자유를 주셨습니다. 우리는 장기간에 걸쳐 뛰어난 결과로 우리에 대한 여러분의 신뢰가 옳았다는 점을 입증할 것입니다.

우리는 마켈을 중심으로 하는 신뢰의 수준을 유지하고, 나아가 더욱 높이기 위해 매일 노력하고 있습니다. 우리는 그것이 우리의 회사를 더 낫게 만든다고 믿기 때문입니다. 이런 환경에서 살면서 이 회사의 사람들이 서로에게 그리고 회사와의 사이에서 상호 헌신한다는 것은 거의 마법과 같은 일입니다.

──────── **2012년** ────────
실수

최근 한 수석 코치가 경기에 앞서 직관에 반하는 말을 했습니다. "가장 많은 실수를 하는 팀이 이긴다고 생각한다." 이례적인 말처럼 들리지만, 그가 이런 말을 한 것은 그의 팀이 기꺼이 실수를 감수하는 공격적인 자세로 승리를 만들어내야 했기 때문입니다. 실수에 대한 건전치 못한 두려움은 지나치게 소극적이고 겁먹은 태도로 이어질 수 있습니다. 그것은 완고함과 수준 이하의 결과로 이어집니다. 긍정적으로 행동하고, 합리적인 실수는 수용하는 것이 중요합니다. 그래야만 조직은 배움을 얻고 성장하며 빠르게 변화하는 세상을 다룰 수 있습니다.

마켈은 그렇게 행동하고 있습니다. 우리는 개인의 책임을 받아들이고, 실수를 인정하며 배움을 얻고 앞으로 나아가려는 자발적인 마음이 우리 회사만의 경쟁력이라고 생각합니다.

투자

우리는 4가지 기본적인 유형의 질문을 고려하면서 개별 회사와 증권에 대한 의사결정에 충분한 확신을 얻으려 노력합니다.

우리의 첫 번째 질문은 "이것이 지나친 부채를 이용하지 않고 자본에 대한 좋은 수익을 낼 수 있는 수익성 있는 사업인가?"입니다. 두 번째로 우리 스스로에게 이렇게 묻습니다. "경영진이 충분히 재능 있으며 또 그만큼 정직한가?" 그리고 세 번째로 자문합니다. "이 회사의 재투자 역학은 어떤 것이며 그들은 자본을 어떻게 관리하는가?"입니다. 마지막으로 우리가 던지는 질문은 "가치 평가의 결과는 어떠한가? 이 회사의 소유권을 획득하는 데 우리는 얼마를 내야 하는가?"입니다.

간단하게 보이지만, 이 질문들에 대해 깊이 생각하는 과정을 통해 우리의 장기 실적이 보여주는 것과 같은 견실한 결과가 나옵니다. 이 질문들은 많은 투자자에게 큰 걱정과 불안을 유발하곤 하는 거시 경제적 요소의 고려도 포괄합니다.[19]

이번 서한은 상당히 깁니다. 매해에 사업이 어떻게 진전되었는지 업데이트하는 데에는 약간의 시간이 걸립니다. 혹 여러분이 140자 이하 트위터 버전을 원하신다면, 다음과 같습니다.

2013년. 대단한 한 해. 알테라^{Alterra} 인수로 보험 사업 규모가 2배로. 나머지 마켈은 두 자릿수 성장. 앞으로 더 많은 기대를.

장기

우리 마켈은 장기적인 가치 창출에 초점을 맞춥니다. 따라서 우리는 총 매출의 단기적인 증가가 아닌 여러 해에 걸친 순이익률에 집중합니다. 고위 경영진으로서 우리의 보상과 회사 주주로서의 우리 재산은 단순히 매출이 아닌 수익성 있는 매출에 좌우됩니다. 즉, 수익성 있는 매출은 많을수록 좋습니다.

마켈의 직원은 형태와 방식은 다르지만, 모두가 판매원입니다. 우리는 이것을 찬사로 생각하며 이와 관련된 노력에 경의를 표합니다. 2013년 43억 달러의 매출은 마켈이 세운 신기록이었습니다. 균형감을 가질 수 있도록 비교를 하자면, 10년 전과 20년 전의 우리 매출은 각각 21억 달러와 23억 5,000만 달러였습니다. 우리는 매출보다는 순이익률에 초점을 두지만, 매출이 생기지 않는다면 순이익률을 높일 기회는 없습니다.

지표

우리는 장기에 걸친 주당 포괄 이익 성장률이 마켈에서 가장 중요한 재무 지표라고 생각합니다. 이는 외부 시장의 변동과 경기 순환으로 매년 달라지지만, 우리는 수년에 걸친 이 척도가 우리의 경제적 진전을 가늠할 수 있는 가장 좋은 방법이라고 생각합니다. 과거 우리는 주당 장부가치를 앞세우는 동시에 장부가치의 5개년 평균 성장률을 언급했습니다. 올해부터는 고정적인 장부 금액보다는 5개년 주당 포괄 이익에 더 중점을 둘 것입니다.

이 미묘한 변화의 요인은 마켈의 보험 사업이 합리적인 정확성을 가진 일반 회계 원칙Generally Accepted Accounting Principles, GAAP 대차대조표의 장부가치 정의에 묶인 반면, 성장 중인 마켈 벤처의 사업은 연결재무제표와 현금 흐름표에서 드러나는 현금 창출을 고려함으로써 더 정확하게 가치를 평가할 수 있기 때문입니다. 또한 환매와 같은 자본 운용 활동이나 인수에서의 주식 발행도 장부가치 산정에 영향을 미칩니다.

우리는 회사의 가치를 생각할 때, 5개년에 걸친 장부가치의 변화가 장부가치 그 자체만큼이나 중요하게 고려해야 할 척도라고 생각합니다.

변동성

순이익은 20년 실적표 항목 중에서 가장 변동성이 큽니다. 우리는 이를 이해하며 당신도 그렇기를 바랍니다. 변동성은 많은 조직의 사람들을 미치게 만듭니다. 경험에 따르면 그들은 변동을 억누르고 세상이 평탄한 것처럼 행동하려는 유혹을 느낍니다. 우리는 이런 망상을 공유하지 않습니다. 변동을 지나치게 두려워하면, 채권보다 큰 폭으로 오르내린다는 이유로 증권 포트폴리오를 완전히 없애는 일이 벌어질 수도 있습니다. 우리는 변동을 최소화하려는 부자연스러운 시도는 회사의 장기적 수익성을 낮추고, 단기 트레이더에 비해 장기 주주의 이익에 반한다고 생각합니다.

우리는 회계 순이익에서의 변동성을 항상 5억 달러로 유지할 것입니다. 이연법인세 부채가 약 5,000만 달러였던 10여 년 전에 비해 약간 늘어난 액수입니다. 지난 10년 동안의 투자 활동에서 늘어난 부채는 0이었다고 해도 틀린 말이 아닐 것입니다. (전혀 늘어나지 않았습니다!) 다시 그렇게 할 수 있도록 성원 부탁드립니다.

───────────── 2014년 ─────────────

단기적인 연간 재무 실적은 훌륭했고 주가도 올라갔습니다만, 어느 한 해의 실적만으로는 회사의 실질적인 성취나 진보를 판단할 수 없습니다. 타당한 판단을 내리려면 더 긴 시간이 필요합니다. 이 단기적인 왜곡을 바로잡기 위해 우리 고위 경영진은 인센티브 보상과 같은 것들을 5개년 연속의 측정 기간을 통해 조정합니다. 우리가 이렇게 하는 이유는 더 중요한 장기적 목표 달성에서 우리가 얼마나 진전을 이루었는지 정확히 측정하기 위해서입니다. 우리는 우리의 시간 지평이 대부분의 회사가 사용하는 것보다 좀 더 길다고 생각합니다. 또한 이렇게 하는 것이 우리에게 큰 이점을 준다고 생각합니다. 장기에 집중하면 어려운 결정이 더 쉽고 명확해지는 때가 많습니다.

우리가 하고 있는 일에서의 성공을 보여주는 가장 견실한 증거는 우리가 이 보고서에 포함한 21년 재무 실적표입니다. 그 표의 수치와 추세에도 이 서한의 글을 읽는 만큼 많은 시간을 할애해주시길 당부드립니다. 2가지는 서로 밀접하게 연관되어 있습니다. 우리가 서한에서 설명하는 문화, 꿈, 비전, 과제가 표에서 보이는 숫자들을 만들어냅니다.

마켈 스타일에 언급된 우리의 비전이 아니었다면, 우리는 그런 성공적인 결과를 낼 수 없었을 것입니다. 그리고 표에 나타난 경제적 결과를 만들어내지 못했다면 문화, 가치관, 꿈에 대한 우리의 이야기는 공허하게 들렸을 것입니다. 그 둘은 하나입니다.

2015년
역동성

변화의 속도는 가차 없고 즉각적이지만, 이런 변화의 와중에서 모순처럼 보이는 요소가 존재합니다. 장기적인 시간 지평의 가치입니다. 이를 바탕으로 한 의사결정은 더 쉽고 효과적입니다. 우리는 마켈코퍼레이션의 장기적 이익에 가장 좋은 결정을 추구하는 맥락에서 선택의 틀을 잡습니다. 이러한 마음 자세로 우리는 단기적으로 나아보일 수 있는 인위적인 결정을 통해 장기적으로 불리한 상황을 만들지 않으려고 합니다. 우리는 책임감을 고취하는 장기적 시간 지평에서 판단하기 위해 최선을 다하지만, 동시에 좋은 결정이 그 효과를 제대로 내기 위해서는 시간이 필요한 경우가 많다는 것도 인정합니다.

우리는 일반적인 패턴을 따라 연도별로 실적을 구분하지만, 마켈을 연간 단위로 생각하지는 않습니다. 우리는 여러분의 회사에 대해서 생각할 때 서로 다르지만, 긴밀하게 연결된 2가지 시간 지평을 이용합니다. 바로 영원과 지금입니다.

이 두 기간이 우리의 행동을 이끕니다. 우리는 마켈이 가능한 영원이란 시간적 지평에 집중하면서 다른 상장기업들 사이에서 특유의 입지를 지켜가고 있다고 믿습니다. 그것은 우리에게 대단한 경쟁력입니다. 우리는 점점 빠른 속도로 변화하는 불확실한 미래를 항해해 앞으로 나아가야 하기 때문입니다.

오늘날의 사업은 기술이 초래한 변화들에 적응하기 위해 총력을 다해 전력 질주해야 하는 승자독식의 경쟁과 닮았습니다. 우리는 계속해서 배우고, 새로운 조건에 적응하며 새로운 기술 도구를 채택하고, 낡은 사업 관행과 시스템을 버려야 합니다. 그리고 새로운 시장을 찾고, 새로운 제품을 개발하며 새로운 기업을 인수하고, 계속해서 마켈을 발전시키는 데 필요하다고 생각되는 모든 과제에서 성공해야 합니다.

모순적이게도, 우리는 이중 시간 지평의 문화를 통해서 이 과제를 대단히 잘해내고 있습니다. 지금에 집중한다는 것은 우리가 적절한 변화를 일으키고 이런 사업 방식에 적응해야 한다는 의미입니다. 그것도 지금 당장 말입니다. 옛 방식을 고수하고 목가적인 과거를 회상할 시간이 없습니다. (사실, 과거에도 전혀 목가적이지 않았습니다. 우리가 살아남았기에 그렇게 잘못 기억하는 것뿐입니다.) 과거에는 더 빠른지, 더 나은지, 더 저렴한지 중에서 2개만 고르면 된다는 농담이 있었습니다. 그러나 이제는 그렇지 않습니다. 이 모든 것을 제공할 수 있어야만 합니다.

이런 긴급한 상황에서 우리는 대단히 강력한 경쟁 우위를 점하고 있습니다. 우리는 당장의 결정을 영원의 맥락에서 생각합니다. 우리는 하루를 모면할 방편을 찾기 위해 결정을 내리지 않습니다. 우리는 마켈코퍼레이션의 장기적인 내구성과 수익성을 높이기 위해 우리가 현재 할 수 있는 최선의 결정이 무엇인지의 맥락에서 생각합니다.

우리는 이렇게 명확한 사명을 띠고 있습니다. 이런 목표를 추구할 운영상의 자유를 가진 조직은 그리 많지 않다고 생각합니다. 우리가 그렇게 할 수 있는 유일한 이유는 주주 여러분이 우리에게 엄청난 신뢰를 주신다는 데 있습니다. 우리는 수십 년 동안 여러분께 최고의 이익이 가도록 노력했습니다. 우리가 거둔 재정적 성공은 우리가 그렇게 하도록 허락한 여러분의 결정이 얼마나 지혜로웠는지를 보여주는 증거입니다.

정보 통신 기술

샘 마켈이 1930년대에 이 회사를 시작했을 때는 컴퓨터, 팩스, 제트엔진, 웹 포털, 스마트폰, 인터넷이 없었습니다. 우리는 새롭게 등장한 도구들에 적응했습니다. 그리고 그 도구들이 나올 때마다 똑같은 방식으로 행동할 것입니다. 당시의 목표는 더 나은 언더라이터, 그 과정에서 더 효과적인 관리자가 되어 고객들을 위해 일하는 것이었습니다. 지금도 마찬가지입니다.

2016년에 우리는 사업과 운영 효율에 대한 우리의 지식을 발전시키기 위해 한층 더 노력해왔습니다. 이 서한의 언어는 비전문가들의 언어입니다. 정보 통신 기술에 대한 논의에는 전문 용어와 불가해한 두문자어가 난무합니다. 여기에서는 이렇게만 말해두면 충분할 것입니다. 우리는 확장 가능한 디지털 조직 구축이라는 과제를 충실히 해냈습니다. 우리는 내부의 지속적인 자원 개발은 물론 외부의 (세계 수준으로 입증된) 공급자로부터 도움을 받는 데도 마찬가지로 최선을 다할 것입니다.

비용과 복잡성의 측면에서 중요한 과제가 계속 늘고 있습니다. 선택지에 실패는 없습니다. 우리는 지속해서 더 나은 결과를 만들기 위해 노력할 것입니다. 마이클 조던은 이렇게 말했습니다. "나는 평생 실패를 반복했다. 그것이 내가 성공한 이유다."

투자

2016년 우리는 상장 거래 증권 포트폴리오에서 총 4.4%의 수익률을 보고했습니다. 같은 해 주식 투자에서는 총 13.5%, 고정 수익 증권에서는 2.4%의 수익률을 보고했습니다. 지난 5년 동안 우리는 주식 포트폴리오에서 15.9%, 고정 수익 증권에서는 3.1%의 수익을 냈습니다. 우리는 1년에 대해서는 '보고하다'라는 용어를, 5년에 대해서는 '얻다'라는 용어를 사용합니다. 이 말들은 서로 다른 2개, 하지만 연관된 것들을 설명합니다. 우리는 서로 다른 2개의 단어를 사용하는 것이 의미하는 뉘앙스의 차이를 개념적으로 이야기해야 한다고 생각합니다.

우선, 2016년에 '보고된' 수익은 정확한 회계 이익을 말합니다. 이들은 공개 거래되는 증권과 견실한 시장이 있고, 이런 포트폴리오의 시장가치를 쉽게 측정할 수 있는 기준이 있습니다. '보고된' 양은 2016년 초의 시장가치에서 시작해, 1년 동안 들어오고 나간 현금 흐름을 확인한 뒤에, 연말의 잔액을 처음의 시장가치로 나누는 간단한 산술에서 나옵니다. 이 쉬운 방정식이 '보고된' 투자 수익이라는 답을 제시합니다.

여기에서부터 문제가 복잡해집니다. 이 부분은 보고된 수치부터 시작해서 그해 동안 투자에서 정말로 어떤 일이 일어났는지에 대한 더 중요한 이해로 가는 부분이기도 합니다. 주식 포트폴리오는 한 해 13.5%의 보고 수익을 올렸지만, 우리는 그 포트폴리오 내 보유 기업들이 올린 기본적인 경제 성과가 보고된 수익률보다 좀 낮다고 생각합니다. 주가의 변화보다 더 나은 의미 있는 실적을 올린 기업이 있는가 하면, 첫눈에 보이는 것보다 낮은 실적을 올린 기업도 있습니다.

더불어 개별 기업 간 그리고 다른 산업과 비교한 한 산업의 경제 성과 분산도가 점점 높아지는 듯하다는 것이 우리의 의견입니다. 전체적으로 볼 때, 13.5%의 주식 포트폴리오 전체 수익률은 피투자자의 기본적인 사업 실적과 방향은 일치하지만, 그 수치는 피투자자의 경제적 진보 전체를 정확하게 설명하진 못하며, 우리는 그것이 약간 더 높다고 생각합니다.

하지만 5년을 기준으로 하면 이야기는 달라집니다. 실제가 더 잘 반영되었다는 뜻입니다. 5년 동안 우리는 연간 15.9%의 자산 투자 포트폴리오 수익률을 '보고'했습니다. 우리는 그 수치가 우리가 실제로 '얻은' 것에 더 가깝다고 생각합니다. 주식 투자 활동에서 우리가 하는 일을 정확히 이해하는 데 있어, 이 '보고된' 수치는 질적으로 더 견실하고, 방향은 더 정확합니다.

시간이 흐르면서 우리가 '얻은' 것과 '보고'한 것의 차이는 흐려집니다. '보고된' 금액에서 나타나는 연간 변동은 우리가 실제로 '얻은' 것에 흡수됩니다. 5년이 '보고하다'와 '얻다'라는 단어 사이의 차이를 없애는 완벽한 측정 기간은 아닙니다만, 1년보다는 낫습니다. 좋은 소식은 우리 관리자들은 이 점을 5년보다 긴 기간에서 생각하고 그에 따라 행동한다는 것입니다.

우리는 '영원한' 최선의 결과를 만들기 위해 '지금 당장' 내릴 수 있는 최선의 결정을 합니다. (이것이 이중 시간 지평 개념입니다.) 회계에 관한 이야기로 너무 깊게 빠진 것을 이해해주십시오. 하지만 우리는 우리가 어떻게 생각하는지, 마켈을 중심으로 한 결정을 어떻게 내리는지를 파악하는 데 이런 문제들을 이해하는 것이 대단히 중요하다고 생각합니다. 우리는 회계 기장보다는 경제적 현실에 더 많은 관심을 기울입니다. 우리는 다소 특이한 초점을 갖고 있으며 그것이 지속적인 경쟁 우위의 원동력이라고 자신 있게 말할 수 있습니다.

2017년

이 서한에 첨부된 2017년 재무제표는 '세계 최고의 회사 구축'이라는 목표를 향한 올해의 경제적인 진전을 반영하는 수치들을 보여줍니다. 어느 해이든 그 수치들이 말하는 것은 우리 이야기의 일부에 불과합니다. 하지만 오랜 시간에 걸친 수치라면, 더 견실하고 의미 있습니다. 그들은 마켈이라는 책의 더 많은 챕터를 지속적으로 드러 냅니다. 수치는 아름다운 태피스트리에서 떼어놓을 수 없는 실이 됩니다. 이 직물은 '세계 최고의 회사 구축'이라는 서사를 묘사합니다. 올해 여러분께, 우리가 수십 년에 걸쳐 그 태피스트리를 계속해서 짜 나가고 있다고 말씀드릴 수 있어서 기쁩니다. 2017년의 진전은 목표 를 향해 일직선으로 나아가지 못했습니다. 사실 그런 일직선의 진전 이 이루어지는 경우는 거의 없습니다.

2018년

적절한 주인

세계 최고의 기업을 만들기 위해 우리는 누군가 말했듯이 '적절한 주 인, 적절한 동료, 적절한 전략'을 구축해야 합니다. 그 첫 번째가 '적 절한 주인'입니다. 경영진인 우리는 주인인 여러분과의 파트너십을 원하고 필요로 합니다. 우리는 시장의 단기적인 변덕이나 지나친 단 기 지향에서 나온 잘못된 목표에 영향을 받지 않는 장기적 파트너십 을 요합니다. 우리는 우리와 같은 것, 즉 장기적으로 세계 최고의 회 사를 만드는 것을 바라는 파트너를 필요로 합니다. 그 개념은 시초부 터 마켈의 특징이 되어온 지속가능성, 다양성, 회복력, 내구성, 적응 성에 대한 아이디어를 포괄하고 있습니다.

적절한 장기적 시간 지평을 가진 적절한 주인을 둠으로써 우리는 엄청난 경쟁 우위를 점하게 되었습니다. 지금의 세상에서는 단기와 인위적인 시간의 압박이 너무도 많은 결정에 침투합니다. 영원과 바로 지금이라는 우리의 이중 시간 지평을 통해 우리는 일상적으로 바로 지금 필요한 결정을 내리되 언제나 우리를 인도하는 영원의 마음 자세로 그런 결정을 내립니다. 그것은 오늘날의 세상에서 대단히 드문 강점입니다. 그것은 장기에 헌신하는 주인인 여러분 없이는 일어나지 않는 일입니다. 이 점에 대해서 우리는 깊은 감사의 마음을 갖고 있습니다. 감사합니다.

마켈코퍼레이션: 재무 하이라이트

(100만, 주당 데이터 제외)

연도	2018	2017	2016	2015	2014	2013	2012	2011	2010
총영업수익($)	6,841	6,062	5,612	5,370	5,134	4,323	3,000	2,630	2,225
총보험료($)	7,864	5,507	4,797	4,633	4,806	3,920	2,514	2,291	1,982
결합비(%)	98	105	92	89	95	97	97	102	97
투자 포트폴리오($)	19,238	20,570	19,059	18,181	18,638	17,612	9,333	8,728	8,224
주당 포트폴리오($)	1,385.24	1,479.45	1,365.72	1,302.48	1,334.89	1,259.26	969.23	907.20	846.24
주주 순이익(손실)	(128)	395	456	583	321	281	253	142	267
주주 포괄 이익(손실, $)	(376)	1,175	667	233	936	459	504	252	431
주주 자본($)	9,081	9,504	8,461	7,834	7,595	6,674	3,889	3,172	
주당 장부가치($)	653.85	683.55	606.30	561.23	543.96	477.16	403.85	352.10	326.36
주당 장부가치 5년 연평균균성장률* 7%	11	11	11	14	17	9	9	13	
주식 종가	1,038.05	1,139.13	904.50	883.35	682.84	580.35	433.42	414.67	378.13

*복합 연 성장률

	2009	2008	2007	2006	2005	2004	2003	2002	2001	2000	1999	1998	20년 CAGR(%)*
$	2,069	1,977	2,551	2,576	2,200	2,262	2,092	1,770	1,397	1,094	524	426	15
$	1,906	2,213	2,359	2,356	2,401	2,518	2,572	2,218	1,774	1,132	595	437	16
%	95	99	88	87	101	96	99	103	124	114	101	98	
$	7,849	6,893	7,775	7,524	6,588	6,317	5,350	4,314	3,591	3,136	1,625	1,483	14
$	799.34	702.34	780.84	752.80	672.34	641.49	543.31	438.79	365.70	427.79	290.69	268.49	9
$	202	(59)	406	393	148	165	123	75	(126)	(28)	41	57	
$	591	(403)	337	551	64	273	222	73	(77)	82	(40)	68	
$	2,774	2,181	2,641	2,296	1,705	1,657	1,382	1,159	1,085	752	383	425	17
$	282.55	222.20	265.26	229.78	174.04	168.22	140.38	117.89	110.50	102.63	68.59	77.01	11
%	11	10	18	16	11	20	13	13	18	21	22	23	
$	340.00	299.00	491.10	480.10	317.05	364.00	253.51	205.50	179.65	181.00	155.00	181.00	9

*복합 연 성장률

고객에게 집중하라

제프 베이조스
아마존

오늘날 아마존은 많은 상업 분야에서 눈에 띄는 강국으로, 킨들
Kindle 이북에서 클라우드 컴퓨팅에 이르는 혁신적 상품의 전자
소매업자이자 개발자이다. 하지만 1997년 처음 등장했을 때는 오로
지 책에 집중했다. 초기 주주들은 10년 이상 이렇다 할 수익을 보지
못했다. 하지만 가차 없는 집중과 확장은 인내심을 가졌던 사람들에
게 엄청난 보상을 안겼다. 창립자인 제프 베이조스는 1997년부터 주
주 서한을 통해 많은 조언을 했다.

1997년 서한은 그해가 인터넷과 아마존에 있어 제1일이라고 선언
한다. 그때부터 베이조스는 회사가 늘 제1일에 있다는 것을 반복해

강조했다. 1997년 서한의 핵심은 장기에 대한 강조이다. 그 뒤 베이조스는 모든 서한에 버크셔의 소유주 매뉴얼^{Owner's Manual}과 같은 의미로 1997년 서한을 첨부한다.

2006년(2008년 역시) 서한은 장기적인 시각을 가진 주주를 끌어들이고자 하는 명확한 욕구를 강조한다. 고객 중심의 비즈니스 모델은 주주에게 실적을 돌려주긴 하지만, 시간이 필요하기 때문이다. 이 서한들에는 사업 철학에 대한 글이 포함되며, 반복적으로 고객 중심주의와 장기적인 주주 가치 사이의 관계를 언급한다. 신문의 논평 정도 길이로 구성된 서한들은 보통 2~3쪽으로 비교적 짧은 길이이다.

그러나 2009년부터 서한은 주주에 덜 집중하는 대신 제품 혁신, 아마존의 내부 프로세스, 베이조스의 사업 철학, 혁신, 전략을 이야기하는 데 상당한 노력을 기울인다. 이전처럼 회사의 재무 자료나 실적에 대한 분석을 전혀 다루지 않으며 비전, 문화, 혁신, 최신 제품에 관해 이야기한다. 이 때문에 주주들의 인내와 장기적 사고가 더욱 필요하다는 분위기는 지속되지만, 그것을 더 명시적으로 밝히지는 않는다. 2013년부터 서한은 5~6쪽, 4,000~6,000자로 훨씬 더 길어졌다.

아마존의 실적으로 베이조스에게 주주에 대한 그런 권고가 더는 필요치 않게 된듯하다. 그러나 그는 혁신과 고객 만족의 절실한 필요를 계속해서 강조한다. 다른 CEO들은 장기적인 관점의 중요성을 지속적으로 상기시켜 주는 이들 서한에서 주주들이 혜택을 보는 데 감사해야 할 것이다. 베이조스는 이 시기 한 서한에서 바로 그런 평판에 대해 언급했다. 그러나 그 외에는 다시 지적하지 않았다. CEO들은 후기의 베이조스보다 초기의 베이조스 사례를 강조하는 편을 원할 것이다.

장기

우리는 장기에 걸쳐 창출하는 주주 가치가 성공의 근본 척도가 될 것이라고 생각합니다. 이 가치는 기존 시장에서의 선도적 위치를 점하고 확고히 하는 우리 능력의 직접적인 결과일 것입니다. 시장에서 선두를 유지할수록, 우리의 경제 모델도 강력해질 것입니다. 이것은 높은 매출, 높은 수익성, 빠른 자본 확충 속도, 그에 따른 투자 자본에 대한 수익으로 직결될 수 있습니다.

우리의 결정은 이런 초점을 일관되게 반영해왔습니다. 우리는 고객과 매출 성장, 고객이 우리 기업에서 반복적으로 구매하는 정도, 우리 브랜드의 강점과 같이 우리의 시장 리더십을 가장 잘 보여주는 지표를 통해 우리 스스로를 평가하고 있습니다. 우리는 오래 지속되는 프랜차이즈를 확립하기 위한 과정에서 우리의 고객 기반, 브랜드, 인프라를 확장하고 활용하는 데 공격적인 투자를 해왔으며 앞으로도 이어갈 것입니다.

장기에 대한 우리의 집중으로 인해 우리는 여타 기업들과는 다른 결정을 내리고 거래의 비중을 다른 곳에 둘지도 모릅니다. 그런 이유로 우리는 여러분께 우리의 근본적인 경영과 의사결정 접근법을 공유하여 우리 주주들이 자신의 투자 철학과 일치하는지 확인할 수 있도록 하려 합니다.

• 우리는 고객에게 집중할 것입니다.

- 우리는 단기 수익성의 고려나 월스트리트의 단기적 반응보다는 장기적 시장 리더십을 고려해 투자 결정을 내릴 것입니다.

- 우리는 우리의 프로그램과 투자 효과를 분석해 최소 허용 수익을 내지 못하는 프로그램은 폐기하고, 가장 좋은 효과를 내는 프로그램에 대한 투자를 강화할 것입니다. 우리는 계속해서 우리의 성공과 실패로부터 배울 것입니다.

- 시장 주도적 포지션의 우위를 얻을 가능성이 충분한 경우, 대담한 투자 결정을 내릴 것입니다. 투자는 성과를 거둘 수도 그렇지 못할 수도 있습니다. 우리는 어떤 경우라도 또 다른 귀중한 교훈을 얻게 될 것입니다.

- GAAP 회계 처리의 최적화와 미래 현금 흐름의 현재가치 극대화 중 하나를 선택해야 한다면, 우리는 현금 흐름을 선택할 것입니다.

- 우리는 (경쟁 우위가 허용하는 범위 안에서) 대담한 선택을 할 경우, 전략적인 사고 과정을 여러분과 공유해 여러분이 합리적인 장기 리더십 투자를 하고 있는지 스스로 평가할 수 있도록 할 것입니다.

- 우리는 현명하게 자본을 사용하고 우리의 민활한 문화를 유지하기 위해 노력할 것입니다. 특히 순손실을 일으키는 사업에서 비용에 민감한 문화를 지속적으로 강화하는 것이 중요하다는 점을 알

고 있습니다.

- 우리는 성장에 초점을 두는 일과 장기적 수익성과 자본 관리에 중점을 두는 일 사이에서 균형을 유지할 것입니다. 이 단계에서 우리는 성장을 우선하기로 했습니다. 우리는 규모가 우리 비즈니스 모델의 잠재력을 발휘하는 데 중심이 된다고 생각하기 때문입니다.

- 우리는 다재다능하고 유능한 직원을 채용하고 유지하는 일에 초점을 두고, 그들의 보상에 대한 비중을 현금보다는 스톡옵션에 둘 것입니다. 우리는 우리의 성공이 의욕 넘치는 직원을 유인하고 유지하는 데 큰 영향을 받으며, 직원은 주인처럼 생각해야 하고, 반드시 주인이 되어야 한다는 점을 알고 있습니다.

우리는 앞서 이야기한 것이 '올바른' 투자 철학이라고 주장할 만큼 낯이 두껍지 못합니다. 다만 우리는 그런 철학을 갖고 있습니다. 우리가 취해온, 그리고 앞으로도 취할 접근법을 우리가 명확히 알지 못한다면 우리는 나태해질 것입니다.

──────────── 1998년 ────────────

이 서한에서 말씀드릴 가장 중요한 점은 지난 서한들에서도 이야기한 장기적 투자 접근법에 관한 것입니다. 새로운 주주들이 많이 생겼기 때문에 (올해 우리는 주주 서한을 20만 부 이상 인쇄했습니다. 지난해에는 약 1만 3,000부를 인쇄했습니다) 우리는 지난해의 서한을 올해의 서한 뒤에 덧붙였습니다. "가장 중요한 것은 장기"라는 부분을 읽어주시길 부탁드립니다. 여러분이 투자를 원할 만한 회사인지 확실히 알고 싶다면, 2번쯤 읽는 것이 좋습니다. 말씀드렸듯이, 우리는 그것이 '올바른' 투자 철학이라고 주장하지는 않습니다. 다만 우리는 그런 철학을 갖고 있습니다!

1999년

최근 스탠퍼드 대학에서 있었던 행사에서 한 젊은 여성이 마이크를 들고 이런 질문을 했습니다. "저는 아마존닷컴의 주식을 100주 가지고 있습니다. 제가 가지고 있는 것은 무엇입니까?" 저는 무척 놀랐습니다. 이전에 그런 질문을, 아니 적어도 그렇게 단순하게 표현된 질문을 들어본 적이 없었기 때문입니다. 당신이 가지고 있는 것은 무엇일까요? 당신은 선도적인 전자상거래 플랫폼을 소유하고 있습니다.

2000년

저명한 투자가 벤저민 그레이엄은 이렇게 말했습니다. "단기적 측면에서의 주식 시장은 투표 기계이다. 하지만 장기적 측면에서는 저울이다." 1999년의 호황에서 많은 표가 오갔지만, 저울질은 줄었습니다. 우리는 저울에 오르고 싶은 회사이고, 시간이 흐르면서 장기적으로는 우리를 비롯한 모든 회사가 그렇게 되리라 생각합니다. 한편 우리는 더 무거워지는 회사를 만들기 위해 묵묵히 노력할 것입니다.

장기

이전에 여러 번 이야기했듯이, 우리는 주주의 장기적 이해관계는 우리 고객의 이해관계와 밀접하게 연관된다는 확신을 가지고 있습니다. 우리가 일을 적절히 해낸다면, 오늘의 고객은 내일 더 많은 것을 살 것이고, 우리는 그 과정에서 더 많은 고객을 모을 것이며 결국은 현금 흐름이 늘어나고, 우리 주주의 장기 가치가 상승할 것입니다. 그런 목표를 향해 우리는 고객에게 그리고 투자자에게 혜택을 드리는 방식으로 전자상거래에서 우리의 주도적 입지를 확고히 하는 데 전념하고 있습니다.

2003년
장기

장기적 사고는 진정한 주인 의식의 필요조건이자 결과입니다. 주인은 세입자와 다릅니다. 제가 아는 한 부부가 집을 세놓았습니다. 그곳에 이사 온 가족은 나무를 세워두는 장치를 따로 사용하지 않고, 그저 못으로 크리스마스트리를 고정했습니다. 당장의 편의만 생각하는 나쁜 세입자였습니다. 주인이었다면 그런 근시안적인 행동은 하지 않았을 것입니다. 마찬가지로, 많은 투자자가 단기 세입자처럼 행동합니다. 포트폴리오를 지나치게 빨리 전환해 주식을 일시적으로 '소유'하는 것은 실상 주식을 임대하는 것과 다를 바 없습니다.

의사결정

주주 여러분이 알고 계시듯이, 우리는 우리의 효율과 규모가 허락하는 한, 매년 고객들에게 확연히 더 낮은 가격에 상품을 제공하기 위한 결정을 해왔습니다. 이것은 숫자 계산을 기반으로는 할 수 없는 대단히 중요한 결정입니다. 수학은 늘 가격을 올리는 게 현명한 조치라고 말합니다. 따라서 가격을 낮출 때마다 우리는 산수에 반하는 방향으로 나아가게 됩니다. 그러나 우리는 가격의 탄력성과 관련된 중요한 데이터를 가지고 있습니다. 또한 특정 비율로의 가격 인하가 특정 비율의 판매 단위 증가를 가져올 것이라는 상당히 정확한 추정치를 갖고 있습니다.

단기적인 판매량 증가는 가격 인하를 상쇄하기에 턱없이 부족합니다. 예외는 드뭅니다. 그러나 탄력성에 대한 우리의 정량적 이해는 단기적입니다. 가격 인하가 이번 주와 이번 분기에 할 수 있는 일을 예측할 수 있지만, 일관된 가격 인하가 5년 또는 10년, 그 이상에 걸쳐 우리 사업에 미칠 영향은 숫자로 예측할 수는 없습니다. 우리의 판단은 더 낮은 가격으로 고객에게 효율성 향상과 규모의 경제를 꾸준히 돌려주는 선순환이 장기적으로 훨씬 더 많은 잉여현금의 흐름으로 이어져 더 가치 있는 아마존닷컴을 만든다는 것입니다.

문화

아마존의 현재 규모에서 의미 있는 새로운 사업으로 자랄 씨앗을 심기 위해서는 규율과 인내, 양육적 문화가 필요합니다. 일부 대기업에서는 작은 씨앗에서 새로운 사업을 키워내는 것이 어려울 수 있습니다. 인내와 육성이 필요하기 때문입니다. 아마존의 문화는 큰 잠재력을 가진 소규모 사업에 지원을 아끼지 않으며 저는 그것이 경쟁 우위의 원천이라고 믿습니다.

어떤 기업이든 그렇듯이, 우리는 우리의 의도만으로 이루어진 것이 아니라 역사의 결과이기도 한 기업 문화를 가지고 있습니다. 아마존의 경우 그 역사가 상당히 짧지만, 다행히도 거기에는 큰 나무들로 자라날 작은 씨앗들의 여러 가지 본보기가 포함되어 있습니다. 우리 회사에는 1,000만 달러짜리 씨앗이 수십억 달러 사업으로 변모하는 것을 지켜본 사람들이 많이 있습니다. 저는 이런 직접적인 경험과 성공을 중심으로 성장한 문화가 아무것도 없는 상태에서 사업을 시작할 수 있게 한 커다란 요인이라고 생각합니다. 이런 문화는 큰 잠재력을 가지고 있고, 혁신적이며 차별화된 새로운 사업들을 원합니다. 그러나 그 사업들이 시작부터 큰 규모를 갖고 있기를 원하지는 않습니다.

--- **2008년** ---

초점

이 격동의 경제 속에서도 우리의 근본적 접근법은 그대로 유지됩니다. 장기에 초점을 두고, 고객에 집착하는 것입니다. 장기적인 사고는 기존의 역량들을 지레로 사용해 우리가 그렇지 않고서는 생각조차 할 수 없었던 새로운 일을 하도록 합니다. 장기적인 사고는 발명에 필요한 실패와 반복을 지지하고, 우리가 자유롭게 미지의 공간을 개척할 수 있게 해줍니다. 즉각적인 만족감(혹은 실행 불가능한 약속)과 기회를 추구한다면, 당신 앞에서 같은 생각을 하는 많은 사람들을 발견하게 될 것입니다.

장기 지향성은 고객에 대한 집착과 교감합니다. 우리가 고객의 니즈를 파악할 수 있고, 그런 니즈가 의미 있고 오래 가는 것이란 확신을 발전시킨다면, 우리는 그 접근법을 통해 오랜 세월에 걸쳐 꾸준히 해법을 전달하는 일을 할 수 있을 것입니다.

2009년
지표

2009년의 재무 실적은 15년에 걸친 고객 경험 개선의 누적 효과입니다. 아마존이 새로 영입한 고위 경영진들은 우리가 재무 실적에 대해 논의하거나 재무 성과의 예상치에 대해 토론하는 데 거의 시간을 투자하지 않는 것을 보고 놀라곤 합니다. 분명히 말하지만, 우리는 이런 재무 성과를 진지하게 받아들입니다. 다만 우리는 통제 가능한 인풋에 에너지를 집중시키는 것이 장기적으로 재무 성과를 극대화하는 가장 효과적인 방법이라고 생각할 뿐입니다. 우리의 연간 목표 설정 과정은 가을에 시작되어서 연말의 성수기가 끝난, 다음 해 초에 마무리됩니다. 우리의 목표 설정 회의는 길고 활발하며 세부 지향적입니다.

우리는 이런 연례적 과정을 오랫동안 이용했습니다. 2010년에 대해 우리는 주주, 상품, 대상 완료 날짜가 포함된 452개의 세부 목표를 가지고 있습니다. 이것은 우리 팀이 스스로 설정한 목표일 뿐만 아니라 가장 중요하게 모니터해야 한다고 느끼는 목표들입니다. 이

중에서 어느 것 하나 쉬운 것은 없으며 많은 것이 창의력과 독창력 없이는 달성할 수 없는 것들입니다. 우리는 고위 경영진들을 통해 매해 여러 차례에 걸쳐 각각의 목표가 처한 상황을 점검하며, 진행 과정에서 목표를 추가, 제거, 수정합니다. 현 목표의 검토는 몇 가지 흥미로운 통계를 보여줍니다.

- 452개 목표 중 360개가 고객 경험에 직접 영향을 주는 것입니다.

- 매출이라는 단어는 8번 사용되었고, 잉여현금 흐름이라는 말은 4번 사용되었을 뿐입니다.

- 452개 목표 중에서 순수익, 총수익, 영업이익이라는 말은 한 번도 사용되지 않았습니다.

전체적으로 이 일련의 목표들은 우리의 근본적인 접근법을 보여주고 있습니다. 고객에서 시작해 역방향으로 거슬러 올라가는 것입니다. 우리는 이것이 장기적으로 고객에게 그렇듯이 주주에게도 모든 면에서 좋은 접근법이라는 강한 확신을 가지고 있습니다.

──────────── **2010년** ────────────

우리가 이런 기법들을 허술하게 추구하고 있는 것이 아니며 그들이 잉여현금 흐름에 직결된다고 지적한다면 이 서한을 충실히 읽고 있는 주주들의 게슴츠레해진 눈을 번쩍 뜨이게 할 수 있지 않을까요?

고객 경험에 대한 막대한 투자를 지나치게 관대한 행동이라고, 주주들에게도 별로 좋지 않다고, 심지어는 영리를 추구하는 기업에 상충하는 행동이라고 말하는 사람들도 있습니다. 외부의 한 관찰자는 "내가 아는 한 아마존은 투자 공동체에서 고객들의 이익을 좇는 부류의 사람들에 의해 운영되는 자선 단체이다."라고 말하기도 했습니다. 하지만 저는 그렇게 생각지 않습니다. 제가 보기에 개선을 저스트 인 타임$^{just\ in\ time}$(모든 낭비 요인을 제거하거나 최소화하여 원가를 절감하고 생산성 및 품질 향상을 목표로 하는 생산 방식 - 옮긴이) 방식으로 분배하려고 하는 것은 약삭빠른 짓입니다. 우리가 살고 있는 세상에서 그런 방식을 택하는 것은 위험한 일입니다. 저는 장기적인 사고란 불가능한 일을 시도하는 것이라고 생각합니다. 고객들을 기쁘게 만들면 신뢰를 얻게 되고, 이로써 더 많은 비즈니스를 창출할 수 있습니다. 새로운 사업 영역에서도 말입니다. 장기적인 시각을 가지면 고객의 이해관계와 주주의 이해관계는 같은 길을 가게 됩니다.

이 글을 쓰고 있는 최근의 주식 실적은 긍정적이었습니다. 하지만 우리는 중요한 점을 지속적으로 상기합니다. "단기적 측면에서의 주식 시장은 투표 기계이다. 하지만 장기적 측면에서는 저울이다."라고 말입니다. (저는 직원 전체 회의에서 저명한 투자가 벤저민 그레이엄의 이야기를 자주 인용합니다.) 우리는 고객 경험의 개선은 축하하지만, 주가의 10% 상승은 축하하지 않습니다. 그런 일이 일어났다고 우리가 10% 더 현명해지는 것은 아니며 주가가 반대 방향으로 움직였다고 해서 우리가 10% 더 어리석게 되는 것도 아닙니다. 우리는 저울에 오르고 싶은 회사입니다. 우리는 점점 더 무거운 회사를 만들기 위해 늘 노력하고 있습니다.

2015년
문화

기업 문화에 대해 한 말씀 드리겠습니다. 좋든 나쁘든 기업 문화란 지속적이며 안정적이어서 바꾸기에 어렵습니다. 문화는 강점의 근원이 될 수도, 약점의 근원이 될 수도 있습니다. 기업 문화를 종이에 써둘 수는 있겠지만, 그렇게 할 때 당신이 하는 것은 기업 문화를 발견하고 드러내는 것이지 문화를 창출하는 것은 아닙니다. 문화는 오랜 시간에 걸쳐 사람과 사건 그리고 회사 전통의 일부가 되는, 지나간 성공과 실패로 천천히 만들어지는 것입니다. 매우 독특한 문화라도 어떤 사람들에게는 맞춤 장갑처럼 꼭 맞을 것입니다. 시간 속에서 문화가 그렇게 안정적인 이유는 사람들의 자기 선택 때문입니다. 경쟁심에 불타는 사람이 선택하고 만족스럽게 여기는 문화가 있는가 하면, 개척하고 발명하기를 좋아하는 사람이 선택하는 문화가 있을 것입니다. 감사하게도 세상은 높은 성과를 올리는 뛰어난 기업 문화로 가득합니다. 우리는 우리의 접근법이 올바른 것이라고 주장하지 않습니다. 그것이 우리의 것이라고 주장할 뿐입니다. 그리고 지난 20년 동안 우리는 뜻을 같이하는 많은 사람들을 모았습니다. 우리의 접근법이 동력을 공급하며 의미가 있다고 여기는 사람들을 말입니다.

3부

컨템포러리

2000년대

불가능은 없다

찰스 파브리칸트
시코

많은 사람들이 오랫동안 시코를 해운 기자재 회사로 알고 있었지만, 이것은 절반만 진실이다. CEO 찰스 파브리칸트는 그의 주주 서한에서 그와 회사가 주로 투자와 자본 배분 사업을 하고 있다고 여러 번 강조한다. 현재 시코는 국내외 운송, 물류, 리스크 관리 컨설팅에 관심을 두고 있는 다각화된 지주 회사이며 주식은 뉴욕증권 거래소에서 거래되고 있다. 시코는 여러 회사들을 인수, 육성해왔다. 이어러 그룹$^{Era\ Group}$, 시코 마린$^{SEACOR\ Marine}$, 도리안^{Dorian}이 공모, 분할, 분배 등을 거쳐 상장된 회사들이다.

이 회사의 사업은 자본 집중적이고 순환적이다. 사업 전략은 업계마다 다각화되어 있으며 자본 분배에 집중한다. 재해든 인재든 보험회사에는 부정적인 영향을 미치는 사건이다(보험금을 지급하는 것이 그들의 일이지만). 하지만 시코와 같은 기업들에는 긍정적인 영향을 주는 사건이다. 연안 해양 서비스는 자연재해 이후 높은 가격에도 많은 수요를 누리며, 원유 유출과 같은 불행한 일의 와중에도 그들의 환경 정화 사업은 특수를 경험한다.

파브리칸트가 작성한 주주 서한에는 이전 서한들에 대한 상호 참조가 많으며, 사업이나 재무 정보를 보여주기 위한 운송 및 서비스 경로를 보여주기 위해 가끔 등장하는 지도, 유형별 선박, 굴착 장치, 바지선 등 업계 전반에 걸친 선단의 면면을 보여주는 부록이 다수 포함되어 있다. 이러한 그래픽 디스플레이의 예는 이 장의 마지막 부분에서 볼 수 있다.

파브리칸트는 정기적으로 유용한 기업 이력을 제시한다. 다만 매년 있는 일은 아니다. 매년 할 필요는 없기 때문이다. 10년에 한 번씩 또는 큰 기업 인수나 중요한 기업 분할과 같이 변혁적 사건이 있은 다음, 기업 이력을 이야기한다. 2014년 서한에는 회사에 대한 상세한 소개가 담겨 있다.

시코는 지난 12월 창립 25주년을 맞았습니다. 지금의 시코는 미국에서 보급선을 운영하던 멕시코만의 한 회사를 '차입 매수'하고 나이지리아에서 몇 차례의 소규모 입찰을 한 데에서 출발했습니다.

1989~1996년 사이 시코에게 최고의 기회는 개별 구매나 기업 인수를 통해 대량으로 중고 해양 지원선을 사들인 것이었습니다. 후자의 방법은 운영 효율을 낮아 가치를 더했습니다. 시코는 업계 통합에서 '선도자'였습니다. 5개의 거래는 북해의 예비 안전 구역과 서아프리카와 걸프만의 해양 지원선 시장을 공고히 한 열쇠였습니다. 또한 그들은 시코를 다양한 선박을 가진 글로벌 기업으로 변모시켰습니다.

1990년 말, 석유 산업의 전망이 밝아졌습니다. 1998년에는 좋은 가격에 중고 자산을 구매할 기회나 통합의 기회가 희박해졌고, 해양 지원선들이 돈을 벌기 시작했습니다. 투자자들은 주목했습니다. '부피를 늘리는 일'이 '최신 유행'이 되었고, 중고 자산의 가격이 올랐습니다. 시코는 전략을 뒤집어서 중고 자산을 처분하고, 더 깊은 바다와 더 먼 미개척지에 진출하기 위해 차세대 장비 설계와 구축에 주력했습니다. 더불어 매출 대금과 이윤 일부를 다각화에 착수하는 일에 사용했습니다. 우리는 전형적인 해양 지원선이 아닌 다른 자산 등급으로 자본을 전용하는 것이 선박의 가치가 매력적인 수준으로 떨어질 때까지 막연히 기다리는 것보다 더 생산적이라는 것을 발견했습니다.

우리의 첫 외도는 갑판 승강형 굴착 장치를 건조하는 것이었습니다. 침체된 자산인 선화물 바지선, 헬리콥터에 대한 투자가 그 뒤를 이었습니다. 지난 16년 동안 시코는 헬리콥터, 바지선, 굴착 장치 외에 세계적인 건성 화물 보급함, 항공 서비스, 알코올 생산 시설, 원유 저장 터미널, 대형 곡물 창고, 선박과 해양 지원선에 이메일 서비스를 제공하는 선도자(승자가 아닌)라는 기술 개념, 특화된 비상 응답 서비스, 사모펀드와 공채에도 투자했습니다.

우리는 선탄 공장, 병원용 산소 탱크, 제 권한 밖의 임무에 사용되는 정찰기 등 매우 다른 성격을 가진 전문화된 임대 사업도 운영하고 있습니다. 이 모든 투자가 성공적이었다고 말할 수 있기를 바랍니다. (물론 그럴 수는 없겠지만 말입니다.) 기껏해야 보통 수준의 수익을 낸 사업도 있고, 손해를 본 사업도 있습니다. 다행히도 몇 가지 사업은 큰 수익을 올렸습니다. 아직 평가가 내려지지 않은 사업도 있습니다. 평가는 자산을 매각하거나 폐기할 때 내려질 것입니다.

파브리칸트의 서한에서는 똑똑하고 현명하며, 재치 있고 즐거움을 추구하는 사업가이면서 뛰어난 작자이기도 한 그의 스타일이 확연히 드러난다. 법률을 전공한 그는 미국 대법원에서 존 할란^{John Harlan} 판사의 사무관으로 일했고 법률 회사를 설립했다. 그는 자신의 창작 능력은 그러한 경험 덕분이라고 말한다. 법률적 경험은 그가 융통성 없는 규칙보다 일반적인 기준을 선호하는 이유도 설명해준다.

2001년
지표

법인세 이자 감가상각비 차감 전 영업이익^{Earnings Before Interest, Taxes, Depreciation and Amortization, EBITDA} (기업이 영업 활동으로 벌어들이는 현금 창출 능력

을 나타내는 지표-옮긴이)은 마땅히 받아야 하는 것보다 더 높은 평가를 경우가 많습니다. 저는 EBITDA가 영업의 재무 실적을 판단하는 최선의 척도라고 생각지 않습니다. 이 지표는 '공평한 경쟁의 장'을 만들고, 기업 간의 실적을 비교할 수 있는 틀을 제공하는 데 사용될 수 있습니다. EBITDA는 같은 등급이나 연한을 가진 장비의 유효 수명을 선택할 때 발생하는 차이를 제거합니다.

불행히도 많은 사람이 자산 기반의 질과 감가상각이 (현금 지출이 아니더라도) 실제 비용이라는 사실을 무시합니다. 이자와 세금은 반드시 내야 하는 것이고, 그렇지 않으면 우리는 기분 나쁜 편지와 전화를 받게 됩니다. 우리와 같은 기업에 대한 EBITDA의 지속가능성이 매출을 내는 장비의 질, 관련성, 예상 수명에 크게 좌우된다는 것은 주목해야 할 문제입니다.

제가 우리의 재무 성과를 판단하는 데 가장 유용하다고 생각하는 척도는 자기 자본 수익률입니다. 1992년 12월 상장된 이래 시코의 평균 수익률은 12.9%, 지난 5년간의 평균 수익률은 15.4%였습니다. 우리 사업은 순환적인 사업이기 때문에 실적이 '고르지 못한' 것은 당연한 일입니다. 지금까지는 부정적이지 않았습니다. 이는 우리 부문에 있는 다른 기업들과 비교해서 뒤지지 않는 결과이며 제한된 레버리지를 통해서 만들어진 결과입니다. 우리 사업에서는 레버리지가 수익을 부양할 수 있습니다. 하지만 그에 따라 위험 요소도 커집니다. 부채가 많으면 투자 포트폴리오의 성과를 크게 향상시킬 수 있지만 모든 성과가 사라질 위험도 함께하는 것과 같은 이치입니다.

장기

이 서한을 통해 저는 우리가 우리 사업에 대해서 어떻게 생각하는지 명확하게 밝히려 노력하고 있습니다. 우리는 자산(매일의 '시가 평가'), 자기 자본 수익률, 유동성, 주주 가치 향상에 집중하는 한편, 레버리지에 보수적인 접근법을 유지합니다. 그렇지만 저는 분기별 실적 변동에 골몰하는 사람들에게도 신경을 씁니다. 우리는 이런 함정을 피할 수 있는 최신 표들을 공급하기 위해 최선을 다하고 있습니다.

결과를 '깔끔하게 정리'해서 회계 기간 간의 성과와 이윤을 비교하기를 원하는 사람들에게는 안타까운 일이겠지만, 시코에는 '움직이는 부분'이 많습니다. 우리는 세금에서 손실을 공제할 수 있게 해주는 유한 책임 회사들을 이용해 지분을 보유하는 것이 유리하다고 생각하기 때문에 투자 기업의 영업 실적이 우리가 가지고 있는 지분에 비례해서 우리의 손익 계산서에 통합되는 투자 포지션을 취하는 경우가 많습니다. 우리는 환경 사업을 보유하고 있습니다. 바지선을 운영하며 건화물의 해양 운송에도 약간의 지분을 갖고 있습니다. 우리는 최근 텍스-에어 헬리콥터즈Tex-Air Helicoptes, Inc라는 헬리콥터 업체를 인수했습니다.

또한 우리는 장비를 소유하고 운영하는 것이 '강령'인 회사들과는 조금 다르게 회사를 운영합니다. 우리는 장비를 소유하고 운영하지만, 선박을 매수하고 매도하는 일 역시 그와 마찬가지의 일상적인 활동으로 생각합니다. 우리는 종종 단기 혹은 장기로 장비를 임대합니다. 장비를 매도한 후 임대하는 경우나 제삼자가 임대한 선박일 경우

전세 계약을 하게 됩니다. 우리는 특정한 결정을 실행할 때는 파생상품이 유용하다는 것을 알고 있습니다.

우리의 활동 범위, 상당히 다양한 해양 장비와 적극적인 경영 스타일로 시코는 3~4가지의 장비로 일일 계약에서 대부분의 수입을 올리는 회사들보다 이해하기가 다소 어렵습니다.

스톡옵션 비용

일부 투자자들이 가진 강력한 견해에도 불구하고, 시코는 옵션을 비용으로 취급하지 않기로 했습니다. 그런 취급을 주장하는 데에도 일리는 있습니다. 그러나 직원 옵션의 가치 평가는 어렵고, 다소 주관적입니다. 직원에게 지급한 옵션을 필요 경비로 청구하는 경우에 우리의 2002년 수입은 약 200만 달러 감소합니다. 그렇다면 희석주(새로운 투자 등으로 기존 주주의 지분율을 감소시키는 것 - 옮긴이)당이익은 0.09달러 낮아지게 됩니다.

지침 없음

우리 회사는 소득을 예측하거나 '지침'을 내놓지 않지만, 저는 사업 전망에 대한 의견을 가지고 있습니다. 그러나 그것은 제 의견일 뿐이고, 이사회나 전체 경영진의 의견과 반드시 일치하는 것은 아닙니다.

시코는 2004년 연례 주주 서한을 거르고, 2005년 다음과 같이 설명
했다.

지난해에는 연례 주주 서한이 없었던 것에 대해 궁금해하시는 분
들이 있었습니다. 우리 회사의 조직 구조를 극적으로 바꿀 (수백 쪽에
이르는 합병-대리 서류는 말할 것도 없고) 시벌크 인터내셔널^{Seabulk Internationl}
^{Inc.}과의 10억 달러 거래를 앞둔 상태에서는 주주 서한을 쓰는 것이
큰 의미가 없었습니다.

── 2005년 ──
투자

시코는 현재 해양 지원선, 해운, 바지선, 헬리콥터, 예인선에 투자하
고 있는 다양한 장비 보유 기업입니다. 우리는 번창하고 있는 환경
서비스 사업도 보유하고 있습니다. 이 5개의 사업 부문은 (현재 '기타'
부문에 포함된 예인선들과 함께) 서비스의 추가와 자본의 효율적 배치를
통해 회사를 키워나가는 폭넓은 토대가 되고 있습니다. 그들은 영업
과 마케팅에서 동반 상승효과를 창출하기도 합니다. 영업의 지리적
확산과 다양한 선단은 한 시장에 집중하거나 단 한 가지 종류의 선박
에 투자하는 경우보다 오랜 시간에 걸쳐 더 많은 가치를 실현하는 열
쇠입니다. 물론 시대는 변할 수 있고, 미래에는 우리도 다른 입장을
가질 수 있습니다.

또한 우리는 상황을 앞서 주도하는 포트폴리오 관리가 '사서 보유
하는' 스타일보다 장기적으로 더 나은 수익을 낸다고 믿습니다. 지난

한 해 동안 우리는 29척의 선박을 매도했고, 9척을 매수했습니다. 지난 5년 동안의 우리 스타일을 더 확실히 보여주는 사례로, 우리는 약 6억 6,500만 달러 규모의 해양 지원선을 매도했고, 새로운 건조를 통해 약 3억 2,000만 달러 규모의 해양 지원선을 추가했습니다. 2005년 말 현재 주문 상태에 있는 선박은 19척입니다.

우리는 2002년에 항공사업에 진출했습니다. 2004년 말, 헬리콥터가 81대가 (대부분이 굴착 장치 교체에 사용되는 대형 헬기) 추가되어 우리 헬리콥터 함대의 규모는 2배 이상 커졌습니다. 현재는 108대의 헬기를 운영하고 있습니다. 본사는 루이지애나주 찰스 호수 인근에 있으며, 미국 걸프만 연안의 10여 개 기지에서 영업이 이루어지고 있습니다. 또한 앵커리지의 고정 기지를 비롯해 알래스카주에 다른 4개의 운영 기지를 두고 있습니다.

지표

시코는 시벌크를 인수하기 위해 5억 2,700만 달러를 지불했습니다 (현금 9,700만 달러와 주식 4억 3,000만 달러). 또한 시벌크는 5억 1,000만 달러의 미불 채무를 가지고 있습니다. 거래가액은 2005년 3월 16일, 시벌크와의 합병 발표 전후 하루 동안의 시코 평균 주가를 기준으로 했습니다.

저는 상장 증권의 종가 같은 일시적인 척도로 계약의 대가를 평가하는 것이 다소 불합리하다고 생각합니다. 제가 보기에 이 조합을 시코 주주들이 해양 지원선, 헬리콥터, 바지선, 환경 활동에 대한 지분 중 약 30%를 시벌크의 유조선, 연안 선박, 예인선에 대한 지분의

70%와 바꾸었다고 보는 것이 더 나을 듯합니다. 이것이 합리적인 거래였는지는 미래에 어떻게 펼쳐지는지에 달려 있을 것입니다. 국내 유조선 사업과 예인선 운영을 더 안정적인 수익의 기반이자 기회의 플랫폼으로 봅니다.

저는 사람들에게 공개 기업의 분기별 실적을 현미경을 들고 면밀히 관찰하는 경향이 있다는 것을 알고 있습니다. 내륙의 강과 헬리콥터 영업은 보통 겨울철 날씨에 영향을 받습니다. 헬리콥터의 경우, 겨울의 한가한 시간을 이용해서 여름철 서비스를 위한 준비를 하기 때문에 겨울 동안에는 더 많은 비용이 듭니다. 어떤 대응 활동을 했는지는 환경 서비스 사업의 매출과 운영 수익에 극적인 영향을 줍니다. 우리의 해양 자산은 정기적인 점검을 받습니다. 이는 비용이 대단히 많이 들며 장기간의 서비스 중단으로 수익 변동을 초래할 수도 있습니다. 이러한 요인들로 인해, 사업 여건이 바뀌지 않더라도 회계 기간 사이에 수익이 달라질 것입니다. 우리가 성장하고 다각화되면서 이러한 요소들이 실적에 미치는 영향이 줄어들기는 하겠지만, 완전히 사라지지는 않을 것입니다.

투자

시코는 장비를 소유하고 판매하며, 장비에 투자하고 장비로 자금을 조달합니다. 우리는 투자자, 운영자, 상인으로서의 관점을 가지고 있습니다. 우리는 우리의 제품 라인을 보완하고, 포트폴리오에 균형을 맞추며 큰 가치를 창출하는 활동을 추구하거나 자산을 인수합니다. 주기에 영향을 받는 자산에 대한 우리의 전략적 접근법이 모든 투자자의 '기호'에 부합하지는 못할 것입니다. 당장 눈이 가는 것은 어떤 하나의 사업일 수 있지만, 한 종류의 자산에 우리를 제한시키는 것은 자본으로부터 얻을 수 있는 가치를 손상하고, 수익과 성장에 한계를 만드는 일이라는 것이 우리의 입장입니다. 신중한 다양성 추구는 우리가 자본을 투자할 때 선호하는 모델입니다. 주기에 영향을 받는 자산에는 당연히 부침이 있습니다. 우리는 우리 사업의 모든 부문이 동시에 한 방향을 향하지 않기를 바랍니다. 가끔은 그런 일이 일어날 수도 있습니다만, 대개 일부 부문에서 재미를 보지 못하더라고 다른 부문에는 기회가 있습니다.

2007년
지표

투자자들은 제가 사업의 성과를 어떻게 평가하는지 종종 질문합니다. 재무와 사업상의 리스크와 우리 자산의 장기적 성공 가능성에 비교한 주주 자산에 대한 수익률은 가장 유의미한 변수입니다. 수익 성장률도 중요하지만, 수익률이 그 어떤 것보다 중요합니다. 돈을 쓰기만 하면 창출되는 현금과 수익을 늘릴 수 있습니다. 은행 정기 예금의 이율이 2%, 미국 재무성 채권의 이율이 약 1%인 상황에서는 특히 그러합니다. 주주들에게는 자산 매수를 통한 더 많은 현금 창출과 수익을 기대할 권리가 있습니다. 중요한 것은 장기적으로 가치를 유지하는 자산이나 기업을 인수할 수 있는지, 보수적으로 자원을 조달할 때 자본 수익률을 유지할 수 있는지의 문제입니다.

우리는 감가상각비 차감 전 영업이익Operating Income Before Depreciation and

Amortization, OIBDA이 흔히 사용되는 'EBITDA'보다 일반 회계 원칙 아래에서 계산된 실적에 더 쉽게 조화된다고 생각하지만, EBITDA는 재무상 흔히 '특별 손익 항목' 정보로 취급되는 자기 자본 수익 등 우리 활동의 많은 측면을 포괄하지 못합니다. 여기에 속하는 수익은 실제 수익입니다. ('특별 손익 항목'의 손실은 불공정한 부분입니다.) 자기 자본 수익은 감가상각, 과세를 제하고 보고됩니다. 따라서 조인트벤처 OIBDA에 대한 우리의 비례적 권리를 정확히 반영하지 않습니다.

장기

우리의 목표는 보수적으로 대차대조표를 유지하면서 고급 중기 면세부 채권에서 얻을 수 있는 수익의 2~3배에 해당하는 장기 실적을 내는 것입니다. 우리 사업에서는 위험한 금융 레버리지를 많이 이용하지 않는 한, 시중 금리보다 훨씬 높은 비율로 지속가능한 수익을 내는 것이 어렵습니다. 우리는 레버리지를 활용한 적이 있으며 적절한 상황이라면 향후에도 활용을 고려할 것입니다. 하지만 이 방법은 대단히 매력적인 가격에 자산을 인수하는 경우에만 제한적으로 사용하고자 합니다. 우리의 전략은 힘든 시기에 경쟁자를 능가하는 성과를 내고 '윤택한 시기'에는 뒤지지 않는 성과를 낼 것입니다.

투자

우리는 다양한 사업을 통해 장기에 걸쳐 더 나은 수익을 올릴 수 있는 자본 투자의 선택권을 갖게 된다고 믿습니다. 여러 사업 부문을 가지고 있다면 그중 하나는 자본을 사용할 매력적인 기회를 제공할 가능성이 높습니다. 이런 식으로 여러 부문을 혼합해 운영하는 것을 좋아하지 않는 투자자도 있다는 것을 압니다. 하지만 이런 다양성의 철학이 우리 사업 전략의 핵심입니다.

지표

우리 사업 중에는 특별히 복잡한 것이 없습니다. 저는 우리 사업들이 대단히 투명하다고 생각합니다(특히 금융 서비스 사업과 비교해서). 저는 다양성에 단순한 '스토리'보다 더 많은 노력과 인내가 필요하다는 것을 알고 있습니다. 또한 우리 사업 전략이 때로는 연도별이나 분기별 실적 비교나 '모델' 설정을 어렵게 만든다는 것도 알고 있습니다. 예를 들어, 자산을 조인트벤처들로 이동시키면 운영 이익은 감소하고 자기 자본 수익은 증가합니다.

장비의 매각이나 매각 차용은 영업 마진과 OIBDA에 영향을 줍니다. 발생 시 비용을 처리하는 장비 동원이나 드라이독^{drydock}에서의 관리 등 일상적인 활동이 평가 시간에 따른 실적에 큰 변동을 초래할 수 있습니다. 서비스 중단 시간을 고려한다면 특히 그렇습니다. 굴착 장치를 원양으로 이동하거나 비상 대응 요구와 같이 할증이 붙는 몇몇 작업도 수입의 변동을 초래할 수 있습니다. 개인적으로 저는 분기별 수익의 변동을 우리 사업의 가치를 나타내는 것으로 생각하지 않습니다만, 시장의 성격은 단기 지향적입니다.

지침 없음

우리 스타일은 꾸밈없이 실적을 전달하고 수익을 예측하지 않는 것입니다. 저는 우리가 결과에 영향을 준 변수들을 밝히고, 우리 사업에서 어떤 일이 일어나고 있는지 명확하게 설명하고 있다고 생각합니다. 충분한 정보를 제공해 주주들을 교육하는 것과 영업 비밀로 남겨두고 침묵을 지켜야 하는 일 사이의 균형을 잡기란 쉬운 일이 아닙니다.

투자

우리 사업의 공통적 주제는 주로 운송, 물류, 인프라에 집중해서 에너지와 농업에 관련된 사업 활동과 자산 운용, 투자, 금융 활동을 하는 것입니다. 그러나 우리는 여기에서 파생된 활동들 역시 좋은 투자처가 될 수 있다고 생각합니다. 이런 생각에서 우리는 오래전 환경 대응 사업을 시작하게 되었습니다.

시코의 모든 임직원은 이 회사가 대단히 가치가 높은 유동성 자산과 견실한 대차대조표를 갖고 있다는 것을 정확하게 인식하고 있습니다(아직은 등급 평가 기관이 우리가 적절하다고 생각하는 정도의 투자 등급을 주고 있지는 않지만). 우리는 많은 현금과 투자 역량을 가지고 있습니다. 우리의 미래 수익(과 성공)은 이런 유동성 자산을 얼마나 현명하게 사용하느냐에 달려 있습니다. 우리는 모든 선택안을 꾸준히 검토하고 있습니다.

SCF의 설립 주주 중 한 명은 젊은 파트너들에게 IBM 주식의 매수를 제안했습니다. 당시 파트너들은 바지선을 매입하려는 계획이 있었지만, SCF 사명 선언문에도 주식 매입은 포함되어 있지 않았습니다. 그런 상황에서도 그는 매수가 나은 선택일 수 있다고 주장했습니다. 그가 옳았습니다. 당시 IBM은 바지선보다 훨씬 나은 투자였습니다. IBM의 가격은 급격히 하락하고 바지선 가격은 오른 상태였습니다.

안심하십시오. 우리는 비교 위험도를 고려해 장기적으로 우리가 다른 투자를 통해서 얻을 수 있는 수익보다 경쟁력이 있는 수익을 올릴 수 있다고 생각할 때에만 바지선, 보트, 헬리콥터, 선박에 돈을 투자할 것입니다. (과세 공채보다 이율이 20~30% 높은 면세 채권을 놓치고 지나치기는 힘듭니다.) 세금 혜택을 위해 장비를 매입하는 일도 없을 거라고 장담할 수 있습니다.

─────────── **2008년** ───────────
투자

시코는 단순히 보트 회사나 에너지 서비스 회사가 아닙니다. 우리는 다양한 자산 기반을 보유하고 있으며 우리의 시야는 단순히 장비를 소유하고 운영하는 것보다 더 넓습니다. 우리는 자본의 관리인이며 우리의 사명은 우리의 전문지식을 이용해 돈을 버는 것입니다. 리스크가 조정된 가장 매력적인 수익 기회가 공채나 주식 등으로의 자산 대체에 있다면, 우리는 그런 투자를 추구할 것입니다. 우리의 주된 사업은 실질 자산에 투자하고 기업을 운영하는 것이었고 앞으로도 그럴 테지만, 장비 임대를 중개하거나 증권 거래도 다양하게 진행해왔습니다.

자본 시장의 폭발과 붕괴를 지켜보는 일은 금융판 '충격과 공포

shock and awe(2003년 3월 19일, 이라크공습에 나선 미국이 내세운 군사 작전의 명칭. 압도적인 화력으로 이라크군을 충격과 두려움에 휩싸이게 만들어 이라크 군의 전쟁 의지를 순식간에 무력화시킨다는 내용 - 옮긴이)'입니다. 암울한 냉전의 시대에 프린스턴 대학의 허먼 칸^{Herman Kahn}은 최악의 시나리오를 상상하지 못하고 군비 경쟁에 반대하는 사람들에게 제시하는 증거로 미국과 러시아의 핵 대결이 초래할 수 있는 결과들을 면밀히 추론한 책을 내놓았습니다. 다행히도 이 책은 주로 대학원생들의 지적 훈련 연습 도구로 마무리되었습니다. 현재의 경제 상황이 초래할 수 있는 끔찍한 결과들에 대한 장광설도 이와 마찬가지로 지적 활동으로 결론 지어지길 바랍니다.

왜 지금의 사이클은 이전의 그 어떤 사이클과도 다른 것일까요? 이전의 사이클에서는 신용 거래 비용의 상승에도 불구하고, 견실한 대차대조표를 가진 원활하게 운영되고 있는 기업의 경우에는 돈의 도매 물가에 비해 상당히 합리적인 스프레드로 신용을 이용할 수 있었습니다. 하지만 이번 사이클에서는 적정 가격에서 신용을 이용할 수 있는 가능성에 확신할 수 없습니다. 그런 이유에서 현재는 유동성과 자본 비용이 재무 건전성과 관계없이 모든 기업의 제1의 어젠다가 되어야 합니다.

시코는 매력적인 거래를 발견할 때를 대비해서 몇 년에 걸쳐 현금을 비축해두었습니다. 저는 우리가 그날의 여명을 보고 있다고 생각합니다. 하지만 "꿈을 꾸는 데에도 주의가 필요하다. 감당치 못할 꿈이 이루어질 수도 있다."라는 격언을 떠올려야 합니다. 에너지 서비스 자산, 장비, 물류에 사용되는 부동산, 항공 자산과 항공 서비스, 상품의 보관, 처리 및 이동을 지원하는 자산 등 '우리의 우주'에는 유혹적인 투자 기회가 넘쳐납니다. 선박, 철도 차량 등을 비롯한 자산의 가격이 하락(몇몇 경우는 급락)하기 시작했습니다. 금융 자산, 채권, 주식은 소유주로부터 자산을 매입할 때 치러야 할 대가보다도 낮은 가치의 가격에 판매되고 있습니다. 적어도 당분간은 이런 상황이 이어질 것입니다. 사실상, 자본 시장에서의 자산가치는 더 급격히 하락할 것입니다.

불행히도, 현재의 신용 수축은 너무나 심각해서 현재로서 저는 회사 지갑에 있는 돈을 쓰는 것보다는 세는 일에 집중하고 있습니다. 제가 가장 우선하는 일은 시코가 '생각이 미치지 않는' 상황에서도 살아남을 수 있게 하는 것입니다. 저는 자본 사용에 앞서 자본 대체 비용을 파악하고자 합니다. 합리적인 비용에 장기 자본을 확보하는 것이 중요한 과제입니다. 현재 자본 시장에서 시코와 비슷한 신용 등급의 기업들은 7~10년 만기 부채에 대해 9%(때로는 그보다 높은) 이자를 지급합니다. 단기 은행 예금에는 거의 이자가 붙지 않습니다. 저는 700~800bp(1bp=0.01%p-옮긴이) 역마진에 매여 압박을 느끼고 싶지 않습니다. 추가적인 유동성을 위해 감당하기에는 너무 지나친 부담입니다.

우리는 은행 시설 라인을 확대하기 위해 부지런히 일하고 있습니다. 유망한 프로젝트나 투자를 찾았을 때 함께할 공동 투자자도 적극적으로 찾고 있습니다. 우리의 목표는 전문지식을 공유함으로써 우리의 자본을 늘리는 것입니다. 장부가치에 비해 상당히 낮은 가격으로 설정된 우리 주식은 우리가 다른 투자를 대조하는 기준입니다. 말할 필요도 없이, 모든 현금의 사용이나 주식 발행은 높은 장애물을 넘어야만 합니다. 그렇지만 저는 '불가능은 없다.'고 배웠습니다. 우리는 원칙을 좇기보다는 기회를 좇습니다. 오늘날의 세상에는 자기 자본을 사용하는 것을 정당화할 만큼 매력적인 거래도 있을 수 있고, 인수하기 위해서 현금을 사용하는 것이 우리 주식을 환매하는 것에 뒤지지 않을 만큼 흥미로운 거래도 있습니다.

시코는 단순한 장비 운영자가 아니라 자본의 관리자이며 투자자입니다. 투자 공동체의 분석가들은 대개 우리 회사를 '보트' 회사로, 혹은 좀 더 광범위하게 에너지 서비스 기업으로 분류합니다. 현재의 경제 상황을 고려하면 우리의 모든 사업이 어려움을 겪을 수도 있지만 저는 해양지원선, 원유 제품의 미국 연안 수송, 내륙 수로의 상품 이동, 설탕·에탄올·쌀의 판매에서의 이윤을 결정하는 요소들은 서로 다르다는 점을 염두에 두어야 한다고 생각합니다. 경제적으로 이렇게 어려운 시기에 이런 복합적인 사업들이 '한 바구니에 모든 달걀을 담은' 사업보다 안정적이라는 것이 드러나기를 바랍니다. 우리는 이런 다각화가 인플레이션, 달러 약세, 높은 금리와 같은 현재의 상황이 반복될 경우에 자본을 이용하고 보호할 기회를 늘린다고 생각합니다.

지침 없음

시코의 연례 주주 서한을 처음 읽는 분들을 위해 보고에 대한 우리의 철학과 GAAP에 대한 접근법을 다시 한번 설명드리고자 합니다. 이런 관행이 유행되기 오래전부터 우리는 '지침'의 제공을 삼갔습니다. 유조선이나 해양 지원선의 수리나 드라이 도킹, 굴착 장치를 원양으로 이동시키는 활동, 원유 유출이나 허리케인 등 비상 상황에 대한 대응 등은 기간별로 매출과 지출의 유의미한 변동을 야기합니다. 그런 경우가 아니더라도 저는 수익을 예측하려 하지 않습니다.

자본

시코의 모든 임직원은 견실한 대차대조표에 따르는 가능성과 책임을 유념하고 있습니다. 한편으로 그것은 보호의 대상이며 다른 한편으로는 가능성의 원천입니다. 다음 몇 달이 지나면 자본 비용과 이용 가능성이 한층 명확해질 것으로 보입니다. 이들은 중요한 데이터 포인트입니다. 자본은 자산과 마찬가지로 '대체 비용'을 고려해 그 가격이 설정되고 효율적으로 사용되어야 합니다.

현재의 세계 경제 상황이 주주들에게 스트레스를 주고 있다는 것을 저도 알고 있습니다. 우리 업계 안이든 밖이든 우리가 어디로 가고 있는지에 대해 명료한 관점이나 확신을 가진 사람은 극히 드뭅니다(전혀 없지는 않겠지만). 좋든 싫든 얼마간의 작업 가설은 있어야 합니다. 수정이 필요할지라도 말입니다. 우리는 연도별 소득이 아니라 장부가치의 장기적 상승을 목표로 합니다. 우리의 목표는 레버리지를 제한하고, 부채 만기의 균형을 유지하는 가운데 고급 중기 면세부 채권에서 얻을 수 있는 수익의 2~3배에 해당하는 장기 실적을 내는 것입니다. 평이한 목표로 보일지 모르겠습니다만, 사실 이것은 1992년 이후 주당 장부가치의 평균 성장률을 16%로 유지하는 것에 해당합니다.

제가 해운, 에너지 관련 사업에 뛰어든 37년 전부터 지금과 같은 극단적인 변동성과 불확실성의 시대가 처음 나타난 것은 아닙니다. 지난 40년 동안 환율, 주가, 유가, 선박의 가치, 금리는 몇 번이나 극단적인 움직임과 빠른 왕복 운동을 보여주었습니다.

저는 오랜 세월의 경험으로 경제사에서 돈과 금융 사이클에 대한 챕터를 다시 읽어보는 것이 유용하다는 것을 발견했습니다. 존 케네스 갤브레이스John Kenneth Galbraith 교수는 그의 책《돈: 어디에서 와서 어디로 가는가Money: Whence It Came, Where It Wen》에서 1960년대 말, 발생한 인플레이션 바이러스가 1970년대에 급속하게 확산해 전염병에 이른 상황에 대해 이렇게 이야기했습니다. "경제사에 깊이 뿌리를 둔 최종적인 전망이 하나 있다. 영원한 것은 없다는 점이다. 인플레이션도 그렇고, 불경기(1930년대 이래 불황을 고상하게 이르는 말)도 그렇다. 스스로를 종말로 이끄는 태도를 자극하고 그런 행동을 야기한다. 그리고 결국 종말에 이른다." 우리가 빨리 감기 모드에 있기를 기대해봅시다.

─────────── **2009년** ───────────

우리가 하는 사업들은 수익이 고르지 않고 '불규칙한' 경향이 있습니다.

지표

과거 저는 OIBDA를 우리 사업의 재무 성과에 대한 대용품으로 내놓았습니다. 재고해보니, EBITDA에서 세금으로 지불한 순현금을 제외한 것이 우리 사업의 재무 성과를 더 잘 보여준다고 생각됩니다. (이 계산을 두문자어로 만들지 않으려 합니다. EBTDAMNCTP는 블랙베리 PIN

이나 군의 호출 신호에나 어울릴 것 같습니다.) 이런 계산은 세금에 사용된 순현금을 고려하며 이자, 투자, 파생 활동의 결과인 '특별 손익'과 조인트벤처들까지 고려합니다. 조인트벤처로부터의 수익은 우리 사업 부문들의 핵심입니다.

회계

총 재무 성과와 총수익은 같지 않습니다. 뉴욕시에서 영업을 하는 두 택시 회사를 생각해보십시오. 두 회사는 택시 영업증을 갖고 있으며 각기 20대의 택시를 보유하고 있습니다. 이 영업증은 각 5만 달러이며 두 회사는 그에 대해 같은 금액을 냈습니다. 한 회사는 2010년 인도된 택시들을 갖고 있고, 다른 회사는 2005년 매입한 택시들을 갖고 있습니다. 두 회사의 법인세 감가상각비 차감 전 영업이익은 30만 달러입니다. 오래된 택시를 가진 회사는 세전 수익을 22만 8,000달러로 보고합니다. 새로운 택시를 1대당 4만 5,000달러에 구매한 두 번째 회사는 세전 수익을 21만 달러로 보고합니다. 어떤 회사가 더 가치 있을까요? 1992년 선거 캠페인의 슬로건("바보야, 문제는 경제야! It is the economy, stupid!")을 차용해 대답하면 이렇게 될 것입니다. "바보야, 문제는 자산이야."

승계

투자자들은 종종 제게 '승계'에 대해 물어볼 것입니다. (최소한 제 동년 배들에게는) 지금의 65세는 과거의 50세라는 것이 상식이 된 시대이기 때문에, 저는 보통 그런 질문을 무시합니다. 저는 건강이 허락하는 한 은퇴할 계획이 없습니다. 하지만 그렇지 않은 경우, 당신의 자본은 뛰어난 관리인을 만나게 될 것입니다. 시코의 모든 고위 임원들과 경영진들은 뛰어난 운영 역량을 갖고 있을 뿐 아니라 자본과 리스크 대비 수익률에 민감합니다. 우리 사업 부문 리더들은 재무, 사업 개발팀과 긴밀하게 협력합니다. 우리 경영진은 활력 넘치고 젊으면서도 노련하고 성숙한 기업가들로 늘 주인의 입장에서 생각하는 이들입니다. 시코 이사 중 몇몇은 상품, 물류, 해운, 연안 선박과 굴착장치, 헬리콥터, 바지선 등 우리의 다양한 사업 중 하나 이상에서 '실무' 경험이 있습니다. 비상 상황이 발생하면 누구든 쉽게 자리를 채울 수 있습니다.

─────────── **2010년** ───────────

2010년에는 비극적 폭발 사고라는 결정적 사건이 있었습니다. 사망자가 나오고 환경 재앙이 초래된 비극적인 일이었습니다. 이런 참사나 다른 기업의 불운을 통해서 돈을 번다는 데 대해서 양면적인 감정을 느끼지 않을 수 없습니다. 그렇지만 원유 유출이나 비상 상황에 대응하는 것은 우리 환경 그룹이 제공하는 서비스의 하나입니다. 이 서비스는 마콘도 유정과 같은 상황에도 대응할 수 있는 준비를 갖추고 있습니다.[20]

2010년 우리의 환경 부문은 2억 4,200만 달러의 수익을 올렸습니다. 물론 멕시코만 마콘도 유정의 원유 유출 사건은 상궤에서 벗어난 일이고, 다행히 이런 성격의 사건은 한 세대에 한 번 정도밖에 일어나지 않습니다. 엑손 발데즈Exxon Valdez호의 원유 유출 사건은 1989년에 발생했습니다. 자연스레 투자자들이 우리 환경 비즈니스의 전망에 대해 호기심을 표현하고 있습니다. 아이러니하게도 마콘도 사건 이전부터 우리는 이 사업을 키우고, 예기치 못한 사건들에 의존하지 않는 매출원과 수익원을 만들기 위해 여러 가지 선택안을 검토하고 있었습니다. 마콘도 사건 이후 우리는 다시 전략적 대안에 대한 평가로 돌아왔습니다.

자본 분배

우리의 사명은 오랜 시간 가치를 유지하고 인플레이션과 일관되게 수익을 올리는 자산을 획득하거나 창출하는 것입니다. 이러한 목적을 달성하기 위해서 우리는 까다로운 선택을 해야 합니다. 인플레이션으로 인해 재생산 비용이 높을 수 있다는 이유만으로 자산이 가격 결정권을 유지할 것이란 보장은 없습니다. 이런 명제에 대한 증거가 필요하다면 1973~1986년의 선박 가격의 역사를 추적하는 수밖에 없습니다.

기회를 발견하면, 우리는 외부 자본과의 파트너십 결성으로 이들 자산 투자의 자금조달을 늘리는 일을 구상합니다. 이런 구성 방식에는 2가지 장점이 있습니다. 첫째, 세금 측면에서 더 유리하고, 수입이 직접 투자자에게로 흐릅니다. 둘째, 시코의 법인 자본을 이용합니다. 미래에 우리는 과거보다 더 많이 신용을 이용할 계획입니다. 우리는 보수적인 태도를 유지할 생각이지만 현재의 세계 정책들을 고려할 때, 부채를 사용하지 않는 것은 무책임한 행동이 될 것입니다.

사업 형태나 금융 옵션과 같은 전략적 대안들을 평가하는 것은 시코에서 지속적으로 이루어지고 있는 일이며 우리는 그것을 좋은 관리자로서의 일상적인 과제라고 생각합니다. 특별 배당을 지급하겠다는 우리의 결정은 투자자들을 놀라게 했을 뿐 아니라 일부 투자자는 당황하기까지 했습니다. 우리에게 다른 아이디어가 없었던 것이 아닙니다. 다만 저와 이사회가 유동성 자산을 10억 달러 이상 유지할 필요가 없다고 느꼈을 뿐입니다.

아이디어가 없어 시코의 투자 프로필에 적합한 기회가 계속 나타나지 않는다면, 저는 이사회에 또 다른 특별 배당을 촉구할 수도 있습니다. 저는 "음악이 나오면 춤을 춰야지."라는 식의 견해를 지지하지 않습니다. 저도 다른 경영진도 이사회도 '파티광'이 아닙니다.

2011년
신용 등급

빈약한 수익 외에도 2011년은 실망스러운 해였습니다. 스탠더드 앤드 푸어스Standard and Poor's가 시코의 우선순위 부채 등급을 BBB - 에서 BB+로 하향조정했기 때문입니다. 피치Fitch의 투자 등급은 유지되고 있으나 슬프게도 대부분의 채권 펀드는 암울한 전적에도 불구하고 무디스Moody's와 S&P에 의존하고 있는 것이 현실입니다. 우리가 10년 만기 채권을 발행한다면 시코의 등급은 50~75bp 더 하향될 수 있습니다.

지난 10년 동안 시코는 장비 매입, 새로운 기업 인수, 주식 환매의 자금 대부분을 자산 매각 수입과 감가상각 전 영업이익(장비 판매 차익을 제외한)으로 조달해왔습니다. 지난 세월 시코는 현금과 증권을 부채와 거의 비슷하게 유지해왔습니다. 우리의 순자산, 공장, 장비와 우리의 현금, 준 현금자산은 올해 말 현재 총부채의 약 3배에 달합니다 (이 수준은 지난 몇 년간 거의 일관되게 이어졌습니다).

1996~1997년에 S&P와 무디스가 우리의 부채 투자 등급을 평가한 이래, 시코의 사업은 더 다양해졌습니다. 현재 우리는 유조선의 장기 임대, 카리브해에서 작업하는 바지선과 예인선으로 향후 수익에 더 많은 '가시성'을 가지게 되었습니다. 우리의 해양 선단은 더 다양해졌으며 현대적 장비를 갖추고 있습니다. 우리의 항공 자산 서비스는 회사 내외의 원유와 가스 부문을 필요로 합니다. 우리의 건화물 장비는 에너지가 아닌 농업 활동과 연관됩니다. 선박 도킹 서비스는 비교적 꾸준한 사업입니다. 비상과 위기 서비스는 경기 변동과 별개로 움직입니다. 우리의 신용 대부 한도는 대단히 유동성이 큰 대차대조표를 뒷받침할 수 있습니다.

앞서 말한 요소들은 대출자에게 힘과 안정의 근원이 됩니다. 저는 개인적으로 우리의 사업과 자산이 유동성과 결부되어, 더 높은 평가를 받는 기업들이 가진 리스크보다 나은 리스크를 가지고 있다고 봅니다. 우리의 등급을 낮추는 것은 실망스럽지만, 엉클 샘Uncle Sam(미국을 의인화한 것 - 옮긴이)의 인쇄기가 트리플 A등급을 지원하지 않는다면, 저는 골을 낼 사람도 없지 않겠습니까?

자회사 상장

2011년 8월 1일, 시코는 이어러가 기업공개Initial Public Offering, IPO를 준비하고 있다는 보도 자료를 냈습니다. 이어러는 증권거래위원회Securities and Exchange Commission, SEC에 변경된 등록 신고서를 제출했습니다. 투자자들은 왜 시코가 이어러의 공개 기업 상장을 고려하는지 궁금하실 것입니다.

여기에는 몇 가지 이유가 있습니다. 첫째, 원유 회사의 항공 및 해양 부문은 생각보다 관련성이 훨씬 적습니다. 둘째, 대부분의 이어러 헬리콥터가 현재 연안 원유와 가스 시장에서 작업하고 있지만, 헬리콥터는 법률 집행과 벌목, 수색, 구조, 의료용 수송, 파이프라인과 송전선 점검과 같은 많은 공공 서비스와 산업 서비스를 지원합니다. 셋째, 우리는 헬리콥터를 해양 자산과 다르게 자금을 조달하는 자산으로 생각합니다. 항공 사업 주식의 '유통'이 세계적 사업에 참여하는 더 작은 지역 업체를 끌어들이는 데 도움이 될 수 있다는 생각도 있습니다. 이 사업에서 진정한 글로벌 기업은 2곳뿐입니다.

자본 분배

투자자들은 매일 예측치를 내놓으라고 우리를 구슬리거나 상품 사업에서 우리를 닦달하는 외에도 우리가 사업에 접근하는 방식에 대해 자주 질문합니다. 저는 시코가 자본 관리자의 마음가짐을 가진다는 것을 계속 강조해 이야기하고 싶습니다. 우리는 리스크를 고려하고 장기를 생각하면서 자본 수익률에 주된 초점을 둡니다.

우리는 수익력이 인플레이션을 앞지르거나 최소한 인플레이션과 보조를 맞출, 그리고 제가 '인플레이션 역설'이라고 이름 지은 것, 즉 환율 하락, 가격 인상, 자산가치에 대한 압력을 극복할 수 있는 자산과 기업을 찾습니다. 그들은 중앙은행이 인플레이션을 다스리기 위해 설계한 높은 금리로 할인되기 때문입니다. 우리는 수익과 지속가능한 가치에 초점을 두기에 다음 분기나 내년의 수익 '성장'에 투자하지 않습니다.

우리는 현재의 자본 한계 비용, 즉 투하 자본 수익률을 투자의 기준으로 이용하지 않습니다. 저는 내일의 자본 비용에 더 집중합니다. 그것이 미래의 수익력과 마찬가지로 오늘 매수한 장비의 잔존 가치를 결정할 것이기 때문입니다. 우리는 수익의 증대를 추구하지 않습니다. 이전의 서한에서 언급했듯이, 현금이 거의 수익을 내지 못할 때, 그리고 새로운 장비를 위한 차입 자본의 비용이 장비가 내놓는 상각 이전의 한계 수입보다 낮을 때 수익을 '사는' 것은 쉬운 일입니다. 현재의 현금이 수익을 올리지 못할 수도 있습니다. 하지만 우리는 그것을 여전히 존중합니다.

우리는 소유주와 같이 생각하는 경영자들과 사업의 '실제적이고 세밀한' 사항을 이해하고, 직접 경험한 기업가들에 투자합니다. 오랜 세월 동안 많은 고위 경영진이 제한주와 스톡옵션을 통해 보유 주식을 늘려온 덕분에 그들의 자산에서 회사 지분이 차지하는 비중이 상당히 큰 경우가 많습니다.

자산(재고로 생각합시다)에 의존한 서비스 사업을 운영하는 데 있어서 필수적이고 중요한 요소 중 하나는 주기적으로 자산의 배합을 업그레이드하는 것입니다. 그런 목적에서 우리는 자산을 만들고 매입합니다만, 포트폴리오를 늘린 뒤 자산이 완전히 상각될 때까지 기다리고 있지만은 않습니다. 우리는 자본 효율성을 유지하기 위해 자산을 매각합니다. 이런 판매('재고'의 조정)는 우리 사업의 일상적인 측면입니다. 오랜 세월을 놓고 보면 우리의 판매는 대개 수익을 냈지만 특정 자산에 대해서는 간혹 손실을 보기도 했고, 아주 드물게는 손상 부담을 떠안기도 했습니다. 저는 이런 수익을 '특별'한 것으로 취급 하는 것에 반대합니다. 자기 자본 수익에 있어서, 자산 판매에서 얻 은 수익 1달러는 선박의 임대에서 얻은 수익 1달러와 다를 것이 없 는 실제적인 수익입니다. 2가지 모두 재투자, 주식 환매, 배당 지급 등에 쓰일 수 있습니다.

우리는 기꺼이 실험에 나서며 기회에 민감합니다. 일례로, 약 7년 전 우리는 리스 전문가를 영입했습니다. 우리의 기준에 부합하는 것 이 별로 없어서 거래는 아주 적었지만, 1년에 한두 차례 발견하는 기 회가 그것이 아니라면, 우리의 빈약한 현금 수익을 증가시킨다는 것 을 발견하고 있습니다. 우리는 비행기, 병원용 산소 탱크, '특별한 정 부 서비스'에 이용되는 항공기, 부품용으로 사용되는 손상된 상업용 제트기를 임대했습니다. 우리는 파트너와의 협력과 조인트벤처 설립 도 기꺼이 받아들입니다. 이는 동료들과의 비교를 더 어렵게 하는 경 향이 있습니다. EBITDA를 계산하려 할 때 특히 그렇습니다.

우리는 큰 사냥감을 겨눌 준비를 하고 있으나 코끼리를 사냥하지 않습니다. 시코는 그리 큰 규모가 아니여서 전망이 밝으면서도 작은 투자를 보여주어야 합니다. 지난 12개월 동안 우리는 루이스앤클락 해양Lewis & Clark Marine, Inc., G&G 해운G&G Shipping, 슈피리어 에너지 리프트 보트Superior Energy's lift boats, 윈드캣 워크보츠 홀딩스Windcat Workboats Holdings Ltd. 이렇게 4개의 기업을 새롭게 인수했습니다. 우리는 한 대형 곡물 창고의 지분을 확대했고, 세인트루이스에 새롭게 곡물 창고를 건설하는 일에도 참여하고 있습니다. 우리는 오대호에서 광석 운반선을 운영하고 있으며 연안, 내륙, 항공, 예인 선단을 위한 새로운 장비들을 까다롭게 선별 주문했습니다.

이런 일 가운데 '변혁적'이라고 할 만한 것은 없습니다. 특별히 눈에 띄거나 언론에 대서특필될 일도 없습니다. 하지만 이러한 일들이 모여서 훌륭한 장기 투자가 된다는 것이 우리의 생각입니다. 마지막으로 우리는 자사주를 상당량 매입했습니다. 발행주의 숫자를 감소시킬 때마다 주주로 남아 있는 분들은 시코의 다양한 자산에서 더 많은 지분을 소유하게 됩니다.

────────────── **2012년** ──────────────

지난해 서한 이후 가장 두드러진 사건들은 내셔널 리스펀스 코퍼레이션National Response Corporation과 일부 계열사의 매각, 오브라이언스 리스펀스 매니지먼트O'Brien's Response Mangement Inc., ORM의 조인트벤처 위트 오브라이언스Witt O'Brien's 출자, 2013년 1월 31일 항공 부문 이어러 그룹의 면세 기업 분할, 주당 5달러의 특별 현금 배당, 3억 5,000만 달러 규모의 태환권 발행이었습니다. 아카데미 시상식이라면 이를 위해 애써 준 모든 사람들의 이름을 부르고 싶은 심정입니다. 늦은 밤까지 열심히 일해 준 모든 분께 감사를 전합니다.

현재 시코의 포트폴리오는 주로 다양한 해양 서비스, 운송 사업, 대형 이송 처리 터미널, 항공기 부지, 대형 곡물 창고, 소규모 원유 저장 탱크 집합지로 이루어져 있습니다. 이들 시설의 대부분은 세인트루이스 지역에 위치합니다. 시코가 이룬 변신에서 주주들이 받는 명확한 혜택 중 하나는 짧아진 주주 서한입니다! 다음 해는 주해도 생략해보겠습니다.

2013년

지표

지난 서한들에서는 우리 사업 부문의 성과에 대해 전후 사정을 알리기 위한 목적에서 감가상각적 영업이익을 장비의 원시원가에 대한 비율로, 부문 수익을 부문 자산에 대한 비율로 계산해 제시했습니다. 올해의 서한에는 우리가 소유한 장비의 보험가액에 대한 비율로 다른 '지표' OIBDA를 포함합니다. 저는 보험가액에 대한 비율로 표시된 OIBDA 비율이 장부가치가 원가에 대한 OIBDA보다 더 유용한 식견을 제공한다고 생각합니다. 물론 대부분의 분석 도구가 그렇듯이 보험가액에 대한 OIBDA 비율에도 한계가 있으며, 자본 배치의 효율성 판단과 영업 평가에 대해서는 다른 대안들이 있습니다. 경영진인 우리는 우리의 해양 자산에 투자된 자본 수익률의 내부 비율을 보지만, 그런 계산에는 여러 개인적 의견이 수반됩니다. 대체 비용에 대한 OIBDA 비율은 우리의 사업 운영 결과를 판단하는 또 다른 흥미로운 방법입니다.

정치

미국 해양 사업 전문가가 아닌 여러분을 위해 잠시 개요를 설명하겠습니다. 미국의 한 항구에서 다른 국내 항구로 화물을 수송하기 위해서는 존스법^{Jones Act}(미국 해운법 제27조, 연안무역법-옮긴이)에 맞는 선박으로 운항해야 합니다. 연안 해운에 참여하려면 선박은 미국의 조선소에서 건조되어야만 하며(제한적인 예외 존재), 소유권의 75% 이상은 미국 시민에게 있어야 합니다. 선박과 선원이 소속된 회사의 CEO는 반드시 미국 시민이어야 합니다.

수년간 연안 해운의 주축은 가솔린, 디젤, 제트 연료를 비롯한 석유 제품을 미국 멕시코만의 정유공장에서 플로리다와 대서양 연안의 남부 주들로 옮기고, 캘리포니아의 정유공장에서 알래스카, 워싱턴, 오리건으로 제품을 수송하는 것이었습니다. 알래스카에서 서해안 정유공장으로의 원유 수송, '로어 $48^{\text{lower } 48}$(알래스카를 제외한 미국 본토의 48개 주 - 옮긴이)'에서 알래스카, 하와이, 푸에르토리코로의 컨테이너 운송과 일반 화물 운송도 중요한 노선입니다. 화학 물질의 해안 이동과 석탄 및 비료 등 소규모 건조 화물 운송은 그보다 중요도가 낮습니다.

오래전, 한 투자자가 제가 이런 질문을 했습니다. "당신의 속을 쓰리게 하는 일은 무엇입니까?" 대개는 과식이겠죠. 잠자리에서 저를 고민하게 하는 것은 존스법과 관련된 정치적 '소음'과 국내에서 생산된 원유의 수출 문제입니다. 존스법의 장단점에 대한 정치적 논란은 40년 이상 계속되었습니다. 그 가치를 폄하하는 사람들은 존스법의 제약이 보호주의적 입법이라고 비난합니다. 옹호자들은 이 법을 통해서 선박과 조선소에서 생기는 일자리를 지적하고, 국내 해양 산업의 전략적 가치도 인용합니다. 이 법의 폐지에는 의회의 결의가 필요합니다.

저는 존스법이 사라질 가능성은 희박하다고 생각합니다. 기존 투자에 대한 보호 없이 이 법이 폐지된다면, 미국 국적 선박에 대한 투자 쪽에는 핵겨울$^{nuclear\ winter}$(핵전쟁 후에 나타날 수 있는 추위-옮긴이)이 찾아오고 많은 일자리가 사라질 것입니다. 연안 해운의 밝은 전망에 그림자를 드리우는 다른 정치적 문제는 미국산 원유의 수출 허용입니다. 몇 안 되는 예외를 제외한 모든 미국산 원유 수출은 제한되고 있습니다.

장기

유동성이 넘쳐나는 세상에서 매력적인 투자를 찾는 일은 어렵습니다. 2013년으로 미국 연방준비제도의 '양적 완화'가 연속 5년째에 접어들었습니다. 미시적 단기 금리의 환경에서는 거의 모든 자산이 현금보다 나은 수익을 냅니다. 신규, 중고, 인수 등 모든 선박의 매입은 시코의 수익을 '증가'시킬 것입니다. 우리의 접근방식은 단순히 당장의 '현금 흐름'이나 수익을 위해 투자하는 것이 아닙니다. 우리가 절제력을 발휘하지 않는다면, 향후 단 몇 분기의 현금 흐름을 늘리기 위해 투자한 자본은 미래에 쉽게 자본 잠식을 불러올 수 있습니다. 우리는 매일 기회를 평가하지만, 장기적 가치를 창출하리라고 생각하는 것에 대해서만 행동을 취합니다.

--- **2014년** ---
자본 분배

우리 사업은 일관되게 수익을 내지는 못합니다. (최근의 침체기까지) 기회를 찾는 것은 모래밭에서 바늘을 찾는 것과 같았습니다. 사업에서 침체를 환영하는 것이 엇나가는 행동으로 보이겠지만, 침체는 삶을 더 흥미롭게 만들 것입니다. 자본을 배치할 곳을 찾는 주주들에게 매력적인 투자처 중 하나는 우리 주식이라고 생각합니다. 우리가 자사주 매입이 새로운 선박을 건조하거나, 중고 장비를 매입하거나, 인수를 추진하는 것만큼 생산적인지 (그보다 더 생산적인 자본 이용은 아닐지라도) 고려하지 않는다면 그것은 태만한 행태일 것입니다.

2015년
자본 분배

지난 몇 개월 동안, 경제지에는 주식 환매의 '장점'과 '단점'에 대해 논의하는 기사들이 상당수 실렸습니다. 환매가 주주의 가치를 높이는지 낮추는지에 관한 사례에 따라 판단하는 것이 가장 정확합니다. 모든 상황에 잘 들어맞는 광범위한 규칙은 없습니다. 주식 환매에 대한 우리의 기준은 우리 자산의 가치에 초점을 둡니다. 우리는 환매 '프로그램'을 두지 않습니다. 우리는 '주당순이익'을 높이기 위해 주식을 환매하지도 않습니다. 자사주 매입에 대한 결정들을 생각해보면, 원유가 하락이나 연안 선박의 설비 과잉에 대한 전망을 고려해 우리 주가의 동향을 더 잘 인식했어야 했습니다.

2015년 우리는 7,530만 달러로 주당 62.56달러의 평균 가격에 120만 주를 환매했습니다. 이는 연말 장부가치에서 15.5% 할인된 가격이지만, 현재가인 54.61달러에서 12.7% 할증된 가격입니다. 한 친구는 제게 최근의 거래가보다 상당히 높은 가격에 주식을 환매하는 것이 어떤 느낌이냐고 물었습니다. 답은 간단합니다. 좋지 않습니다. 다만 2014년 더 높은 가격에 매입한 주식에 대해서는 더 좋지 않은 느낌입니다! 저는 트레이더로서 포지션에 접근하지 않습니다. 우리의 주가는 우리의 순자산을 상당히 할인해 평가합니다. 현재는 그 할인이 더 급격합니다. 장비의 가격은 우리가 이미 소유하고 있는 자산을 할인가에 사기 위해 여윳돈을 사용하는 것보다는 더 설득력이 있으려면 장비가 대단히 매력적인 가격이어야 합니다.

장기

지난해 미국의 아이콘 중 한 사람이었던 요기 베라^{Yogi Berra}(뉴욕 양키스의 전설적인 포수-옮긴이)가 세상을 떠났습니다. 그에 대한 헌사로 저는 서한 도처에 그의 재담을 포함했고, 가장 많이 인용되는 그의 말로 이 서한을 마무리하려 합니다. "끝날 때까지는 끝난 게 아니다." 시코는 2015년 끔찍한 해를 보냈습니다. 현재로서는 2016년도 그리 나아질 것 같지 않습니다만, 우리는 좋은 배트를 들고, 즉 견실한 대차대조표를 가지고 '홈 플레이트' 위에 설 것입니다. 우리는 '팻 피치^{fat pitch}(예상하는 경로로 들어오는 볼-옮긴이)'를 기다리고 있습니다. 대차대조표를 보호하기 위해 필요하다면, 우리는 타석에서 나갈 것입니다.

─────── **2017년** ───────
기술

약 18년 전, 우리 주주 중 한 분이 제게 '밤잠을 설치게' 하는 일이 무엇이냐고 물었습니다. 70대의 사람들에게 흔한 부엌이나 화장실로의 야간 여행을 제외하면, 지금의 저는 기술에 대해서 깊이 생각합니다. 10-K(미국의 상장기업이 미국증권거래소에 매년 제출해야 하는 기업 실적리포트-옮긴이) 부분에 위험 요소로 분류한 것들에 대해서도 걱정합니다. 그들 대부분은 대개의 기업에 일반적으로 존재하는 것이며, '알려진 무지known unknowns(일어날 것은 알지만 언제 일어날지 모르는 것-옮긴이)'입니다.

변화와 와해를 수반하는 기술은 기회의 원천이 될 수도 위협의 근원이 될 수도 있습니다. 우리 해양 서비스 그룹 내 유조선 사업에서 가장 뚜렷하게 부각되는 문제는 휘발유를 이용하는 자동차의 미래입니다. 다른 한 편으로는 결국 무인 자동차를 가능하게 만들 기술이 해양에 적용되면서 생길 많은 기회를 쉽게 상상할 수 있습니다. 저는 빌 게이츠의 관찰을 지지합니다. "사람들은 늘 다음 2년 동안 일어날 변화는 과대평가하면서 다음 10년 동안 일어날 변화는 과소평가한다." 이 명언은 우리가 우리 사업에 대해서 생각하는 방식의 중심입니다.

장기

2017년 12월, 시코는 상장 25주년을 맞습니다. 이 기간에 우리 주식은 배당의 재투자를 가정했을 때 1,124.8%, 연평균 10.5%의 수익을 냈으며 주당 장부가치에 대한 평균 수익률은 11.0%였습니다. 우리의 목표는 사업에 대한 유기적 개선과 자본의 지능적인 배치를 통해 수익을 추가하여 주당 장부가치를 높이는 것입니다. 우리는 주가에 대한 통제력이 거의 없지만, 그들이 우리가 쌓는 실적의 궤적을 따르기를 바랍니다.

환매

다음은 시코 주주 서한에서 주식 환매에 대해 다룬 부분을 모은 것이다.

2008년(중간 보고) 우리는 9,730만 달러로 주당 평균 83.43달러에 1,166,000주를 환매했습니다. 기존 시장의 할인을 고려한 후 우리 자산가치가 지급한 가격을 초과했다고 느끼지 않았더라면 환매에 나서지 않았을 것입니다. 그러나 10월의 시장 공황에 비추어 보면 주식 환매를 기다렸다면 더 나았을 수도 있었을 것입니다.

2008년(연말 보고) 한 해 동안 우리는 2,824,717주를 환매했습니다. 뒤늦은 깨달음이지만, 2억 4,010만 달러를 특별히 잘 사용했다고는 할 수 없습니다. 다행히 업틱룰^{uptick rule} (주가가 올랐을 때만 공매도할 수 있도록 제한을 둔 것 - 옮긴이)과 물량 제한이 브레이크의 역할을 했습니다. 주가 하락을 고려했을 때, 더 나은 주식 매입 시점을 잡을 수도 있었겠으나 우리는 가치를 샀다고 생각합니다.

2009년 올해 우리는 459만 달러로 606,576주를 매입했습니다. 2009년 12월 31일 현재, 시코의 발행 보통주는 22,612,826주이며 완전 희석 원칙 기준으로 발행 보통주는 22,504,441주(기본 주 22,274,820주 + 희석주 수당 229,621주)입니다.

2014년 한 해 동안 시코는 발행 보통주의 12.4%인 250만 주 이상을 주당 평균 77.16달러에 매입했습니다. 우리의 연말 장부가치는 77.15.22달러입니다. 선단을 늘리거나 인수하는 것이 자사주 매입보다 흥미로울 수도 있지만, 환매는 때로 가격이 적절한 장비를 손에 넣는 편의주의적인 방법입니다. 해양 사업에 몸담은 한 동료가 몇 년 전 농담 삼아 이야기했듯이 주식을 사는 것은 여동생에게 입을 맞추는 것과 같습니다.

연도	자기 자본 이익률(%)	부채 총자산비(%)	순부채 총자산비(%)	주당 장부가치	주당 시가	주당 시장고가	주당 시장저가	배당 포함 주당부가치(%)	배당 포함 주당시가(%)	배당 포함 S&P 500 지표(%) (연간 백분율 변화)
1992				$7.84	$9.50	$9.67	$9.50			
1993	11.0	51.6	31.9	8.72	15.33	18.50	8.67	11.2	61.4	10.1
1994	10.4	47.3	22.4	9.81	13.00	15.83	11.83	12.5	(15.2)	1.3
1995	11.9	40.9	31.6	12.27	18.00	18.17	12.08	25.1	38.5	37.5
1996	21.8	38.5	12.4	16.92	42.00	43.50	17.58	37.9	133.3	22.9
1997	33.9	41.5	(2.6)	22.74	40.17	47.25	26.67	34.4	(4.4)	33.3
1998	26.6	45.2	3.4	28.55	32.96	41.29	21.50	25.5	(17.9)	28.5
1999	5.7	46.2	19.2	29.97	34.50	37.71	26.25	5.0	4.7	21.0
2000	6.7	40.7	3.6	32.28	52.63	44.71	37.75	7.7	52.5	(9.1)
2001	12.8	28.0	3.1	37.03	46.40	54.00	35.10	14.7	(11.8)	(11.9)
2002	6.3	33.3	(10.2)	40.41	44.50	50.80	37.11	9.1	(4.1)	(22.1)
2003	1.5	30.1	(9.6)	41.46	42.03	44.20	33.95	2.6	(5.6)	28.7
2004	2.6	39.4	3.4	45.20	53.40	55.75	37.35	9.0	27.1	10.9
2005	20.1	40.3	11.4	56.04	68.10	73.90	52.90	24.0	27.5	4.9
2006	16.5	37.0	0.3	64.52	99.14	101.48	68.11	15.1	45.6	15.8
2007	15.0	35.7	(3.4)	72.73	92.74	102.81	81.60	12.7	(6.5)	5.6
2008	13.3	36.4	10.9	81.44	66.65	97.35	53.40	12.0	(28.1)	(37.0)
2009	8.8	28.7	(2.4)	86.56	76.25	91.09	53.72	6.3	14.4	26.4
2010	12.5	28.6	(5.4)	83.52	101.09	114.80	67.59	13.8	52.5	15.1
2011	2.3	36.6	7.9	85.49	88.96	112.43	78.31	2.0	(12.0)	2.1
2012	3.4	35.5	16.8	86.17	83.80	99.31	82.11	5.7	(0.1)	16.0
2013	2.2	38.2	2.3	68.73	91.20	98.45	68.17	3.2	40.3	32.4
2014	7.1	36.8	4.0	77.15	73.81	90.05	68.56	7.7	(19.1)	13.5
2015	(4.9)	43.5	6.0	74.08	52.56	77.65	50.40	(2.6)	(28.8)	1.4
2016	(17.0)	46.3	16.1	60.97	71.28	72.97	42.35	(11.4)	35.6	11.8
2017	5.8	43.5	18.2	34.77	46.22	75.47	32.06	5.1	3.8	21.9
2018	9.3	29.3	14.3	38.41	37.00	58.75	35.07	3.4	(19.9)	(4.4)
총수익(%)								1,412.4	880.5	863.7
연평균 수익(%)								10.7	9.2	9.1

9

비즈니스 사이클의 안정성을 유지하라

브레트 로버츠
크레디트 억셉턴스 코퍼레이션

크레디트 억셉턴스 코퍼레이션은 비우량 차용자에게 자동차 대출을 한다. 이 사업은 어려울 수 있으나 비즈니스 모델은 단순하다. 브레트 로버츠가 2002년부터 명확하고 일관된 단어들을 사용해 써온 이 회사의 연례 주주 메시지 역시 단순하다. 2009년부터 로버츠는 모든 서한에 회사의 약력을 요약한 다음과 같은 단락을 포함시켰다.

크레디트 억셉턴스는 1972년 현 회장이며 대주주인 돈 포스Don Foss에 의해 설립되었습니다. 돈은 커리어 초반에 자동차가 필요한 많은 사람들이 신용 상태 때문에 차를 구입하지 못한다는 것을 알게 되었습니다. 더 중요한 것은 전형적인 대출 기관들은 신청자들의 완벽하지 못한 신용 이력을 기반으로 이런 상황에 있는 대부분의 사람들이 두 번째 기회를 얻을 자격이 없다는 잘못된 판단을 내린다는 점을 깨달은 것입니다. 돈은 크레디트 억셉턴스를 시작하여 이런 사람들이 자동차를 구입하고 긍정적인 신용 이력을 다시 쌓아서 금융 생활을 긍정적인 방향으로 돌릴 수 있도록 만들었습니다.

로버츠는 인상적인 실적을 냈다. GAAP 주당 순수입은 연평균 26.3%씩 성장했다. CAC 서한을 압축해 보여주는 부분을 찾는 것은 매우 쉬운 일이었다. 서한들은 거의 매년 변화가 없다. 2017년 서한은 1만 2,000개 단어에 10여 개의 표가 포함된 상당한 분량을 갖고 있다. 표는 대부분이 2001년부터의 실적을 보여준다. 하지만 이 서한은 2007년의 서한과 거의 달라지지 않았다.

해당 연도의 데이터를 제외한 가장 큰 차이는 몇몇 해에 추가된 하위 항목이다. 이 항목의 주제는 매년 달라지는데, 주로 자본 이익률과 자본 배분을 다루며 이런 주제들에 대한 해당 연도의 변화를 언급한다. 조금씩 손을 보는 것 외에, 매년 내용과 순서는 거의 같다. 모두가 그해 재무 실적을 강조하는 단락에서 시작되어 배경과 기업 이력, 경기 변동이 회사에 미친 영향, 조정된 실적, 경제적 수익, 대부 포트폴리오 실적, 특별 자금조달 프로그램, 주주 분배, 주요 성공 요소(원래는 8개였으나 10년에 걸쳐 몇 가지 추가되었다), 맺음말로 이어진다.

주제는 안정성, 지속성, 단순성이다. 다음의 단락이 2017년 서한의 주요 성공 요소 목록 맨 위에 거의 똑같은 형태로 등장한 것만 보아도 명백하다. 2007~2017년의 유일한 변화는 변화된 연도 수(35에서 45로)와 사람들의 숫자(수천에서 수백만으로)이다.

45년 동안 우리의 핵심 상품에는 변함이 없습니다. 우리는 신용 이력과 관계없이 소비자에게 자동차 대출을 합니다. 우리의 고객들은 주로 다른 대부업체에서 대출을 거절당한 사람들로 이루어져 있습니다. 전형적인 대출 기관들은 다양한 이유로 거절합니다. 우리는 긍정적인 신용 이력을 쌓거나 다시 쌓을 기회가 주어진다면, 상당수의 개인이 그 기회를 이용할 것이란 믿음이 있습니다. 이러한 믿음의 결과로, 우리는 수백만의 사람들의 삶을 변화시켰습니다.

일관된 단순성은 서한을 이해하기 쉽고 믿음이 가게 한다. 한 사람이 사업의 변함없는 특징을 반복적으로 설명하면서 특정 연도의 배경에 대한 연도별 기록을 함께 제시하는 서한은 불변성을 보장한다. 따라서 다음은 대부분 2017년의 서한에서 선정한 것이다.

자본 배분

1999년 중대한 이정표적 사건이 일어났습니다. 톰 트리포로스^{Tom} ^{Tryforos}가 우리 이사회에 합류한 것입니다. 저와 톰의 인연은 1990년 대 초반으로 거슬러 올라갑니다. 톰은 우리의 기업공개 직후 크레디 트 억셉턴스에 투자했고, 경쟁이 심화되자 기민하게 투자분을 매각 했습니다. 그는 이 투자를 통해 상당한 수익을 내고 빠져나갈 수 있 었습니다. 저는 이 기간에 투자와 홍보 활동에 상당한 시간을 할애했 습니다. 경험이 부족한 저였지만, 톰이 그동안 제가 만났던 다른 투 자가들과는 다르다는 것은 알 수 있었습니다. 그는 대단히 중요하지 만, 자문해볼 생각은 전혀 하지 않은 문제들을 질문하는 재주가 있 었습니다. 그가 포지션을 정리한 후로 몇 년간은 연락이 끊겼지만, 1997년 우리의 주가가 내려간 후 다시 모습을 드러냈습니다.

그는 재투자를 결정했고, 저는 정기적으로 그와 대화를 나누기 시 작했습니다. 저는 톰으로부터 가능한 많은 것을 배울 수 있는 기회를 얻었고, 그는 저의 커리어뿐 아니라 이후 수년간 회사의 성공에도 큰 영향을 주었습니다. 회사와 톰의 관계는 1990년 7월, 그가 우리 이사 회에 합류하면서 공식화되었습니다. 톰은 여전히 적절한 질문들을 던지며 이제는 답을 찾는 우리 일에도 도움을 주고 있습니다. 그가 이사회 구성원으로서 준 첫 변화는 자산에 대한 최저 요구 수익률을 설정한 것입니다. 메시지는 명확합니다. 자본 비용보다 많이 벌어들 이지 못한다면 그 자본을 주주들에게 돌려주어야 한다는 것입니다. 당시 우리는 그의 최소 요구량을 충족시키지 못하고 있었기 때문에 이 메시지는 우리의 주의를 끌었습니다.

톰의 도움으로 우리는 우리의 자본을 사용할 또 다른 중요한 방식을 찾았습니다. 우리는 우리의 주식을 매입하기 시작했습니다. 주식 환매 프로그램이 시작된 1999년 8월부터 2000년 말까지 우리는 평균 5.24달러의 가격에 380만 주 이상을 매입했습니다. 현재 우리 주가를 기반으로 하면, 당시 2,000만 달러가 조금 넘었던 우리가 환매한 주식들은 현재 12억 달러가 넘습니다. 톰이 그해에 받은 이사회 보수는 분기당 1,500달러였습니다.

지표

우리는 우리의 재무 실적을 평가하고, 인센티브 보상을 결정하는 데 경제학적 이윤Economic Profit이라는 것을 사용합니다. 경제학적 이윤은 투입 자본 비용을 차감한 GAAP 순수입에 따라 달라집니다. 이는 수정 평균 투하 자본량, 수정 자본 수익률, 수정 가중 평균 자본 비용 이렇게 3가지 변수의 함수입니다.

우리는 사업의 위험과 부채 사용과 관련된 위험을 고려한 공식으로 자기 자본 부가 원가를 결정합니다. 공식은 다음과 같습니다.

평균자본×{(30년 국채 평균 금리+5%)+[(1-세율)×(30년 국채 평균 금리-세전 부채 비용+5%)×평균 부채/(평균 자본+평균 부채 x 세율)]}

우리는 2001, 2002, 2003년 자본 비용보다 적은 수익을 올렸습니다. 우리는 이 기간에 대출당 이윤율에서 꾸준한 발전을 이루었지만,

2002년 자본 제약으로 융자 개시를 줄일 수밖에 없었으며, 영국 영업의 정산과 관련해 2003년에는 (세후) 손상 비용 720만 달러를 기록했습니다. 이 2가지는 보고 실적에 부정적인 영향을 미쳤습니다.

2004~2017년은 2006년을 제외하면 매해 경제학적 이윤이 개선되었습니다. 2006년의 경제학적 이윤 감소는 10여 년 전에 일어난 일에서 비롯된 소송 문제 해결과 관련된 700만 달러의 세후 비용과 2005년 기록된 폐지 사업으로부터의 440만 달러의 세후 수익의 2가지 요인으로 인한 것이었습니다.

경제학적 이윤이 플러스로 돌아선 2004년부터 우리는 연평균 21.7%로 경제학적 이윤을 늘려왔습니다. 그렇지만 성장 속도가 느려졌습니다. 2004~2011년의 경제학적 이윤은 연평균 32.6%였습니다만, 2011~2017년은 겨우 10.3%의 수익률을 기록했습니다. 조정 평균 자본은 계속해서 빠르게 증가했습니다. 2004~2017년의 연평균 성장률은 16.0%인데 비해 2011~2017년의 연평균 성장률은 20.9%였습니다. 그 외에 우리 실적은 2011~2017년의 120bp 하락한 낮은 가중 평균 자본 비용의 도움을 받았습니다. 그러나 우리의 자기 자본 수익률은 2011년의 16.8%에서 지난해의 11.2%로 점차 감소했습니다. 2017년 4분기에 우리의 자기 자본 수익률은 더 낮은 10.6%로 2003년 이래 가장 낮은 분기별 자본 수익률을 기록했습니다.

우리의 과제는 경쟁이 센 어려운 환경에 맞서면서도 계속해서 빠른 속도로 자본 기반을 성장시키는 것입니다. 우리는 수정 평균 자본을 성장시키는 데 성공했지만, 그렇게 하기 위해서는 낮은 자기 자본 수익률을 받아들여야 했습니다. 공정을 기하기 위해 밝히자면, 앞서한 비교의 시작점은 평소와 다른 우호적인 환경으로 우리의 자기 자본 수익률이 지속가능성이 없을 정도로 높았던 2011년입니다. 현재의 세후 자기 자본 수익률은 소비자 금융 회사로서는 여전히 매력적인 수익률이라는 것을 언급하고 싶습니다. 하지만 향후 더 높은 수준의 경제학적 이윤을 달성하기 위해서는 수정 평균 자본을 늘릴 다른 방법들을 찾아야 한다는 점 역시 분명한 사실입니다.

경제학적 이윤을 우리의 주요한 재무 성과 척도로 사용하기 때문에 우리는 자기 자본 수익률이 큰 폭으로 떨어지도록 두지 않을 것입니다. 자기 자본 수익률과 가중 평균 자본 비용 사이의 스프레드가 줄어들 때는, 스프레드가 더 줄어드는 것을 상쇄하는 성장률의 증가가 필요합니다. 예를 들어, 자기 자본 수익률과 가중 평균 자본 비용 사이의 스프레드가 10.4%였던 2011년, 이 스프레드의 100bp 감소에도 동등한 경제학적 이윤[10.4%/(10.4%-1.0%)-1]을 달성하기 위해서는 평균 자본의 10.6% 성장이 필요했을 것입니다. 오늘날, 스프레드의 100bp 감소는 20.0%[6.0%/(6.0%-1.0%)-1]의 성장을 필요로 합니다.

배당과 환매

수익성 있는 사업이 그렇듯이, 우리는 현금을 창출합니다. 우리는 융자 개시 증가를 위한 자금조달, 부채 상환, 주식 환매 자금조달에 현금을 사용해왔습니다. 주가가 내재가치 추정치(미래 현금 흐름의 할인 가치) 이하일 때는 초과 자본을 우리 주식 매입에 사용해왔습니다. 주가가 내재가치 이하인 한에서, 우리는 여러 가지 이유에서 배당보다

주식 환매를 선호합니다. 첫째, 내재가치 이하 가격으로의 환매는 잔여 주식의 가치를 높입니다.[21]

둘째, 환매를 통해 주주들에게 자본을 분배하는 것은 주주들에게 지분을 판매하지 않기로 선택하여 세금을 유예할 수 있는 선택안을 줍니다. 배당은 주주에게 이런 식으로 세금을 미룰 선택안을 허용하지 않습니다. 마지막으로 환매를 통해 주주는 개인적인 상황과 크레디트 억셉턴스 주식의 가치에 대한 견해에 근거해서 지분을 늘리거나 현금으로 바꿀 수도 있고, 2가지 모두를 할 수도 있습니다. (환매를 통해 얻은 지분이 매도하는 주식의 비율보다 높다면 2가지 모두를 할 수도 있습니다.) 배당은 이와 같은 유연성을 허용하지 않습니다.

1999년 중반 자사주 매입 프로그램을 시작하고, 우리는 총 16억 달러의 비용에 약 334만 주를 매입했습니다. 2017년, 우리는 총 1억 2,350만 달러의 비용으로 약 61만 주를 매입했습니다. 때로는 우리가 초과 자본을 가지고 있으면서도 주식 매입에 적극적이지 않은 듯 보일 수도 있을 것입니다. 이런 상황은 여러 가지 이유에서 발생할 수 있습니다. 첫째, 자본 포지션에 대한 평가는 고도의 판단력을 요합니다. 우리는 미래에 예상되는 자본 수요와 이 자본의 이용가능성에 대해서 고려해야 합니다. 간단히 말해, 부채 비율이 보통의 추세선 아래로 떨어져도 그것이 반드시 우리가 초과 자본을 갖고 있다는 결론에 이른다는 의미는 아닙니다. 우리의 최우선 사항은 언제나 우리가 사업에 대한 자금을 조달하기에 충분한 자본을 가지고 있도록 하는 것이며 그런 평가는 항상 보수적인 가정을 사용해 이루어집니다.

둘째, 초과 자본을 가지고 있더라도 우리는 우리 주식이 내재가치에 비해 과대평가되거나 미래의 어느 시점에 더 낮은 가격으로 매수할 수 있다고 생각되는 수준에서 거래되고 있다는 결론을 내릴 수 있습니다. 내재가치의 평가 역시 고도의 판단력을 요구합니다. 다행스럽게 우리는 이사회에 톰 트리포스와 스콧 바살루초Scott Vassalluzzo라는 2명의 귀중한 구성원을 두고 있습니다. 두 사람은 주식 투자에 대한 뛰어난 경력을 가지고 있으며 우리 회사의 가치를 평가하는 일에 적격인 이들입니다. 제 전적은 그리 인상적이지 못합니다. 옹호하기에는 불가능한 여러 가지 이유에서 저는 종종 가격이 낮아질 때를 기다리자고 주장합니다. 여러 해 잘못된 판단을 한 저는 이 주제에 대해서는 톰과 스콧을 따라야 한다는 것을 배웠습니다.

우리가 환매에 적극적이지 못한 마지막 이유는 수년 동안 가장 많이 적용된 이유였습니다. 우리는 주가가 매력적이고 초과 자본도 보유하고 있으나, 아직 공개되지 않은 중요 정보를 가지고 있는 때가 많았습니다. 그런 기간에는 정보가 공개될 때까지 환매를 유예합니다.

따로 다른 의도를 밝히지 않는 한, 주주들은 우리가 이 부분에서 개술한 접근법을 따르고 있다고 생각하면 됩니다. 우리의 최우선 사항은 사업을 위한 자금조달이 될 것입니다. 초과 자본을 갖고 있다는 결론이 나오면 환매를 통해 그 자본을 주주들에게 되돌려드릴 것입니다. 한동안 소극적인 태도를 유지하더라도 우리가 주식이 과대평가되었다고 믿는다고 가정해서는 안 됩니다.

환매

다음은 크레디크 어셉턴스 서한 중에서 주식 환매에 관해 이야기한 부분을 선별한 것이다.

2007년 1999년 중반 주식 환매 프로그램을 시작한 이래, 우리는 총 3억 9,920만 달러의 비용으로 약 2,040만 주를 환매했습니다. 2007년에는 주가가 매력적이었지만, 우리의 환매 활동은 상당히 둔화되었습니다. 단위 매출량의 증가 속도가 빨라지면서 가용 자본을 핵심 사업에 투자하는 것이 더 낫다고 판단했기 때문입니다. 우리는 1999년 이래, 상당수의 주식을 환매했지만, 업계 기준에 비해 대단히 보수적인 부채 자본 비율을 계속해서 유지할 것입니다. 2007년 말 현재 우리의 부채 비율은 2.0대 1입니다.

2008년 우리는 올해 자사주를 매입하지 않았습니다. 앞서 언급했듯이, 자본 시장의 변화로 자본 공급이 부족했습니다. 대신 우리는 가용 자본을 모두 새로운 부채 자금조달에 이용했습니다. 우리가 지급한 주당 평균 가격은 현재의 내재가치 추정치보다 훨씬 낮지만, 돌이켜보면 우리가 이런 환매의 상당 부분에 사용된 자금을 보유하기로 했다면 주주에게 더 큰 이득이 되지 않았을까 하는 결론이 나옵니다.

우리는 환매의 혜택이 상당하다고 생각하지만, 신용 위기의 결과로 사실은 자본이 충분하지 않은 상태에서 초과 자본을 가지고 있다고 믿고 실수로 정책을 적용했습니다. 향후 일정 시점에 다시 환매하게 될 것입니다. 이윤은 주주들에게 배분되어야 하기 때문입니다. 우리는 미래의 자본 수요를 평가하는 데 훨씬 더 주의를 기울일 것입니다. 단기적으로 이윤은 우리의 부채 수준을 낮추는 데 사용할 것입니다.

크레디트 억셉턴스 코퍼레이션: GAAP 실적(1992~2017년)

	GAAP 주당 순이익 (희석)		GAAP 주당 순이익의 연간 변화(%)	자기 자본 수익률(%)
1992	$	0.20		24.1
1993	$	0.29	45.0	25.6
1994	$	0.49	69.0	31.5
1995	$	0.68	38.8	21.5
1996	$	0.89	30.9	18.7
1997	$	0.03	-96.6	0.6
1998	$	0.53	1,666.7	9.5
1999	$	(0.27)	-150.9	-3.9
2000	$	0.51	-	9.1
2001	$	0.57	11.8	9.1
2002	$	0.69	21.1	10.1
2003	$	0.57	-17.4	7.5
2004	$	1.40	145.6	18.4
2005	$	1.85	32.1	21.8
2006	$	1.66	-10.3	20.2
2007	$	1.76	6.0	23.1
2008	$	2.16	22.7	22.2
2009	$	4.62	113.9	35.6
2010	$	5.67	22.7	34.8
2011	$	7.07	24.7	40.0
2012	$	8.58	21.4	37.8
2013	$	10.54	22.8	38.0
2014	$	11.92	13.1	37.0
2015	$	14.28	19.8	35.4
2016	$	16.31	14.2	31.1
2017	$	24.04	47.4	36.9
연평균 성장률(%)			21.1	

참고: 자기 자본 수익률은 해당 기간의 GAAP 순수익을 같은 기간의 평균 주주 자본으로 나눈 값이다.

독립성을 보호하라

래리 페이지, 세르게이 브린
구글

회사 이름이 동사動詞로 편입되는 경험을 할 정도의 성공을 거둔 기업이 몇이나 될까? 구글은 이런 비범한 일을 해낸 기업이다. 수십억의 사람들이 정보를 '구글to Google'하기 위해 사용하는 이 검색 엔진은 2명의 기업가, 래리 페이지와 세르게이 브린이 설립했다.

그들은 뛰어난 사업 감각을 가진 것으로 널리 알려져 있다. 그 외에도 두 사람은 주주들과의 소통 방식에도 큰 관심을 두고 있다. 무엇보다 그들은 워런 버핏보다 나은 롤모델은 없다며, 그를 대단히 높이 평가했다. 2004년 IPO 등록 신고서의 일부인 그들의 첫 공개 주주 서한에는 주주들에게 전하는 '소유주 매뉴얼'이 포함되어 있다. 이 문서에는 다음과 같은 중요한 감사의 말이 담겨 있다. "대부분 버크셔 해서웨이 주주를 대상으로 하는 연례 보고서와 '소유주 매뉴얼'에 있는 워런 버핏의 글에서 영감을 받은 것입니다."

글에 대한 언급은 분명히 《나, 워런 버핏처럼 투자하라》를 이르는 것이다. 이 책은 버핏 서한의 원본이며 가장 중요한 출처이다. 여기 그 매뉴얼의 발췌문이 있다. 이들은 이익 유연화가 없고, 장기 프로젝트를 우선하며 분기별 실적에 집중하지 않고, 실적 전망을 제공하지 않으며 설립자를 넘어서는 관리 소유권을 비롯한 차등의결권 구조, 가치에 비례하는 합리적인 가격 설정 달성을 위한 IPO 과정을 강조한다.

구글 소유주 매뉴얼

구글은 전형적인 기업이 아닙니다. 구글의 지난 성공에서 가장 중요하며 구글의 미래에 가장 필수적이라고 여기는 독립성과 집중된 객관성은 일반적인 공유 구조에 의해 위태로워질 수 있습니다. 따라서 우리는 구글의 혁신 능력을 보호하고 구글의 가장 독특한 특성들을 유지하도록 설계된 기업 구조를 구현해왔습니다. 우리는 장기적으로 이것이 구글과 주주들에게 혜택으로 돌아가리라 확신합니다.

장기

비공개 기업으로서 우리는 장기에 집중해왔고 이는 우리에게 큰 도움이 되었습니다. 우리는 공개 기업으로서도 똑같이 할 것입니다. 외부 압력은 회사를 장기적인 가능성을 희생해 분기별 시장 전망을 충족시키게 하려는 유혹에 빠뜨리는 때가 너무 많다는 것이 우리의 의견입니다. 때로 이런 압력 때문에 기업들은 '분기별 실적을 만들기 위해' 재무 실적을 조작합니다. 워런 버핏의 말대로, "우리는 분기별 혹은 연도별 실적을 '유연화'하지 않을 것입니다. 본사에 올라온 고르지 못한 수익 수치는 그대로 여러분께도 전달될 것입니다".

단기 실적을 희생해서 주주의 장기적 이익을 최대화하는 기회가 생긴다면 우리는 그런 기회를 잡을 것입니다. 우리는 불굴의 용기로 이런 일을 해낼 것입니다. 주주 여러분께서도 장기적 관점을 가져주시기를 부탁드립니다.

어느 정도가 장기인지 묻고 싶은 분도 계실 것입니다. 보통 우리는 프로젝트가 1~2년 안에 이익을 실현하거나 진전을 보일 것으로 예상합니다. 그러나 우리는 가능한 한 멀리 보려고 노력합니다. 빠르게 변화하는 기업계와 기술계의 상황에도 불구하고, 우리는 지금 해야 할 일을 결정하기 위해 3~5년 앞의 시나리오를 예상하고자 합니다. 우리는 이런 다년간의 시나리오를 기반으로 총편익을 최적화하기 위해 노력합니다. 우리는 이런 전략을 강력히 옹호하지만, 기술에 있어서 다년간의 예측을 한다는 것은 쉬운 일이 아닙니다. 많은 기업이 분석가들의 전망에 수익을 맞춰야 하는 압력에 시달립니다. 따라서 그들은 종종 더 크고 예측 가능성이 낮은 수익보다는 더 작고 예측가능성이 높은 수익을 받아들입니다. 우리는 이것이 유해하다고 생각합니다. 그렇기에 그 반대 방향으로 나아갈 생각입니다.

우리의 장기적 관점에는 위험이 따릅니다. 시장은 장기적 가치를 평가하는 데 어려움이 있을 테고, 따라서 우리 회사의 가치를 낮출 가능성이 있습니다. 우리의 장기적인 관점은 불리한 사업 전략일 수도 있습니다. 경쟁업체들은 단기적인 전술에서 보상을 얻고, 그 결과 더 견실한 성장을 할 수 있을지도 모릅니다. 잠재 투자자인 당신은 우리의 장기적 관점에 따르는 위험을 고려해야 합니다.

우리는 회계에 대한 고려보다는 회사와 주주의 장기적인 안녕^{安寧}을 염두에 두고 사업적 결정을 내릴 것입니다. 회사의 장기적 추세에 대해 논의하겠지만, 전통적인 의미에서의 실적 전망을 낼 계획은 없습니다. 좁은 범위에서 분기별로 사업을 예측하는 것은 불가능합니다. 우리는 우리의 임무가 주주의 이익을 증가시키는 것이라고 생각하며 인위적으로 만드는 단기적인 목표 수치가 주주들에게 도움이 되지 않는다고 믿습니다. 우리는 그런 전망을 해달라고 요청받는 것을 좋아하지 않으며, 그런 요청을 받는다면 정중히 거절할 것입니다. 경영진이 일련의 단기 목표에 정신이 팔리는 것은 다이어터가 30분에 1번씩 체중계에 올라가는 것만큼이나 무의미한 일입니다.

우리는 장기적인 가치를 극대화하고자 하기에, 일부 새로운 프로젝트에서는 손실을 보고 다른 프로젝트에서는 수익을 얻으면서 분기별로 변동을 겪을 수 있습니다. 앞으로의 위험 수준과 주주에 대한 보상 수준을 더 정확히 정량화하고 싶지만, 그것은 대단히 어려운 일입니다. 위험이 큰 프로젝트에 활발하게 참여하고 있는 와중에도 우리 자원의 대부분을 우리의 주요 사업 (현재는 검색과 광고) 발전에 쏟을 것입니다. 대부분의 직원들은 자연스럽게 핵심 분야의 점진적 발전에 끌리기 때문에 이런 추세는 자연스럽게 이어질 것입니다.

차등의결권

우리는 장기적인 시간 지평에서 안정성을 염두에 두고 기업 구조를 만들어왔습니다. 우리는 구글이 중요하고 의미 있는 단체가 되기를 바랍니다. 여기에는 시간, 안정성, 독립성이 필요합니다. 우리는 통합과 적대적인 인수합병을 경험하고 있는 미디어와 기술 산업계를 함께 연결하고 있습니다.

공개 기업으로의 전환 과정에서 우리는 외부에서 구글을 인수합병하거나 구글에 영향을 미치기 어려운 기업 구조를 만들어왔습니다. 이 구조는 우리 경영진이 앞서 강조했던 장기적이고 혁신적인 접근법을 따르기 쉽도록 합니다. 이것은 A등급 보통주는 주당 하나의 의결권을 가지는 반면, 많은 기존 주주들이 보유하고 있는 B등급 보통주는 주당 10개의 의결권을 가지는 차등의결권 구조입니다.

이런 구조의 주된 효과는 구글의 주식이 주인을 바꿔가는 과정에서 창립자를 비롯한 경영진이 회사의 결정과 운명에 대해 가지는 통제력이 점점 커질 가능성이 높다는 것입니다. IPO 이후 내부자가 의결권의 60% 이상을 통제하고 있습니다. 새로운 투자자들은 구글의 장기적인 미래 경제 전망을 온전히 공유하겠지만, 의결권을 통해 전략적 결정에 영향을 줄 능력은 거의 없을 것입니다.

이런 구조는 기술 기업에는 흔치 않지만, 미디어 기업에서는 흔하며 대단한 중요성을 가지고 있습니다. 뉴욕타임스 컴퍼니The New York Times Company, 워싱턴 포스트 컴퍼니, 〈월스트리트저널〉의 발행사인 다우 존스Dow Jones 이 모두가 비슷한 차등의결권 구조를 갖고 있습니다. 미디어 분석가들은 차등의결권 제도를 통해 이들 기업이 분기별 실적의 변동에도 불구하고 진지한 뉴스 보도라는 핵심적이고 장기적인 관심사에 집중할 수 있다고 지적해왔습니다. 버크셔 해서웨이도 비슷한 이유에서 차등의결권 구조를 구현하고 있습니다. 회사의 핵심 가치를 발전시킨다는 장기적인 성공의 관점에서, 우리는 이 구조가 명백한 강점이었다고 생각합니다.

일부 학술 연구들은 순수한 경제적 관점에서 차등의결권 구조가 회사의 주가에 부정적인 영향을 주지 않았다는 것을 보여줍니다. 그러나 이 구조가 주가에 부정적 영향을 주었다는 결론을 내린 연구들도 있고, 구글의 경우에는 그렇지 않을 것이라고 장담할 수도 없습니다. 각 등급의 주식은 동일한 경제적 권리를 가지고 있으며 오로지 의결권에서만 차이가 있습니다.

구글은 비공개 기업으로서 번창해왔습니다. 우리는 차등의결권 구조가 공개 기업인 구글로 하여금 비공개 기업의 긍정적인 측면들을 유지해줄 것이라고 믿습니다. 우리는 일부 투자자들이 차등의결권 구조를 좋아하지 않는다는 것을 알고 있습니다. 이 구조가 구글 주주 전체가 아닌 내부자들에게만 이익이 되는 조치를 취할 것이라고 보는 사람들도 있을 것입니다. 우리는 이런 견해에 대해 깊이 생각해보았으며, 우리와 이사회는 신중한 숙고를 거쳐 결정을 내렸습니다. 우리는 구글에 관련된 모든 사람이 (새로운 투자자들 비롯해) 이 구조에서 혜택을 얻을 것이라 확신합니다. 하지만 여러분은 구글과 주주가 이런 의도된 혜택이 실현되는 것을 보지 못할 수도 있다는 점을 반드시 인식해야 합니다.

경매 IPO

소규모 투자자나 대규모 투자자 모두를 포괄할 수 있는 공정한 IPO 과정을 만드는 것은 우리에게 중요한 일입니다. 구글과 기존 주주들을 위해 좋은 결과를 달성하는 것 역시 중요한 문제입니다. 따라서 우리는 전체 공모에 경매 방식 IPO를 도입하기로 했습니다. 우리 목표는 사업과 주식 시장의 변화를 기반으로 합리적으로 움직이는 구글의 효율적인 시장가치 평가를 반영하는 주가를 만드는 것입니다.

기업을 공개하는 많은 회사들이 장기적으로 회사와 주주들에게 피해를 주는 지나친 투기, 초기의 소규모 일반 상장, 주가의 변동성으로 인해 애를 먹습니다. 우리는 경매 방식의 IPO가 이런 문제들을 최소화해주리라고 믿지만 확실히 그렇게 되리라는 보장은 없습니다.

경매는 미국 IPO에서는 드문 방식입니다. 경매 방식 광고 시스템에 대한 우리의 경험이 IPO 경매 방식의 설계에 유용했습니다. 주식 시장에서와 마찬가지로, 사람들이 가능한 물량보다 많은 주식에 입찰하고 높은 가격을 부르면, IPO 가격은 높아질 것입니다. 물론 입찰자가 많지 않거나 사람들이 낮은 가격을 부르면, IPO 가격은 낮아질 것입니다. 간단하게 말한 것이지만 기본적인 내용은 여기에 다 있습니다.

우리의 목표는 IPO와 증권 발행 후의 시장에서 효율적인 시장가격을 반영하는 주가, 다시 말해 충분한 정보를 기반으로 합리적인 판단을 하는 매수자와 매도자에 의해 형성되는 가격을 만드는 것입니다. 우리는 IPO 이후에도 비교적 안정적인 가격을 달성하고, 매수자와 매도자가 IPO에서 효율적인 시장가격을 얻기를 바랍니다. 우리는 이런 결과를 얻기 위해 노력할 것이지만 물론 성공적이지 않을 수도 있습니다. 비교적 안정적인 시장가격을 달성하겠다는 우리의 목표로 구글이 언더라이터들과 함께 IPO 가격을 경매 청구 금액^{clearing price}(예 정된 물량이 소화될 수 있는 최저 가격-옮긴이) 이하로 정하는 결과가 빚어질 수도 있습니다.

우리는 IPO와 그 이후에 투자자들의 수요에 부합하는 충분한 물량을 공급하기 위해 노력하고 있습니다. 우리는 기존 주주들에게 기업공개의 일환으로 그들의 주식 일부에 대한 매도를 고려해달라고 권하고 있습니다. 이들 주식은 회사가 내놓는 주식을 보충해서 투자자들에게 좀 더 많은 물량을 공급하고, 이상적으로라면 더 안정적인 가격을 만드는 데 도움을 줄 것입니다.

우리는 여러분이 장기적인 투자를 하고 구글의 IPO 직후 단기 차익을 노리고 주식을 매도하지 않기를 바랍니다. 우리는 투자자들에게 장기적인 관점에서 지속가능한 가격이 아니라면 IPO나 그 직후 구글에 투자하지 말기를 권하고 있습니다. 장기적으로는 구글 주식의 거래가격이 하락할 수도 있습니다.

11

주인 의식을 고취하라

조 만수에토, 쿠날 카푸르
모닝스타

투 자자 정보의 원천인 모닝스타를 투자자처럼 생각하는 경영진
이 이끄는 것은 무척이나 적절하고 합당한 일이다. 헨리 데이
비드 소로의 《월든》에서 영감을 받은 이름을 가진 모닝스타는 뮤추
얼 펀드 책자 하나로 1984년 시작되었다. 2005년 IPO에서 2016년
까지 조 만수에토가 걸출한 주주 서한을 썼고, 이후 기업 경영의 바
톤과 주주 서한 작성의 전통은 그의 승계자 쿠날 카푸르^{Kunal Kapoor}에게
넘겨졌다.

만수에토의 서한에는 연간 주요 재무 실적과 함께 각 사업 부문에
대한 연례 분석(데이터, 연구, 투자 관리와 자문가, 기관, 개인, 소프트웨어)이 담

겨 있다.[22] 주요 인수 및 다각화에 대한 요약과 핵심 경영진과 이사회의 변화, 회사 직원과 현장 업무에 대한 칭찬도 포함되어 있다. 대부분의 서한에는 자본 배분, 해자, 전략에 대한 부분이 있다.

2013년 서한은 26만 명 금융 자문가, 1,500만 자산운용사, 23만 7,000의 연기금과 26개 연금 기관을 비롯한 2,400만 연금 제도 참여자, 930만 개인 투자자 등 규모에 따른 전 세계 고객 기반을 소개하고 있다. 모든 서한들은 5월 시카고의 회사 사옥에서 개최되는 연례 주주총회에 대한 초대로 마무리된다. 2006년 50명, 2009년 75명, 2010년 100명과 같이 종종 참석자 수를 표시하기도 한다.

2010년의 주주총회 초대글에는 "여러 경영진의 프레젠테이션과 대단히 개방적인 질의응답 시간이 포함될 것입니다."라고 적혀 있다. 2011년의 초대글에는 "CFO와 제가 간단한 프레젠테이션을 한 뒤 고위 경영진과의 질의응답 시간을 가질 것입니다.", 2012년의 초대글에는 "회의는 보통 2시간이 걸립니다. 그 시간을 유익하게 만들기 위해 최선을 다할 것입니다.", 2015년의 공고에는 "간단한 경영진 프레젠테이션과 긴 질의응답 시간이 있는 유익한 행사입니다."라는 문구가 실려 있다.

2005년
회사 연혁

이것은 공개 기업으로서의 첫 주주 서한입니다. 모닝스타의 새로운 주주가 된 여러분을 환영합니다. 우리 회사의 주인이 되겠다는 여러분의 결정과 그것이 드러내는 우리 회사에 대한 낙관적 전망에 감사드립니다. 우리는 우리 투자자들과 장기적인 파트너십을 구축하길 희망하며 여러분을 모닝스타의 주주로 오랫동안 모시기를 바랍니다.

이 서한에서 저는 2005년 실적을 검토하고, 2006년의 핵심 사항들을 강조하며 우리가 회사를 경영하는 방식에 대한 식견을 드리고자 합니다. 또한 저는 여러분과의 커뮤니케이션에서 솔직한 태도를 지키기 위해 노력할 것입니다. 우리는 여러분을 주인으로 대하고 우리 회사에 대한 현실적인 평가를 전달할 것입니다. 그 목표를 위해 저는 과거 우리 직원과 이사회 구성원들을 대상으로 연례 서한을 썼던 것과 아주 흡사한 방식으로 이 서한을 썼습니다.

해자와 비즈니스 모델

사업을 평가하기 위해서는 비즈니스 모델, 즉 회사가 어떻게 돈을 벌고 성장하는지를 이해하는 것이 중요합니다. 모닝스타는 주식, 뮤추얼 펀드, 변액 연금 등에 초점을 맞춘 다양한 투자 데이터베이스를 제공합니다. 그리고 여기에 리서치, 기술, 디자인의 핵심 기술(우리가 데이터에 부가하는 가치)을 적용합니다. 이 두 요소는 우리의 고정 투자에 해당합니다.

우리 회사의 경우 고정비가 높지만 변동비는 대단히 낮습니다. 이는 규모가 중요하다는 의미입니다. 정보 사업에서는 규모가 클수록 좋습니다. 발전소를 짓는 것과 비슷합니다. 건설비용이 많이 들지만, 일단 지어놓으면 집을 추가로 연결하는 비용은 거의 들지 않습니다. 우리는 우리만의 발전소를 지어왔고 이제는 새로운 고객을 유치해

규모를 더 늘리는 데 집중하고 있습니다.

우리는 가능한 고정 투자를 잘 활용하여 규모를 늘리기 위해 노력하고 있습니다. 우리가 이 일을 하는 방식은 3가지입니다. 첫째, 미디어를 통해서(인쇄, 데스크톱 소프트웨어, 웹 기반 상품 제작), 둘째, 청중을 통해서(개인, 금융 자문가, 기관들에 대한 판매), 셋째, 지역을 통해서(전 세계적인 제품과 서비스 판매)입니다.

규모를 늘릴수록, 우리 데이터베이스와 핵심 기술에 더 많은 재투자를 할 수 있습니다. 이로써 우리 제품의 가치는 더욱 높아지며 이것이 더 많은 클라이언트를 유인하고, 이것은 다시 더 많은 재투자를 가능케 해서 보강효과를 낼 것입니다. 이것이 지난 20년 동안 우리가 사용해온 전술입니다.

그 결과 우리는 경쟁 우위를 달성했고, 고객들에게 더 가치 있는 상품을 제공하게 되었습니다. 우리가 개인 투자자 시장만을 상대했다면, 지금과 같이 뮤추얼 펀드와 주식을 깊이 다룰 수 없었을 것입니다. 하지만 자문가들과 기관까지 상대함으로써 우리는 더 풍성한 콘텐츠로 세 종류의 청중 모두에게 혜택을 드릴 수 있게 되었습니다 (한 종류의 청중이 다른 두 청중을 지원하는 데 매우 큰 도움을 줍니다).

해자와 전략

기업의 비즈니스 모델을 이해하는 것 외에 '경제적 해자'를 이해하는 것도 중요합니다. 워런 버핏으로부터 차용한 이 용어는 회사의 지속가능한 경쟁 우위를 묘사합니다. 회사라는 성을 보호하는 장애물을 말하는 것이죠. 이것은 모든 기업 분석에 유용한 구성물입니다. 우리 주식 리서치의 핵심 원리이며 모닝스타 경영에 대한 사고의 지침이기도 합니다.

우리는 우리 회사에 넓은 해자가 있다고 생각합니다. 즉, 다른 기업들이 우리와의 경쟁을 어렵게 느끼도록 하는 지속가능한 장점을 가지고 있다고 생각합니다. 우리 해자의 핵심 요소는 우리의 브랜드와 평판, 복제하기 힘든 데이터베이스, 특유의 투자 리서치 도구들(스타 레이팅star rating과 스타일 박스style box를 생각해보십시오), 그리고 충성스러운 고객 기반입니다. 우리는 우리의 해자를 넓히고 높은 수익을 올릴 좋은 투자 기회를 계속해서 찾아나갈 것입니다.

최근의 상장에서 우리는 4가지 성장 전략을 설명했습니다. 인터넷 플랫폼들을 구축하고, 추가적인 투자자 요구에 부합하기 위해 서비스 범위를 확장하며 국제적으로 사업을 확대하고, 전략적 인수를 통한 성장을 추구하는 것입니다. IPO 이후 우리는 전략적 인수를 핵심 성장 전략에서 제외했습니다. 우리의 다른 목표를 지원하는 때에만 인수할 것으로 예상되기 때문입니다.

내실 추구

2005년 말 현재, 우리 애널리스트들은 1,700개 이상의 주식을 다루고 있습니다. 2004년 말의 1,500개와 2003년 말의 500개에 비교되는 수치입니다. 현재 우리의 검토 목록에는 시가 총액을 기반으로 S&P 500 종목의 99%가 포함되어 있습니다. 우리는 애널리스트의 연구를 지원하는 데 가장 많은 투자를 해왔으며, 2004년에는 미국 내 주식 애널리스트가 70명이었던데 비해 현재는 약 90명을 보유하고 있습니다. 우리의 증권 리서치를 읽어본 적이 없다면, 한번 시도해보시기를 권합니다. 분명 깊은 인상을 받게 되실 겁니다.

우리는 우리가 예상하는 내재가치에 비해 할인된 가격에 거래되는 주식을 찾으며 구축하려는 유형의 경제적 해자를 보유한 회사를 찾습니다. 우리의 모든 애널리스트들은 같은 방법론을 사용합니다. 가치 기반의 일관된 방법론과 넓은 범위의 결합이 설득력 있는 증권 리서치 자료를 만들어냅니다. 우리는 증권 애널리스트들에게 큰 투자를 해왔기 때문에, 우리에게 핵심적인 과제는 우리의 리서치 결과를 국내외 새로운 클라이언트에게 판매함으로써 그 투자를 활용하는 것입니다.

인수

우리는 미래에 더 많은 인수를 할 수 있기를 희망합니다. 우리는 투자 데이터베이스와 소프트웨어 애플리케이션을 어떻게 만드는지 알기 때문에, 우리에게 대부분의 인수 결정은 사느냐 혹은 만드느냐 사이의 결정입니다. 인수를 통해서 가려는 곳에 더 빨리 다다를 수 있다면, 우리는 인수를 고려할 것입니다. 저는 은행 계정에서 낮은 수익을 올리는 것보다 매력적인 인수를 통해서 자금을 활용하는 편을 훨씬 좋아합니다.

어떤 인수에서든 우리는 문화적 궁합이 좋고, 강력한 제품을 가지고 있으며 가격이 적절한 기업을 찾습니다. 우리는 인수에 있어서 기회주의적입니다. 반드시 해야 하는 인수는 없습니다. 다만 적절한 인수 대상을 발견하면 그것은 사업을 확장하는 현명한 방법이 될 수 있습니다. 우리 회사는 상당한 현금 흐름을 창출하며, 우리의 미래 수익은 우리가 이 자본을 얼마나 효율적으로 배치하느냐에 좌우될 것이기 때문입니다. 내부 확장 기회에 인수 기회가 더해지면 현금 흐름을 활용할 투자 가능성이 늘어납니다. 우리가 인수로 관심을 가지는 분야는 국제 증권 데이터, 고정 수익 데이터, 리스트 분석입니다.

내부 지분

2006년부터 우리는 인센티브 보상을 위해 양도제한부 주식 발행을 시작했습니다. 양도제한부 주식은 수령인이 연금 수령권 기간을 (우리의 경우 4년) 충족시킨 후에 주식을 발행하겠다는 합의입니다. 양도제한부 주식에는 여러 가지 장점이 있습니다. 첫째, 우리는 주식 기반 보상에 가치 기반 접근법을 사용합니다. 이는 우리의 목표가 교부 시점에 특정한 가치를 가지는 증권 기반의 보상을 제공하는 것이란 뜻입니다. 스톡옵션과 달리, 양도제한부 주식은 그 가치를 간단하게 측정할 수 있습니다.

둘째, 어떤 경우에도 가치를 유지한다는 것입니다. 주가가 내려가도 양도제한부 주식 교부는 가치를 가집니다. 스톡옵션의 경우에 주가가 행사가보다 떨어지면, 옵션은 인센티브로서의 가치를 잃으며 오히려 직원의 사기를 떨어뜨릴 수 있습니다. 기업들이 언더워터 옵션underwater option(행사가가 주가보다 높은 옵션 - 옮긴이)을 취소하고 기본 주가에 새로운 옵션을 발행하는 회사들이 눈에 띄는 이유도 여기에 있습니다(우리는 이런 방법을 신뢰하지 않으며 이렇게 한 적도 없습니다).

모닝스타의 거의 모든 직원은 옵션이나 주식을 통해 우리 회사에 지분을 갖고 있습니다. 이는 최고의 인재를 영입하고 보유하며 강력한 인센티브를 제공하는 데 도움을 줍니다. 가장 중요한 것은 이로써 직원들이 주인처럼 생각하게 된다는 점입니다. 자신들이 바로 회사의 주인이기 때문입니다.

개인적으로, 올해 말부터 저는 자산의 다각화를 위해서 정기적으로 제 주식의 일부를 매도할 계획입니다. 저는 회사를 설립한 이래로 모닝스타의 주식을 매도해본 적이 없습니다. 그렇기에 이 결정에 대해서 여러 가지 감정을 느낍니다. 이것이 회사에 대한 자신감이 떨어졌다는 신호로 읽히지 않도록 제가 자산의 95%를 모닝스타 주식으로 가지고 있다는 것도 말씀드리겠습니다. 우리 이사 한 명이 지적했듯이, 저는 시가 10억 달러가 넘는 공개 기업의 지분 70% 이상을 보유하고 있는, 이 나라에서 몇 안 되는 사람 중 한 명입니다. 이것은 극단적인 상황입니다. 따라서 우리가 늘 투자자들께 말씀드리듯, 다각화가 현명한 판단입니다.

제 계획은 매 분기 제 주식의 1%씩, 연간 약 4%를 매도하는 정기 매도 프로그램(소위 10b5-1)을 이행하는 것입니다. 이런 수준의 매도라면, 모닝스타 주식의 평가액이 매년 4% 이상 성장한다는 전제에서, 제 지분의 가치는 계속 올라갈 것입니다. 저는 매년 이 계획의 타당성을 검토할 것입니다. 제 투자는 계속될 것이며 제 주의를 집중할 충분한 이유가 될 것입니다. 하지만 여러분께 제 의도를 미리 알려드리고 싶습니다.

여러분은 다른 모닝스타 경영진이 가끔 주식을 매도하는 것을 보게 될 것입니다. 우리는 20년 동안 비공개 기업이었기 때문에 우리 직원들은 주식을 매도할 기회가 거의 없었습니다. 결과적으로 많은 직원들이 대단히 높은 비율의 자산을 우리 주식으로 보유하고 있습니다. 따라서 우리에게는 다각화에 대한 억눌린 욕구가 있을 수도 있습니다.

내부자 매도의 장점 중 하나는 이것이 모닝스타 주식의 유동성을 높인다는 데 있습니다. 우리의 '플로트float(시장에서 자유롭게 거래되는 주식의 비율-옮긴이)'는 약 20%에 불과합니다. 우리는 잦은 거래를 옹호하지는 않지만, 플로트의 증가로 주주들이 원할 때 우리 주식을 더 쉽게 거래할 수 있게 될 것입니다. 그 밖에 IPO 기간에 여러 대형 기관은 우리가 의미 있는 포지션을 구축할 수 있어야만 우리 주식을 매수하겠다고 이야기했습니다. 시장에 더 많은 주식이 있다는 것은 포지션 구축에도 도움이 될 것입니다.

경매 IPO

우리는 지난해 경매식 공모를 통해서 상장했습니다. 이런 접근법을 사용한 기업은 많지 않습니다(가장 잘 알려진 곳은 구글입니다). 경매식 IPO에는 공정하고 투명한 가격 설정, 낮은 비용, 모든 참가자의 동등한 접근권 등 여러 가지 장점이 있습니다. 이론이 현실에 잘 부합했고 공모가 성공적이었다고 말씀드릴 수 있어 기쁩니다. 그 과정에서 우리는 경매 IPO 방식의 열렬한 지지자가 되었습니다.

전형적인 공모에서는 언더라이터가 가격 설정을 통제합니다. 하지만 언더라이터는 상충되는 입장에 있습니다. 발행자의 니즈와 IPO 주식의 주된 매수인인 대형 기관 중개 클라이언트의 수요 사이에서 균형을 맞춰야 하기 때문입니다. 그렇기에 언더라이팅 업체의 주요 중개 클라이언트가 가격이 낮은 주식을 분배받는 혜택을 누리게 됩니다. 경매 과정에서는 가격 설정이 대단히 간단하게 이루어집니다. 언더라이터는 입찰가에 따라 주문의 순서를 정하고 수요 곡선을 만듭니다. 매수 주문 수와 회사가 매도하고자 하는 주식의 수가 만나는 지점을 경매 청구 금액이라고 합니다. 성공한 모든 입찰자는 이 가격을 지불합니다(우리는 총 10분이 소요된 가격 설정 회의를 마치고 저녁 식사를 하러 갔습니다).

비용도 저렴합니다. 전형적인 공모에서 언더라이터는 발행자에게 공모가의 7%를 수수료로 청구합니다. 우리의 경우 2%를 지불했습니다. 1억 4,000만 달러 규모의 공모에서 700만 달러를 절약한 것입니다. 모든 참가자에게 주식에 대한 동등한 접근권을 제공한 것 또한 우리에게는 중요한 의미를 갖습니다. 경매식 IPO에서는 특혜를 누리는 클라이언트가 존재하지 않으며 모두가 총 수요와 공모주 수효 사이의 관계를 기반으로 동등한 분배를 받습니다.

WR 햄브레흐트+컴퍼니[WR Hambrecht+Co]가 우리의 공모를 담당해 훌륭히 임무를 완수했습니다. 기업 상장을 생각하신다면, 경매 방식을 고려해 빌 햄브레흐트[Bill Hambrecht]에게 연락해보실 것을 권합니다. 세상은 낮은 비용, 투명성, 동등한 접근권이란 특징을 가진 경매를 선호하는 방향으로 움직이고 있습니다. 경매가 많을수록 그 과정이 더 원활해지고 더 많은 투자자와 발행자가 혜택을 보게 될 것입니다.

내실 추구

IPO 과정을 시작하기에 앞서, 우리는 공개 기업인 회사를 어떻게 운영하고 싶은지에 대해 깊이 생각했습니다. 무엇보다 우리는 비공개 기업인 우리를 성공으로 이끌었던 자질을 보전하고 싶었습니다. 이는 상품의 수준에서 투자자들을 위해 옳은 일을 하는 데 집중하는 것을 의미합니다. 이것은 주주들에게 장기적인 가치를 높여주는 일이 될 것입니다. 우리는 단기적인 실적에 집착하거나 월가의 비위를 맞추는 데 시간을 보내는 등 공개 기업들이 빠지는 함정을 피하고자 했습니다. 주주들에게 적절한 기대를 설정하는 것도 중요합니다. 그렇기에 우리는 기업공개를 위한 홍보 행사에서도 잠재 주주들에게 이런 비전형적 접근법을 전달하고자 노력했습니다.

지침 없음

여러분은 우리가 공개 기업들의 표준과 다른 일을 한다는 것을 눈치 채셨을 것입니다. 우리는 실적 전망을 발표하지 않으며 투자자나 잠재 주주들과의 회의나 일대일 만남은 하지 않습니다. 시장은 우리가 실제 실적을 발표하면 회사의 가치를 조정할 것이기 때문에 수익 지표는 불필요해 보입니다. 동시에, 수익 지표는 기업 운영에서 미심쩍은 인센티브를 창출할 가능성을 갖고 있습니다. 우리는 경영진이 '수치를 조작'하고 장기적으로 주주 가치를 높이는 데 도움이 되지 않는 결정을 하도록 조장하고 싶지 않습니다.

경영진은 주주들의 질문에 대해서 일대일로 답하는 일보다는 사업을 구축하는 데 시간을 쏟는 것이 훨씬 더 효율적으로 보입니다.

저는 질문에 대한 답을 문서로 작성해 모든 주주가 동시에 볼 수 있도록 하는 편을 선호합니다. 이런 접근법은 사전 준비 없이 즉흥적으로 그리 유익하지 못한 답을 내놓는 방법보다 반응에 대해서 고려하는 시간을 더 많이 가질 수 있게 합니다. 우리는 경영진과 만날 수 있기를 바라는 잠재 투자자들이 계신다는 것을 알고 있습니다. 하지만 장기적으로 주주에게 궁극적인 행복을 드리는 일은 경영진과 보내는 시간이 아니라 주식의 가치가 높아지는 것을 볼 수 있도록 만드는 일입니다.

그리고 그것이 우리가 주의를 집중하는 부분입니다. 그러나 우리는 여러분과의 소통에서 솔직한 입장을 취하길 원하며 여러분께 우리 사업에 대한 온전한 정보를 지속적으로 전달하고 싶습니다. 질문이 있다면 물어주십시오. 이메일이나 편지를 보내주십시오. 매달 첫 번째 금요일, 시장이 마감된 후에 모든 질문에 답해드릴 것입니다. 마지막으로, 우리 연례 주주총회에 참석해서 직접 어떤 질문이든지 해주시길 부탁드립니다. 그 자리에서 뵙겠습니다.

2006년

우리는 독특한 상품을 제공합니다. 소액 투자자이든 저명한 금융업자이든 써본 사람들은 모두 만족했습니다. 저는 이 시대 최고의 투자자 중 한 명인 존 템플턴 경으로부터 편지를 받았습니다. 우리의 증권 리서치의 질이 "최고"라는 내용이었습니다. 우리가 옳은 일을 하고 있다는 것을 보여주는 피드백이었습니다.

투자

우리는 자산 흐름을 모니터해서 업계의 변화를 파악하고 우리 데이터베이스 투자 결정에 정보를 제공합니다. 몇 가지 귀띔해드릴 것이 있습니다. 첫째, 성장은 둔화되었지만 뮤추얼 펀드는 여전히 선두에 있습니다. 미국 뮤추얼 펀드 자산은 지난해 100조를 넘었습니다. 다른 어떤 관리 상품보다 큰 규모입니다. 둘째, 헤지펀드는 두 번째로 큰 자산 등급이며 계속 성장하고 있습니다. 셋째, 상장지수펀드 Exchanged-Traded Fund, ETF는 비교적 규모가 작지만 가장 높은 성장률을 기록하고 있습니다.

관리형 상품이 큰 자산 기반을 가지며 계속 성장하는 데에는 몇 가지 이유가 있습니다. 관리형 상품은 많은 사람들에게 최선의 대안입니다. 당신이 투자 리서치를 즐기고 시간이 많다면, 얼마든지 직접 투자할 수 있습니다(우리는 당신에게 도움이 되는 여러 가지 도구들을 공급할 수 있습니다). 하지만 대부분이 다른 사람을 고용해서 세금 신고를 하고 엔진 오일을 갈 듯이, 투자에 대한 관리도 타인에게 위임하기를 원합니다.

이치에 맞고 타당한 일입니다. 패시브 인덱스 펀드에 투자하면 자산 100달러당 연간 수수료를 10센트만 내면 됩니다. 적극적인 관리를 위해 좀 더 많은 비용을 낸다면 레그 메이슨Legg Mason의 빌 밀러 Bill Miller, 오크마크Oakmark의 빌 니그렌Bill Nygren, 롱리프 파트너스Longleaf Partners의 팀과 같은 최고의 관리자들을 고용할 수 있습니다. 이런 뛰어난 관리자들에게도 자산 100달러당 약 1달러 정도만을 지급하면 됩니다. 해외 투자와 고정 수입 포트폴리오에도 비슷한 인재들을 고용할 수 있습니다. 좋은 관리형 상품은 투자자에게 매우 큰 가치를 선사합니다.

인수

우리는 계속 인수를 하고 있지만 서두르지는 않습니다. 우리는 우리의 목표에 부합하며, 우리가 좋아하는 사람들이 있고, 가격이 적절한 기업을 찾을 때만 인수를 추진합니다. 우리의 분권적 조직 구조의 장점은 전 세계에 있는 사업 부문의 경영자들로부터 발현되는 아이디어들입니다. 우리는 그들에게 지역의 핵심 기업들과 관계를 키우기를 요청했습니다. 이것이 사업상의 관계로, 때로는 매수로 이어집니다.

평판

어떤 기업에나 위험이 있고 당연히 우리에게도 그 몫이 있습니다. 제출된 10-K에서 완벽한 위험 목록을 확인할 수 있겠지만, 주요 리스크로 평판 리스크(우리가 독립적이지 않다는 인식), 품질 관리(좋지 못한 데이터나 투자 조언으로 이어지는 실수), 통합(인수 문제), 시장 리스크(장기화된 침체로 인한 사업 피해)가 있습니다.

겁을 주려는 것은 아닙니다만, 우리가 이런 리스크들에 (경쟁업체들역시 직면하고 있는) 대해 인식하고 있으며 이를 최소화하기 위해 노력하고 있다는 점을 여러분께 알리고 싶습니다. 우리는 여러분의 모닝스타 자산을 늘리는 책임뿐 아니라 그것을 보호하는 책임도 지고 있습니다.

제가 가장 많이 생각하는 것은 평판 리스크입니다. 우리의 평판과 모닝스타 브랜드는 우리의 가장 귀중한 자산입니다. 혁신적인 투자 서비스와 새로운 기술 세상에서 우리는 이해관계의 충돌이 우리의 일에 영향을 준다는 인식마저도 피해야만 합니다. 우리는 우리의 애널리스트들이 독립적으로 행동하도록 보장하는 정책과 절차를 두고 있으며, 다행스럽게도 이러한 독립성이 우리의 DNA에 내포된 문화를 갖고 있습니다. 우리의 리서치를 몇 분만 읽어보셔도 우리가 의미하는 바가 무엇인지 알게 되실 것입니다.

그 외에도 우리가 언제나 투자자에게 가장 이익이 되는 행동을 하고 있는지 자문합니다. 이 간단한 질문은 어수선함과 애매함을 헤쳐나가는 길이 됩니다. 프로젝트나 고객이 우리와 맞지 않는다는 생각이 들 때면 우리는 사업을 거절합니다. 리서치의 진실성은 우리 기업 문화의 핵심적인 부분이며 우리는 그것을 확실히 유지하고자 합니다.

종업원 지주제

우리는 자본을 귀중한 자원으로 보며 그 사용을 최소화하기 위해 노력합니다. 그 예외는 직원들에게 제공하는 주식 인센티브입니다. 이로써 직원들은 장기 소유주처럼 생각하고 자신들의 이해관계를 주주들의 이해관계와 일치시키게 됩니다. 저는 이것이 좋은 투자라고 생각합니다. 우리는 2006년부터 인센티브 제도를 스톡옵션에서 제한부 주식으로 전환했습니다. 이로써 미래의 희석 future dilution 을 최소화하는 한편으로 여전히 직원에게 주식 인센티브를 제공할 수 있게 될 것입니다.

2007년 우리는 직원들에게 1,300만 달러의 주식 인센티브를 제공했습니다. 이는 우리가 평균 발행주의 약 0.5%에 해당하는 약 25만 주에 대한 양도제한부 주식을 발행했다는 의미입니다. 시간이 가면서 인수에 주식을 사용하지 않고 주가가 안정되면, 우리 주식수의 증가세는 누그러질 것입니다. 현재는 주로 직원들이 이전에 주어진 스톡옵션을 행사하면서 주식수의 증가율이 높아졌습니다.

개인 투자자 사업

제가 개인 부문을 가장 마지막에 이야기하는 것은 중요성이 가장 낮기 때문이 아닙니다. 투자자에게 봉사한다는 것이 우리의 사명이며 현재 우리가 직접 거래하는 고객은 기관이나 금융 자문가일지라도 그것은 궁극적으로 개인 투자자들이 더 나은 결정을 하도록 돕고 있는 것입니다. 모닝스타의 유산, 우리 문화의 핵심은 개인 투자자의 성공을 돕는 것입니다.

개인 투자자들을 위한 상품은 우리 브랜드 구축에서 중요한 역할을 합니다. 저널리스트들은 정기적으로 우리 리서치 애널리스트들에게 논평을 요청합니다. 이는 우리의 평판을 강화하고 확대하는 데 도움을 줍니다. 우리 분석에서 흘러나오는 신뢰성은 우리의 다른 상품을 성공하도록 만드는 데 큰 역할을 합니다. 우리는 이 사업 부문이 우리에게 가장 큰 이윤을 가져다주기를 기대하지 않습니다.

우리의 개인 투자자 사업에는 뉴스레터와 책(주로 미국과 오스트레일리아 고객들에게 제공되는)도 포함됩니다. 미국의 경우 이 사업 부문은

2007년 완만한 성장세를 보였습니다. 인쇄물은 성장이 두드러지는 매체가 아닌데도, 우리의 출판물들은 수익성이 있으며 새로운 투자자에게 접근하는 데 도움을 줍니다. 2008년 초, 우리는 우리의 뉴스레터 〈배당투자자DividendInvestor〉 편집자인 조쉬 피터스Josh Peters의 《궁극의 배당 전술The Ultimate Dividend Playbook》과 우리 자산 리서치 책임자인 팻 도시Pat Dorsey의 《경제적 해자》를 출간했습니다.

──── 2008년 ────
레버리지

2008년이 준 가장 큰 교훈은 건전한 재무 구조의 중요성입니다. 1930년대의 대공황을 거친 후, 일절 빚을 지지 않는 사람들처럼 지금의 금융 위기를 거친 관리자들은 부채, 특히 높은 수준의 부채에 대한 욕구를 덜 느낄 것입니다. 훌륭하지만 대차대조표가 형편없는 기업은 문제에 부딪힐 수 있습니다. 지난해, 신용 시장(은행 부채, 채권, 어음 시장)이 사실상 문을 닫은 시기가 있었습니다.

 기업 경영자들은 채권 시장은 언제나 접근할 수 있는 곳이라고 생각했습니다. 이것이 사실이 아닌 상황은 누구도 상상하지 못했습니다. (예측 불가능한) '블랙스완' 하나가 회사를 파산시킬 수 있습니다. 벤 그레이엄이 말한 '안전한계' 원칙의 중요성을 일깨우게 하는 일이었습니다. 미래에 대한 현명한 추정은 얼마든지 할 수는 있습니다. 하지만 예측은 쉽게 빗나갑니다. 그리고 당신이 모델 속에서 상상했던 것보다 훨씬 상황을 악화시키는 불가사의한 일들이 생깁니다. 당신의 회사가 살아남기를 바란다면 '블랙스완'에 대비해야 합니다.

빚이 없다면 기분이 좋을 것은 분명하지만, 우리가 결코 돈을 빌려 쓰지 않을 것이라고는 말할 수 없습니다. 돈을 빌려야 할 때라면 그 양은 많지 않을 것이고, 우리는 그 자금을 매우 중요한 기회를 이용하는 데 사용할 것입니다. 우리는 이미 성공적으로 기업을 운영하고 있고, 우리의 자금 구조를 한계점까지 내몰 필요는 없습니다. 저는 모닝스타를 구식으로 운영하고 싶습니다. 우리의 수입 안에서 생활하고, 현금 흐름을 이용해 회사를 사거나 유기적 확장을 꾀하거나 어쩌면 결국에는 배당을 지급하거나 주식을 환매하는 식으로 말입니다.

우리는 모닝스타가 오랫동안 살아남고 번영하도록 만들고 싶습니다. 대부분의 사람들이 그렇듯이, 저는 지난해 잘 알려진 대기업들이 갑자기 사라지는 데 큰 충격을 받았습니다. 보수적인 접근법을 취하면서 펀더멘털에 집중하고, 다른 사람들이 받아들인다 해도 복잡한 상황은 피하는 것이 중요하다는 교훈을 얻었습니다.

———— 2009년 ————
지표

우리의 목표는 장기에 걸쳐 투자자를 돕는다는 우리의 사명과 일치하는 방식으로 모닝스타의 내재가치를 높이는 것입니다. 우리는 여러분이 우리의 내재가치를 평가하는 데 도움을 줄 3가지 핵심 지표인 매출, 영업이익, 잉여현금 흐름에 초점을 둡니다. 내재가치는 중요합니다. 벤저민 그레이엄이 말했듯이, "단기적 측면에서의 주식 시장은 투표 기계이지만, 장기적 측면에서는 저울"이기 때문입니다. 내재가치는 궁극적으로 우리의 주가를 결정짓는 체중입니다.

해자와 전략

저는 모닝스타가 몇 가지 이유에서 넓은 해자를 가진 기업이라고 믿습니다. 가장 중요한 것은 우리의 브랜드입니다. 우리의 브랜드는 독립성과 신뢰성에 바탕을 두고 있으며 그와 동시에 혁신과 품질을 상징합니다. 이 브랜드 자산은 우리가 하는 모든 일을 긍정적으로 보이도록 만듭니다.

우리 애널리스트들은 독립적인 관점을 가집니다. (몇 분만 할애해서 우리 리서치를 읽어보시면 이것이 무슨 뜻인지 아실 겁니다.) 그들은 몸을 사리지 않고 투자자에게 명확하고 객관적인 지침을 주기 위해 최선을 다합니다. 이들의 솔직한 견해는 투자자들 사이에서 흔치 않은 신뢰를 창출합니다. 기관 쪽에서는 특히 그렇습니다. 다른 애널리스트들은 클라이언트를 잃지 않으려고 기관에 대한 비판을 피하기 때문입니다.

우리 해자의 또 다른 차원은 높은 고객 전환 비용입니다. 모닝스타는 면도기와 면도날과 같이 전형적인 보완 사업입니다. 일단 우리 소프트웨어(면도기)를 설치했다면, 우리 데이터베이스와 리서치(면도날)가 필요하게 됩니다. 이런 데이터와 리서치는 시간에 민감하며 업데이트가 필요합니다. 물론 고객은 면도기를 다른 것으로 바꿀 수 있습니다. 하지만 대기업의 경우, 전환에는 시간과 비용이 많이 필요할 수 있습니다.

인수와 성장 전략의 추진력이 우리 브랜드를 구축하고, 우리 면도기를 개선하며 더 많은 면도날을 추가하도록 했습니다. 우리의 유기적 투자는 더 나은 소프트웨어를 만들고 우리의 컨설팅 사업을 확장하는 일을 중심으로 합니다. 우리의 인수는 실시간 데이터와 감독 기관 보고서 같은 새로운 면도날을 추가합니다. 목표는 우리의 해자를 넓혀서 우리가 자본 비용을 초과하는 수익을 올리고, 주주의 부를 창출할 수 있게 하는 것입니다.

2010년

내부 지분

2005년 연례 보고서에서 저는 제 모닝스타 주식의 매도 계획을 시작한다고 이야기했습니다. 그때까지 22년 동안 저는 주식을 판 적이 없습니다. 하지만 저는 자산의 다각화를 원했고, 매년 제 주식의 약 4%를 매도하는 판매 계획을 실행에 옮겼습니다. 그 계획은 약 4년 동안 계속되었으며 저는 지난해 그 계획을 마무리했습니다.

이로써 제 지분은 3,000만 주에서 약 2,500만 주로 약 16% 감소했습니다. 저는 모닝스타 주식을 매도하는 것이 전혀 즐겁지 않았고, 솔직히 그 프로그램이 끝나서 매우 기쁩니다. 저는 주기적으로 제 개인 자산을 검토할 것이며 가까운 미래에는 (그것을 예상하지는 않지만) 언제든 다른 매도 프로그램을 시작할 수도 있습니다. 단 좋은 명분을 지원하는 일이라면 계속해서 저는 기꺼이 모닝스타 주식을 내놓을 것입니다.

2011년

전략

지난 몇 년 동안 우리는 회사를 하나의 세계적인 조직으로 운영하는 일에서 큰 진전을 이루었습니다. 우리는 부문과 지역을 망라하는 더 조직화되고 집중된 조직이 되었습니다. 고객들이 우리를 파악하기도 더 쉬워졌으며 고객들에게 시카고, 시드니, 홍콩, 런던, 뭄바이 그 어디에 있든 일관된 경험을 전달할 수 있게 되었습니다. 베빈 데스몬드 Bevin Desmond는 우리의 해외 영업을 효과적으로 감독하면서 이 이니셔티브를 구동하는 리더가 되어 주었습니다.

우리는 더 효과적으로 회사를 운영할 많은 기회를 보고 있습니다. 우리는 오랫동안 모닝스타를 상당히 분권화된 회사로 운영해왔습니다. 하지만 이로 인해 불필요한 중복이 발생하고 있습니다. 우리는 앞으로 우리에게 플랫폼을 통합하고, 역량을 공유하며 자산을 활용할 충분한 기회가 주어질 것이라고 믿습니다.

우리는 또한 사업을 단순화하기 위해 노력하고 있습니다. 그것은 작고 주변적인 상품을 솎아내며 적은 수의 더 큰 상품에 집중한다는 것을 의미합니다. 인수의 통합을 완성하고 그들을 모닝스타의 대표 브랜드로 전환한다는 의미이기도 합니다. 우리는 우리가 잘하는 분야에 집중하고, 명확하고 지속가능한 경쟁 우위가 없는 분야에는 시간을 덜 쓰고 싶습니다. 이러한 노력들은 가치를 창출하고 우리를 지속적인 성장이 가능한 입지에 서게 해줄 것입니다.

— 2012년 —
해자와 전략

우리의 증권 애널리스트들은 각 회사의 경제적 '해자', 즉 지속가능한 경쟁 우위를 평가합니다. 우리가 넓은 해자를 가진 회사를 선호하듯이, 우리는 모닝스타의 해자를 구축하기 위해 노력합니다. 더불어 해자의 3가지 원천을 강화하는 데 투자합니다. 우리 브랜드는 우리의 가장 큰 자산이며 29년 동안 만들어온 신뢰할 수 있는 독립적 투자 리서치에 대한 평판을 기반으로 하고 있습니다. 이는 눈에 보이지 않는 무형자산이지만 대단히 귀중한 것입니다. 우리의 소프트웨어, 데이터, 디자인은 독특한 인터페이스와 전매 데이터 세트에 의지하게 된 클라이언트들로부터 인기를 얻고 있습니다. 기업 전체에 설치된 우리 솔루션을 제거하려면 상당한 전환 비용이 필요합니다.

개인, 자문가, 기관을 위한 우리 제품은 모든 고객을 한데 묶어 더 많은 가치를 창출하는 네트워트 효과를 가지고 있습니다. 예를 들어, 우리 리서치와 순위 평가가 개인들에게 인기 있기 때문에, 기관들은 우리 도구로부터 더 많은 가치를 얻을 수 있습니다. 우리의 작업을 수용하는 세 청중 모두를 통해 우리는 리서치 투자를 활용하고, 모두에게 질 좋은 솔루션을 전달할 수 있습니다.

2013년
해자와 전략

우리의 주요 전략 목표는 모닝스타의 '경제적 해자', 즉 지속가능한 경쟁 우위를 강화하는 것입니다. 이는 장기에 걸친 더 높은 주주 가치로 해석할 수 있습니다. 우리는 모닝스타 해자의 3가지 주요 원천을 확인했습니다.

- 우리의 독립적인 순위 평가, 리서치, 디자인은 모닝스타를 돋보이게 하고 우리 브랜드에 힘을 실어주는 분석적 틀에 동력을 공급하

면서 우리의 무형자산에 가치를 더합니다.

• 우리의 소프트웨어, 데이터, 디자인, 분석적 틀은 고객들의 충성도를 높이는 데 도움을 주면서 그들이 오랫동안 우리의 솔루션을 유지할 가능성을 높입니다. 우선적으로 투자자를 위해 봉사한다는 우리의 초점은 금융 자문가, 자산 관리 기업, 연금 기금과 연금 기관에서 네트워크 효과를 창출합니다. 그들의 클라이언트들이 모닝스타를 신뢰의 원천으로 보기 때문입니다.

• 우리는 3가지 핵심 목표에 초점을 맞춰 우리의 경제적 해자를 넓히려 하고 있습니다.

• 우리는 투자 리서치 플랫폼을 위해 고객들에게 명쾌하고 직관적인 사용자 경험을 전달하는 차세대 소프트웨어를 개발합니다. 가장 효과적인 투자 데이터, 리서치, 순위 평가 결과를 전달해 투자자가 자신들의 재정 목표에 도달하도록 돕습니다.

• 우리의 전매 리서치를 바탕으로 세계적인 수준의 투자 관리 조직이 형성됩니다.

• 우리는 이 목표를 모닝스타의 최대 기회로 삼는 4가지 주요 고객 집단인 자문가, 자산 관리 업체, 연기금과 연금 기관, 개인 투자자에 적용합니다.

해자와 전략

지난 몇 년간, 우리는 전략적 방향을 가다듬는 일을 해왔습니다. 경제적 해자, 즉 지속가능한 경쟁 우위라는 개념은 자산 리서치에 대한 우리의 접근법에 깊이 자리하고 있으며 우리는 그것을 회사 경영의 핵심 원리로 사용하고 있습니다. 우리의 목표는 우리의 경제적 해자를 넓히고 장기적인 주주 가치를 구축하는 것입니다.

2014년 우리는 우리의 주된 목적을 더 잘 포착하도록 핵심 전략 목표를 묘사하는 방법을 변경했습니다. 우리의 투자 데이터, 리서치, 순위 평가는 전략의 중심에 있으며 우리가 하는 모든 일을 추진시키는 원천입니다. 또한 이러한 투자를 소프트웨어와 투자 관리를 통해서 수익화합니다. 직접 리서치를 하는 사람들에게 모닝스타 다이렉트Morningstar Direct는 우리의 대표 소프트웨어 상품이며, 우리는 이것이 여러 유형의 사용자에게 맞춤화된 다양한 작업 흐름을 갖춘 기술 플랫폼으로 확대해가길 기대합니다. 우리는 투자 관리 기능을 아웃소싱하고자 하는 사람들을 위해 우리의 전매 리서치를 활용하는 솔루션을 구축하는 데 집중하고 있습니다.

승계

지난 1년여 동안 많은 생각을 한 후, 저는 CEO 자리에서 물러나 회장직으로 옮기기로 했습니다. 저는 1984년 회사를 시작했을 때만큼이나 여전히 회사를 사랑하며 앞으로 우리 회사의 전망에 큰 기대를 걸고 있습니다. 하지만 저는 좀 더 유연한 스케줄로 투자와 기술에 대해서 생각하는 시간을 갖고자 합니다. 새로운 자리에서 일상의 영업에서 한발 물러나 전략과 자본 배분에 집중하고, 임원진에 조언을 주며 이사회를 이끌고 있습니다.

1월 1일부터 쿠날 카푸르가 CEO의 역할을 맡아 의욕적으로 일하고 있습니다. 쿠날은 사람들을 화합해 투자자들을 위해 문제를 해결하는 특유의 능력을 갖추고 있으며 저는 그의 에너지와 경영상의 재능이 우리가 뛰어난 영업 실적을 올리고 미래로 성장해나가는 데 도움을 주리라고 확신합니다. 그는 투자자들이 그들의 재정 목표를 이루는 데 도움을 주는 훌륭한 제품을 만든다는 우리의 사명과 함께하는 모닝스타의 노련한 일꾼입니다. 그는 리서치, 데이터와 소프트웨어 제품, 투자 관리 등 모닝스타의 거의 모든 영역에 걸친 폭넓은 경험을 가지고 있습니다.

이행은 매우 순조로웠습니다. 쿠날과 저는 4사분기 동안 우리의 클라이언트들을 만났습니다. 그들 대부분이 이미 쿠날과 일을 해본 경험이 있었으며, 새로운 CEO 체제로의 매끄러운 전환에 대해 감사를 표했습니다. 쿠날은 그를 뒷받침하는 든든한 팀을 가지고 있습니다.

서한은 그 팀에 속한 6명의 임원들을 소개한다.

멋진 사업

데이터는 우리와 매우 친밀한 영역이며 전형적인 '멋진 사업'입니다. 데이터 사업은 한 번 구축해서 여러 차례에 걸쳐 판매하는 모델을 기반으로 하기에 확장성이 매우 큽니다. 모닝스타가 1984년 시작된 이래, 우리는 깊고 넓은 데이터베이스를 구축하는 데 꾸준히 투자해왔습니다. 이제 우리는 데이터 피드, 소프트웨어, 리서치, 투자 관리를 비롯한 매우 다양한 방식으로 데이터를 판매하고 있습니다.

우리는 데이터를 수집하는 일뿐 아니라 투자자가 그 데이터가 의미하는 바가 무엇인지 이해하는 것을 돕는 일에도 뛰어납니다. 또한 다양한 자산 유형을 아우르는 포트폴리오 분석에 대한 집중도 역시 높여가고 있습니다. 많은 투자자들이 현명하게도 그들의 포트폴리오를 다각화해 다양한 투자 유형(주식, 펀드, 고정 수익 증권, 대안 투자 등)을 포함하고 있기 때문에, 우리는 그들에게 포트폴리오에 대한 포괄적인 시각을 제공하고자 합니다.

2017년
승계

지난해 인적인 면에서 2가지 획기적인 사건이 있었습니다. 저는 모닝스타 재직 20년을 맞았고 CEO가 되었습니다. 저는 1997년 데이터 분석가로 이 회사에 합류했습니다. 2006년 봄, 우리 회장인 조 만수에토가 그의 첫 번째 주주 서한을 통해 여러분이 우리와 함께 소유하고 있는 회사에 대한 솔직한 평가를 전달하겠다고 약속했습니다. 모닝스타의 CEO로서 여러분께 드리는 첫 서한에서 저는 그 전통을 이어가고자 합니다. 저는 여러분을 우리 회사의 자랑스러운 장기 파트너로 만들고자 합니다. 여러분의 지지와 신뢰에 감사드립니다.

조와 저는 우리의 CEO 이행에 대해 대단히 만족스럽게 생각하고 있으며 그 어떤 잡음 없이 이행이 이루어진 데, 특히 뿌듯함을 느낍니다. 조의 지원과 격려 속에서 저와 우리 임원진은 재능 있는 리더십 팀을 만들어가는 데 집중하고, 우리 데이터와 리서치 '엔진'에 최선의 노력을 쏟으며 계속해서 세계적 수준의 투자 관리 조직을 구축하고 우리의 열정을 바칠 새로운 투자 사안들을 찾을 것입니다.

핀테크 사업

우리는 적절한 투자를 통해 빠르게 변화하며 디지털로 구동되는 금융 서비스 세상에서 우리 기업이 약진할 수 있도록 하는 데 집중하고 있습니다. 인공지능과 빅데이터의 확산은 세계 금융시장을 엄청난 효율과 가능성으로 이끌었습니다. 그러나 다른 면에서는 기술의 무분별한 사용이 예상치 못한 재무 성과와 좋지 못한 투자 조언을 초래하기도 합니다. 개인 투자자, 금융 자문가, 자산 관리자들 모두가 정보 과부하의 환경에서 어려움을 겪고 있습니다. 우리는 그들이 이 모든 상황을 올바르게 이해하고 투자자들이 마땅히 누려야 할 결과를 경험할 수 있도록 돕고 있습니다.

우리가 자사를 '핀테크Fintech' 기업이라고 칭하면 투자자들은 놀라곤 합니다. 사람들은 종종 (당연히) 모닝스타 브랜드를 독립적인 투자 리서치와 연관시키기 때문입니다. 우리는 언제나 스스로를 독창적인 핀테크 기업 중 하나로 생각해왔습니다. 기술과 디자인을 활용해서 복잡한 재무 문제를 해결할 새로운 방법을 찾는 것은, 조가 30년 전 시카고 링컨 파크의 아파트에서 뮤추얼 펀드 데이터를 분석하기 위해 최신형 퍼스널 컴퓨터를 살 때부터 우리의 핵심 역량이었습니다. 진화하는 핀테크 세상에서 끊임없이 새로운 관점을 찾고 현재의 상태에 도전하는 동시에 모닝스타를 이루는 우리 문화의 요소들을 보호하는 것은 제 일의 중요한 부분입니다.

우리는 회사의 건전성을 평가하는 데 있어서 지속적으로 매출, 영업이익, 잉여현금 흐름의 직접적인 재정 지표를 분석합니다. 우리 사업이 본질적으로 영업 레버리지가 높은 것은 우리에게 큰 행운입니다. 고정 비용 투자가 이루어지고 나면 매출을 늘리는 데에는 비용이 거의 들지 않습니다. 매출이 운영비보다 빠르게 증가하는 한, 우리는 건전한 이윤과 현금 흐름을 창출하는 좋은 위치를 점하게 될 것이고, 이렇게 얻은 재무 탄력성으로 우리 사업에 재투자하고 궁극적으로는 장기 주주의 가치를 뒷받침할 수 있을 것입니다. 우리는 장기적인 가치를 창출하는 데 초점을 맞추며 적절한 기회가 나타나면 더 긍정적인 장기적 결과를 위해 단기적인 실적을 포기할 것입니다.

전략

모닝스타의 전략은 대단히 중요한 2가지 질문에 대한 답에서 비롯됩니다. 첫째, 우리의 핵심 역량은 무엇인가? 둘째, 우리는 그것을 어떻게 활용하여 투자자의 결과를 개선하고 주주 가치를 창출할 수 있을 것인가? 우리는 오랫동안 우리의 데이터와 전매 리서치가 우리를 차별화한다는 것을 인식하고 있었습니다. 저는 모두가 아마존처럼 되기를 원하는 세상에서 우리가 규모의 경제를 극대화할 수 있는 부분이 어디일지 종종 생각합니다. 고객들은 정보를 기반으로 하는 투자 결정을 내릴 때 우리의 데이터와 리서치 엔진이 만든 식견을 사용합니다. 이런 데이터와 리서치 엔진을 뒷받침하고 투자하는 것은 중요한 일입니다. 우리는 이를 통해 사업의 규모를 늘려왔습니다. 예를 들어, 2017년 우리는 22만 8,000개의 개방형 뮤추얼 펀드, 약 1만 5,000개의 장내 거래 상품, 4,000만여 종목의 주식을 비롯한 58만 개 투자 수단을 다루었습니다. 우리는 피치북PitchBook을 통해 90만 개에 가까운 민간기업을 다루고 있습니다.

우리는 데이터와 리서치를 주로 2가지 방법으로 수익화합니다. 첫 번째 방법은 의사결정 지원 도구들을 통해 직접 투자 리서치를 하는 클라이언트들에게 우리 식견에 대한 접근권을 제공하는 것입니다. 보통은 구독이나 라이선스를 통해 판매됩니다. 이는 우리의 영업 레버리지에 기여하는 경상 매출 흐름을 만듭니다. 매년 우리는 더 많은 데이터, 리서치, 기능을 클라이언트에게 전달함으로써 이들 도구에 가치를 부가합니다.

우리는 투자자가 우리의 데이터를 통해서 경험하는 상호작용을 재해석하고 새로운 데이터 시각화 방법을 도입하여 우리가 만드는 지적 재산의 가치를 극대화하는 데 초점을 둡니다. 우리는 복잡한 재무 개념을 투자자들이 쉽게 이해할 수 있는 방식으로 해석하는 우리의 능력에 오랫동안 자부심을 가져왔습니다.

우리가 데이터와 리서치를 수익화하는 두 번째 방법은 투자 관리 기능을 아웃소싱하고자 하는 사람들에게 솔루션을 제공하는 것입니다. 우리는 그런 제휴 관계에 있는 경영진이 관리하는 자산에 대한 데이터를 수집합니다. 우리가 이런 솔루션을 통해 서비스를 제공하는 투자자들은 우리의 관리형 연금 상품 사용자이거나 재무 자문가들을 통해 모닝스타 관리형 포트폴리오를 사용하는 클라이언트들입니다. 우리는 다음 10년 동안 우리가 사업 전체에 걸쳐 관리하는 자산과 관련된 수수료가 우리 전체 매출에서 더 큰 비중을 차지하게 될 것으로 기대합니다.

투자 업계 추세

미래를 대비한 기업 포지션을 마련하는 과정에서 3가지 장기 추세의 중요성이 커지고 있습니다. 첫째로, 투자 업무의 디지털화입니다. 업계 전체로 볼 때는 아직 수박 겉핥기에 그치고 있지만, 클라이언트들의 마찰이 없는 돈과의 상호작용에 대해 거는 기대가 더해지면서 수수료에 대한 압력이 점점 커지고 있습니다.

둘째로, 세계적 규제가 가속화되고 있습니다. 유럽이 제2 금융상품투자지침을 채택하고 미국과 같은 시장에서 자문가들의 최대 이익 솔루션 채택에 대한 지지가 커지면서, 특히 정보 과부하의 시대 금융시장에서 투명성의 중요성이 부각되고 있습니다. 기술은 전 세계적인 투자를 모호하게 만들 수도 명쾌하게 만들 수도 있습니다. 우리는 지속적으로 후자를 옹호하고 있습니다. 우리는 투자자가 내는 금액을 포함하여 투자에 대한 완전한 투명성을 가질 권리가 있다고 굳게 믿습니다. 우리처럼 독립적이고 투명한 비즈니스 모델을 보유하는 것은 오늘날 투자자들이 원하는 솔루션입니다.

마지막으로, 고비용 투자에서 저비용 투자로의 전환이 새로운 표준이 되었습니다. 우리도 이런 추세의 결과로 일부 수수료에 대한 압박을 경험했지만, 이로써 투자 관리자들이 가치를 전달하는 데 더욱 주의를 기울이게 되었고, 투자 활동의 접근 가능성과 비용 효율이 더 높아졌다고 생각합니다. 2가지 모두 좋은 일입니다. 우리의 리서치와 투자 상품은 투자자의 포트폴리오에서 적극적인 전략과 소극적인 전략 각각에 그 역할이 있다는 지속적인 믿음을 반영합니다.

환매

다음은 모닝스타 주주 서한에서 환매를 다룬 부문만 모은 것이다.

2010년 우리는 초과 현금을 사용해 자사의 공정 가치 추정치 이하의 가격으로 모닝스타 주식을 매수하는 것이 우리 주주들에게 최선의 이익이라고 생각합니다. 이를 통해 우리는 발행주의 수를 줄이고 (주식 인센티브 발행으로 인한 희석을 상쇄하는 이상) 주주에게 유형의 가치를 전달하길 기대합니다. 예를 들어, 우리가 주당 50달러에 총 1억 달러 가치의 우리 주식을 매수할 경우, 남은 주주 각각은 모닝스타 총 자본의 약 4%(1억 달러/시가 총액 25억 달러)를 더 소유하게 됩니다. 현금 수익률은 1%에 못 미치지만, 모닝스타 주식의 수익률은 약 5%(1억 2,100만 달러/25억 달러)이기 때문에 수익도 늘어나게 됩니다. 또한, 이런 조건의 환매는 발행 주식 수(주당수익률 계산에서 분모)를 감소시켜 주당수익률도 높입니다. 다른 조건이 같을 때, 환매는 주당수익률을 약 4% 높일 것입니다.

2012년 모닝스타는 자본이 거의 필요치 않은 훌륭한 사업입니다. 우리는 우리의 적정 가치 추정치보다 낮은 가격에 주식을 매입할 수 있다는 가정하에 배당보다는 환매를 선호하는 입장을 유지합니다. 우리가 환매를 선호하는 이유는 주주에게 수익을 실현할 시점을 결정할 수 있게 해주기 때문입니다.

우리는 2012년에 모닝스타 발행주의 9%를 환매하기 위해 2억 5,180만 달러를 사용했습니다. 우리 역사상 가장 큰 '인수'였습니다. 그것은 우리가 매우 잘 아는 사업이며, 그 미래에 대해 확신을 가지고 있는 것입니다. 그레이엄-도드 투자로서의 자격까지는 얻지 못하는 가격이지만, 우리의 모닝스타 적정 가치 추정치보다는 낮은 가격이었습니다.

우리는 5,010만 주로 2012년을 시작해서 4,300만 주를 환매했습니다. 또한 직원 인센티브 제도의 자금조달을 위해 70만 주를 발행했습니다. 따라서 연말에는 발행주가 4,650만 주가 되었습니다. 모닝스타의 주식 각각은 이제 2012년보다 회사 지분을 9% 더 갖게 되었습니다. 주주이기도 한 저의 생각으로 환매는 자본의 좋은 사용처입니다. 주주들은 매각 시점을 선택할 수 있고, 시간이 흐르면서 시장은 각 주식의 더 높아진 가치를 인식하게 됩니다.

2013년 우리는 당해 총 1,740만 달러의 배당금을 지급했습니다. 세율의 인상을 앞두고 2013년에 예정되었던 한 번의 배당 시점을 2012년으로 앞당겼기 때문에 배당 액수는 4번이 아닌 3번에 대한 것입니다. 최근에 우리 이사회는 우리의 분기별 배당금을 주당

12.5센트에서 17센트로 인상했습니다. 환매에서는 2013년 동안 1억 5,350만 달러의 주식을 매입했습니다. 이사회는 추가로 2억 달러의 주식 환매를 승인했습니다.

우리는 적정한 가치 추정치보다 낮은 가격에 주식을 매입할 수 있는 한에서 보통 배당보다는 환매를 선호합니다. 자사주 매입은 총 주식수를 줄이기 때문에 각 주주의 지분 비율을 효과적으로 높입니다. 연말 우리의 발행주는 4,500만 주이며 잔여 환매 승인액은 2억 5,020만 달러입니다. 환매는 주주에게 납세 항목의 실현 시점에 대한 더 큰 통제력을 줍니다.

2014년 우리는 주식 환매와 배당을 통해서 주주들에게 계속 돈을 되돌려주고 있습니다. 우리는 2014년에 7억 6,700만 달러 규모의 주식 환매를 했고, 현재 주식 환매 승인액은 약 1억 7,350달러가 남았습니다. 우리는 총 3,050만 달러의 배당금을 지급했습니다. 우리는 2010년 처음 배당을 시작했고, 우리 이사회는 최근 주당 17센트에서 19센트로 분기별 지불금의 상향을 승인했습니다. 이로써 우리의 배당률은 2014년 수준으로 지속될 것입니다.

우리의 대차대조표는 매우 건전하게 유지되고 있습니다. 인수, 주식 환매, 배당, 소송 합의에 현금을 사용했는데도 올해는 현금과 투자 2억 2,460만 달러로 마무리되었습니다. 우리는 당해에 7,500만 달러의 신용한도를 설정했고, 현재는 단기 부채 3,000만 달러를 갖고 있습니다. 하지만 흑자 잉여현금 흐름을 창출하는 능력을 고려할 때, 우리가 이 채무를 감당하는 데에는 아무런 문제가 없을 것입니다.

2015년 우리는 2015년에 9,700만 달러의 환매를 실행했고, 현재 환매 승인액은 3억 7,650만 달러가 남아 있습니다. 2015년 발행주 순감소 비율은 2%가 조금 넘습니다.

보통주, 모닝스타 미국 시장 지표, 동료 기업군의 보통주 수익 누계
(2019년 모닝스타 투자 프레젠테이션)

이 그래프는 2014년 1월 1일 우리 보통주, 모닝스타 미국 시장 지표, 동료 기업군에 100달러를 투자한 것으로 가정합니다(배당금 재투자 포함). 나타나는 수익은 역사적 실적을 근거로 하며 미래의 성과를 암시할 의도는 없습니다.

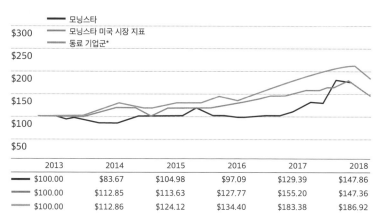

	2013	2014	2015	2016	2017	2018
$100.00	$83.67	$104.98	$97.09	$129.39	$147.86
$100.00	$112.85	$113.63	$127.77	$155.20	$147.36
$100.00	$112.86	$124.12	$134.40	$183.38	$186.92

*우리 동료 기업군에는 다음의 기업들이 포함됩니다: 엔베스트넷[Envestnet Inc.], 팩트셋 리서치 시스템[FactSet Research Systems Inc.], 파이낸셜 엔진스[Financial Engines Inc.], MSCI, SEI 인베스트먼트 컴퍼니[SEI Investment Company], S&P 글로벌[S&P Global Inc.], 톰슨 로이터즈 코퍼레이션[Thomson Reuters Corporation]. 우리는 2018년 7월 19일부로 파이낸셜 엔진스를 제외시켰습니다. 이 회사가 그날부터 공개 거래되지 않았기 때문입니다.

	누계		연간	
	모닝스타 (%)	모닝스타 미국 시장 총수익(%)	모닝스타	모닝스타 미국 시장 총수익(%)
IPO 이후 (2005년 5월 3일)	621.90	245.30	15.10	9.20
10년	242.10	285.60	12.70	14.50
5년	90.90	68.10	13.40	11.00
3년	66.30	47.10	18.10	13.70
1년	22.00	7.50	22.00	7.50

기업의 펀더멘털을 살펴라

마크 레너드
콘스텔레이션 소프트웨어

연매출 20억 규모의 콘스텔레이션 소프트웨어[CSI]는 수직 시장 소프트웨어 기업을 사고, 조정하며 영구적으로 소유, 운영한다. 이들은 일반 애플리케이션이 아닌 교통기관, 공공사업, 병원 또는 호텔과 같은 특정 분야 임무 수행에 필수적인 제품을 개발하는 회사들이다. 거의 300개의 개별 비즈니스 단위로 이루어진 이 공동체는 최선의 시스템을 중심으로 자율성과 분권화를 포용한다. 합병된 기업들의 경영진은 자신의 사업 부문과 자본 운영 및 행정에 대한 폭넓은 권한을 가지는 한편, 사업 부문 간 지식 공유로 사업의 질을 높인다.

마크 레너드는 1995년 콘스텔레이션을 설립했고 2006년 상장했다. 주주를 비롯한 여러 팬들로부터 인기를 모으는 레너드의 주주 서한은 이사들은 물론 고위 경영진들이 회사 지분을 상당량 보유하고 있는 문화를 드러낸다. 이사 보수는 물론 수익과 성장에 대해 보상하는 인센티브 보너스는 그 상당 부분이 콘스텔레이션 주식에 투자되어야 하며, 평균 4년 동안 제삼자에게 예탁된다. 인수된 기업의 영속적인 소유에 전념하기 때문에 단기적인 압력에 동요하지 않고 장기적인 역학에 집중하는 긴 시간 지평을 갖게 되었다.

상장 후 2년 동안, 레너드는 분기별로 서한을 썼으나 2009년부터는 연례 서한으로 전환했다. 그리고 2017년 이후로 매년 기계적으로 서한을 쓰는 것이 아니라 타당한 이유가 있을 때만 서한을 쓰겠다고 발표했다.

2010년에 몇몇 대주주가 매각으로 이어질 수 있는 전략적 검토를 강요했으나, 레너드와 장기 소유주들에게 다행스럽게도, 그들이 퇴장하면서 분기별 1달러의 배당금과 비슷한 상황에 다시 직면하는 일에 대한 강한 반감을 남겼다. 레너드가 지칭한 대로 그 과정 이전의 분기별 서한에는 투자자들에게 회사의 초기 5개년 계획, 실적 지표, 사업의 장기적 성격을 알리려는 의도가 보인다. 분기별 서한이 주주들의 교육이라는 원래의 목적을 달성한 뒤 연례 방식으로 전환하면서 장기적인 관점이 강화되었다. 마지막이 될 2017년 서한의 글을 읽은 주주들과 경영진은 레너드가 마음을 바꾸거나 비정기적이지만 계속 서한을 써주기를 고대하고 있다.

그 발표 이후 레너드는 회사 웹사이트에서 주주들의 질문에 서면

답변을 해왔다. Q&A 포트폴리오에 모인 그의 답변들은 주주들이 직접 한 질문에 대한 답이기 때문에 주주들이 더 이해하기 쉽고 그들에게 더 큰 도움이 되고 있다. 더불어 개별 질문에 답하는 것은 혼자 주제, 내용, 위트, 유머, 스타일을 모두 책임져야 하는 전반적인 서한보다 작성하기에 훨씬 쉽기 때문에 레너드에게도 부담이 덜 할 것이다.

2009~2016년의 모든 연례 서한은 연례 주주총회가 다가오고 있고, 많은 임원, 이사, 경영진이 참석할 것이며 모두가 CSI 사업에 관해 이야기를 나누고 질문에 답하기를 고대하고 있다는 내용을 다양하게 변주한 글로 마무리된다. 2년 동안(2011~2012년) 이 표준적인 단락에 다음과 같은 내용도 포함되었다. "기관과 소매 소유권의 폭이 점점 넓어지면서 기록적인 참석률이 나올 것으로 기대하고 있습니다."

레너드 서한에서 반복적으로 나타나는 또 다른 특성은 주주들이 연례 주주총회 질의응답 시간에 제기할 주제를 추천하는 것이다. 여기에는 CSI 성과 지표, 상호 신뢰의 중요성, 경영 인재 유인과 유지, 유기적 성장 추구와 외형 확장 간의 균형, 쇠퇴 사업에서 많은 수익을 창출하는 방법 등에 대한 질문이 포함되었다. 주주들은 그 제안을 받아들였고, 이는 많은 CSI 회의에서 활발한 토론이 이루어진 주제였다.

2006년
자본 배분

우리가 콘스텔레이션의 자본 배분에 대해 어떤 생각을 가지는지부터 설명하고자 합니다. CSI의 평균 투하 자본은 우리 주주들이 자사에 투자한 돈의 양에 대한 추정치로 시작된 비GAAP 기반 척도입니다. 우리는 그 추정에 기간마다 조정 순이익을 더하고, 배당금이 있다면 차감하며 주식 발행과 관련된 금액을 더하고, 특정한 인센티브 제도 사용, 손상된 무형자산의 상각 등과 관련하여 약간의 조정을 해왔습니다.

우리는 주주들의 투하 자본을 활용하는 우리의 능력을 예의주시합니다. 우리는 이 역량을 실제로 측정할 때, 프로젝트에 따라 전통적인 세후 내부 수익률Internal Rates of Return, IRR을 사용합니다. 우리 이사회는 정기적으로 최저기대 투자 수익률을 정하고, 그 비율을 바탕으로 장래의 유기적 성장 기회와 인수를 걸러냅니다. IRR은 복잡하고, 미래 지향적이며 판단력을 요합니다. 제 추정에 따르면, 우리는 항상 50~100개 사이의 개별 프로젝트를 추적하고 있습니다.

자본 배분의 효과를 측정하는 데 있어 대략적이긴 하지만, 더 단순한 척도가 있습니다. IRR과 같이 미래 지향적이지는 않지만 미래를 전망하는 지표에 흔한 낙관적 정서를 어느 정도 제거해줍니다. 우리는 투하 자본 수익률Return on Invested Capital, ROIC과 유기적인 순이익 성장률을 합한 뒤 그것을 이사회가 정한 최저기대 투자 수익률과 비교합니다. 우리는 평균 투하 자본에 대한 조정 순이익의 비율을 구해 ROIC를 측정합니다.

우리 사업에는 특유의 '강점'이 있습니다. 유기적으로 사업을 성장시키는 데 자본을 거의 사용하지 않는 것입니다. 대부분의 우리 사업은 부정적 유형의 순자산으로 구동됩니다. 이는 유기적으로 성장하는 과정에서 사업들이 소모하는 한계 자본이 거의 (혹은 전혀) 없으며 심지어는 수익을 초과하는 자본을 산출하기도 한다는 의미입니다.

그러나 유기적인 성장이 전혀 돈이 들지 않는 것이 아닙니다. 리서치와 개발, 영업과 마케팅 등에 돈을 투자해야 이런 성장을 이룰 수 있습니다. 이런 지출 항목들이 조정 순이익을 하락시킵니다. 그 논리적 귀결로 우리는 유기적 성장을 이루기 위해서 기꺼이 낮은 투하 자본 수익률을 받아들이고 있습니다.

2007년
자본 배분

2003년 우리는 핵심 사업에 포함된 대형 이니셔티브 대다수를 예측하고 추적하는 프로그램을 도입했습니다(우리는 이니셔티브를 중요한 연구개발과 판매마케팅 프로젝트로 정의합니다). 우리의 운영 그룹들은 이니셔티브로 분류한 투자액을 늘리는 반응을 보여주었습니다. 그와 관련된 유기적 수익 성장률은 초기 강세를 보였습니다. 몇몇은 대단히 성공적이었습니다. 하지만 약화된 것도 있었습니다. 최악의 이니셔티브는 상당량의 자본을 소모하기 전에 종료되었습니다.

포트폴리오 기준으로 진단할 경우(우리 사업의 원금 회수는 보통 5~6년 걸리기 때문에, 우리는 예측을 해야 합니다), 우리의 이니셔티브는 적정한 내부 수익률을 냈다고 생각합니다. 그렇지만 이니셔티브 수익은 인수가 내는 수익만큼 매력적이지는 않았습니다. 그런 이유로 우리의 운영 그룹 중 많은 수가 외형 확장에 더 많은 노력을 기울이는 방향으로 선회했고, 따라서 지난 몇 년간은 새로운 이니셔티브가 줄고 있습니다.

우리 운영 그룹은 우리가 원하는 반응을 보여주고 있습니다. 그들은 이니셔티브 IRR을 추적하는 도구를 갖추었기 때문에, 인수 시장에서 더 나은 수익을 추구함으로써 자본 배분을 최적화하고 있습니다. 이론상으로는 이런 전환에 아무런 문제가 없습니다. 그러나 실제에서는 극적으로 적은 이니셔티브가 시장 상실로 이어집니다. 소프트웨어 사업에서는 규모의 경제가 큰 의미를 갖습니다. 따라서 잘 운영되는 경쟁업체에 시장을 내주는 것은 자본 환경 악화로 이어질 수 있습니다.

저는 아직 이니셔티브에 대한 투자 감소를 걱정하지 않습니다. 그것이 스스로 수정될 것이라고 믿기 때문입니다. 저는 새로운 이니셔티브에 대한 투자가 줄어들면서, 최상의 이니셔티브가 남게 될 것이며 그것들이 더 나은 수익을 창출할 것이라 확신합니다. 그로 인해 운영 집단은 이니셔티브에 대한 투자를 늘리게 될 것입니다. 다만 이런 사이클이 만들어지는 데에는 시간이 좀 걸릴 것이기 때문에, 저는 몇 분기 (혹은 몇 년) 동안은 새로운 이니셔티브에 대한 투자 증가를 기대하지 않습니다.

유기적 성장은 인수로 추진될 수도 약화될 수도 있습니다. 급속히 성장하는 회사를 인수한다면 유기적 성장을 촉진하게 됩니다. 장래성이 없는 영업 부문을 일부 줄이거나 없애야 하는 실적으로 저조한 회사를 인수한다면 유기적 성장은 어려워집니다. 우리는 기존의 기반을 이용할 수 있는 추가적인 상품을 제공하거나 그들의 사업과 관련된 우리의 관행과 규모의 경제를 끌어들여 인수한 사업을 성장시켰습니다. 그러나 때때로 인수한 사업에서 수익성 있는 핵심만을 남기는 방법도 규모는 작아도 수익성이 높은 사업을 얻게 해줄 것입니다.

보상

우리는 매 분기 매출 성장 목표를 공개해왔으며 성장에 대해 지급하는 보너스 제도를 두고 있습니다. 이런 요소들은 상황을 편의적으로 해석하고 수준 미달인 인수를 하고자 하는 강한 욕구를 불러일으킵니다. 우리에게는 오만과 탐욕을 견제하는 좋은 이사회와 장기 지향적인 많은 경영진이 있습니다. 저는 우리에게 투자 유효성을 유지하는 판단력과 달성이 불가능하다고 생각될 때는 성장 목표를 하향 조정하는 겸손함이 있다고 믿습니다. 그러나 저는 아직 우리의 순매출 성장 목표가 달성 불가능하다고 인정할 준비가 되지 않았습니다. 하지만 두 분기 더 20% 이하의 성장률을 기록한다면 목표 달성은 대단히 어려울 것입니다.

우리는 장기 주주들이 콘스텔레이션 주식에서 얻는 수익률이 장기 투하 자본 수익률과 유기 순매출 증가율의 합을 초과할 수 없다고 생각합니다. 우리는 기업 보너스 제도의 기반을 투하 자본 수익률과 순매출 증가율에 두고 이런 신념에 따라 보상을 조정합니다. 투하 자본 수익률과 순매출 증가율 합계 24%를 달성하는 것도 쉽지 않은 일입니다. 우리는 장기에 걸쳐 이런 수준의 성과를 달성할 수 있었던 공개 기업은 10% 이하라고 생각합니다.

주주 참여

이번 분기에 우리는 한 주주가 콘스텔레이션 주식 100만 주를 매도하는 일에 참여했습니다. 우리는 변호사와 회계사들에게 돈을 썼고 많은 시간을 투자했습니다만, 그 매물을 다 소화하지 못했습니다. 우리가 매도를 발표한 후 우리 주가는 10% 이상 하락했으나 이후 약간 회복되었습니다. 저는 주가의 변동성에도 불구하고 사업의 내재가치가 매력적인 속도로 계속 증가했다고 믿습니다.

이 2차 매도의 마케팅에서 우리는 기존 주주들이 우리와 대화를 원한다는 사실을 알았습니다. 이전에 언급했던 대로 우리는 어떤 콘스텔레이션 주주든 기쁘게 맞이할 준비가 되어 있습니다. 약속을 잡고 싶은 분들은 저나 재무 담당 최고 책임자, 존 빌로위츠에게 전화를 주십시오.

최근 우리 주식에 대한 막대한 공매 포지션 보고가 있었습니다. 처음에는 보고서에 곧 수정될 오류가 있다고 생각하고는 짜증이 나기보다는 재미있었습니다. 그런데도 저는 우리 대주주들과 접촉했고, 그들은 공매에 관해 전혀 아는 바가 없다고 답변해주었습니다. 저는 계산을 통해, 보고된 공매 포지션이 공개 기업으로서의 역사를 통틀어 거래되었던 주식의 수를 초과한다는 판단을 내렸습니다. 좀 더 조사한 우리는 이 공매가 완성에 실패한 대규모 장외 거래로 인한 것임을 발견했습니다.

지표

일반 회계 원칙^{GAAP}이 경제 현실을 제대로 반영하지 못하는 영역 중 하나는 영업권과 무형자산 회계 처리입니다. 경영자로서 우리에게 이자, 세금, 감가상각비 차감 전 이익^{EBITA}이나 법인세 이자 감가상각비 차감 전 영업이익^{EBITDA} 혹은 감가상각을 제외한 조정 순수익에 초점을 맞추느라, 이러한 '비용'을 무시하는 경향이 있다는 점에 대해

부분적으로나마 책임이 있습니다. 상각을 무시하는 데에는 자산의 경제 수명이 영속적이라는 암묵적 가정이 담겨 있습니다. 우리 사업은 그 가정이 옳은 때가 많습니다. 우리는 우리 소프트웨어에 가치를 부가하고, 그 일부를 교체하면서 끊임없이 '쇄신'하고 있으며 우리가 보통 "평생의 소프트웨어Software for Life"라고 부르는 영속적인 지원 프로그램하에 클라이언트에게 점검·보수가 계속 이루어지는 상품을 제공합니다. 그러나 우리 상품 (그리고 시장) 중에는 영속성이 없어지고 경제적 생존력을 점차 잃어가는 것도 있을 것입니다.

저는 GAAP가 이런 결과의 시점과 스펙트럼을 전혀 반영하지 못한다고 생각합니다. 이에 우리는 내부적으로 몇 가지 도구를 사용하고 있습니다. 이 도구들은 노후되는 사업과 활성화되는 사업을 드러나게 합니다. 대략적인 지표는 분기별 IRR 계산입니다. 우리는 2004년 이후부터 모든 인수에서 이 계산을 해왔습니다. IRR은 성격상 예측이 필요하고, 따라서 주관적입니다. 그런데도 우리는 예측에서 부적절한 낙관을 억제하려고 노력하며, 시간이 지나면서 점차 역사를 교차 참조하는 예측을 할 수 있게 되었습니다. (2건의 인수를 제외한) 모든 인수가 IRR 20%를 초과했습니다.

2008년
투자

저는 콘스텔레이션은 왜 다른 소프트웨어 공개 기업의 소수주주가 되는 경우가 없는지에 관한 질문을 종종 받습니다. 답은 간단합니다! 기업은 권한 있고 책임 있는 소유권을 가진다는 우리의 필요조건과 우리의 투자 지평을 볼 때는 복잡할 수도 있겠지만 말입니다.

콘스텔레이션의 목표는 본질적인 매력을 가진 소프트웨어 사업의 영구적인 소유자가 되는 것입니다. 그렇게 되면 해야 할 일에는 열정 넘치고, 총명하며 윤리적인 총괄 관리자들^{General Manager, GM}이 사업을 운영하도록 하고, 그 GM이 장기에 걸쳐 주주의 가치를 강화하도록 부추기는 것이 포함됩니다. 노련한 GM에게 수익성은 높으나 매출은 감소하고 있는 소프트웨어 회사를 운영하는 것은 별것 아닌 일입니다. 훨씬 더 중요한 과제는 투자 사이클이 10년이 넘는 것이 보통인 업계에서 매출을 계속해서 성장시키면서 단기적으로 적절한 이윤을 창출하는 것입니다. 이런 장기적 균형을 유지하는 과정에서 GM의 성과를 이해하는 것은 영구적인 소유자의 일에서 가장 어려운 부분입니다.

우리는 보통 비공개 소프트웨어 기업의 지분 100%를 매수합니다. 그러나 10회 정도는 공개 소프트웨어 기업의 소수 지분 매수에도 참여했습니다. 보통 이런 소수 지분은 내재가치보다 낮은 가격에 매수되며 우리가 전체 기업을 매수할 때 내야 하는 것보다 훨씬 낮은 주당 가격에 매수됩니다. 이런 매수는 우리 투자 '가치' 스펙트럼의 끝에 있지만, 종종 사업이 만드는 장기적 균형의 측면에서 정보에 대한 접근권이 부족하기에 위험이 증가하는 때가 있습니다.

처음에는 공개 기업의 뛰어난 경영자들도 우리를 이사회에 합류시켜 이런 정보에 대한 접근권을 주는 것을 불편하게 여깁니다. 나쁜 마음을 먹고 있거나 단기 지향적이지 않을까 하는 의심을 하는 것입니다. 우리는 기업 소유권의 일부를 매수할 때에도 100%를 매수할 때와 똑같은 목표를 가집니다. 즉, 우리는 본질적인 매력을 가진 소프트웨어 사업의 영구적인 주인이 되고자 합니다. 우리는 공개 기업 이사회 합류가 허락된다면, 그 기업 쪽에서 원치 않는 경영권 인수를 위한 주식 매입에 제한을 두는 계약을 제안합니다. 이로써 우리가 투자하는 공개 기업의 기존 장기 주주들은 계속해서 소유권의 혜택을 누릴 수 있습니다. 우리와 비슷한 목적을 가진 주주들의 입장에서 우리는 극히 우수한 공동 투자자일 것입니다.

이사회가 대의권에 대한 우리의 요청을 거절할 경우, 우리는 '주주 지배주의shareholder democracy'에 의지할 것입니다. 즉, 다른 주주들에게 접근해서 우리의 이사회 참여 요청을 지지해달라고 부탁할 것입니다. 최후의 수단은 적대적 매수가 될 것입니다.

2009년
지표

GAAP 내역서는 투자자들이 회사의 성과를 감시하고 평가하는 최고의 도구입니다. 우리는 여러분께 조정 순이익, 평균 투하 자본, ROIC, 유기적 순매출 증가율, 감손율(CSI 지표) 등 우리 나름의 계산을 제공해 GAAP를 보완하려 했습니다. CSI 지표들이 냉소를 자아내는 분기들이 있습니다. 따라서 저는 이 서한에 지난 10년 동안 회사의 성과를 반영하는 2가지 GAAP 재무 지표를 포함했습니다. 이 연례 서한들에 포함하면 좋겠다고 생각하는 다른 지표들이 있다면, 언제든 제안해주시기 바랍니다.

내부적으로 우리는 조정된 순이익을 우리가 창출하는 현금 수익

중 세금을 납부한 후 남은 것으로 생각합니다. GAAP 순이익과 가장 큰 차이는 우리가 무형자산의 경제적 가치는 감소하지 않는다고 가정한다는 점입니다. 이것은 우리 이사회가 엄밀히 조사하고, 주주인 여러분이 감시해야 할 대단히 중요한 가정입니다. 우리는 이사회와 함께 '계속 확대되는 무형자산의 가치'라는 주장을 지지하는 방법으로 정기적으로 우리가 인수한 사업 부문의 현금 흐름을 예측하고, 이를 인수 IRR로 계산한 원래의 인수 비용과 비교하는 방법을 사용합니다.

장기

우리의 감손율 역시 클라이언트 관계의 장기적 성격을 보여줍니다. 2009년 고객 상실로 인한 감손율은 약 4%로, 이는 우리의 고객이 콘스텔레이션에 평균 26년 동안 함께한다는 것을 시사합니다. 20년 이상 된 고객 관계는 대단히 큰 가치를 지닙니다. 우리는 1만 명의 고객들과 공생적 관계를 맺습니다. 우리는 매일 수천 통의 전화를 처리하고, 매년 고객의 피드백과 제안을 통합해 미션 크리티컬^{mission critical}(시스템이 절대 다운되어서는 안 되는 하드웨어적 환경에 있는 기반 시스템-옮긴이) 소프트웨어 새 버전들의 점수를 발표합니다. 우리 제품은 고객 매출의 1%를 거의 넘지 않는 연간 비용으로 고객들이 그들의 사업을 효율적으로 운영하고, 그들 업계에서 최선의 관행을 채택하며 변화하는 시대에 적응하도록 돕습니다.

전략

우리는 다양한 수직 시장 소프트웨어 기업 중에서 본질적인 매력을 지닌 소규모 수직 시장 소프트웨어 기업들을 연속적으로 인수해왔습니다. 우리는 이런 기업들에 유능한 장기 지향 소유주가 되려고 노력하고 있습니다. 우리의 유지비 감손율과 유기적 유지비 증가율은 (우리의 수익성과 함께) 우리의 활동이 성공적이었음을 증명합니다. 대부분 소규모 소프트웨어 기업을 오래 소유할수록 기업은 더 커지고 실적도 좋아졌습니다. 이런 전략을 계속 추진해간다면 우리는 계속해서 새로운 수직 기업을 추가하고, 매년 더 많은 소규모 인수를 해나갈 것입니다.

우리는 지금까지 대부분의 경영을 각 수직 기업의 총괄 관리자들에게 맡겨 기하급수적인 성장을 이끌어왔습니다. 우리는 CSI에서 대단히 미미한 인프라를 가지고 있습니다만, 새로운 인수를 통해 자신의 수직 시장 소프트웨어 사업에 대해 잘 알고 있는 총괄 관리자들, 즉 업계를 선도하며 뛰어난 자본 조건을 가진 수직 시장 소프트웨어 기업을 만들어온 베테랑들이 따라올 것이라고 믿습니다. 또한 100개 이상의 관련 기업을 보유하고 있는 우리에게는 공유 가능한 최선의 관행들이 있습니다. 우리는 새롭게 인수한 기업의 경영진들을 대상으로 기업을 성장시키고 더 발전시킬 방안에 대한 코칭을 진행합니다. 저는 이들 경영진에게 적절하게 보상하고, 이들에게 지나치게 간섭하려는 유혹을 떨치기만 한다면, 앞으로 오랫동안 콘스텔레이션의 규모를 순조롭게 키워나갈 수 있다고 생각합니다.

낮은 주식 회전율

2009년 우리 주식의 1/11만이 주인이 바뀌었습니다(2008년 1/16). 우리 주가는 2006년의 IPO 이래 연평균 16%로 S&P TSX의 실적을 능가했습니다. 좋은 회사라고 믿는 곳에 장기 투자할 기회를 얻기 위해 유동성을 기꺼이 희생하는 주주들을 매료시킨 것 같습니다. 우리는 계속해서 투자에 대한 우리의 접근법을 공유하는 장기 지향적인 주주를 유인하기 위해 노력할 것입니다.

―――――――――――― **2010년** ――――――――――――

2010년 콘스텔레이션의 일부 단기 대주주(사모펀드)가 전략적 검토 과정을 강요했고, 이사회는 이를 실행했다. 레너드는 2010년과 그다음 해의 서한에서 이 사건을 '그 프로세스'라고 부르면서 반감을 뚜렷이 드러냈다. 결국 사모펀드를 사들일 새로운 장기 투자자들을 찾아 CSI는 온전히 남게 되었다.

예상 매수자에 대한 회사의 마케팅은 회사의 경영자와 직원들의 주의를 크게 흩뜨렸고 앞으로도 그럴 것입니다. 그것이 용인할 수 있는 제안으로 귀결될지는 확신할 수 없습니다. 우리는 이 프로세스를 최대한 빨리 헤쳐나가 우리 대주주들에게 유동성을 창출하고, 우리 사업을 성장시키는 일로 되돌아가길 희망합니다.

장기

전략적 검토 과정을 거치는 동안은, 경영진이 직원을 충원하거나 비용을 늘리는 (특히 장기 이니셔티브를 위해) 일을 삼가는 듯한 느낌이 들었습니다. 그 프로세스에서 우리 경영진은 새로운 수직 시장 소프트웨어 기업의 인수를 중단하라는 지시를 받았습니다. 그렇지 않았다면 인수를 위해서 사용되었을 시간과 주의가 CSI의 잠재 인수자에게 대응하는 일에 전용되었을 겁니다. 저는 이 모든 일이 장기적인 이니셔티브에 대한 투자와 인수에 들어가야 할 주의와 에너지를 빼앗아 단기적 수익성에 집중시켰다고 생각합니다.

주가

저는 과거 펀더멘털에 집중한다면 주가를 따로 신경 쓸 필요가 없다고 주장했습니다. 지난해의 사건으로 저는 그 견해에 대해 다시 생각해보게 되었습니다. 주가가 내재가치와 너무 동떨어지면 회사가 문제에 빠질 수 있다는 쪽으로 생각이 바뀌고 있습니다. 주가가 너무 낮으면 결국 문 앞에서 오랑캐를 만나게 될 수 있습니다. 반면 주가가 너무 높으면 더 매력적인 기회에 과거 충성도가 높았던 주주들과 직원 주주들을 놓칠 수 있습니다.

장기 지향적인 입장을 견지하려면 회사와 그 모든 구성원 간에 높은 상호 신뢰가 있어야 합니다. 우리는 우리 경영진과 직원들을 신뢰하며, 그들이 관료주의로 인해 지장을 받는 일을 가능한 줄이기 위해 노력합니다. 우리는 경영진이 장기 이니셔티브를 추진하도록 격려합니다. 또한 그들에게 당장 수익이 나지는 않더라도 장기적으로 CSI 의 상징이 될 잠재력을 가지고 있는 기업을 매수하도록 자본을 제공합니다.

우리는 대부분 내부 승진을 합니다. 상호 신뢰와 충성을 구축하는 데에는 오랜 시간이 걸립니다. 새롭게 고용한 똑똑하고 수완이 좋은 용병들이 인정받고 뿌리를 내리는 데에도 긴 시간이 필요할 수 있기 때문입니다. 우리는 경영진과 직원들에게 주식으로 인센티브를 지급하기 때문에 (3~5년 조건부) 그들은 경제적으로 주주들과 같은 생각을 가집니다. 이를 통해 우리는 직원의 충성을 기대합니다. 직원들이 5년 동안 회사와 함께할 생각이 아니라면 그들은 수년이 걸리는 이니셔티브의 결과에 큰 관심을 두지 않을 것이고 장기적인 수익을 단기 보너스보다 앞세우지 않을 것입니다.

회사의 목숨이 경각에 달려 있다면, 직원들은 근심에 휩싸일 것이고 신뢰는 무너질 것입니다. 그런 상황에서 직원들이 걱정하게 될 문제들은 쉽게 떠올릴 수 있습니다. '기존의 장기 지향적인 보상 제도가 바뀔까? 독립성에 제약이 생길까? 사장이 해고될까? 장기 근속한 직원의 상당수를 해고해야 하지 않을까? 단기적으로는 손실을 볼 가능성이 높은 이니셔티브에 착수해야 할까? 대주주들이 매도를 원하는 이유는 무엇일까? 대주주들만이 알고 있는 회사의 미래에 영향을 주는 중대한 일이 존재하는 것일까?'

고객들은 자신의 사업을 효율적으로 운영하고 자신의 정보 시스템을 진화하는 최선의 업계 관행에 적응시킬 수 있는 도구를 공급하는 우리에게 의지하고 있습니다. 매각 가능성이 발표되면 그들 역시 회사와의 관계에 의문을 품기 시작합니다. '가격이 변경될까? 우리를 보호하기 위해 더 강력한 계약이 필요하게 될까? 직원들이 바뀔까? 매각될 경우 회사가 상당한 부채를 안게 될까? 그 회사는 계속해서 그 솔루션에 투자할까?'

주주들은 계속 소유권을 갖고 있어도 될지 의문을 품게 됩니다. '이사회가 매각을 고려하는 것은 회사의 장기적 전망에 우려가 있기 때문인 걸까? 회사가 고점高點을 찍은 것일까? 그렇다면 주주들은 펀더멘털 정체기가 오기 전에 매도해야 하는 것일까?'

우리 직원, 고객, 장기 주주들은 지난해 불확실성과 연관된 이 9개월의 '프로세스'를 견뎌냈습니다. 저는 '그 프로세스'가 회사의 전망에 악영향을 끼쳤다고 확신합니다. 하지만 아이러니한 결과로, 인수 투자가 둔화되고, 현금이 쌓이며 이사회는 상당한 배당을 실행할 수 있게 되었습니다. 이 모두가 지난 16개월 동안 우리 주가가 70% 오르는 데 큰 몫을 한 것으로 보입니다. 주가 상승은 회사 전체가 구매자에게 넘어갈 가능성을 무산시키는 동시에 2명의 우리 대주주가 내재가치에 더 가깝다고 느끼는 가격에 일부 주식을 매도할 수 있게 해주었습니다.

우리가 '그 프로세스'를 발표했을 때, 저는 수준 높은 여러 장기 주주들에게 (두 명의 대주주를 제외하고) 회사의 내재가치를 어느 정도로 추정하는지 질문을 드렸습니다. 저는 그들의 대답에 놀랐습니다(제 추정치보다 높은 것 같았습니다). 하지만 주주들이 매각이라는 상황에서 회사에 높은 표시 가격을 매기려 하는 것으로 생각했습니다. 이듬해에, 이 주주들은 가격이 계속 오르는 가운데에서도 눈에 띄게 CSI 지분을 늘렸습니다. 이런 확신에 찬 의사 표시가 2가지 일을 이루어냈습니다. 첫째, 저는 '그 프로세스'의 시작 시점에 회사가 과소평가되었을 수 있다는 점을 받아들이게 되었습니다. 또한 우리가 장기 지향 주주들을 보유하고 있으며 이들은 우리의 번영으로 이어질 안정적인 소유권을 제공할 수 있다는 확신을 하게 되었습니다. 한 저명한 투자가는 제게 이렇게 말했습니다. "결국 당신의 자격에 걸맞은 주주들을 얻게 될 것입니다." 그 말이 참이기를 바랍니다.

'주가 관리'에는 CSI에 유난히 중요할 수 있는 미묘한 측면이 있습니다. 거의 모든 회사의 경우, 주가가 지나치게 낮으면 그런 프로세스의 존재 가능성이 있고 우리도 다르지 않습니다. 그렇지만 CSI의 주가가 지나치게 높아지면, 저는 우리가 대부분의 귀중한 지지자를 잃게 될 수 있다고 생각합니다. 우리 직원들의 대부분은 실무자로 출발해 우리와 오랜 시간을 함께했습니다. 그들은 동료들로부터 그리고 자신의 직접 실험을 통해서 최선의 관행을 익히면서 자신이 하는 일을 더 낫게 만들어왔습니다.

저는 그들이 수직 시장 소프트웨어 기업의 실무자로서 가장 뛰어난 인재들이라고 단언할 수 있습니다(그리고 저는 그런 인재들을 알아보는 특유의 역량을 갖추고 있습니다). 그들은 매우 드문 또 다른 기술도 갖고 있습니다. 그들은 높은 수익률을 내도록 자본을 배치하는 방법을 압니다. ROIC와 유기적 성장 통계들을 보면, 우리 고위 경영진이 그들이 활용하는 자본에 대해 25%가 넘는 수익률을 꾸준히 올리고 있다는 것이 드러납니다.

투자자인 여러분은 이것이 달성하기 대단히 어려운 수치임을 아실 것입니다. 이런 다재다능한 경영진을 어떻게 지킬 수 있을까요? 우리는 만족스러운 환경, 도전의식을 북돋우면서 함께하면 즐거운 동료들, 그리고 의미 있는 일을 제공하고 싶습니다. 보수도 많이 지급합니다. 그들은 순자산의 대부분을 조건이 붙지 않은 CSI 주식에 투자한 결과, 모두 수백만 달러에 이르는 자산을 갖고 있습니다. CSI 주식이 높은 수익을 낼 것으로 생각지 않았다면, 그들은 주식을 팔고 그들의 기술을 자기 자본을 배치하고 관리하는 데 사용할 것입니다. 우리가 매수하는 평균 기업의 시장가치는 300만 달러 이하이기 때문에 경영자들 거의 모두가 아주 빠르게 개인 사업자로 돌아설 수 있습니다.

저는 지나치게 높은 가격에 CSI 주식을 거래하는 일을 피하고자 항상 노력합니다. 이사회의 구성원 대부분이 정반대 문제를 의식합니다. 저는 이제 우리가 주식을 또 다른 프로세스를 자초하거나 직원 주주와 장기 주주에게 지분을 청산하도록 자극하지 않는 가격 범위로 관리하는 일의 중요성을 알고 있다고 생각합니다. 저는 주가가 회사의 내재가치와 발을 맞추도록 하는 것이 그리 어려운 일이 아니라고 생각합니다. 이사회와 제가 그 일을 의식하기만 하면 됩니다.

2012년
규모

우리의 장기 주주, 이사회, 애널리스트들은 CSI의 규모 확대 역량에 대해 모두 걱정하고 있는 것으로 보입니다. 저는 그들의 문의에 답할 때 외에는 그 문제에 대해서 긴 시간 생각해보지 않았습니다. 우리는

18년 동안 점진적으로 진화해왔고, 패러다임의 전환이 시급하다고 느끼지 않습니다. 그런데도 똑똑하고 열심히 하는 많은 구성원이 계속해서 같은 문제를 제기할 때는 그들의 걱정거리와 그런 질문을 하는 사람들의 마음에 대해서 살펴볼 필요가 있습니다.

저의 계산에 따르면 현재 주식 가격으로 본 CSI의 가치는 2012년 수익의 약 16배입니다. 때로는 평균적인 경제 상태보다는 한계수익을 보는 것이 유용합니다. CSI의 평균 순수익이 3,200만 달러 증가했다는 것은 주당 약 1.5달러의 수익으로 해석됩니다. 평균 순수익의 증가와 동반해 CSI의 주가는 주당 40달러 정도 상승했습니다.

대략 계산해보면, 주주들이 2012년 증분이익의 25배 이상을 우리에게 맡겨놓은 것입니다. 그런 식의 주가 수익 배수는 성장 의무를 만들어냅니다. 빠르게 주가 수익률을 높여야 주주, 애널리스트, 이사회를 실망시키지 않을 수 있습니다. 따라서 궁극적으로 '규모 확대 역량'에 대한 질문이 쏟아지게 하는 촉매제는 우리의 관행이나 성과가 아닌 우리의 주가인 것 같습니다. 질문의 근원과 관계없이 성장을 위해 우리가 해야 할 일에 대한 맥락에는 적절한 부분이 있어 보입니다.

CSI의 성장에는 유기적 성장과 외형 확장의 2가지 요소가 있습니다. 제 생각에 유기적 성장은 소프트웨어 기업에서 가장 어려운 경영상의 과제이지만, 어쩌면 가장 보람 있는 과제이기도 합니다. 피드백 사이클이 대단히 길기에 경험과 지혜가 무척 느린 속도로 늘어납니다.

2004년 우리는 우리의 연구개발과 판매마케팅^{Research & Development and}

지출을 이니셔티브와 그 외, 이렇게 두 바구니로 분리했습니다. 이니셔티브는 새로운 상품을 만들거나 새로운 시장에 진입해야 하는 대단히 장기적인 투자입니다. 중·고액 상품 수직 시장 소프트웨어 사업의 경우, 이니셔티브의 현금 흐름이 손익분기점에 이르기까지 보통 5~10년이 필요합니다. 우리는 그런 이니셔티브를 우리의 다른 RDSM 지출과는 다르게 측정하고 취급해야 한다고 생각합니다. 소프트웨어 기업은 강철 같은 눈빛의 집요한 개발자(여기서는 대체 소프트웨어 설계자, 제품 관리자나 설립자)를 통해 미래를 내다보는 새로운 상품을 정기적으로 내놓아야 합니다.

우리는 CSI가 장기 RDSM 투자에 대한 어느 정도 합리적인 접근법을 취하는 몇 안 되는 소프트웨어 회사 중 하나라고 생각합니다. 우리는 웅장한 전략이나 거창한 포고로 그 자리에 오른 것이 아닙니다. 우리의 내부 벤처들을 좀 더 잘 관리할 수 있겠다는 생각이 들었을 뿐이고, 그렇게 그들의 실적을 측정하기 시작했습니다. 이니셔티브에 관련된 사람들은 데이터를 만들어냈고, 측정을 통해 조정과 적응이 이루어졌습니다. 여기에는 6년이라는 긴 시간이 필요했습니다. 이를 통해서 우리는 우리 경영자들과 직원들 세대의 심성 모형을 근본적으로 변화시켰습니다.

우리가 성장하는 다른 하나의 방법은 인수를 통해서입니다. 우리는 많은 인수를 합니다. 캐나다에서 이만큼 많은 인수를 한 기업에 대해서는 들어본 적이 없습니다. 미국에서도 지속적인 인수를 하고 있습니다. 우리는 미국에서 CSI보다 더 많은 경험을 한 기업 2곳을 만났습니다. 그들은 흥미로운 식견을 제공하기는 했으나 모방할 만한 명확한 모델을 갖고 있지는 않았습니다. 우리는 인수 접근법을 자체적으로 만들었고 여기에 몇 가지 기본 주제를 기반으로 하는 변화를 주곤 합니다.

우리가 가장 좋아하고 자주 하는 인수 형태는 설립자로부터 기업을 인수하는 것입니다. 설립자가 인생의 많은 부분을 투자해서 사업을 구축하는 경우에 장기 지향적인 자세가 직원 선정과 개발, 공생적인 고객 관계 구축, 수준 높은 제품군의 진화 등 기업의 모든 측면에 스며드는 경향이 있습니다. 설립자가 운영하는 기업은 CSI와 문화적 궁합이 잘 맞으며, 우리가 인수한 대부분 기업은 CSI라는 지붕 아래에서 기존의 경영진이 관리하는 독립적인 사업 부문으로 운영되고 있습니다.

우리는 이런 인수 대상 기업 수천 개를 추적하면서, 정기적으로 그 소유주들에게 적절한 시기에 우리가 그들 사업의 영구적인 새 주인이 될 기회를 원한다는 점을 알리려고 노력합니다. 이러한 인수의 공급 측면에는 인구학적 특징이 있습니다. 이들 기업 대부분이 소형, 초소형 컴퓨터의 출현과 함께 존재하게 되었고, 창립자 대다수가 현재 은퇴를 고려하는 베이비붐 세대라는 점입니다.

가장 수익성이 컸던 인수들은 부실 자산이었습니다. 때로 대기업들은 자기 업계의 주변부에 있는 소프트웨어 기업들이 좋은 인수 대상이라는 확신을 합니다. 그러나 예상대로의 동반 상승효과가 생기는 경우는 드물고, 문화적 충돌이 자주 일어나면서 모기업은 결국 인수했던 소프트웨어 사업을 매각하기로 결정합니다. 처음 인수를 옹호했던 사람들이 입장을 바꾸기까지 보통 5~10년이 걸리고 이후에 기업은 자산을 분리합니다.

법인체로부터의 인수가 가장 매력적인 경우는 불황 때인 것 같습니다. 우리는 가끔 연식이 들어가는 사모펀드로부터 포트폴리오 기업을 인수하기도 합니다. 좋은 거래가 될 법하지만, 몇 가지 이유에서 기업 매수자를 끌어들이기에 힘이 듭니다. 기업이나 사모펀드 투자 철수의 경우에는 우리가 매수하는 설립자 기업보다 훨씬 규모가 커서 인수 후의 문화적 문제가 더 많은 편입니다.

극적인 조직 재구성, 자본 재구조, 그리고 큰 걱정이 없다면, CSI는 약간의 미조정과 정상적인 점진적 변화를 거치면서 향후 5~10년 동안 주당 수익률과 규모를 2배로 높이는 동시에 계속 배당 지급하는 경영 및 재무 역량을 갖출 수 있을 것으로 생각합니다. 이 정도면 어떤 회사에든 인상적인 성취가 될 것입니다. CSI는 지난 10년 동안 달성한 것과 같은 속도로 규모를 확대할 능력을 갖추고 있을까요? 우리는 시도조차 하지 않을 만큼 겸손하진 못합니다. 저는 도전한다면 행운이 계속될 수 있을 것으로 생각합니다.

배당

배당은 전략 조치가 아닌 전술 조치입니다. 배당은 우리 주식의 매력을 확대해서 사모 투자자들이 출구를 찾게 도와주었습니다. 여러 새로운 투자자들께서 사모 주식 매수에 보여주신 CSI에 대한 믿음에 감사드립니다. 우리는 이들 투자자들이 주식을 사는 데에는 배당과 지속적인 수익에 대한 암묵적인 약속이 한몫을 했다고 인식하고 있습니다. 그것을 제거하는 것은 우리의 독립을 빚지고 있는 주주들로부터 권리를 박탈하는 것입니다. 저와 고위 경영진 대부분은 그런 일을 용납할 수 없으며, 따라서 그런 일이 일어나게 하지 않을 것입니다.

내실 추구

우리는 CSI의 주가가 우리의 근본적인 경제 상황을 반영해주길 바랍니다. 어느 때나 적대적 매수 의욕을 꺾을 만큼 가격이 매우 높고, 수준 높은 장기 지향 투자자들이 매도의 유혹을 받지 않을 만큼 가격이 매우 낮기를 바랍니다. 충분한 자격을 갖춘 주주 및 파트너를 끌어들이고 교육하는 데에는 많은 시간과 노력이 필요합니다. 우리가 가장 원치 않는 일은 매각입니다.

주식 가격이 너무 높아져서 자격과 역량을 갖춘 투자자들이 매도에 나서면, 자격과 역량을 갖추지 못한 투자자들이 그 자리를 채울 것이고 그들은 결국 실망할 것입니다. 이는 과잉 수정되는 주가로 이어지고, 다시 공개 매입이나 더 교활한 약탈적 주식 환매로 이어질 수 있습니다. 자사주 매입은 경영진과 이사회에 구미가 당기는 일입니다. 환매는 많은 경영진과 내부자들에게 이익이 되고 언론으로부터 찬사를 받습니다. 저는 내부 정보에 근거한 매수는 종종 묵인되기는 하지만, 온당치 못한 일이라고 생각합니다. 이 경우 주주는 파트너가 아닌 희생자가 됩니다.

우리는 장기 투자자들 외에 그들보다 재정 지향성이 낮은 장기 투자자층을 (우리 직원 주주들을 비롯하여) 가지고 있습니다. 직원 보너스 제도에 따라 모든 직원은 일정 수준 이상의 보상을 CSI에 투자하고,

그 주식을 평균 4년 이상 보유해야 합니다. (실제로, 직원들의 평균 보유 기간은 그보다 훨씬 깁니다.) 우리는 비전문 투자층을 보호해야 하는 무거운 책임을 느낍니다. 그 일을 할 수 있는 한 가지 방법은 주가가 항상 적정한 범위에 있도록 노력하는 것입니다.

CSI의 주가는 지난 2년간 연 68% 상승했지만, 우리의 주당 매출과 주당 영업활동 현금 흐름은 각각 연간 25%와 27%씩 상승했을 뿐입니다. 주식 가치와 펀더멘털 간의 차이로 우리는 다중 확장이 합리화될 수 있는지 실험해보게 되었습니다(그 기간에 주당 수익률과 주당 평균 순수익 지수가 약 2배 증가했습니다.) 우리는 CSI를 담당하는 투자 은행과 중개 업체의 애널리스트 8명과 접촉해서 현금 흐름 할인 평가 Discounted Cash Flow valuation, DCF 모델을 요청했습니다. 애널리스트들은 동배 비교, 시장 배수, 기타 방법들도 가치 평가 과정에 사용하기 때문에 그들의 DCF 결과가 CSI에 대한 평가를 모두 설명해주지는 않습니다. 그런데도 그들의 모델은 회사에 대해 갖는 근본적인 가정을 드러내는 경향이 있습니다.

유기적 성장, 외형 확장, 인수 가격 설정, 자본 비용, 마진, 세율, 최종 성장률에 대한 애널리스트들의 평균적인 가정을 검토하면서 우리는 대부분의 가정이 상당히 쉽게 납득되는 것을 발견했습니다. 우리가 가장 이해하기 힘들었던 가정은 미래 현금 세율과 장기 성장률이었습니다(둘 다 낮게 생각되었습니다).

우리는 이런 변화들을 정리해서 애널리스트들의 평균적인 가정에 CSI의 몇 가지 수정 사항을 더한 DCF 모델을 만들었습니다. 이것을 합의 모델Consensus Model이라고 부르겠습니다. 합의 모델은 기존 주가에 약간의 프리미엄이 붙은 주가를 만들어냈습니다. 하지만 우리가 CSI 자본을 투자할 때 추구하는 안전한계는 없었습니다. 이 활동을 통해 과거에 회사가 만든 것과 비슷한 가정들을 근거로 현재 주가의 정당성을 수학적으로 입증할 수 있었습니다.

이 실험에서 더 흥미로운 부분은 합의 모델을 이용해서 민감도 분석을 하고, 대안 전략을 살피는 것이었습니다. 다음의 모든 사례에서 우리는 단 한 가지 변수에만 변화를 주었습니다. 현실에서 우리 사업들은 매우 역동적이기 때문에 하나의 변수만 바뀌어도 사업 전반에 영향을 미칩니다.

유기적 성장 가정만 바꿔도 CSI 주식의 내재가치에 많은 영향을 줍니다. 기본 가정에 유기적 성장을 2.5%만 높여도 내재가치는 2배가 넘게 됩니다. 유기적 성장 가정의 기준점에서 2.5%만 낮추어도 주식 내재가치의 거의 절반을 잃게 됩니다. 왜 그렇게 많은 소프트웨어 기업 CEO가 성장에 매달리는지 이제 아시겠습니까?

CSI가 더는 인수를 하지 않는다고 가정하면, 합의 모델이 계산해내는 내재가치는 현재 가격의 절반 정도에 해당합니다. 이런 가치 평가의 큰 변화는 저에게 충격이었습니다. 이는 우리의 인수 활동이 둔화되거나 인수한 기업의 실적이 저조할 경우, 우리 주식 가격이 크게 떨어진다는 것을 시사합니다. CSI 초기에 저는 주주들이 CSI의 잉여현금 흐름 전부를 배당으로 받는 것과 그 일부를 인수에 투자하게 하는 2가지 양면적인 감정을 가질 것이라고 가정했습니다. 하지만 모델에 따르면 전혀 그렇지 않았습니다.

합의 모델로 우리가 실험해본 다른 시나리오는 대규모 인수를 실행하는 것이었습니다. 기본 가정은 우리가 대규모 인수를 통해서 소규모 인수에서와 같은 영업 마진과 성장을 창출한다는 것이었습니다. 이는 대규모 인수가 내재가치를 크게 높이기는 하지만, 낮은 매도가에 '많은 소규모' 인수를 하는 것보다 크지 않다는 예측을 제시했습니다. 그리 놀라운 결과는 아니었습니다. 저는 소규모 인수를 많이 할 수 없다면, 가끔은 대형 인수를 하는 것도 적절하리라는 우리 믿음을 확인할 수 있었습니다.

우리가 시험한 마지막 시나리오는 보통주 외 자본(부채나 그와 유사한 것) 이용과 관련된 것이었습니다. 가정은 매출 증가율이 20%가 넘도록 자본을 조달하고 레버리지가 높지 않게 대차대조표를 운영하는 것이었습니다. 이 시나리오에서 합의 모델의 주주 가치는 매우 높아졌습니다. 고비용 부채를 이용했는데도 말입니다.

이 모델링 실험에서 제가 가장 놀란 것은 지난 2년 동안 우리의 복합적 확장을 우리의 '인수 엔진'이 설명해준다는 것이었습니다. 저는 시장이 우리의 미래 인수 역량에 대해서 대가를 내는 것보다는 과거의 입증된 역량에 대해 대가를 내는 편이 낫다고 생각합니다. 어찌되었든 지난 몇 년 동안, 특히 경제 위기나 불황에 인수가 주주 가치를 엄청나게 높였다는 것은 분명합니다.

기업 구조

주주들은 때때로 왜 RDSM과 같은 기능을 집중시켜 규모의 경제를 추구하지 않는지에 관해 질문합니다. 저는 우리 사업 부문의 규모를 작게 유지하고, 대부분의 의사결정이 사업 부문의 수준에서 이루어지게 하는 데 초점을 맞추는 것을 선호합니다. 벤처캐피털리스트일 때 고기능의 소규모 팀들과 일한 경험 때문이기도 하고, 대부분의 수직 시장에서 수익성과 상대적 규모 사이에 상관관계가 거의 없는 여러 자립적인 경쟁업체들을 보았기 때문이기도 합니다.

우리 운영 집단에는 제 의견에 동의하는 GM들도 있고, 그리 확신하지 못하는 이들도 있습니다. 저의 견해에는 여러 가지 뜻이 함축되어 있습니다. 우선 우리는 큰 사업 단위를 유지하는 데 압도적으로 명확한 이유가 있지 않은 한, 정기적으로 가장 큰 사업 단위들을 작고 더 집중적인 사업 단위로 나누어야 합니다. 그리고 인수하는 사업들은 기존의 CSI 사업에 합병하기보다는 별개의 단위로 운영해야 합니다. 마지막으로 본사와 운영 집단의 수준에서 사용하는 비용은 낮추어야 합니다.

저는 CSI의 전략과 우리 사업 부문의 전략을 혼동하는 주주들이 있다는 것을 알게 되었습니다. 우리의 개별 사업 부문은 훌륭한 해자들이 둘러싸고 있지만, '주식 시장 소프트웨어 자회사들을 아우르는 복합 기업'을 시작할 때, 해자 역할을 할 수 있는 것은 수표책과 전화기뿐입니다. 그러나 CSI는 복제와 유지가 어려운 매력적인 자산을 보유하고 있습니다. 우리는 199개의 사업 부문과 개방적이고 연대적이며 분석적인 문화를 갖고 있습니다. 이는 우리에게 가설을 시험할 수 있는 대규모 사업군, 실험적인 아이디어의 충분한 원천, 그리고 그런 아이디어의 적용에서 이익을 얻는 수용적인 청중을 제공합니다.

우리는 새로운 사업 프로세스가 효과적인지를 제가 아는 그 어느 회사보다 적은 비용으로 빠르게 알아낼 수 있습니다. 이런 종류의 즉석 실험에는 엄청난 시스템도 필요 없고, 수용적이지 않은 사람들에게 새로운 신조를 애써 설득할 필요도 없습니다. 수십 개 사업 단위의 호기심 많은 관리자들과 몇 명의 영리한 애널리스트면 충분합니다. 좋은 정보에 광범위하게 접근할 수 있는 CSI의 경우, 새로운 관행이 효과를 내기 시작하면 빠른 도입이 이루어지는 경향이 있습니다.

보상

지난해 저는 이사회에 제 봉급을 0으로 낮추고, 보너스 요소 또한 낮추도록 요청했습니다. 작년 CSI는 좋은 실적을 거두었습니다. 그렇기에 이러한 변경에도 불구하고 제가 받은 총보상액은 증가했습니다. 올해 저는 봉급과 인센티브 보상을 받지 않을 것이며 회사에 그 어떤 비용도 더는 청구하지 않을 것입니다.

저는 CSI의 설립 이래 20년 동안 사장직을 맡아왔습니다. 저는 모든 보상을 포기했습니다. 앞으로는 지난 시간 동안 했던 것만큼 열심히 일하지 않을 작정이기 때문입니다. 보수를 삭감함으로써 저는 개인적 의무에 대한 압박감이 적은, 더 균형 있는 삶을 영위할 수 있을 것입니다. 제가 비용을 스스로 충당하는 데에는 다른 이유가 있습니다. 저는 보통 이코노미 좌석으로 출장을 다녔고, 중저가 호텔에 머물렀습니다. CSI의 주주에게 얹혀가고 싶지 않았고, 매달 출장을 다니는 수천 명의 CSI 직원들에게 좋은 본보기를 만들고자 했기 때문입니다. 나이를 먹고 재산도 늘면서 저는 편안함, 안락함, 속도를 돈과 기꺼이 맞바꾸게 되었습니다. 이제부터는 주로 비행기 앞좌석에서 저를 보시게 될 것입니다.

저는 제가 하는 일을 좋아하며, 건강이 나빠지거나 이제는 물러날 때라고 몸이 신호를 보내지 않는 한, 일을 그만두고 싶지 않습니다. 우리는 매우 훌륭한 이사회를 가지고 있습니다. 제가 고위 임원으로서 회사에 더는 가치를 부가하지 못한다는 판단은 이사회에 맡기고자 합니다.

저는 이런 방식에 대해 의혹을 띠고 있거나 가지게 될 이사, 주주, 직원들이 있다는 것을 알고 있습니다. 저는 인수, 감시, 최선의 관행 개발, 투자자 관계, 자금조달 등 제가 늘 해왔던 일을 계속할 계획입니다. 주말 근무, 밤샘 근무, 주 60시간의 고된 근무 등과 같은 제 이전 회사 생활의 특징이었던 것들은 지속하지 않을 것입니다. CSI가 비전형적인 조직 구조로 되어 있다는 것을 잊지 말아 주십시오. 우리는 중앙 집권적인 명령과 통제가 많지 않은 상태에서 지금까지 번영해왔습니다. 저는 이전처럼 출장을 많이 다니거나 많은 시간을 할애하지 않을 테지만, CSI의 운영 집단에는 기량이 뛰어나고 노련한 많은 경영자가 있습니다. 그들은 저보다 훨씬 더 나은 코치, 문화담지자culture bearer(문화적 가치와 특성을 전달하여 확산시키는 개인- 옮긴이), 가설

생성자가 될 것입니다.

이러한 보상의 변화로 저는 대리인 문제도 피할 수 있게 됩니다. 사장으로서의 보상은 이제 오로지 CSI에 대한 제 지분에만 연관됩니다. 본질적으로 저는 CSI의 직원이 아닌 파트너입니다. 저로서는 이 관계가 훨씬 마음에 듭니다.

2015년
기업 구조

레너드는 CSI가 고실적 복합 기업High-Performing Conglomerate, HPC에 대해 실행한 일련의 연구 결과에 대해 논한다. 교훈을 얻을 수 있을 만한 HPC를 선정하기 위해서 첫째로는 수십 년에 걸쳐 번영한 기업을 중심으로 했고, 둘째로는 그런 업체의 수가 적다는 것을 염두에 두며 최소한 10년 동안 높은 주주 수익률을 낸 기업들을 관찰했다. 연구 대상이 된 기업은 아메텍Ametek, 다나허Danaher, 도버Dover, ITW, 로퍼Roper, 잭 헨리Jack Henry, 트랜스다임Transdigm, 유나이티드 테크놀로지스United Technologies이다.

저는 운영 집단이 인수 활동을 사업 부문Business Unit, BU 수준으로 내려보내도록 권장했습니다. 자본 배치 비용이 더 들더라도 말입니다. 수백 명의 BU 경영자를 유능한 임시 자본 배분자가 되도록 훈련시키고, 우리가 필요로 할 때 그들이 인수 분석과 구조적 지원을 제공한다면, 연간 30건이 아닌 100건의 인수를 할 수 있는 날이 올 것입니다. 이로써 BU 경영자의 직무는 더 풍성하고 재밌어지겠지만, 한

편으로는 부담도 커질 것입니다.

수백 개의 소규모 기업을 인수해 자율적으로 관리하는 전략을 따랐던 HPC는 단 한 곳뿐이었습니다. 그들도 결국은 중앙 집권화의 확대에 굴복했습니다. 저는 여러 소규모 사업과 기업의 리더들을 지원하기 위해서는 장기적인 투자 지평과 강한 신뢰의 문화가 필요하다고 생각합니다. 신뢰가 흔들린다면, BU는 관료주의에 질식할 수 있습니다. 단기성과가 다른 무엇보다 중요하다면, 합병의 동반 상승 효과라는 유혹이 힘을 키울 것입니다. 우리는 자율과 책임이 최고의 경영자와 직원들을 유인하고 그들에게 동기를 부여한다는 믿음을 지키고 있습니다.

좋은 BU 관리자들을 영입하고 유지하기 위해 어떻게 해야 할까요? 우리의 최고 BU 관리자들은 수직 시장과 인접 시장에서의 유기적인 성장과 인수를 통해 수년 동안 두 자릿수의 성장률을 만들어왔습니다. 자본 집약도가 낮은 그런 유형의 성장은 엄청난 인센티브 보상을 창출하는 강력한 자본 환경을 만듭니다. 처음 일을 시작해 단일 BU를 운영하는 관리자들에게는 그런 복합적인 효과가 확실히 드러나지 않기 때문에, 우리는 자산 증대의 잠재력이 분명해질 때까지 이 집단에 그런 BU 관리자들이 계속 머물게 하는 것을 목표로 추가적인 보너스 제도를 도입했습니다. 현재 백만장자인 CSI 주주 직원은 100명이 넘습니다. 10년 후에는 그 숫자가 5배가 되는 것이 제 바람입니다.

ROIC 역시 우리 인센티브 보상 제도의 주요 동인의 하나이기 때문에 우리는 '증가하는 ROIC'의 문제에 대해서 주의를 기울이고 있습니다. ROIC가 대단히 높으면, 보너스는 보너스 이전 순수익에서 불균형하고 부적절하게 많은 부분을 소모하기 시작합니다. 우리는 실제로 이런 상황을 몇 차례 겪었습니다. 제도를 바꿀 수도 있고, 보너스의 상한을 정할 수도 있으며 경영자들에게 그들이 얻는 수익을 인수나 이니셔티브로 재배치하도록 요청할 수도 있습니다.

그러나 우리는 보너스 제도를 변경하는 것을 좋아하지 않습니다. 경영자들이 단기 수익과 보너스를 기꺼이 높은 장기 수익과 맞바꿀 정도의 신뢰를 구축하려면, 말 그대로 오랜 시간이 걸리기 때문입니다. 2011년 대주주들이 CSI를 팔려고 내놓았을 때 이런 상황을 확실히 겪었습니다. ROIC가 치솟았고, 인수는 극적으로 감소했으며 이니셔티브 지출은 하락했습니다. 새로운 주인이 보너스 제도를 바꾸고 엄청난 부채를 끌어들여 기업을 인수할 수 있다는 전망 앞에서, 우리 경영진들은 당신이 예상할 수 있는 그대로의 반응을 보였습니다. 단기적인 수익과 보너스를 극대화하기 위해 장기적인 성장과 수익을 희생시키기로 한 것입니다.

또 다른 대안은 보너스의 상한을 정하는 것입니다. 이 방법은 실적이 좋은 해와 그렇지 못한 해 사이에 매출과 이윤을 이동시키는 매우 강력한 인센티브가 될 것입니다. 게다가 회계와 정보 시스템이 경영 도구로써 가지는 유용성도 해칩니다. 선한 의도를 가졌던 사람도 "모두가 다 그렇게 해." 혹은 "여기는 모호한 영역이야."라는 말에 빠져 작은 한 걸음을 내딛다가 나쁜 사람이 됩니다. 직원들을 그런 미끄러운 비탈로 밀어버리는 인센티브 시스템을 만들어서는 안 됩니다. 우리는 상한이 있는 보너스를 좋아하지 않습니다.

마지막 대안은 자본 배분을 운영 집단과 사업 부문에 맡기는 것입니다. 상당한 수익을 내면, 그들은 그 자본의 일부를 어떻게 재배치할지 파악해야 할 것입니다. 수익을 많이 내지 못하면, 그들은 얼마든지 잉여 자본을 본사로 돌려보낼 수 있습니다. 운영 집단과 BU는 엄청난 인적 자원을 '소유'하고 있기에, 기회를 (그런 기회가 인수이든 이니셔티브이든) 개발하고 관리할 능력 역시 그들이 갖고 있습니다. 이것이 ROIC가 대단히 높아졌을 때 우리가 채택하는 대안입니다.

우리는 스스로 실적을 평가할 때 IRR을 사용합니다. 우리는 매 분기 우리 인수에 대한 IRR 예측을 업데이트합니다. 각 인수 IRR에 대한 '역사'가 쌓이고 '예측'이 줄어들수록, IRR은 경영자 투자 성과에 대한 좋은 척도가 됩니다. 누가 가장 훌륭한 자본 배분가인지 파악하려면 긴 시간이 필요합니다. CSI 주주들은 IRR 정보를 갖지 못합니다. 주주들은 대개 우리가 한 수백 건의 인수에 대해서 전부 살펴볼 생각은 없어서, 그 정보를 (여기에는 예측이 포함됩니다) 얻을 수 없는지 묻곤 합니다. 그러나 그 정보를 누설하는 것은 경쟁자에게 인수 가격 설정 정보를 쥐여주어 그들이 우리와 맞서 더 효과적으로 입찰할 수 있도록 하고, 인수 성과 자료를 제공해 경쟁업체가 더 매력적인 시장에서 우리와 경쟁할 수 있도록 하는 일입니다. 따라서 IRR 정보 제공은 주주에 대한 정보 제공 의무에서 제외됩니다.

투자

저는 최근 큰 거래를 목표로 작업을 했습니다. 하루하루 지나면서 제가 프로세스의 진전에 집착하는 것을 느꼈습니다. 상황이 점점 좋아지기 때문이 아니라 그 전망에 쏟은 시간이 점점 더 많아지게 되었기 때문입니다. 결국 그 투자는 우리의 장애율에 부합하지 못했습니다. 우리는 IRR을 높이는 구조는 협상할 수 없었고, 이 커다란 거래는 그 기준에서 벗어났습니다. 투자냐 아니냐의 차이는 아주 작습니다.

현재 우리는 시간의 50% 이상을 인수합병에 쓰는 26명의 운영 집단과 포트폴리오 관리자들, CSI 전역에 흩어져 있는 또 다른 정규직 인수합병 전문가 60명을 보유하고 있습니다. 우리는 지난해의 40건에서 연간 100건으로 우리의 인수합병 역량을 확대하기 위해 노력하고 있습니다. 이 사람들이 매일 직면하는 유혹을 저도 다시 한번 경험했습니다. 제게 무척 유용한 경험이었습니다.

장기

저는 CSI가 오너 경영 기업에 좋은 기반이 될 수 있다고 생각합니다. 5~6명 이상의 직원이 있기만 하면 우리는 거의 언제나 그 기업을 독립적인 BU로 운영합니다. 우리는 직원들이 가진 수직 시장에 대한 특유의 지식을 존중하며, 그들에게 우리의 다른 BU에서 비슷한 부서를 운영하거나 비슷한 역할을 하는 직원들로부터 배울 수 있는 여건을 제공합니다. 우리는 제품을 없애지 않으며 어떤 제품에 계속 투자해야 할지 결정하는 것은 본사의 최고 기술 경영자나 제품 전략자들의 일이 아닌 고객과 BU 경영자들의 일이라고 믿습니다.

오너 경영자들이 빨리 손을 떼기를 원하는 경우라면, 그가 지명한 승계자가 CSI를 위해서 기업을 운영하게 될 가능성이 매우 높습니다. 오너 경영자가 몇 년 더 머무르고는 싶으나 경영보다는 인수에 더 힘을 쏟기를 원하는 경우라면, 우리는 그런 결과도 얼마든지 기쁘게 받아들입니다. 당신이 수직 시장 소프트웨어 기업의 오너 경영자이고, 앞서 말한 경우들에 해당한다면, 이전에 당신과 같이 오너 경영자였고 CSI에 기업을 매각한 사람과의 만남을 주선해드릴 수 있습니다.

오너 오퍼레이터

우리의 우수한 경영자들은 다양한 경력을 가지고 있으며 다음과 같이 경력을 개발했습니다. 그들은 BU 매니저가 되어서, BU를 '소유'한 것처럼 행동하고 계속 함께합니다. 다양한 직원 그리고 고객들의 관계를 아우르는 경력을 쌓습니다. 그 가운데에서 그들은 강한 책임감을 느낍니다. 그들이 몸담은 업계가 어려움을 겪는다면, 유기적으로 사업을 성장시킬 방법을 찾거나 인수를 통해 수직적 성장을 꾀합니다.

그들은 하나의 BU를 운영하는 데에서 발전해 다른 사람들에게 코칭을 제공합니다. 자신이나 팀에 대한 포부가 있다면 경험이 많은 포트폴리오 매니저가 되어서, 시험을 거쳐 신뢰할 수 있는 핵심 직원들과 함께 그들의 인수를 돕고 나름의 포트폴리오를 구축합니다. 이렇게 미미하게 시작해 점진적으로 발전하는 과정을 거칩니다. 하지만 그 긴 과정에서 그들의 전문성, 만족도, 부, 따르는 사람들의 수는 계속 증가합니다.

2017년
장기

우리의 현 정책은, 목표로 한 장애율을 달성할 수 있다고 판단하면 보유하고 있는 투자자의 자본 모두를 투자하는 것입니다. 충분히 매력적인 투자처를 찾지 못하더라도 우리는 장애율을 그대로 유지하고, 주주와 이사회가 허용하는 한 자금을 늘려갈 것입니다. 우리는 장기 주주와 이사회가 이런 정책을 만들어야 한다고 생각합니다.

매년 우리 주식 거래의 절반 정도가 거래됩니다. 이는 많은 주주가 장기 지향적이 아니라는 것을 시사합니다. 이런 트레이더들이 우리 주식을 사는 것은 3~6개월 이내에 더 높은 가격으로 매도할 수 있게 되기를 바라기 때문입니다.

또 다른 주주 계층은 지표에 투자하는 인덱서indexer입니다. 그들이 우리 주식을 사는 것은 우리 주식이 그들이 따라가는 지표의 일부이기 (그것이 무엇이든) 때문입니다. 그들은 정형화된 행동을 합니다. 물론 그들도 장기 보유자일 수 있습니다. 그러나 지표에 투자하는 이들 기관에는 이야기를 나눌 사람을 찾기 힘들고, 혹 있더라도 우리 회사에 대해서 거의 알지 못합니다.

장기 콘스텔레이션 주주 중에는 또 다른 계층이 있습니다. 우리 회사에 관해 알기 위해 시간과 노력을 기울이고, 회사의 성장과 번영에 기여하기 위해 노력하는 사람들입니다. 우리는 이런 견해를 가진 수십 명의 기관 투자자, 수백 명의 개인 투자자, 수천 명의 직원 주주를 보유하는 행운을 누리고 있습니다. 저는 이들을 '진취적 투자자 enterprising investor'라고 부릅니다. 주주들의 조언이나 정보가 필요할 때 우리는 이들과 상의합니다.

사회에 긍정적인 영향을 주어라

인드라 누이
펩시코

인도 출신으로 예일 대학을 졸업한 인드라 누이는 1994년 펩시코에 입사해 2006년 CEO가 되었고, 2007년부터 평균적인 대기업 CEO의 2배에 이르는 재임 기간을 기록하며 2017년 은퇴하기까지 열정 넘치는 주주 서한을 썼다. CEO가 되기 전 그녀는 레스토랑 부문(현재 피자헛, KFC, 타코벨을 거느린 염! 브랜즈$^{Yum! Brands}$)을 분리하고, 트로피카나^{Tropicana}와 게토레이^{Gatorade}를 인수, 퀘이커 오츠$^{Quaker Oats}$를 합병하는 등 이 회사의 세계화 전략을 주도했다.

그녀는 CEO의 주주 서한을 통해서 강력한 세계화 추세와 이를 수용하는 펩시코의 자세, 특히 인적 자원은 물론 환경에 있어서 선한 일을 통해 더 선한 일을 한다는 주제와 지속가능성의 다면적 측면에 대해 강조한다. 포테이토칩과 일반 청량음료를 '재미있는 것$^{fun-for-you}$', 저지방 간식과 다이어트 음료를 '더 나은 것$^{better-for-you}$', 오트밀과 오렌지주스를 '몸에 좋은 것$^{good-for-you}$'이라고 분류하는 등의 리브랜딩과 제품 재편성으로 유명하다. 그 기간에 일반적인 추세는 더 건강한 제품 목록을 만드는 것이었다.

이 서한들은 처음부터 호소력이 강했다. 그 호소력은 더욱 짙어졌고 길이도 길어졌다. 2007년의 첫 서한은 1,500자가 사용됐지만, 2012년의 서한은 그 3배였다. 모든 서한의 총 단어 수는 2만 7,000자에 이르며 다음에 선정한 것이 1만 자 정도이다. CEO로 지명되면서부터, 그녀는 재임 기간의 모토를 '목적이 있는 성과'로 정하고, '사회에 긍정적인 흔적을 남기는 사업과 재무에서의 성공'을 주창했다. 모든 서한은 이런 주제를 중심으로 한다.

누이의 서한들은 학구적이다. 2007년 서한은 건강한 음식, 지속가능성, 상호 존중이라는 하위 주제에 각기 볼테르, 베르질리우스, 괴테의 고전 철학을 인용했다.[23] 이후의 편지에는 아이젠하워 대통령과 케네디 대통령은 물론 베트남 승려 틱낫한까지 인용했다. 서한들은 기업의 번영을 사회적 헌신과 함께 엮으며 큰 찬사를 받았지만, 간혹 세계적인 대기업이 이렇게 선전하는 것과 같은 정신을 실제로 지키고 있는가 하는 회의론자들의 비난을 듣기도 했다.[24] 서한은 누이의 안목을 그대로 담고 있다. 누이는 세계적인 주된 추세를 알아보고 펩시코의 전략적 적응과 방향을 설명하는 데 그것을 이용한다.

2014년은 1965년 펩시콜라와 프리토레이의 합병으로 지금과 같은 형태가 된 펩시코가 50주년을 맞는 해로 서한은 이를 기념했다. 매출은 5억 1,000만 달러에서 660억 달러로, 시가 총액은 8억 4,200만 달러에서 1,410억 달러로 놀라운 성장을 기록했다. 누이는 1965년 펩시코에 투자한 100달러가 4만 3,000달러가 되었으며, 이는 연수익률 13.2%에 해당하는 것으로 9.8%에 불과한 S&P 500의 실적을 크게 앞서는 수치라고 보고했다.

누이는 펩시코가 S&P 500 기업으로 1965년과 2014년 모두 이름을 올린 몇 안 되는 기업 중 하나(500개 기업 중 77개)라며 회사의 긴 역사를 자랑했다. 또한 40년에 걸쳐 펩시코의 연배당이 계속 상승했으며, 1990년대 후반에는 상당한 양의 주식 환매가 있었다는 것도 자랑스럽게 언급했다(그녀가 재임하는 동안 펩시코의 연평균 주주 총수익률은 약 8.2%로 S&P 500의 평균값보다 130bp 높았다).

2007년
수익과 목적

네트워크화된 세계시장에서, 기업들은 빠른 변화와 상호 연결이라는 현실을 받아들여야 하고, 기업 전략은 지형을 이루는 복잡한 요소들을 전체론적으로 고려해야만 합니다. 지난해 우리가 성과를 내는 데 전념하겠지만, 그것은 목적이 있는 성과가 될 것이라고 말했던 이유가 여기에 있습니다.

우리의 성과와 목표는 별개의 것이 아닙니다. 그들은 동전의 양면이 아니며, 서로 구분되지 않게 어우러져 있습니다. 예를 들어, 포트폴리오 전환(소비자에게 더 건강한 선택안을 제공하는 것)은 인간의 지속가능성과 매출 증대에 관한 것이기도 합니다. 인간의 지속가능성, 환경의 지속가능성, 인재의 지속가능성 이 3가지 요소가 한데 어울려 우리의 목표 어젠다를 형성합니다.

인간의 지속가능성이라는 목표는 소비자에게 간식에서 건강한 먹거리까지 다양한 제품을 공급하는 것입니다. 우리는 소비자에게 넓은 영역에 걸친 선택권을 제공하고 있다는 데 자랑스러움을 느낍니다. 우리 제품은 영양은 물론 즐거움, 그리고 늘 그렇듯 좋은 맛까지 전달합니다. 2007년 우리는 인간의 지속가능성을 향한 큰 진전을 이루었습니다.

- 일부 기존 제품들에 변화를 주어서 영양 측면을 개선했습니다.

- 보다 몸에 좋고 영양가가 높은 간식과 음료에 대한 소비자의 수용을 반영해 새로운 제품을 내놓았습니다.

- 정부, 보건 관료, 비정부 조직과의 협력을 통해 비만의 문제를 해결하는 데 도움을 주었습니다.

- 스마트 스팟Smart Spot 관련 제품의 포트폴리오를 계속 확대하고 있습니다.

- 소비자에게 새로운 간식거리와 혁신을 제공하고 있습니다.

목적의 두 번째 요소는 환경의 지속가능성입니다. 기업은 개인과 마찬가지로 자연자원의 책임 있는 관리자로서 역할을 다해야 합니다. 각 개인이 그렇듯 기업이 할 수 있는 일을 하는 것은 시급한 도덕적 문제입니다. 하지만 그것은 시급한 사업적 문제이기도 합니다. 오늘날에는 자원 보존과 기업 생산성 사이의 직접적인 관계는 말할 것도 없고, 환경에 대한 좋은 기록 없이는 최고의 인재를 영입하기 어렵습니다. 우리는 물과 에너지 사용을 더욱 줄이고, '순중립성'이라는 이상을 향해 나아가야 합니다. 다음은 우리가 2007년 실제적인 진전을 계속한 방법들입니다.

- 공정에서 물을 재사용하고, 지역사회와 깨끗한 물에 대한 접근권을 제공하기 위해 일하며 지역 농부들이 소비한 물에 대한 작물 생산량을 늘리도록 지원했습니다.

- 500만 달러가 넘는 모든 프로젝트의 자본 지출 평가에 환경 지속가능성과 기회의 문제에 대한 고려를 통합했습니다.

- 새로운 기술을 이용해 에너지를 절감하고, 브랜드 마케팅 활동을 통해 우리의 환경보호 노력을 소통시킬 방법을 찾기 위해 노력했습니다.

- 미국에 기반을 둔 모든 펩시코 시설이 사용하는 구매 전력에서 재생 에너지의 양을 늘렸습니다.

이러한 이니셔티브들이 효과를 냈습니다. 1999년 이후 프리토레이 북아메리카Frito-Lay North America의 파운드당 물 사용량은 38%, 제조 연료는 27%, 전기는 21% 이상 감소해 1999년에 비해 5,500만 달러의 에너지 비용과 공공요금을 절감했습니다. 이를 비롯한 다양한 조치의 결과로, 우리는 북아메리카와 세계 지수 모두에서 다우존스 지속가능성 지수Dow Jones Sustainability Index, DJSI에 포함되었습니다. 이 모든 활동은 그 자체로도 중요하지만, 우리의 세 번째 목적, 즉 직원을 소중히 생각하는 인재 지속가능성을 촉진하는 데에도 중요합니다.

2008년

초점

시더래피즈든 캘거리, 상하이, 상파울루, 멕시코시티, 모스크바, 뭄바이 그 어디든 전 세계의 우리 동료들은 우리가 공유하는 사명使命으로부터 힘과 영감을 얻습니다. 어려운 시기일수록 사명을 명확히 하는 일은 중요합니다. 어떻게 보아도, 2008년은 지극히 힘들고, 대단히 변동이 컸던 한 해였습니다. 자금 유동성이 컸던 환경이 신용 경색으로 돌아서면서 많은 기업과 소비자가 돈에 쪼들리게 되었습니다. 세계 경제는 휘청대며 빠르게 불황으로 빠졌습니다. 유가가 배럴당 150달러에 육박했다가 40달러 이하로 떨어졌습니다. 옥수수, 설탕, 귀리 기타 핵심 상품의 가격이 1년 내내 요동쳤습니다. 글로벌 비즈니스는 심하게 변동하는 환율로 더 어려워졌습니다. 다우존스 지수는 2008년 1만 3,000을 넘는 상태에서 출발해 9,000에 못 미치는 상태로 마감했습니다. 이로 인해 펩시코 주식을 포함한 유력 기업들의 주식들도 하락했습니다.

아무리 생각해도 이보다 더 파란만장하고 힘들었던 해는 떠오르지 않습니다. 그렇다고 비관적인 면만 있는 것은 아닙니다. 우리 회사의 독창성이 다시 드러났습니다. 우리의 뛰어난 인재들은 할 수 있다는 정신과 반드시 해내야 한다는 책임감으로 경제 및 시장의 도전에 정면으로 맞섰습니다.

그 결과 펩시코는 올해 다우존스 산업평균지수와 S&P 500지수보다 약간 나은 성과를 낼 수 있었습니다. 시장 변동성을 통제할 수는 없지만, 우리는 성장 전략에 집중했고 그로 인해 2008년에도 기반 사업이 계속해서 매우 좋은 성과를 낼 수 있었습니다.

2009년

문화

2000년 전, 로마 시대의 한 작자는 바다가 잔잔할 때는 누구든 배를 조종할 수 있다고 말했습니다. 지구력과 체력을 시험해보려면, 거친 바다를 항해해봐야 합니다. 올해 우리는 상상할 수 있는 가장 거친 바다를 지나왔습니다. 2008년의 경제적 비바람은 2009년의 완벽한 폭풍으로 변했습니다. 기업들은 변동성이 큰 원자재 가격, 얼어붙은 신용 시장, 요동치는 환율과 마이너스 총생산으로 큰 타격을 입었습니다.

펩시코에서는 하루하루가 새로운 도전이었습니다. 모든 상황이 우리 조직의 힘과 역량을 시험했습니다. 우리가 이 거친 지구력과 체력 시험을 훌륭하게 통과했다고 선언할 수 있게 되어 매우 기쁘고 자랑스럽습니다. 우리는 뛰어난 회복력을 지닌 회사입니다. 동료들이 힘을 합쳐 보여준 역량으로 저는 2009년부터 2010년까지 그리고 그 이후의 우리 추진력에 큰 기대를 하게 되었습니다.

저는 이것이 오로지 우리가 보유한 훌륭한 인재들의 능력 때문만은 아니라고 생각합니다. 저는 우리 회사가 이 많은 부분의 합보다 크다고 생각합니다. 우리는 펩시코가 뿌리 내리고 있는 가치관과 원리라는 견고한 토대에서 엄청난 힘을 얻습니다.

재계와 정부는 세계 경제의 힘겨운 상황에서도 우리 세계의 금융 문제의 근원을 밝히고, 그 상황을 해결하는 책임을 가장 잘 공유할 방법을 알아내기 위해 애쓰면서 자기 탐색의 시간을 가졌습니다. 활기차고 기능적인 시장의 핵심이 되는 사안들에 대한 논쟁이 격화되면서, 해가 거듭될수록 기업 윤리가 건강한 경제와 밀접하게 연관되어 있다는 것이 점점 더 분명해지고 있습니다.

전 미국 대통령, 드와이트 아이젠하워는 "원칙보다 특권에 가치를 두는 국민은 곧 2가지 모두를 잃게 된다."라고 말했습니다. 기업도 마찬가지입니다. 지난 18개월 동안 이 말의 뜻은 입증되었습니다. 다행히 우리 펩시코는 지금의 침체가 오기 오래전부터 목적이 있는 성과를 우리 문화 깊숙이 새겨두었습니다. 그것은 2009년 펩시코를 선도적 위치에 서게 한 근본 요인 중 하나입니다.

오늘날의 기업은 성과를 반드시 윤리적 문제와 결부시켜야 한다는 우리의 기본적 신념은 그 어느 때보다 큰 반향을 얻고 있습니다. 소비자에게, 이것은 신뢰하는 브랜드로부터 경제적·사회적 가치를 얻은 것으로 해석됩니다. 정부와 폭넓은 대중에게, 이것은 책임으로 해석됩니다. 이는 기업이 몸담은 공동체, 그들이 서비스를 제공하는 소비자, 그들이 이용하는 자원을 얻는 자연에 대한 책임을 갖고 있다는 인식입니다.

목적이 있는 성과는 사회에 유익한 것과 기업에 유익한 것을 지속해서 통합하겠다는 의미입니다. 이는 우리에게 세계를 염두에 두는 동시에 지역을 염두에 두고 행동하게 합니다. 이로써 우리는 새로운 지역에 침투하고, 지역적인 상품과 인재를 이용하여 우리의 성장을 견인할 수 있었습니다. 더불어 전 세계로부터 가장 총명하고 재능 있는 동료들을 영입하는 우리의 역량을 강화해 노동력의 다양성을 높이는 일에 전념할 수 있었습니다. 이를 통해 우리는 오랜 시간을 굳건히 버텨내는 데 집중해, 모든 성장 가능성을 활용할 만반의 준비를 할 수 있었습니다. 가장 중요한 것은 펩시코가 주주들에게 지속적이고 견실한 가치 창출을 약속한다는 점입니다.

목적이 있는 성과 원칙과 가치에 대한 헌신은 우리가 전 세계에 있는 소비자와 파트너들로부터 신뢰와 존경을 얻는 데 도움을 주었습니다. 이런 토대를 고수하여 우리의 전략을 실행함으로써 우리는 펩시코가 모든 이해관계자에게 계속해서 지속가능한 장기적 성장을 제공할 것이라고 확신합니다. 사회에 적절한 것이 곧 기업에 적절한 것입니다.

지속가능성

펩시코는 각기 10억 달러 이상의 소매 매출을 올리는 19개의 브랜드를 보유하고 있습니다(2000년은 11개). 브랜드는 우리의 생명줄입니다. 우리는 기존 글로벌 브랜드의 브랜드 자산brand equity(어떤 제품의 가치에 브랜드명이 가져다주는 부가적인 가치 - 옮긴이)을 유지하고 개선하는 데 투자하는 한편으로 지역 브랜드에 신중하게 초점을 맞춥니다. 2010년, 브랜드 구축 활동 덕분에 10억 달러 규모의 우리 브랜드가 매출을 높일 수 있었습니다.

2010년에 우리는 리더십 개발에서 직무 순환, 경험 학습 프로그램에 이르기까지 인재에 관한 관심을 더욱 늘릴 것입니다. 우리 임직원들이야말로 우리를 차별화시키는 요소이기에, 직원을 유인하고 유지하며 재교육하고 개발하는 일은 우리의 가장 큰 장점이자 끝없는 도전 과제로 남을 것입니다.

지속가능한 재무 성과 외에, 목적이 있는 성과의 여정에도 큰 진전이 있었습니다. 4년 전, 우리는 환경이 변화하고 있다는 것을 인식했습니다. 초점이 기업 역량에서 점차 기업 성향을 아우르는 방향으로 옮겨가고 있었습니다. 윤리와 성장은 연관되어 있을 뿐 아니라 불가분의 관계라는 새로운 이해가 자리 잡았습니다. 이는 펩시코가 오랫동안 소중히 지켜온 믿음입니다.

목적이 있는 성과란 사람과 지구 사이의 더 건강한 미래에 투자하여 지속가능한 성장을 이루는 것을 의미합니다. 성과는 늘 펩시코의 생명줄이었고, 우리는 항상 최고의 재정 수익을 창출하는 데 전념하고 있습니다. 그러나 우리는 여기에서 한 걸음 더 나아갔습니다. 우리는 단기 목표와 장기 목표를 추가로 만들었습니다. 거기에는 소매 파트너, 소비자, 그리고 투자자들이 보는 우리의 성과와 관련된 지표도 포함됩니다. 중요한 것은 주주를 위한 가치 창출을 희생시키지 않는다는 점입니다. 목적이 있는 성과는 가치의 원천입니다.

이것은 기업의 성과 그리고 사회와 환경에 대한 우리의 헌신을 한데 합하는 일에 관한 것입니다. 우리는 일련의 장기 목표를 설정했지만, 그것들이 우리의 단기적 니즈까지 뒷받침하도록 했습니다. 우리의 사업과 윤리는 긴밀하게 얽혀 있으며, 그것은 펩시코에 있는 모든 사람에게 엄청난 자부심의 원천입니다. 이에 저는 뛰어난 성과로 이어지는 3가지 성과 항목, 즉 인간의 지속가능성, 환경의 지속가능성, 인재의 지속가능성에 관해서 설명하고자 합니다.

인간의 지속가능성은 균형 잡힌 건강한 삶을 살도록 사람들을 격려하겠다는 우리의 약속입니다. 이는 곧 소비자들이 즐길 수 있으면서 건강에도 좋은 다양한 음식과 음료를 얻을 수 있도록 포트폴리오의 균형을 찾는 일입니다. 그것은 사람들에게 그들의 몫을 관리할 수 있는 선택권, 더 나은 영양 교육, 신체 활동을 장려하는 프로그램을 제공하는 일이기도 합니다. 핵심은 선택에 있습니다. 우리는 포트폴리오를 확대해 소비자들이 욕구를 채울 때는 채우고, 건강을 의식할 때는 더 건강하면서도 구미를 돋우는 다양한 간식거리를 구매할 수 있도록 하고 있습니다. 우리는 건강체중공약재단Healthy Weight Commitment Foundation의 창립 회원입니다. 이 단체는 미국인들이 에너지 균형(섭취하는 칼로리와 소비하는 칼로리)을 통해 건강한 체중에 이르도록 돕는 데 헌신하는 최초의 연합체입니다.

환경의 지속가능성은 지구의 자연자원을 보호하겠다는 우리의 약속입니다. 우리는 물 사용을 줄이고, 재활용 수준을 높이며, 탄소 발자국을 최소화하는 방식으로 더 건강한 지구에 투자하고 있습니다. 우리는 지속가능한 영농에 참여하고, 물 자원 보존, 효율적인 영농 방법, 안전한 물에 대한 접근권 확대 등의 영역에서 우리가 몸담고 있는 지역 공동체를 돕고 있습니다. 그리하여 펩시코가 미래에도 오랫동안 번성할 수 있도록 하고자 합니다. 말로만 그러는 것이 아니라 실제로도 우리는 에너지 및 폐기 비용을 줄이고 있으며, 맡은 바 책임을 다하는 기업이라는 우리의 모습을 입증하면서 소비자와 정책 결정권자들로부터 신뢰를 얻고 있습니다. 2010년에는 미국의 음료 용기 재활용률을 2009년의 38%에서 2018년의 50%로 끌어올린다는 목표로 웨이스트 매니지먼트Waste Management, 그리노폴리스Greenopolis, 킵아메리카뷰티풀Keep America Beautiful과 함께 드림 머신Dream Machine이라는 재활용 파트너십을 출범시켜 토지 및 포장 측면에 대한 의무를 이행하는 데 한 발짝 더 진전했습니다.

인재의 지속가능성은 동료들에게 투자하겠다는 우리의 약속입니다. 우리의 목표는 그들이 성공하고 회사의 성장을 견인하는 데 필요한 기술을 발전시키도록 돕는 것입니다. 이는 동료들이 자신의 능력을 온전히 발휘할 수 있다고 느끼는 환경을 만드는 일에 관한 것입니다. 이는 동료 기반으로 우리의 소비자 기반을 반영하는 다양한 노동 인구를 구축하는 일에 관한 것입니다. 2010년 우리는 훈련과 개발을 최우선 사항으로 만드는 일에 몰두하면서 새로운 펩시코 대학 리더십 프로그램들을 도입했습니다. 동료들이 자신의 능력을 온전히 발휘할 수 있는 문화를 창조하기 위한 우리의 지속적인 노력은 터키, 인도, 스페인, 브라질에 이르는 다양한 곳을 통해 뒷받침되고 있습니다.

2012년

장기

장기적으로 기업을 운영하는 것은 끝이 없는 경주에서 차를 운전하는 것과 같습니다. 긴 경주에서 우승하려면 때때로 잠시 차를 세우고 원기를 북돋우고, 차에 기름을 채우며 엔진을 정비하고 장기적으로 당신을 더 빠르고, 강하고, 경쟁력 있게 만들 행동을 취해야 합니다.

세계적 추세

지난 몇 년간, 여러 가지 힘들이 결합되면서 식음료 업계가 운영되는 외부 환경의 모습이 크게 변화했습니다. 이런 변화들은 기업이 생존하고 번성하기 위해 경쟁하는 방식과 장소에 큰 영향을 미쳤습니다. 세계적 거시 경제의 성장이 눈에 띄게 둔화되었고, 특히 선진국 시장에 대한 전망이 엇갈리고 있습니다. 아시아의 영향력이 커지면서 세계의 경제력은 점점 더 분산되고 있습니다. 소비의 주도권이 베이비붐 세대와 여성, 소규모 가구에게 돌아가고, 여러 나라에서 다양한 인종적 공동체와 이민자 공동체가 급속히 성장하면서 서구의 인구학적 방정식이 변화하고 있습니다.

건강과 웰빙well-being에 대한 소비자와 정부의 집중도가 높아지면서 우리 범주와 제품의 성장 궤적도 변화하고 있습니다. 소비자들의 습관과 선호도, 소비 패턴이 뚜렷한 변화를 보이고 있습니다. 식품 안전은 이제 정부와 소비자들이 가장 우선시하고 중시하는 문제가 되었으며, 이로써 기업 내에는 성분과 제품 추적성을 보장하기 위한 견실한 시스템의 필요성이 커지고 있습니다. 지속적인 상품 가격 인상과 변동성은 회사 비용 구조에 큰 도전이 되고 있습니다. 한편, 업계의 물 사용, 폐기물 처리(특히 플라스틱), 산업별 에너지 사용 등이 집중적인 관심을 받으면서 전 세계적으로 환경에 대한 의식이 성장하고 있습니다.

마지막으로 세계의 소매 환경이 변화하고 있습니다. 신흥시장에서는 조직화된 현대 무역이 성장하면서 전형적인 소규모 자영업체를 서서히 대체하기 시작했고, 선진국 시장에서는 대형 할인점이나 염가 판매점 같은 새로운 할인 경로들이 빠르게 성장하고 있습니다. 더욱이 소셜 미디어가 눈 깜짝할 사이에 긍정적인 메시지와 루머를 증폭시키는 가운데, 온라인 소매업이 우리 범주를 잠식하기 시작했습니다. 이런 여러 가지 변화들이 식음료 업계에 상당한 압력을 가했습니다. 일부 선진국 시장과 범주의 성장 전망이 크게 둔화된 한편, 신흥시장이나 개발도상국은 성공을 위한 새로운 기술을 요구합니다. 더는 전통적인 접근법이나 과거형 역량으로 이러한 영역에서 경쟁력을 발휘할 수 없습니다.

그러나 이런 변화들은 펩시코에 엄청난 기회를 만들어주기도 했습니다. 우선, 전 세계적으로 편의성 추세가 가속되면서 우리 범주의 성장을 견인하고 있습니다. 신흥시장과 개발시장에서의 모든 제품에 대한 폭발적 전망, 핵심 시장에서의 건강을 고려한 제품 및 범주에 대한 수요 역시 큰 성장 기회입니다. 확대를 기대할 수 있는 새로운 영역에는 프리미엄 가격의 제품, 고령화 인구를 위한 제품과 저소득층을 위한 유용성 높은 제품이 있습니다.

세계 모든 핵심 시장에서 글로벌 기업으로서의 견고한 입지를 가진 펩시코는 규모, 상품, 지리적 다양성을 통해 나라별로 다른 추세에도 불구하고 높은 수익을 낼 수 있는 역량을 얻을 수 있었습니다. 우리의 상징적인 브랜드는 모든 국가로부터 세계 최고 수준의 안전 기준에 부합하는 품질 좋은 제품을 공급한다는 신뢰를 얻고 있습니다. 우리의 윤리적 성과와 품질 좋은 제품에 대한 전력은 전 세계 소비자와 정부를 안심시킵니다.

전략

펩시코의 강점은 다양하면서 긴밀히 연결된 포트폴리오에서 나옵니다. 간식과 음료 사업은 구매와 소비의 우연성이 대단히 높고, 매장에서 상품이 빠지는 속도도 빠릅니다. 우리는 이런 포트폴리오의 상호 보완성이 천연의 울타리 구실을 해서 우리가 개별 범주의 사안들을 헤쳐나가는 동시에 높은 수익을 낼 수 있게 해준다고 생각합니다. 우리의 포트폴리오는 3가지 면에서 큰 혜택을 줍니다.

첫째는 비용 레버리지입니다. 우리는 식음료 쪽의 주요 공급업체에 중요한 소비자입니다. 우리는 많은 공급업체와 파트너 관계를 맺는 것을 선호해왔기 때문에 각자의 공급망과 개발 노력을 전략적으로 활용해서 투입 원가를 상당히 낮추면서도 최고의 인재와 발전된 사고에 접근할 수 있었습니다. 더불어 우리는 펩시코 내부의 기업 전체에 걸쳐 조직 기능, 마스터 데이터, 백오피스 프로세싱을 포함한 인프라를 공유해 비용을 더 절감합니다.

둘째는 역량 공유입니다. 지난 몇 년 동안 우리는 우리의 많은 프로세스를 조화해 회사나 지역 전반에서의 인재 이동을 더 쉽게 만들었습니다. 우리는 세계적인 인재를 유치할 수 있고, 진정으로 다양하면서도 관련성이 높은 일련의 경험을 제공할 수 있으며 이를 통해 세계적 수준의 노동력을 구축할 수 있습니다. 우리는 가치사슬^{value} ^{chain}(기업 활동에서 부가가치가 생산되는 과정 - 옮긴이)에 최선의 관행을 채택하여 전염시킵니다. 예를 들어, 우리가 물을 절약하면서 산출량을 늘리는 데에서 개발한 전문지식은 스낵을 위한 감자나 옥수수, 주스 사업을 위한 과일과 채소 등 전 세계에서 우리가 맡은 농업 경영에서 물 사용량 대비 수확량을 늘리는 데 도움을 줍니다. 소비의 우연성이 대단히 높기에 우리는 세계적 데이터베이스가 뒷받침하는 소비자 수요의 공통적 체계를 개발할 수 있었고, 이로써 식음료에 대한 우리만의 식견을 갖게 되었습니다. 이는 세계와 지역적 수준에서 혁신적인 조치를 개발하는 데 지침이 되고 있습니다.

세 번째는 상업적 혜택입니다. 세계에서 두 번째로 크고 미국에서는 가장 큰 식음료 기업인 우리는 트래픽 생성자의 역할을 하기 때문에 소매업체로부터 중요한 성장 동력으로 인식됩니다. 미국만 해도 우리는 소매 부문에서 가장 유명한 40개의 상표 중 9개를 보유하고 있습니다. 이는 다른 어떤 식음료 기업보다 많은 수입니다.

우리는 우리 전체가 단순히 부분의 합보다 큰 가치를 지닌다고 믿습니다. 그것이 하나로서 우리가 가지는 힘입니다.

효율

우리의 글로벌 공급망은 회사 전체에 걸쳐 최선의 관행을 전달하는 일을 하면서, 외부에서 비용을 절감하고 공급망 안에서 더 많은 역량과 유연성을 창출하는 혁신적인 사고를 도입하고 있습니다. 우리는 우리 시설의 실적을 엄밀히 분석, 회계감사, 벤치마킹하고 있으며 우리가 배운 것을 전 세계의 제조, 유통, 시장 진출 역량을 강화하는 데 사용하고 있습니다. 물, 에너지 및 포장 감소를 비롯한 우리의 환경 지속가능성 어젠다는 우리가 천연자원을 보존하면서 비용을 줄이는 데 도움을 주었습니다.

우리는 2012년 현금회전일수를 9일 단축했으며, 2010년 순이익의 5.5%였던 순자본 지출을 순이익의 5% 이하로 만들겠다는 장기 자본 지출 목표를 세우고, 그 방법을 찾아 2012년에는 순이익의 4%로 감소시켰습니다. 우리는 글로벌 프로세스, 마스터 데이터, IT 시스템을 조화시켜 회사 전체의 가시성을 높이고, 모든 이니셔티브의 유연성을 확보하며 진전을 쉽게 측정하고 의사결정을 가속화하는 방향으로 나아가고 있습니다. 우리는 세계에서 가장 효율적인 식음료 회사 중 하나가 되고자 합니다.

문화

우리는 동료들에게 많은 요구를 해왔습니다. 우리의 진전을 가능하게 했던 것은 그들의 열정, 회복력, 재능 덕분이었습니다. 동료들을 보살피고 성장시켜 그들이 미래에 펩시코를 이끌 수 있도록 하고자 우리는 수상 경력에 빛나는 다수의 인재·리더십 개발 이니셔티브를 실행해왔습니다. 또한 우리는 업계 외부에서 임원들을 영입해 우리 팀에 신선한 사고와 새로운 역량을 불어넣었습니다. 저는 현재와 미래의 여성 리더들로 이루어진 강력한 팀을 구축하기 위해 기업 차원에서 한 일들을 특히 자랑스럽게 여깁니다. 펩시코는 세계 수준의 인재와 팀을 개발하는 데 집중한 결과, 2012년 일하기 좋은 회사 연구소^{Great Place to Work Institute}로부터 '세계 최고의 다국적 기업' 중 하나로 선정되었습니다. 더불어 2012년 〈치프이그제큐티브^{ChiefExecutive}〉는 펩시코를 '리더들에게 최고의 회사' 중 하나로 꼽았습니다.

지속적 가치

현재 펩시코에서는 많은 활동이 이루어지고 있으며 이 모든 활동은 지속적 가치를 전달하는 데 초점을 두고 있습니다. 우리는 기업 경영진이 장기를 염두에 두지 않고, 단기적인 보상을 좇을 때 어떤 일이 벌어지는지 목격했습니다. 스스로를 단기적인 성장을 위한 엔진에 불과하다고 생각하고 그 이상을 보지 않는 방식으로는 어떤 회사도 존속할 수 없습니다. 기업은 사회의 허가하에 영업할 수 있습니다. 기업의 상품은 공공 기관의 규제를 받습니다. 현대적 기업의 업무는 공공 부문과 비영리 부문과의 파트너십을 아우릅니다.

우리는 이미 2007년 목적이 있는 성과라는 방향을 분명히 선언하며 기업과 사회의 상호 의존성을 인식한 최초의 기업 중 하나가 되었습니다. 목적이 있는 성과는 간식에서 건강한 먹거리에 이르기까지 다양한 음식과 음료를 제공하고, 환경에 대한 영향을 최소화하며 에너지와 물 보존은 물론 포장재 사용의 감소를 통해 비용을 낮출 혁신적 방안을 찾고, 전 세계의 직원들에게 안전하고 차별 없는 직무 환경을 제공하여 지속적인 재무 실적을 내겠다는 우리의 목표입니다.

최근 펩시코는 훌륭한 특징을 지닌 회사로 언급되고 있습니다. 저는 이것이 우리가 힘겨운 시기를 이겨내고 번창했기 때문이라고 확신합니다. 더불어 우리가 현실 너머를 보는 용기와 지속가능한 장기 실적을 목표로 회사를 관리하고, 기업과 우리가 몸담은 사회의 상호 의존성을 존중하며 그것을 기반으로 행동하는 데 대한 헌신을 입증했기 때문이기를 바랍니다. 이것이야말로 목적이 있는 성과의 본질입니다.

2013년
세계적 추세

신흥시장에서는 동력을 공급받은 성장이 계속될 것입니다. 가까운 미래에 신흥시장의 성장률은 선진국 시장을 계속해서 앞지를 것으로 예상합니다. 전문가들은 2030년까지 30억 명이 추가로 중산층에 편입될 것으로 추정하고 있습니다. 이런 추세는 엄청난 성장 기회를 의미합니다만, 경쟁을 위해 적절한 사람, 기술, 도구에 대한 상당한 투자가 필요할 것입니다. 우리는 이미 신흥시장에서 탄탄한 입지를 마련했습니다. 하지만 이런 성장 기회를 포착하려면 이들 시장에서의 역량 개발에 투자를 계속해야 할 것입니다.

보다 영양가 있는 제품으로의 소비자 전환이 가속될 것입니다. 전 세계적으로 편리하고 실용적인 영양 섭취, 지역의 천연 재료, 건강에 더욱 도움이 되는 간식과 음료 선택에 대한 욕구와 같은 추세가 강해지고 계속해서 가속될 것입니다. 우리는 이런 추세들을 초기에 예측하고, 제품 포트폴리오의 균형을 맞추기 위한 조치를 취해왔습니다. 또한 우리는 우리의 핵심 브랜드에서 설탕, 소금, 포화 지방의 첨가량을 낮춤으로써 스낵과 음료의 영양 성분을 개선해왔습니다. 우리는 유리한 포트폴리오를 만들고 있지만, 계속해서 이러한 소비자의 욕구에 부합하고 관련한 성장 기회를 포착하기 위한 노력을 계속해야 합니다.

디지털 기술은 가치사슬의 모든 지점에서 사업을 혼란에 빠뜨리고 있으며 우리가 소매업자, 쇼핑객, 소비자들과 상호작용하는 방식은 빠르게 변화하고 있습니다. 여기에서 뒤처지는 것은 우리의 선택 안에 없습니다. 믿을 수 없이 역동적인 디지털 환경 속에서 우리는 소비자에게 다르게 다가가고, 우리의 광고와 마케팅 모델을 변화시키며 우리의 분석을 개선하고, 판매 인력의 효율을 높이는 새로운 디지털 도구와 기술, 소매 플랫폼에 초점을 맞추고 있습니다. 사이버보안 역시 집중적인 투자와 위협에 대한 지속적인 주의를 필요로 하는 중요한 문제입니다.

우리는 지정학적·사회적 불안정이 예외가 아닌 표준이 되는 환경에 대비해야 합니다. 소득 불평등, 자연자원에 대한 경쟁, 지정학적 긴장과 충돌은 전 세계 여러 나라에서 사업을 하는 데 위험을 제기할 것입니다. 이런 환경에서 사업을 하기 위해서는 잠재적 위협에 대해 우리의 사람들을 안전하게 지키고, 우리의 공급망을 보호하는 일에 지속해서 투자해야 합니다. 다행히 펩시코의 지역 팀들은 우리가 영업을 펼치고 있는 각 지역에서 어떻게 사업을 해야 하는지 잘 알고 있기 때문에 변화하는 상황에 적응하고 있습니다.

극단적인 기후 패턴이 계속되면 기업들이 상품 부족과 변동성에 대처해야 하는 입장에 서게 될 것입니다. 더운 날씨, 불규칙한 강우 패턴, 새로운 해충, 홍수, 산불 등이 모두 영농 자재의 생산성과 이용 가능성을 위협합니다. 규모 덕분에 우리는 중앙 집중식 전략 플랫폼과 다양한 조달원을 통해 상품 공급 비용과 인플레이션 리스크를 관리할 수 있습니다. 그러나 이런 변동을 헤쳐나가는 데에는 추가적인 투자와 비상 계획이 필요합니다. 예를 들어, 우리의 연구개발팀은 맛과 품질을 유지하면서 원재료의 이용가능성과 가격 변화에 대처할 수 있도록 여러 제품에 대해 다중 공식들을 개발하기 위해 노력하고 있습니다. 이 '새로운 표준'은 지속적인 집중과 투자를 필요로 할 것이며 우리는 우리에게 지리적 다양성, 보완적이고 관련성이 높으면서 다양한 제품 포트폴리오, 효율적이고 효과적인 운영 모델, 노련한 일류 경영진, 그리고 누구에게도 뒤지지 않는 문화와 윤리와 같은 성공의 요소들이 있다고 확신합니다.

2015년
원가 관리

2014년 우리는 5년 동안(2015~2019년) 50억 달러의 절감 효과를 내겠다는 계획을 발표했고, 이를 순조롭게 진행하고 있습니다. 2011년에 비해 연간 생산성 절감액이 2배로 증가해 2013~2015년에는 약 30억 달러의 비용을 절감했고, 2015년에만 10억 달러 이상을 절감했습니다. 이러한 진전을 바탕으로 펩시코 전체가 더 생산적인 미래를 위한 혁신을 통해 더 적은 자원으로 더 많은 일을 하고 있습니다. 우리는 포장 및 창고 저장 공정을 자동화하고 있습니다. 우리는 한 시장의 생산라인에서 다른 시장을 위한 제품을 생산하고 있으면서 활용률을 높이고 글로벌 공급망의 통합을 강화하고 있습니다. 그리고 우리는 엔지니어가 생산 시스템을 원격으로 모니터할 수 있도록 하여 더 나은 솔루션을 제공하고 있습니다.

또한 우리는 비용 억제를 위한 스마트 지출 정책을 도입하고 있으며, 낭비를 줄이고 효율성을 높이기 위한 린 식스 시그마Lean Six Sigma 교육도 확대하고 있습니다. 실제로 이 교육의 범위를 3개국에서 50개국으로 확대하면서 2015년에는 2010년에 비해 5배 많은 직원이 훈련에 참여했습니다.

문화가 전략을 살린다는 말이 있습니다. 저는 이 말에 동의합니다. 탁월함이 보상받고, 의무를 전제로 하며 협력이 기대되는 문화만 구축하는 것이 아니라 여기에서 일하는 모든 사람을 따뜻하게 받아들이고 그들에게 힘이 되어 주는 문화를 구축하여 우리의 모든 직원을 사로잡는 일은 대단히 중요합니다.

우리는 체계적이고 균형 잡힌 자본 배분이 좋은 기업의 특징 중 하나라고 생각하며, 스스로를 그 기준에 부합시키기 위해 노력하고 있습니다. 이는 인수를 통해 시장 포지션을 강화하고, 주주에게 배당을 지급하며 우리 사업에 재투자하고, 주식 환매를 통해 잉여현금을 주주에게 되돌려주는 것을 뜻합니다.

장기

우리는 긴 시간 동안 가장 거친 파도에 계속 직면했습니다. (대부분이 불완전하거나 부정확한) 정보의 과잉으로 인해 소비자들이 필요로 하는 사실을 얻는 것이 오히려 어려워지고 있습니다. 규제 당국과 기업이 공동 어젠다에 대해 협력하며, 이를 발전시키기 위한 방법이 명확하지 않습니다. 시장의 힘은 장기 결과보다 분기별 수익률을 우선시하는 경우가 너무나 많습니다. 그러나 2015년의 우리 실적은 이러한 환경에서 뛰어난 성과를 내는 우리의 능력을 보여줍니다. 이에 따라 우리는 앞으로도 우리의 초점을 바꾸지 않고 지켜나갈 것입니다. 우리 주주들은 그 사실에 위안을 받아야 합니다. 이 외에 위안이 되는 또 다른 사실들도 있습니다. 우리는 단순히 우리 주변의 거친 물길을 이겨내는 것보다 더 큰 일을 포부로 삼습니다. 그런 포부가 우리의 배를 새롭고 먼 해안으로 안전하게 이끌고 있습니다. 이 항해에 참여해주신 것에, 펩시코에 대한 신뢰를 보여주신 것에 감사드립니다.

— **2016년** —

사업 철학

저는 펩시코가 지난 10년간 이룬 견고한 성과의 일관성과 영향력을 돌이켜보면서 우리가 그것을 어떻게 달성했는지 떠올립니다. 여기에는 우리가 지니고 있던 추진이 있었습니다. 고위 경영진부터 일선의 직원들에 이르는 여러 세대 동료들이 보여준 책임감의 결과로 우리는 자랑스러운 유산과 함께 물려받은 견고한 토대 위에서 발전해 나갈 수 있었습니다. 그러나 미래를 과거만큼 밝게 만들기 위해서는 여러 중요한 방식으로 회사를 변화시켜야 한다는 점 또한 명확했습니다. 소비자의 기호가 변하면서, 우리는 더 건강한 라이프 스타일을 지향하는 미국과 전 세계의 점진적 변화를 반영해 더 영양가 있는 옵션들로 우리 포트폴리오를 변화시켜야 했습니다.

천연자원에 대한 부담이 커지고 정부가 환경보호에 중점을 두면서, 우리 역시 환경 발자국을 줄이기 위해 사업에 변화를 주어야 했습니다. 그리고 밀레니얼 세대가 노동인구에 대거 진입함에 따라, 이 새로운 시대 동료들의 진화하는 기대에 부응하도록 직장 문화를 변화시켜야 했습니다.

이러한 모든 변화에 긴급히 대응해야 했기 때문에, 즉 전에는 전혀 문제 삼지 않았던 일련의 인구통계학적, 환경적, 사회적 추세를 다루어야 했기 때문에 우리의 '목적이 있는 성과'라는 접근법이 부상하게 되었습니다. 처음부터 이것은 단순한 슬로건이나 단일한 프로그램이 아니었습니다. 우리 사업의 모든 측면을 이끄는 중대한 비전, 다시 말해 통치 철학이었습니다.

목적이 있는 성과의 본질은 우리의 모든 이해관계자를 위해 더 건강한 미래를 구축하는 것에 있습니다. 그리고 그것은 우리 주주 여러분 모두를 위해 많은 재정적 이익을 창출하는 데에서 출발합니다. 하지만 사실 그것은 판돈에 불과합니다. 우리의 과제는 단순히 많은 수익을 내는 것에 그치지 않습니다. 매 분기, 매년 일관되고 지속가능한 수익을 전달하는 것입니다.

- **건강한 음식과 음료**

우리의 포트폴리오는 소비자들에게 간식부터 건강식까지, 음료에서 스낵까지, 아침에 어울리는 제품부터 종일 먹을 수 있는 제품까지 다양한 옵션을 제공하도록 훌륭하게 설계되어 있습니다. 하지만 우리의 전체 포트폴리오에서 한결같이, 모든 제품이 공통으로 가지고 있는 것은, 모두 훌륭한 맛이라는 점입니다. 가격 또한 적절합니다. 게다가 먹기에 편리하고 어디에서나 쉽게 구할 수 있습니다.

- **건강한 지구와 건전한 손익**

지난 10년 동안 목적이 있는 성과의 중심 강령 중 하나는 우리 지구를 보호하고 자연자원을 보존하는 것이었습니다. 우리는 책임 있는 물 사용에서 공급망 전체에 걸친 탄소 발자국과 포장재 감축에 이르기까지 여러 가지 방법으로 이런 노력을 발전시켜가고 있습니다. 이는 단순히 옳은 일이여서만이 아니라 사업에 효율적인 일이기도 하기 때문입니다. 이런 이니셔티브의 조합으로 우리는 미국과 전 세계 지역 공동체들과 건설적인 협력을 할 수 있었고, 이로써 경제적 성장에 동력을 공급하는 것에 그치지 않고 그 일을 지속가능하게 실천하면서 그 과정에서 비용까지 절감하는 회사라는 평판을 강화하게 되었습니다.

- **건강한 일터와 문화**

이 회사를 이루고 있는 뛰어난 인재들은 언제나 우리의 가장 중요한 자산입니다. 우리가 오랫동안 업계 전반에서 새로운 세대의 인재를 키워내는 '기업 사관학교'라는 평판을 얻은 것도 그들 덕분입니다. 우리는 건강한 일터와 문화를 조성함으로써 가장 뛰어나고 총명한 인재들이 단지 돈을 벌기 위해서가 아니라 자신의 삶을 개발하기 위해 오는 곳으로 남기 위해 노력합니다.

• 건강한 공동체

펩시코가 전 세계 200개 이상의 국가와 자치령(UN 회원국보다 많습니다)에서 영업하고 있는 글로벌 기업이라는 것은 누구나 알고 있는 사실입니다. 하지만 우리는 영업을 하는 모든 지역 공동체의 구성원이기도 합니다. 그 이유는 간단합니다. 우리가 만드는 제품은 현지에서 조달되는 경우가 많습니다. 제품을 구매하는 소비자 역시 그 지역에 거주합니다. 이런 모든 이유로, 우리는 우리가 서비스하는 지역 공동체에 이해관계를 갖고 있습니다. 지난 한 해 동안 우리는 지역사회에 대한 우리의 책임을 다하기 위해 열심히 노력해왔습니다. 물론 우리가 지역 공동체에 기여하는 가장 중요한 방법은 MBA나 과학자뿐 아니라 트럭 운전사, 농부 등 다양한 기술과 배경을 가진 열심히 일하는 사람들에게 좋은 보수를 주는 일자리를 만드는 동시에 장기적이고 성공적인 커리어를 약속하는 것입니다.

물론 우리가 세상의 모든 문제를 해결할 수는 없습니다. 하지만 우리는 우리가 차이를 만들 수 있다는 것을 알고 있습니다. 그렇게 함으로써 우리 회사의 성공을 좌우하는 (모든 소비재 기업이 그렇듯이) 광범위한 대중의 지지를 발전시키고 있을 뿐 아니라 이를 필요로 하는 사람들에게 손을 내밀고, 우리가 몸담은 곳을 고향이라고 부르며 그곳의 시민으로서 책임을 다하고 있습니다. 전 세계 사람들이 자본주의의 역할에 이의를 제기하고, 기업과 그들이 몸담은 사회 사이의 관계에 의문을 제기하는 시대에서, 우리는 10년 동안 대답을 제시하며 다른 업들의 본보기가 되어왔습니다.

우리의 접근법은 몇 가지 간단한 신념에 뿌리를 두고 있습니다. 우리는 우리가 돈을 쓰는 방식을 변화시키고 싶지 않습니다. 우리는 돈을 버는 방법을 변화시키고 싶습니다. 단순히 큰 회사가 되는 것을 바라는 것이 아닙니다. 우리는 좋은 회사가 되기를 바랍니다. 더불어 단기간의 성공만을 원치 않습니다. 우리는 장기에 걸친 성공을 원합니다. 이것이 우리가 10년 동안 따른 접근법입니다. 이것은 우리가 '목적이 있는 성과 2025$^{Performance\ with\ Purpose\ 2025}$' 어젠다와 함께 앞으로 10년 동안 따르게 될 접근법입니다. 또한 미국과 전 세계의 많은 기업들이 포용하게 될 접근법입니다.

성공적인 기업이 의미하는 바를 재정의하려는 기업 리더뿐 아니라 정부 지도자, 투자자, NGO, 학자들의 움직임에서 우리는 한몫을 하고 있습니다. 우리는 더 넓은 관점, 세대 간 접근, 한 분기에서 다음 분기로만이 아니라 한 해에서 다음 해로, 지금 10년에서 다음 10년으로 성공을 이어가는 데 집중하는 접근법, 뛰어난 성과를 내는 것에만 목표를 두는 것이 아니라 진지한 목적의식으로 인도되는 접근법을 강조하는 방식으로 자본주의의 원칙을 다시 쓰고 있습니다.

그런 종류의 더 포괄적인 접근법, 그런 종류의 더 전체주의적 관점은 저명한 베트남 승려 틱낫한의 말을 떠올리게 합니다. 그는 종이 한 장을 만드는 데 들어가는 모든 것을 설명합니다. 그는 종이 한 장을 정말로 열심히 들여다보면, 그 안에 떠다니는 구름을 볼 수 있다고 말합니다. 구름이 없다면 비가 없을 것이고, 비가 없다면 나무도 없을 것이고, 나무가 없다면 종이도 없을 것입니다.

그는 말을 이어갑니다. 그 종이 한 장을 더 열심히 들여다보면, 나무를 베어서 공장으로 옮긴 벌목꾼을 볼 수 있습니다. 그의 일용할 양식을 낸 밀밭을 볼 수 있습니다. 그를 뒷받침하는 가족과 지역사회를 볼 수 있습니다. 이 모든 것 없이는 단 한 장의 종이도 존재할 수 없기 때문입니다.

틱낫한은 종이 한 장에 관해 이야기하지만, 그 교훈은 한 병의 게토레이, 한 그릇의 퀘이커 오츠, 한 잔의 트로피카나, 그리고 인간의 손과 독창성으로 만든 모든 것에 적용됩니다. 우리 사업에 그런 관점을 진심으로 확고하게 적용하는 한, 우리는 계속해서 주주들에게 많은 재정적 수익을 드리고, 더 건전한 미래를 만들어드릴 수 있을 것이라 확신합니다. 단지 2017년뿐 아니라 앞으로 긴 시간 동안 말입니다.

─────────── **2017년** ───────────
변화

존 F. 케네디 대통령은 많은 사람들에게 새로운 시대의 여명을 상징하던 인물이었습니다. 그는 50여 년 전, 독일 프랑크푸르트에 모인 시민 대표와 시민들 앞에서 진보에 대한 그의 철학을 설명했습니다. "시간과 세상은 제자리에 머물러 있지 않습니다. 변화는 삶의 법칙입니다. 과거와 현재만을 보는 사람들은 분명 미래를 놓치게 됩니다."

2년 후인 1965년 프리토레이와 펩시콜라가 합병되어 펩시코가 되었습니다. 그 이후 우리는 그 생각, 항상 미래를 보자는 아이디어에 따르기 위해 최선을 다해왔습니다. 우리의 역사 내내 우리는 지평선을 살피고, 새롭게 부상하는 추세를 파악하기 위해 노력하며, 그 추세들 사이를 성공적으로 항해하기 위해 필요한 투자와 조정을 가하는 데 집중했습니다.

덕분에 우리는 수십 년에 걸쳐 최고 수준의 수익을 내고, 경쟁업체를 능가하며 상징적인 브랜드 포트폴리오를 구축하는 한편 업계에서 가장 유능한 최고의 리더들을 끌어들이고 개발할 수 있었습니다. 지난 주주 서한들에서도 이런 메가트렌드들에 대해 언급했지만, 특히 이 시점이 중요한 것은 이런 추세들이 영속되는 것에서 그치지 않고, 우리 사업 그리고 모든 사람에 대한 그들의 영향력이 가속되고 확대되고 있기 때문입니다.

업계 전반에 걸친 혼란에 직면한 기업들이 어떤 성과를 내는지에 대한 최근의 한 연구는 1/3만이 변화를 성공적으로 헤쳐나와 다른 편의 뭍으로 올라온다는 것을 보여주었습니다. 저는 펩시코가 그중 하나가 될 것이라고, 이 시기를 거치면서 더 강해질 것이라고 확신합니다. 우리는 이런 추세와 변화를 예상해왔고 그에 대한 투자를 해왔기 때문입니다.

더욱 맛있고 영양가 있는 선택안들을 통한 우리 포트폴리오의 지속적인 변화가 우리 사업의 건전성을 보장해줄 것입니다. 우리 소매와 식품 서비스 파트너십의 힘이 시장에서 타의 추종을 불허하는 강점이 되고 있습니다. 우리는 세계 수준의 디자인으로 차별화를 꾀하며 전자상거래로의 성장을 포착하고 있습니다.

디지털화를 통해 우리는 고객들의 니즈에 더 빠르게 반응하는 힘을 얻고, 민첩성과 효율성을 강화해 생산성을 높이고 있습니다. 우리는 지구에 대한 영향을 최소화하는 한편으로 비용을 절감하고 있습니다. 동료들의 역량을 키워 미래의 인재를 확보하는 동시에, 공동체의 발전을 꾀하여 우리가 서비스를 제공하는 시장 내에서 좋은 이웃이 되고 있습니다.

21세기의 좋은 기업이란, 곧 선한 기업을 뜻합니다. 이는 분기뿐만 아니라 향후 몇 년에 초점을 맞추고, 수익의 수준뿐 아니라 수익의 지속성에도 관심을 둔다는 의미입니다. 우리 펩시코는 장기를 희생하고 단기를 우선하는 것은 지속가능성이 없으며, 극단을 오가는 사이클을 만들어 모든 이해관계자에게 피해를 준다는 점을 잘 알고 있습니다. 우리는 다른 접근법을 채택합니다. 단기와 장기의 우선 사항을 함께 발전시켜 장기에 걸쳐 계속해서 수익을 높이는 접근법을 말입니다. 더불어 그 일을 하는 동시에 기업의 진실성과 책임성에 있어 최고 기준을 지킵니다.

우리 회사는 약제상이라는 소박한 뿌리에서 출발해 큰 진전을 이뤄왔습니다. 앞으로도 존 F. 케네디가 "삶의 법칙"이라고 불렀던 것, 즉 변화에 주의를 기울이고 항상 미래를 주시하는 한 우리는 계속해서 더 높은 곳으로 오르고 새로운 변경을 개척할 것입니다.

누이는 자신의 주주 서한에서 배당 정책이나 주식 환매를 자세히 다루지 않는다. 하지만 재무 실적을 설명하는 부분에서 그 주제 아래 항상 한두 문장을 포함한다. 여기 그 본보기가 있다.

2008년 경제 상황이 개선되면서 우리는 배당을 늘렸고, 자사주 매입 프로그램을 계속했으며, 더 높은 실적을 올릴 수 있는 위치에 서게 되었습니다.

2009년 우리는 연 배당률을 6%로 올렸습니다.

2010년 주식 환매와 배당을 통해 주주들에게 80억 달러가 되돌아갔습니다. 우리는 연 배당률을 7%로 올렸습니다.

2011년 당해 주당 배당이 연 12%로 높아졌을 뿐 아니라, 우리는 2007년부터 주식 환매와 배당을 통해 300억 달러를 주주들에게 되돌려주었습니다.

2012년 주식 환매와 배당을 통해 주주들에게 65억 달러가 되돌아갔습니다.

2013년 당해 펩시코는 41년 연속으로 연 배당률을 인상했고, 환매와 배당을 통해 주주들에게 64억 달러를 되돌려주었습니다.

2014년 당해 펩시코는 42년 연속으로 연 배당률을 인상했고, 환매와 배당을 통해 주주들에게 2013년보다 36% 많은 87억 달러를 되돌려주었습니다. 지난 10년 동안 우리는 배당과 주식 환매의 조합으로 주주들에게 570억 달러를 되돌려주었습니다.

2015년 올해 펩시코는 43년 연속으로 연 배당률을 인상했고, 환매와 배당으로 주주들에게 90억 달러를 되돌려주었습니다. 2012년 이래 우리는 배당과 주식 환매의 형식으로 주주들에게 240억 달러 이상을 되돌려주었습니다. 실제로 지난 10년 동안 우리는 주식 환매의 형태로 주주들에게 350억 달러 이상을 되돌려주었고, 배당을 포함하면 이 액수는 650억 달러가 넘습니다.

2016년 우리는 배당과 주식 환매를 통해 주주들에게 약 70억 달러의 현금을 되돌려주겠다는 목표를 이루었습니다. 실제로 우리는 45년 연속으로 연 배당률을 인상했고, 이에 대한 지급은 2017년 6월 시작됩니다. 지난 10년을 되돌아보면, 우리 주주의 연간 총수익률은 8.2%로 S&P 500보다 130bp 앞섭니다. 우리의 연평균 배당 증가율은 약 10%였습니다. 실제로 우리는 배당과 환매의 형태로 여러분께 약 700억 달러를 되돌려드렸습니다.

주식의 가치를 높여라

웨스턴 힉스
앨러게니 코퍼레이션

앨러게니 코퍼레이션은 페어팩스나 마켈과 마찬가지로 상당한 증권 포트폴리오는 물론이고 장난감 제조, 철골 제작, 장례 서비스 시장에 참여하는 다양한 자회사를 보유하고 있는 보험 회사이다. 1929년 가업으로 시작된 앨러게니는 긴 재정적 번영의 역사를 가진 공개 기업으로서 뛰어난 문화와 본보기로 삼을 만한 주주 서한으로 호평받고 있다. 이 회사는 2004년 말부터 웨스턴 힉스가 성공적으로 이끌고 있으며, 그 전임자인 존 J. 번즈$^{John\ J.\ Burns,\ Jr.}$, F. M. 커비$^{F.\ M.\ Kirby\ II}$는 1967년부터 여러 부문의 최고 책임자와 이사회 의장으로 일했다.

힉스는 번영, 문화, 커뮤니케이션으로 대표되는 회사의 자랑스러운 전통을 지키면서 겸손한 자세를 지켰다. 무엇보다 힉스는 앨러게니의 장기적인 시각을 강조하면서 장기 투자자에게만 매력이 있는 문화를 반영하는 서한을 쓴다. 이 서한들은 회사의 사업에 대해 명확히 설명할 뿐 아니라 보수적이고 인내심 있으며, 인수에 집중하고 분권화되어 있으며, 자율적이고 검약하는 회사의 문화도 분명히 보여준다.

서한들은 쉬운 단어와 이해를 돕는 표, 유용한 제목을 이용하고 공식 경제 리서치를 참조하는 것은 물론이고 진 와일더[Gene Wilder](미국의 영화배우 - 옮긴이)에서 이글스[Eagles](미국의 록밴드 - 옮긴이)에 이르는 대중문화까지 아우른다. 인터뷰에서 웨스턴은 이런 장치들이 서한을 쓰는 일을 좀 더 흥미롭게 만들어주었다는 농담을 했다. 서한은 다양한 식견으로 가득 차 있으면서도 반복적으로 같은 주제를 다루기 때문에 회사의 문화, 관행, 운영에 대한 진술에서 변화나 조화되지 않는 기습적인 내용은 발견할 수 없다. 이 서한들을 통해 회사와 마찬가지로 보수적이고 신중하면서도 박식하고 겸손한 힉스의 성격을 엿볼 수 있다. 특히 서한 작성의 경험이 쌓이면서 그의 색채가 짙어지고 있다.

여러 개의 서한을 읽은 사람들은 작자가 일에 있어서 성장을 이루고, 점진적으로 영역을 확대하며 세부적인 이해를 심화시키고, 문화적 참조를 더하며 재미를 느끼는 것을 관찰할 수 있다. 하지만 회사의 가치관, 장기 지향적 자세, 특정한 종류의 주주들에 대한 욕구는 변함없이 계속된다. 최근 힉스는 매 서한의 맨 위에는 앨러게니에 대한 상세한 점수표, 맨 마지막에는 비GAAP 측정치에 대한 언급을 덧붙이고 있다. 점수표에 대한 아이디어는 라우카디아에서 얻은 것으로, 이안 커밍과 조 스타인버그가 쓴 주주 서한들은 그에게 영감의 원천 중 하나이다.

현대적인 앨러게니 코퍼레이션 서한은 2002년 시작되었다. 이 점은 웹사이트에 2002년 서한을 처음으로 포스팅하자는 회사의 결정이나 2016년 힉스가 2002년 서한을 변곡점으로 언급한 것에서 증명된다. 커비와 번즈가 공동으로 서명을 한 초기의 주주 서한은 주로 전체 영업 부분에 대한 2쪽짜리 요약본이었다. 2002년 두 사람이 힉스를 소개하고, 곧 그가 서한 작성에 참여했으며 이후 혼자 쓰게 되었다.

커비와 번즈의 시대부터, 주주 서한은 항상 기업 목적에 대한 진술로 시작되었다. 문법과 스타일에 약간의 변화가 있었지만, 이 진술은 최소한 2002년부터는 거의 바뀌지 않았다. 이 단락을 통해 주주들은 한 해 한 번씩 회사의 목적, 목표, 문화를 상기한다.

> 우리의 목적은 상해 (재)보험에 중심을 두고, 자회사와 투자의 소유, 관리를 통해 가치를 창출하는 것입니다. 우리 회사는 매력적인 투자 기회를 찾고, 유능하고 의욕적인 경영진에게 책임을 위임하며 자회사의 운영 목표를 설정하고, 이런 목표를 성취하도록 경영진에게 적절한 인센티브를 제공하며, 장기적인 목적을 기준으로 진보를 관리하는 소규모 간부들에게 운영을 맡깁니다. 우리의 경영 철학을 지배하는 것은 보수주의입니다. 우리는 투

자에서의 유행을 피하며 우리 투자자에게 장기적 가치를 줄 잠재력을 가진 기초 금융과 기초 산업 기업에서 비교적 적은 지분을 인수하는 것을 선호합니다.

모든 서한에서 계속 나타나는 또 다른 특징은 2003년 이래 유지되고 있는 첫 단락이다. 이 단락은 주주 지분의 현재 수준과 연간 변화를 다룬다. 이것은 회사의 주된 성적표이며 이것으로 매년 서한을 시작한다는 것은 그 잣대를 강조한다는 의미이다.

2004년 번즈가 은퇴하고 힉스가 커비와 함께 서한을 쓰게 되었다. 형식에서 눈에 띄는 유일한 차이점은 지난 5년에 걸쳐 회사의 실적을 S&P와 비교하는 표가 추가된 것이다. 2005년에는 투자 철학과 인수 라이벌들에 대한 논의가 추가되긴 했지만, 여전히 간략함을 유지했고 운영에 초점을 맞추었다. 2006년의 서한은 힉스 혼자 서명한 첫 서한이지만, 이전의 서한과 비슷했다. 힉스는 2007년의 서한에서부터 개성을 드러내기 시작했다.

2012년 앨러게니는 트랜스레^{TransRe}를 인수하는 큰 변화를 겪었다. 이 인수의 일부로 앨러게니는 버크셔 해서웨이의 간부였던 조 브랜든을 영입해 트랜스레의 회장직에 앉혔다. 힉스는 브랜든이 "제 파트너로 앨러게니에 합류"했으며 "앨러게니 이사회 그리고 저와 함께 회사의 전략 개발을 맡을 것"이라고 설명했다.

가치 창출

우리는 주당 장부가치의 지속적인 증가를 통해 회사의 가치를 더욱 높이고 주주들을 위해 매력적인 장기 수익을 창출할 수 있다고 믿습니다. 이런 접근법은 어느 한 해의 큰 수익을 기대하고 상당한 위험을 감수하는 다른 회사들의 접근법과 대조됩니다. 그런 접근법은 때로 극적인 수익은 낼 수 있지만, 이런 수익을 상쇄하지 못할 정도로 큰 손실을 낼 수도 있습니다.

보상

경영진은 2가지 중요한 방식으로 앨러게니의 주된 재정적 목적을 달성하기 위해 노력합니다. 첫째, 우리는 모두 주주이며 우리의 개인 대차대조표는 앨러게니의 주가와 함께 오르내립니다. 둘째, 더 중요한 방식은 우리에게 경영진 스톡옵션 제도가 없다는 것입니다. 대신 매년 우리 고위 경영진은 실적에 따라 주식을 받습니다. 그 가치는 연속 4년간의 주당 장부가치 증가율의 측면에서 거둔 성공과 그 기간의 주가 동향에 좌우됩니다.

경영진 스톡옵션은 성장 초기의 창조적 기업에는 적합할지 모르지만, 경영진에게 지속적으로 가치를 창출하게 하는 동기를 부여하는 데에는 그리 효과적이지 않습니다. 스톡옵션은 일이 잘 풀릴 때는 보상을 받으면서도 그렇지 않을 때는 잃는 것이 전혀 없기에 오히려 큰 위험을 감수해야 하는 결과를 초래할 수 있습니다.

경제 환경

정교하게 제작된 스위스제 시계와 마찬가지로, 세계 경제의 메커니즘이 작동하려면 모든 부분이 적절히 기능해야 합니다. 시스템 내의 가장 약한 차용자들이 무너지기 시작하면서 2008년의 세계 경제는 큰 부담을 안게 되었고, 여러 주요 금융 기관의 붕괴에 이어 2008년 말에는 시스템이 사실상 정지되었습니다.

대부분의 경제학자는 이윤 극대화 모델을 통해 세상을 봅니다. 감세나 저금리와 같은 자극이 주어지면, 소비자는 소비를 하고 기업은 투자를 한다고 가정하는 것입니다. 그렇지만 또 다른 모델, 즉 생존 모델에서는 용이한 신용 대부, 과장된 자산가치, 자산 붕괴 이후 유동성과 부채 감소가 경제적 동기부여의 측면에서 그 어떤 것보다 중요한 요인이 됩니다. 더욱이 가계들이 레버리지를 줄이려 하고, 기업은 악화되는 경제 조건 속에서 생존을 위해 싸우면서 경제적으로 긴 겨울을 보내게 될 가능성이 크다는 것이 우리의 생각입니다. 그런 환경에서는 충분히 주의를 기울이는 것이 좋습니다.

보상

앨러게니의 목표는 장기간에 걸쳐 매력적인 수익률로 주당 장부가치를 높이는 것입니다. 우리는 리서치를 통해 장기에 걸쳐 우리 주주들의 수익이 주당 장부가치 성장률과 밀접하게 연관될 것이란 결론을 내리게 되었습니다. 장기적 성장 목표를 달성하기 위해서는 큰 손실을 피해야 합니다. 2008년 저명한 전문 투자가들의 장기 투자

기록들은 주식 시장 역사상 세 번째로 나쁜 명목 수익률로 인해 심한 손상을 입었습니다. 10%의 손실을 보았을 경우에 그 손실을 회복하기 위해서는 11%의 수익이 필요합니다. 25%의 손실에는 33%의 수익, 40%의 손실에는 67%의 수익이 있어야 평형으로 돌아갈 수 있습니다.

대형 금융 기관을 비롯한 많은 기업들은 커진 리스크가 이런 수익들의 변동성을 얼마나 끌어올릴지 고려하지 않은 채 맹목적으로 높은 자기 자본 수익률이라는 목표만을 추구했습니다. 금융 기관의 고위 경영진은 스톡옵션의 형태로 이러한 변동성에 대한 차입 리스크를 받아들이기도 했다. 2008년의 사건을 통해 너무나 명백히 밝혀졌듯이, 재무 레버리지와 영업 레버리지는 자기 자본에 대한 잠재 수익을 높이는 한편 수익의 변동성도 증가시킵니다. 우리의 철학은 엄청난 성과가 있어야만 회복 가능한 주당 장부가치의 큰 하락을 피하면서 매력적인 위험 조정 수익을 내는 데 목표를 두는 것입니다.

앨러게니의 고위 경영진은 스톡옵션 보상을 전혀 받지 않습니다. 매년 보상 위원회가 경제와 금융 환경을 고려해 각 임원의 보수에 비례해 정한 '성과 주식performance share'을 받습니다. 목표 수준은 금액으로 정해지며 승인 일자에 앨러게니 주식 가격을 기반으로 성과 주식의 숫자로 전환됩니다. 우리는 다음 4년 동안 주당 장부가치의 상승률을 측정하고, 그 성장률을 이전에 정해둔 목표와 비교합니다. 상승률이 이 목표 수준을 넘으면 임원은 목표에 대한 보상으로 다수의 주식을 받을 자격이 생깁니다. 성장률이 목표 수준을 넘지 못하면 지급액은 줄어듭니다. 특정 수준 이하라면 지급은 이루어지지 않습니다.

우리는 이런 구조가 경영진의 인센티브가 장기 주주의 인센티브와 보조를 같이하도록 하는 데 효과적이라고 생각합니다. 2008년의 금융 붕괴로 주당 장부가치가 하락했습니다. 이에 따라 2008년을 포함한 4년간의 주당 장부가치 상승률이 하락하고, 결과적으로 발행된 모든 성과 주식의 가치가 하락할 것입니다. 반가운 상황은 아니지만 받아들이지 않을 수 없는 현실입니다. 이 인센티브 제도에 관한 더 상세한 설명은 의결권 위임 권유장을 참조해주십시오.

또한 우리는 자회사 경영진에 대한 보상을 개별 기업의 책임과 일치시켜야 한다고 생각합니다. 다른 대규모 조직들과 달리, 우리는 자회사 경영진에게 오로지 그 회사의 실적에 근거한 보상을 합니다. 더불어 우리 보험 자회사들은 그들의 투자 포트폴리오를 관리하는 모기업에 의존하기 때문에, 우리는 그 회사들의 경영진에게는 주로 언더라이팅 실적에 근거한 보상을 합니다.

2009년
레버리지

우리 경제는 부채 기반 통화 시스템으로 작동합니다. 이 시스템은 자금의 공급을 늘리는 데 부채의 확대를 요합니다. 매도프Madoff의 피라미드형 사기처럼 우리 금융 시스템에서는 모든 미결 채무에 대한 이자를 지급하는 데 필요한 돈을 창출하려면, 차용자의 공급이 계속 늘어야 합니다. 2007~2008년에는 대출자를 끌어들이는 경제 능력이 한계에 도달했던 것으로 보입니다. 소득 대비 부채 비율이 25년간 확대되면서 가계소득의 왜곡이 심해지고 자산가치도 부풀려졌을 가능성이 있습니다.

이 이야기의 마지막 장은 정부 부채의 폭발입니다. 광범위한 채무 불이행과 기업 및 소비자의 미불 채무 축소로 자금의 공급이 감소하고 벌충이 없는 한, 경제는 통화 수축의 나락으로 떨어질 것이 분명합니다. 전 세계 정부들이 세계 경제의 붕괴를 막기 위해 전례 없는 양의 차입에 나섰던 것도 이 때문입니다.

투자

우리는 '거시적 이유'에 근거하지 않고 긴 세월을 함께한 가치투자의 원칙에 바탕해 주식 투자를 합니다. 우리가 보기에 손실 가능성보다 수익에 대한 전망이 훨씬 큰 내실 있는 기업에 투자하는 것을 추구하는 것입니다.

———————— 2010년 ————————
장기

인수에 있어서 좋은 기회를 노리는 우리의 접근법으로 인해 지난 몇 년간은 대규모 인수가 없었습니다. 우리는 매년 여러 건의 인수 기회를 마주치지만 그 대부분이 성사되지 않으리라는 점을 알고 있습니다. 더욱이 사모펀드 업계의 제도화, 금융 완화, 견고한 신용 대출 시장이라는 환경으로 인해 다른 구매자들이 이런 인수를 성사시키기 위해 기꺼이 높은 수준의 대출을 떠안게 되면서 공식적 경매 과정에 나온 기업의 대규모 인수에서 성공할 가능성이 낮아졌습니다.

이런 이유로 우리는 적절한 사업 제의가 우리 자본과 관리 자원의 혜택을 볼 수 있는 초기 단계에서 가능성을 찾는 데 더 많은 시간을 쏟고 있습니다. 그런 투자는 결과를 내기까지 더 긴 시간이 걸리겠지만, 대단히 좋은 위험 보상 비율을 가지는 경우가 많습니다.

우리 핵심 산업 분야의 시장 환경이 개선될 때까지, 우리 경영진의 주된 목표는 자본을 보존하고 기업 손해 보험 업계의 최종적 반등에 온전히 참여할 수 있는 입지를 마련하는 것입니다. 이 업계는 시장 참가자들이 환경의 변화를 촉발하는 요인이 정확히 무엇인지 예상할 수 없는 때가 많으면서도 항상 이에 관한 예상을 한다는 특징을 갖고 있습니다.

— 2011년 —

앨러게니는 대규모 인수를 발표했다. 인수 대상은 AIG가 만든 보험 회사로 버크셔 해서웨이도 인수전(戰)에 참여했던 트랜스애틀랜틱 홀딩스Transatlantic Holdings이다.

이번 인수는 앨러게니에 큰 변화였고, 앨러게니 주주들에게 많은 전략적·금전적 혜택을 가져다주었습니다. 이를 통해 앨러게니 주주들은 인적·물적 위험 노출 유형은 물론 지리적인 측면에서도 위험을 더욱 다각적으로 분산할 수 있게 됩니다. 트랜스애틀랜틱 사업의 거의 절반은 미국 이외의 지역에서 이루어지며, 이 회사 사업의 약 70%는 손해 보험 기타 전문인 배상 책임 보험, 해상 보험, 항공 보험, 신용 보험, 보증 보험 등 기타 사업 부문과 관련됩니다.

전망

우리의 예상이 맞아 증권의 수익률이 다음 5~10년간 한 자릿수 중반에 그친다면, '사서 보유하는' 투자가 만족스러운 수익을 낼 가능성은 낮습니다. 더구나 현재의 경제 환경에서는 계속해서 주주 수익률을 10% 이상으로 낼 수 있는 기업이 몇 되지 않습니다. 경쟁 압력이 수익을 약화하거나 외부 환경이 예상치 못한 변화구를 던질 것입니다. 이런 환경에서 우리의 접근법은 단기 이익 실현에 좀 더 적극적으로 나서는 것입니다. 이윤이 주로 거시 경제적 요인에 의해 유발되는 것처럼 보일 때는 특히 더 그렇습니다. 더불어 우리는 현금의 선택 가치를 더 높게 평가하고 있습니다. 우리는 견실한 장기 펀더멘털을 가진 업계 내에서 여러 내실 있는 기업들에 대한 광범위한 조사를 계속하고 있습니다. 하지만 현재 우리의 전반적인 자산 위험도는 상당히 낮습니다(현재로서는 적절하다고 느끼는 수준입니다만).

2012년
회사 연혁

앨러게니는 트랜스레의 인수 직전, 재보험 사업에 크게 관여하지 않았기 때문에 트랜스레의 통합은 비교적 간단했으며 주로 두 회사의 임원 활동에 국한되었습니다. 통합 과정의 일환으로 우리는 트랜스레의 보상 제도를 수정했습니다. 핵심 임원과 직원 주주들에게 트랜스레 장부가치에서의 경제적 이익을 지급하는 가상 제한부 주식 제도를 만든 것입니다.

보수주의

보험사와 재보험사의 지주 회사로서 우리 자본의 대부분은 금융 사업에 투자되어 있습니다. 금융 사업은 최고의 상태라면 프리미엄을 얻고 언더라이팅 이윤을 낼 수 있지만, 최악의 상태라면 위험을 적절히 관리하지 못해 많은 돈을 잃게 됩니다. 나심 니콜라스 탈레브가 《안티프래질》에서 말한 "부정 편향 사업 negative-skew business"입니다.

이것은 금융 사업의 본질적 성격이기 때문에 보수적인 마음자세를 가지고, 성장이 아닌 언더라이팅 이윤에 중점을 두고 접근하는 것이 실행 가능한 유일한 장기 목표입니다. 앨러게니 전략의 핵심은 이 (재)보험이라는 틀에 '긍정 편향' 사업을 결합하는 것입니다. 그런 사업은 시일 내에는 손실을 내겠지만, 사업이 성공한다면 엄청난 수익을 낼 수 있습니다. 앨러게니 캐피탈 파트너즈 Alleghany Capital Partners는 주로 이런 비보험 사업을 찾고 감독하는 책임을 맡고 있습니다.

유동성

'새터데이 나이트 라이브 Saturday Night Live(미국의 텔레비전 코미디 프로그램 - 옮긴이)'에서처럼 건강상의 모든 문제를 사혈로 해결하려는 것과 같이, 중앙 은행가들은 아무런 객관적 증거도 없이 도움이 된다고 하면 계속해서 유동성을 강요하고 있습니다. 이자율 억제로 저축자들이 은행 시스템의 혜택을 보지 못하기 때문에 퇴직자, 연기금, 보험사에는 전혀 도움이 되지 않는 일입니다.

보상

앨러게니 경영 철학의 핵심은 경영진 보상에 대한 접근법입니다. 이 접근법은 지주 회사 임원에 대한 보상과 자회사 임원에 대한 보상의 두 부분으로 나뉩니다.

지주 회사의 임원들은 자본은 배분하고, 투자는 관리하며 회사를 사들이고(때로는 팔고), 위험을 통제하며 자회사의 임원들과 협력해 그들의 실적을 개선하기 위해 노력합니다. 우리는 지주 회사 경영진이 이런 기능을 얼마나 효과적으로 수행하는지 살펴보려면, 상당히 오랜 기간을 기준으로 해야 적절히 판단할 수 있다고 생각합니다. 따라서 우리 보상의 상당 부분은 장기 실적을 기반으로 합니다.

장기간에 걸쳐(10년 이상), 우리 주가는 회사의 주당 장부가치 증가율과 같은 속도로 증가하는 경향을 보였습니다. 그러나 더 짧은 기간을 놓고 보면, 2가지가 매우 다른 방향으로 움직일 수 있습니다. 투자자들이 주식 시장의 다른 대안들에 비교해 앨러게니의 미래 장부가치 성장률에 가지는 기대가 변화하기 때문입니다.

여기에서 지배구조에 있어 새롭게 부상하는 추세를 이야기하지 않을 수 없습니다. 임원의 보상을 주가 실적에 연결하는, 즉 회사의 주가 실적이 부정적일 때 보상을 줄이는 방법입니다. 제가 보기에 이런 접근법에는 3가지 문제가 있습니다. 첫째, 회사의 주가는 단기간(5년 이하)에도 업계의 주기적 추세, 투자자 기호 변화(예를 들어, 불안정한 경제 환경 때문에 경기의 영향을 많이 받는 주식에서 방어주로 전환하는 것), 기타 회사의 실적과는 무관한 다른 이유들로 오르기도 하고 떨어지기도 할 것입니다.

둘째, 회사의 리스크 특성은 단기간에 적절히 시험하기에 어렵습니다. 주주가 자본의 장기적 성장을 바라면서 한 회사에 투자한다면, 회사가 절대 영구적인 손실을 보지 않아야 합니다. (재)보험 지주 회사의 경영진은 공격적인 가격 설정으로 보험료 인상을 조장하거나 회사 운영에서 더 많은 '꼬리 위험tail risk(자산가치에 엄청난 영향을 줄 수 있는 일회적 위험 - 옮긴이)'을 안는 식으로 비교적 쉽게 단기 실적을 높일 수 있습니다. 단기적으로는 이런 조치의 부정적 효과가 눈에 띄지 않겠죠. 하지만 시간은 무분별한 모험가의 적입니다. 결국 회사는 시험을 받게 되고, 그 후에야 주주는 경영진이 위험 통제에 어떻게 대처했는지 파악할 수 있게 됩니다.

셋째, 극단적인 주식 시장의 움직임은 왜곡된 결과를 만들 수 있습니다. 주식 시장 거품으로 주가 상승이 형편없는 재무 실적의 영향을 가리면서 자격이 없는 경영진이 보상을 받는 경우가 생깁니다. 마찬가지로 주식 시장 붕괴는 회사와 연관 없는 주가의 하락으로 뛰어난 재무 실적을 가리면서 경영진이 처벌을 받는 상황도 만들 수 있습니다.

앨러게니의 경우, 지난 10년 동안 주가가 장부가치의 90%에서 140%로 올라갔다가 다시 90%까지 떨어지는 것을 지켜보았습니다. 그동안 내내 주당 장부가치는 연 9% 정도로 계속 상승했고, 단 한 해(2008년)에만 하락을 기록했습니다. 장부가치의 90%에 우리 주식을 매수해 10년 동안 보유했던 장기 투자자들은 투자금이 2배로 불어났습니다. 장부가치의 140%에 우리 주식을 매수하여 장부가치의 90%에 판 투자자는 그 투자로 상당한 실망을 경험했을 것입니다.

대부분 공개 기업의 주주 기반 전환율이 계속해서 높아지면서, 장기 주주가 점점 드물어지고 있습니다. 이런 상황이기 때문에 일시적인 주주 기반의 선호도에 따라 회사를 운영하고 경영진에 보상한다는 것은 우리가 보기에 이치에 맞지 않습니다. 우리는 앨러게니에 투자하는 것이 장기적인 시각을 가진 투자자들에게 가장 매력적인 투자가 될 것이라고 믿습니다. 우리는 리스크를 통제하고, 영구적인 자본 손실을 피하며 안타를 치는 데 중점을 두기 때문입니다.

앨러게니의 임원들은 주로 현금(봉급과 연간 보너스)과 성과 주식 제도를 통해 보상을 받습니다. 성과 주식 제도는 1년을 기준으로 임원에게 성과 주식을 주는 것입니다. 이 주식을 한 주라도 받으려면 앨러게니의 주당 장부가치가 최소 기준 수익률 이상으로 증가해야 합니다.

자회사 임원들의 보상에 접근하는 방식은 조금 다릅니다. 여기에서는 언더라이터에 그들 회사의 언더라이팅 이윤에 따른 지분을 주는 제도를 만들기 위해 노력합니다. 제도를 만드는 과정에서의 문제는 사업의 본질적 변동성을 인정하는 것입니다. 따라서 우리는 보통 수년에 걸친 평균적인 재난 손실을 고려해 그 영향을 완화시킵니다.

우리는 자회사 임원들이 주인처럼 생각하고 행동하기를 바라기 때문에 그렇게 만들기 위한 접근법을 취합니다. 가장 좋은 방법은 그들을 주인으로 만드는 것입니다. 이는 각 회사 경영진에게 수익 성장에 대한 경제적 보상을 주고, 근속 인센티브의 역할을 하며 손실이 발생했을 때 그들이 책임을 지도록 만듭니다.

투자

앨러게니 캐피탈의 주된 전략은 매력적인 현금 수익을 창출할 것으로 기대되는 비보험 사업에 장기 투자하는 것입니다. 가족 소유로 사업에 대한 지속적인 관심을 두고자 하는 기업들이라면 전형적인 사모펀드 회사나 전략적 매수자보다 상당한 재원을 가진 안정적이고 장기적인 소유주가 훨씬 나은 대안이 될 것으로 생각합니다.

전망

세계화로 경제는 크게 성장했지만, 그와 함께 잠재적 불안도 커졌습니다. 중국과 신생 시장들의 부상에도 불구하고, 대부분의 세계적 거래는 달러를 기반으로 합니다. 금융 위기 이후 연방준비위원회는 대차대조표를 확대하기 위해 기민하게 움직였고, 그 가운데 미국 달러는 무역 상대국 통화와 비교해 약화되었습니다. 그 결과로 미국 경제는 점진적으로 개선되었고, 주요 경제 블록 중에 몇 안 되는 밝은 지점 중 하나가 되었습니다. 그러나 트리핀의 딜레마$^{Triffin\ Dilemma}$에 따르면, 세계 기축 통화의 역할을 하는 국가의 이익은 궁극적으로 세계 경제의 이익과 상충된다는 점입니다.

이런 일이 지금 일어나고 있는지도 모르겠습니다. 개선되고 있는 미국 경제가 경상수지 적자를 줄이고 있고, 미국 밖에서 달러화의 공급이 줄면서 외국이 자신들의 무역 채무를 정산하는 것이 점점 어려워지고 있기 때문입니다. 레이더 밖에 있는 일부 국가의 은행 공황이 순식간에 세계의 은행 시스템으로 번지고, 회복세를 뒤집어 불황으로 몰아넣는 시나리오가 바로 떠오릅니다.

더구나 노동 시장 역시 디플레이션 추세를 보이고 있습니다. 특히, "로봇 혁명Robolution"(루이스 게이브Louis Gave가 2013년에 낸 《편안하기에는 너무 다른Too Different for Comfort》에서 만든 용어) 혹은 반복적인 고숙련과 미숙련 일자리의 광범위한 자동화가 일자리 창출에 강력한 맞바람을 만들고, 평균 임금의 침체에 기여하고 있습니다. 올해 1월 발표된 고용 보고서는 문제를 확실히 보여줍니다. 실업률은 6.6%로 떨어졌지만, 경제 활동 참가율은 극히 낮았습니다. 고용 성장의 구성 역시 고무적이지 못합니다. 저임금이나 임시직이 계속해서 순성장의 큰 부분을 이루고 있는 것입니다. 결과적으로 가구 대부분은 소득의 증가가 거의 없는 상태에서 자동화를 통한 생산성 향상의 경제적 가치는 자본 소유자에게 이윤을 저축하기보다는 소비하게 하는 효과를 내고 있습니다. 통화 정책은 이런 추세를 '교정'할 방법을 찾지 못하고 있습니다. 2013년 연방준비위원회는 1조 달러를 새로 만들어냈지만, 경제의 성장은 4,000억 달러에 그쳤습니다. 미미한 성장에 엄청난 대가를 치른 것입니다.

장기

지난해의 연례 보고서에서 저는 경영진 보상에 대한 앨러게니의 관점을 다루었습니다. 우리는 우리의 보상 제도가 장기 소유자의 관점과 일치한다고 생각합니다. 경영진 대부분이 개인 자산의 상당 부분을 앨러게니에 투자했기 때문에 우리는 투자 수익률뿐 아니라 투자의 수익까지 신경 씁니다. 우리는 경영진 스톡옵션을 계속해서 피할 것입니다. 스톡옵션은 경영진에게 주가와 연관된 단기 인센티브를 주게 되기 때문입니다.

리스크 수준을 높이는 다양한 조치를 취한다면 단기적으로는 앨러게니의 주가와 자기 자본 수익률을 높일 수 있습니다. 그렇지만 이런 조치들은 대개 어려운 경제 환경에서 영구적인 가치 손실 가능성을 높이고, 장래에 투자자들을 실망시킵니다. 우리는 앨러게니의 주가가 공정하게 평가되기를 바랍니다. 따라서 특정한 주주 집단이 다른 주주 집단의 희생으로 지나친 번영을 누리는 것을 바라지 않습니다. 짐 콜린스는 그의 책 《위대한 기업은 다 어디로 갔을까》에서 장기 주주 가치에 집중하는 기업과 단기적인 주가 움직임에 집중하는 기업의 관점 차이를 잘 요약하고 있습니다.

훌륭한 기업을 만든 사람들은 주식 가치와 주식 가격의 차이, 주주와 셰어플리퍼shareflipper(단기 투자자 - 옮긴이)를 구분하며, 자신들의 책임이 셰어플리퍼의 가격을 극대화하는 것이 아닌 주주의 가치를 높이는 데 있다는 것을 인식하고 있습니다.

주가

오늘날의 많은 헤지펀드는 시장 노출에 조정된 실적으로 자신을 평가합니다. 시장보다 낮은 노출로 시장보다 높은 수익을 내는 펀드는 가치를 부가하는 반면, 시장 수익에 대등한 레버리지 펀드는 가치를 부가하지 않습니다. 그것은 위험을 부담할 뿐입니다.

지난 10년 동안 앨러게니의 자산가치는 장부가치보다 낮은 영역에서 높은 영역 사이를 오갔습니다. 장기(즉, 10년 이상)에 걸쳐 주주들이 얻는 수익은 주당 장부가치의 성장률에 근접할 가능성이 높습니다. 우리는 현재의 경제 상황에서 평균 이하의 위험으로 주당 장부가치 성장률을 7~10%로 만들 수 있다는 말을 했습니다. 약 1% 인플레이션과 약 3% 10년 만기 국채 수익률의 시대에, 우리는 이것이 우리의 리스크 수준과 비교해 매력적인 수익이라고 생각합니다.

앨러게니가 투자 펀드라면 우리의 장부가치 민감도book value beta(우리 주당 장부가치의 분기별 변화와 S&P 500 분기별 수익 간의 상관관계)는 약 0.24일 것입니다. 이는 우리 주당 장부가치 분기별 변화의 변동성이 S&P 500 분기별 수익 변화의 24%에 불과하다는 의미입니다. 앨러게니 주가의 분기별 민감도는 0.54인 반면 일간 민감도는 약 0.80입니다. 장기 투자자의 경우, 우리의 주당 장부가치는 S&P 500 총수익보다 빠르게 성장했으며 변동성은 시장 수익 변동성의 24%에 불과합니다.

앨러게니의 주당 장부가치 성장률은 평균 53%, 연간 변동성은 12%로 꽤 일관적입니다. 반면 주가는 일반 주식 시장이 그렇듯이 꽤 변동성이 큽니다. 지난 10년 중 8년은 앨러게니의 5년간 장부가치 성장률이 S&P 500 총수익률을 넘어섰고, 지난 10년 중 7년은 앨러게니의 5년간 주가 수익률이 S&P 500 총수익률을 넘어섰습니다.

보상

저는 앨러게니 보상 위원회Alleghany Compensation Committee에 앨러게니 임원 은퇴 제도, 즉 앨러게니 임원들의 은퇴 시에 상당한 경제적 가치를 제공하는 유예 보상 제도를 중단하라고 권고했습니다. 이 제도는 순전히 지속적인 고용만을 기반으로 하기에 장기 가치 성장이라는 우리의 목표를 뒷받침하지 못하며 이미 그 효용을 다한 것으로 보입니다. 위원회와 이사회는 제 권고를 받아들였고, 변화가 생겼습니다. 지난해 이루어진 다른 변화에는 은퇴 후 의료 보험을 종료하고, 연간 인센티브 제도에서 임원들의 상승 레버리지를 제거했으며 이사와 임원들의 앨러게니 증권 헤징이나 담보를 금지하는 것이 포함됩니다.

앨러게니 장기 인센티브 제도하에서의 성과 주식 지급(저와 다른 앨러게니 임원 보상의 상당 부분을 차지하는)은 계속해서 자기 자본 비용 대비 주당 평균 장부가치 성장에 대한 우리의 능력을 기반으로 합니다. 우리는 2003년부터 시행된 이 제도를 통해 보상이 회사의 장기 소유 주가 얻는 수익과 일치할 것으로 생각합니다. 어느 해 주당 장부가치가 하락하면, 그것은 4개년 성과 주식 수여의 나머지 기간에 영향을 주고, 임원이 받는 주식 주를 줄이며 그해 장부가치 하락이 없었던 때보다 주가가 하락할 가능성이 높기 때문에 보상의 달러 가치는 더 크게 하락합니다.

2014년
환매

2014년 우리는 3억 100만 달러 가치의 앨러게니 주식을 매입했습니다. 구매 시 주당 장부가치보다 할인된 금액이었습니다. 우리가 주식을 전혀 환매하지 않았다면, 장부가치는 12.3% 상승했을 것입니다 [(5억 5,000만+3억 100만)/69억 2,400만 달러]. 발행 주식은 2014년 초에 1,677만 주에서 2014년 말의 1,605만 달러 주로 4.3% 감소했습니다. 이런 자본 관리 이니셔티브 때문에 주식 환매 전 12.3%였던 보통주 지분의 주당 자산 증가율이 12.7%로 증가했습니다. 우리가 계속 성장을 이어간다면, 주식 환매로 인한 자산 증가율은 점점 더 높아질 것입니다.

투자

우리의 보통주 포트폴리오는 양질의 20~30개 회사로 이루어져 있습니다. 이들 기업은 영구적인 자본 손실의 위험은 적으면서 장기적으로 매력적인 수익을 낼 수 있습니다. 기술과 의료의 많은 부분에서 나오는 수익은 자유 소비재, 에너지, 생산공장에서의 낮은 수익과 상쇄됩니다.

미국 주식 시장은 과대평가까지는 아니더라도 적정평가되고 있는 것 같습니다. 많은 기업이 매출이 거의 늘지 않은 상태에서 계속 높은 이윤 폭을 기록한다는 사실을 고려할 때, 특히 그렇습니다. 증권은 2%에 못 미치는 미국 국채의 이율과 비교할 때만 매력적인 수익을 내는 것으로 보입니다. 2008년 금융 위기 이후 투자 펀드의 흐름이 소극적 투자 전략으로 급격히 전환되고, 적극적인 관리 흐름이 사라지면서 여러 대형 자본화 증권들이 저절로 부양 주기에 들어간 것이 아닌가도 염려됩니다.

금융시장은 주로 미국 연방준비위원회가 제공한 유동성의 바다를 떠돌고 있습니다. 이콘트라리언Econtrarian, LLC의 경제학자 폴 캐스리얼Paul Kasriel은 연준의 대차대조표가 성장을 멈추기 때문에 '난데없는 신용'(중앙은행과 상업은행의 신용 팽창을 통해 '난데없이' 만들어진 돈을 말한다)의 증가 속도는 더딜 수밖에 없다는 것을 보여주었습니다. 이런 자금 창출의 대부분은 자산 가격의 상승으로 이어지기 때문에 중앙은행과 상업은행 신용의 더딘 증가는 투자 환경을 더욱 어렵게 만들 수 있습니다. 우리는 계속해서 선진 경제가 과다 차입 구조를 유지하고, 세계 경제가 부족한 수요로 고통을 받고 있다는 인식에서 출발한 거시적 관점을 기반으로 투자 결정을 내릴 것입니다.

─────────── **2015년** ───────────
자본 배분

우리는 종종 금리가 대단히 낮은 이 시점에 디레버리징^{deleveraging}(주식을 매각하여 부채를 줄이는 것 - 옮긴이)을 하느냐는 질문을 받습니다. 폭풍 치는 바다로 향할 때는 해치를 고정하는 게 이치에 맞다고 대답해야 하겠습니다. 우리는 2016년 이후에 재무 탄력성과 기업의 회복력이 더 큰 가치를 가지게 될 것으로 생각합니다.

오늘날에는 대부분의 투자 상품에 대한 기대 수익률이 낮아서, 우리는 채권이든 주식이든 품질에 있어서는 최상위권에 머무르려고 하고 있습니다. (재)보험계의 경우 우리는 꼬리 위험을 줄였습니다. 이는 극단적 사건들로 자본에서 손실 노출이 차지하는 비중이 몇 년 전에 비해 적다는 사실에서 증명됩니다.

우리의 (재)보험 자회사들은 수익이 나고, 수입을 유기적 성장을 뒷받침하는 데 재투자할 수 없는 범위에서 지주 회사에 배당금을 지급합니다. 자회사들이 사업을 관리하는 데 도움을 주는 외에도 그들의 자본을 재배치하는 것 역시 앨러게니의 역할입니다. 우리는 이 배당금을 앨러게니 캐피탈에서 인수하고, 부채를 줄이며 자사주를 매입하는 데 사용해왔습니다.

금융 수익, 비금융 수익, 보험 위험 등과 같은 독립적인 위험들은 단독보다 모두 합쳤을 때 변동성이 줄어듭니다. 우리는 그들이 조합되어 우리 주주들에게 앨러게니의 위험과 비교해 상당히 매력적인 수익 프로필을 제공한다고 믿습니다.

우리는 장기 주주들에게 영구적인 자본 손실의 가능성이 대단히 낮은 상태에서 매력적인 실질 수익률을 전하는 것을 목표로 합니다. 물론 비교적 단기간(3~5년)을 기준으로 한다면, 주가 실적(가을날의 나뭇잎처럼 바람에 쉽게 흔들릴 수 있지만)은 투자자의 기호, 주가 모멘텀, 기타 우리의 통제 범위를 넘어서는 요인들을 근거로 시장 수익률과 다르게 움직일 수 있습니다.

오늘날의 주가는 점차 바스켓 거래^{basket trade}(개별 주식이 아닌 다수 기업의 주식을 동시에 거래하는 것 - 옮긴이), 모멘텀 전략, 알고리즘 트레이딩의 함수가 되어가고 있어서, 우리는 우리가 통제할 수 있는 일(장기적으로 앨러게니 코퍼레이션의 내재가치를 키우는 것)과 리스크와 자본 분배에 있어서 현명한 결정을 내리는 일에 집중하고 있습니다.

투자

몇몇 투자자들이 관찰했듯이, 이렇게 투자 기회가 적었던 때를 찾으려면 1937년까지 거슬러 올라가야 합니다. 2015년에 우리는 증권 투자 전략에 변화를 주어, 주식 시장의 개별 부문에 집중하면서도 해당 부문에서의 다각화를 이루도록 접근법을 재편성했습니다. 우리의 접근법은 연구 집약적입니다. 우리는 매출, 수익, 배당을 안정적으로 올릴 수 있거나, 경제에서 필수적인 역할을 하며 장기적으로 매력적인 경제적 수익을 창출하는 기업을 찾습니다. 의료 부문의 경우에 우리는 인덱싱을 통해 가장 좋은 효과를 본다고 판단했습니다. 이런 이유로 헬스 케어 SPDR 포지션을 마련했습니다.

경제 환경[25]

금융 위기에 대한 연방준비위원회 외국 중앙은행의 반응은 소위 대규모 자산 매입 프로그램인 '양적 완화'를 통해서 은행 시스템에 상당한 유동성을 주입하는 것이었습니다. 우리는 연준이 양적 완화를 시작함으로써 호텔 캘리포니아Hotel California(미국 록그룹 이글스의 대표곡 - 옮긴이)에 입성했다고 생각합니다. 이글스의 노래처럼 "언제든 원할 때 체크아웃은 할 수 있지만, 결코 떠날 수는 없는you can check out any time you like, but you can never leave" 상황에 놓인 것입니다. 2015년 세계가 모두 미국 달러에 달려들면서 미화의 가치는 계속 상승한 한편, 미국 달러로 표시된 세계 GDP는 지난해 5% 감소했습니다. 이미 러시아, 브라질, 라틴아메리카 대부분이 불황에 들어갔거나 그 목전에 있습니다. 유럽은 소폭의 성장세를 보이지만, 유럽 은행들의 신생 시장에 대한 노출이 의심할 여지 없이 커진 상태입니다.

부채로 인한 주택 붐, 그에 이은 원자재 붐의 숙취가 계속 경제활동을 압박하고 있는 상황에서 이제 6년째에 접어든 경제 확장은 "데킬라 선라이즈tequila sunrise"라고 표현할 수밖에 없습니다. 우리는 진실을 알지 못합니다. 하지만 노래가 이야기하듯이 "거짓을 말하는 눈동자you can't hide those lyin' eyes."는 감출 수 없습니다.

점차 개선되고 있는 것처럼 보이는 미국 고용 시장에 대한 반응으로 연준이 계속 금리를 올린다면, 미국 달러는 강세를 이어가면서 세계 다른 지역에서의 경제적 어려움을 악화시킬 위험이 있습니다. 그들이 "진정하자."라는 결정을 내리길 바랍니다.

투자

우리는 주로 (재)보험 적립금에 의해 자금이 조달되는 대규모 고정 소득 포트폴리오를 유지해야 하기에, 우리의 비즈니스 모델이 본질적으로 디플레이션 환경에서 가치를 유지하는 데 유리한 입장이라고 생각합니다. 2015년 말, 우리의 고정 수입 포트폴리오의 평균 품질은 AA-였고, 포트폴리오의 지속 기간은 4.6년이었습니다.

디플레이션이 세계 경제 전망을 지배할 것이란 강한 확신이 있다면, 아마도 허용되는 한 대부분의 자산 노출을 줄이고, 장기 정부채를 추가하여 채권 포트폴리오의 지속 기간을 확대할 것입니다. 그러나 안타깝게도 일은 그렇게 간단치 않습니다. 방어적인 자세로의 이동으로 우리는 장기적인 수입을 잃게 될 것이고, 이는 자금을 대단히 매력적인 수익을 내는 곳으로 재배치할 기회가 주어지는 대규모 '개편'이 있어야만 상쇄될 수 있습니다.

디플레이션 압력에 대한 정책적 대응이 있을 수 있고, 투자자들은 중앙은행에 "탄약이 떨어졌다."고 우려하지만, 그들이 완전히 무력한 것은 아닙니다. 더욱이 수익성을 높이고 유지할 수 있는 산업과 기업의 경우, 미래 현금 흐름의 현재가치는 저금리 환경에서 상승합니다. 문제는 이런 특성을 가진 기업이 많지 않다는 점입니다.

우리는 고평가와 느린 경제 성장이 결합하면서 세계가 고정 수익과 지분 증권 모두에서 매우 낮은 실질 수익률과 명목 수익률을 특징으로 하는 투자 시장으로 이동하고 있다고 생각합니다. 우리의 목표는 가능한 많은 수입을 고정하는 균형 잡힌 포지션을 유지하는 동시에 앨러게니 주주들의 경제적 가치를 더할 사업(또는 주식 재매입)에 자본을 지능적으로 재투자하는 것입니다.

──────────── **2016년** ────────────
지표

앨러게니의 현대사는 우리가 주로 인수를 통해 투자 지향 보험과 재보험 플랫폼을 구축하기 시작한 2002년부터 시작됩니다. 지난 15년 동안 우리는 주당 평균 장부가치 성장률 8%를 기록했습니다. 같은 기간 S&P 500의 연평균 수익률은 6.7%였습니다. 앨러게니 투자자들은 연평균 9.4%의 수익을 받았습니다.

보상

기업 관리 비용의 대부분은 앨러게니 장기 인센티브 제도와 관련된 경비입니다. 이 경비는 4년 연속 주당 장부가치 성장률은 물론 앨러게니의 주가에 따라서도 달라집니다. 매년 각 임원은 성과 주식 트란셰tranche를 받습니다. 성과 주식의 부여는 향후 4년에 걸친 주당 장부가치 성장률에 따라 좌우됩니다(특정한 조정들과 함께). 기존의 성과 목표는 연평균 성장률 7%입니다.

성장률이 5% 이하일 때는 주식을 주고, 9% 이상일 때는 목표 금액의 150%의 주식을 줍니다. 이런 주식의 가치는 지불이 이루어지는 때의 주가에 좌우됩니다. 그렇지만 한 트란셰의 취득이 다음 트란셰의 저항이 됩니다. 주가가 상당히 오른 해에는 (앨러게니의 주가가 27.2% 상승한 2016년과 같이) 다음 해에 보상으로 주어지는 주식의 수가 감소합니다. 1달러의 보상이 각자의 봉급에 비해 비교적 안정적인 액수이기 때문입니다.

자본 배분

우리의 자본 관리 전략은 주주에게 가는 장기 수익을 최적화하는 것을 목표로 합니다. 우리의 첫 번째 우선 과제는 (재)보험 자회사가 수익성 있는 성장을 추구하는 것을 지원하는 일입니다. 해당 업계에서 수익성 있는 성장의 기회는 우연히 발생하며 잘못된 시점의 성장은 자본을 파괴할 수 있어서 늘 세심한 주의를 기울여야 합니다. (재)보험 자회사들은 사업에 자본을 배치해서 내는 수익보다 더 많은 자본을 창출할 수 있는 범위에서, 잉여자금을 모기업에 배당합니다(보험 법규와 지불 능력 목표로 부과되는 제약을 조건으로).

우리의 두 번째 우선 과제는 금융 레버리지의 수준이 높지 않고, 지주 회사의 유동성이 충분히 회복력 있는 대차대조표를 유지하는 것입니다. 지주 회사 유동성은 불확실한 상황에서 기회를 창출하며 과거에는 다른 기업들이 제약을 받을 때 매력적인 가격에 자산을 인수할 수 있는 능력을 갖는 데 필수적이었습니다.

우리의 세 번째 우선 과제는 모기업의 잉여자금을 이용해서 예상

수익이 자본 비용을 넘어서는 합리적인 가격에 매력적인 사업을 인수하여 앨러게니 캐피탈 그룹에 끌어들이는 것입니다. 이런 인수는 기존 기업의 '볼트 온bolt-on' 인수(기업의 가치를 높이기 위해 관련 업체를 사들이는 것 - 옮긴이)일 수도 있고, 새로운 포트폴리오 회사가 될 수도 있습니다. 우리는 항상 몇 가지 잠재 인수를 진행 중이며 때문에 결론이 나면 바로 거래를 마무리할 준비가 되어 있어야 합니다.

자본을 앞서 기술한 목적에 사용할 수 없다면 최종적으로는 주주들에게 돌려주게 됩니다. 우리는 이런 일을 주로 공개 시장 주식 환매를 통해 해왔습니다. 모든 환매는 주당 장부가치보다 할인된 가격에서 이루어졌습니다.

우리는 현금 배당을 한 적이 없습니다. 항상 자본 재배치에 상당한 옵션이 있었기 때문입니다. 더불어, 현금 배당은 주주들에게 가치를 되돌려주는 방법 중에 세금 효율이 낮은 방법입니다. 우리의 초점은 장기 주주에게 있으므로 우리는 내재가치 추정치보다 낮은 가격에서 이루어지는 주식 환매를 선호합니다. 이런 조치의 가치가 장기 주주에게 혜택으로 돌아가기 때문입니다. 반면에 내재가치보다 높은 가격의 자사주 매입은 가치를 장기 주주에게서 (주식을 매도하는) 단기 주주에게 이동시키는 일입니다.

혁신[26]

지난 10여 년 동안, 소위 '대체 (재)보험 시장'이 세계 재보험 업계에서 점유율을 넓혀왔습니다. 이런 새로운 리스크 전가 수단들은 지금까지는 대단히 성공적이었지만, '큰' 시험을 거치지 않았습니다. 이러한 수단에 투자한 사람들이 큰 규모의 손실 사건으로 영구적인 자본 손실 이후에도 '재도전'을 하게 될까요? 그 모델들이 괴물을 만든 것은 아닐까요?

1974년의 영화 '영 프랑켄슈타인'에서 프레드릭 프랑켄슈타인 박사(진 와일더)는 새로운 뇌('비정상Abnormal'이라는 라벨이 붙은)를 이식해 죽은 범죄자의 시체에 생명을 불어넣습니다. 괴물이 살아난 후, 괴물과 프랑켄슈타인 박사가 연미복에 중절모를 쓰고 '푸틴 온 더 리츠'에 맞춰 춤을 추는 쇼를 준비해 걱정하는 마을 사람들을 안심시키려 합니다. 말할 필요도 없이 일은 계획대로 진행되지 않습니다. 오늘날의 (재)보험 시장이 고전의 나쁜 버전을 수행하고 있는 것은 아닐까요?

대규모 손실이 발생하면 청구금을 내야 합니다. 비전형적인 역량을 사용하는 출재出再 회사들은 진 와일더가 연기한 또 다른 배역 윌리 윙카('찰리와 초콜릿 공장'의 주인공-옮긴이)의 유명한 대사와 같은 말을 듣게 될 것입니다.

틀렸습니다, 틀렸습니다, 틀렸습니다! 그가 서명한 계약의 37B조에 따르면, 당신이 이 복사본에서 직접 볼 수 있듯이, 서명인인 내가 모든 특권과 면허를 박탈당하게 될 경우에 모든 제안은 무효가 될 것이며 … 여기에 기재된 … 영광의 불꽃은 마음의 횃불이요. … 일사부재리입니다! 이처럼 명약관화하고 명명백백합니다. … 그래서 당신은 빈손입니다. 당신이 패자입니다!
그럼 안녕히!

우리가 '자기 입장'에서 이야기하는 것은 분명하지만, 전형적인 ㈜보험 모델이나 진정한 위험 부담자와 파트너십을 가지는 데에는 여러 장점이 따릅니다. 첫째, 자신들이 장기적으로 내놓은 언더라이팅 실적에 따라 보상을 받는 재보험사의 임원들은 연도별로 측정되는 '타격 목표'를 가진 경영진 밑에서 매출이나 자산을 기반으로 보상을 받는 언더라이터보다 실패의 가능성을 고려하고 극단적인 위험을 인식할 확률이 높습니다. 둘째, 대규모 복합 손실이 발생해 때로는 복합 청구금이 수년에 걸쳐 지급된다면, 재보험 파트너는 출재 회사와 거래할 수 있습니다. 여기에서도 "누구도 확신하지 않는 것은 절대 절대 의심하면 안 된다you should never, never doubt what nobody is sure about." 는 윌리 웡키의 대사가 딱 맞아떨어집니다. 우리는 고리타분하고 구식이라는 말을 들더라도 전형적인 ㈜보험사 구조 고유의 정렬을 좋아합니다.

투자

우리의 목표는 경쟁력 있는 포지션, 합리적인 성장 전망, 뛰어난 기업 지배구조에 공정한 가격을 갖춘 기업들을 계속 찾아내는 것입니다. 2016년에는 넓은 범위의 증권 시장보다 나은 결과를 올린 관리자들이 몇 안 됩니다. 장기에 걸쳐 일관된 실적을 올린 사람들은 그보다 적습니다. 이 주제에 관한 최근 마이클 모부신Michael Mauboussin의 연구는 2016년 패시브 펀드로 흘러드는 자산 흐름이 액티브 펀드에서 나오는 흐름을 넘어섰으며, 액티브 펀드 관리자 중에서 장기에 걸쳐 광역 시장 지표보다 높은 실적을 올릴 수 있는 사람은 극소수라는 것을 보여주었습니다. 결과적으로 투자자들은 지난 10년간 액티브 펀드에서 1조 2,000억 달러에 가까운 자금을 빼냈고, 패시브 전략에 1조 4,000억 달러를 할당했습니다.

더구나 업계의 구조적 변화가 공격적 조치를 더 힘들게 만들 수도 있습니다. 개인 투자자(비전문 투자자)들은 개별 주식 소유를 피하고 인덱스 펀드에 투자하고 있으며, 정보는 이제 빠르고 공평하게 전파되어 기술과 공정공시규정(투자 정보를 특정인에게 미리 제공하는 행위를 엄격히 규제하는 규정 - 옮긴이)과 같은 규정 변화로 인해, 액티브 관리자들이 '우위'에 서는 것이 어려워졌습니다. 마지막으로 낮은 거래 비용이 양적 전략과 결합하여 레버리지 투자 펀드는 재빨리 시장 비효율을 활용해서 장기 투자 가치와 관계없는 수익을 창출할 수 있게 되었습니다.

최근 있었던 대부분의 시장 주기에서, 중앙은행들은 금융시장에 깊이 개입해서 주식 시장 내 증권들 사이의 상관관계를 높였습니다. 이것이 실적의 차별화를 더 어렵게 만들 수도 있습니다. 상장지수펀드Exchange Traded Fund, ETF의 급속한 성장도 주식이 집단으로 움직이게 만듭니다. 펀더멘털 뉴스가 ETF 바스켓 내의 특정 기업을 빠르게 재평가할 때까지는 말입니다.

패시브 투자가 계속해서 액티브 관리보다 우월한 (수수료를 제외하고도) 실적을 낼 수 있을지는 알 수 없습니다. 액티브와 패시브 전략의 조합이 앨러게니에서 가장 좋은 실적을 가져다줄 수 있을 것입니다. 우리는 증권 포트폴리오의 상당 부분을 매력적인 장기 수익을 낼 거라고 생각되는 집중 포지션에 계속 투자할 것입니다. 하지만 주기적으로 순수 시장 위험과 수익에 대한 명시적 할당이 우리 증권 투자 전략의 적절한 요소인지 평가할 것입니다.

2017년
장기

2008년 금융 위기 이후 전 세계의 중앙은행들이 10조 달러를 세계 은행 시스템에 주입한 결과, 금융 자산가치는 큰 상승을 보였습니다. 2012년 이래 S&P 500의 주식 수익률은 14.4배에서 22.5배로 증가했습니다. 우리 주당 장부가치의 7.4% 증가에도 불구하고, 2017년 우리의 주가 실적은 매우 실망스러웠습니다. 지난 2년 동안 우리 주가는 약 25% 올랐습니다. 우리는 2008년부터 빠르게 움직이는 토끼 (S&P 500)에 뒤처지는 거북이였습니다. 우리 투자 매니저의 표현대로 2017년에는 "새롭고 빛나는 것이 견고하고 지루한 것을 능가"했습니다!

회계

우리가 주주들을 위해 창출하고 있는 가치 중에서 중요하지만 과소평가되고 있는 요소는 앨러게니 캐피탈의 사업 포트폴리오입니다. GAAP 회계는 단기적으로 비금융 기업의 인수자에게 가혹한 면이 있기 때문입니다. 앨러게니 캐피탈의 장부가치 성장률은 내재가치 증가를 과소평가합니다. GAAP 회계로 인해 인수에 관련된 무형자산을 인식하고 상각해야 하며, 그 기간에 인수된 기업의 수익을 억제하기 때문입니다. 앨러게니 캐피탈을 계속 확장하면서 이 사안은 점차 큰 문제가 될 것입니다. 가치 창출은 앨러게니 캐피탈 포트폴리오 기업의 우리 투자 자본 비용에 비교한 이들 기업의 내재 수익과 현금 흐름의 증가로 입증될 것입니다.

장기

현재 증권 시장은 장기에 걸친 기업의 유기적 매출 성장을 전망하면서도 자산이 많고 천천히 성장하는 기업의 전망은 그리 낙관적으로 보지 않는 것 같습니다. 우리는 앞서 언급한 유례없는 유동성 주입 외에도 이것 역시 디지털 산업 혁명을 반영한다고 생각합니다. 여기에 초저 실질 금리의 환경이 더해지면서 투자자들이 수익성 있는 성장이 전망되는 기업에 기록적인 투자를 하는 이유를 쉽게 파악할 수 있습니다.

이전에도 언급했지만 중요한 문제이니만큼 다시 이야기하겠습니다. 앨러게니의 장기적 가치 제안은 좋은 시기에는 합리적인 수익을 내고, 좋지 않은 시기에는 자본을 보존하는 것입니다. 그 결과로 우리 장기(하락 시장을 포함한 장기를 뜻하는 것입니다) 주주들은 좋은 보상을 받았습니다. 전 CEO인 고故 존 J. 번즈가 종종 했던 말이 있습니다. "천천히 부자가 되겠다는 데 뭐 문제 있나?"

환매

앨러게니는 언제나 우리의 자본 관리 활동이 단기 주주들이 아닌 장기 주주들에게 이익이 되도록 한다는 입장을 견지해왔습니다. 이는 주식이 우리의 내재가치 추정치 이하로 거래되고 있을 때에만 자사주를 매입해왔다는 의미입니다. (내재가치보다 낮을 가능성이 매우 높은) 주당 장부가치 이하의 가격으로 주식을 환매한 때도 있습니다. 이런 거래는 주당 장부가치를 즉각 상승시켰으며 명백한 '무위험' 선택이었습니다.

지난 2년 동안, 금융 자산의 가치가 높아지면서 우리 주식이 대부분 주당 장부가치 이상으로 거래되었습니다. 2017년에는 주식 환매가 훨씬 적었고, 그 결과 모기업 자산이 상당히 축적되었습니다. 이들 자산 외에도 우리 (재)보험 자회사들의 자본이 상당히 늘었고, 보수적으로 추정된 손실 충당금도 유지되고 있습니다.

우리 자회사들이 계속 좋은 실적을 올리고, 앨러게니 캐피탈 자회사의 전망도 개선되면서 내재가치가 장부가치보다 높다는 결론을 낼 가능성이 높은 상황입니다. 경쟁업체 평가에 대한 검토 역시 이 결론이 옳다는 것을 확인해줍니다.

──────── 2018년 ────────
장기

앨러게니 캐피탈은 현재 기업들로 이루어진 포트폴리오입니다. 앨러게니 캐피탈은 미래의 앨러게니에게 더 의미 있는 부분이 될 것이며, 투자 자본에 대한 수익을 다각화할 수 있도록 합니다. 우리는 포트폴리오를 확대하고 우리의 오너, 파트너와 협력해 그들이 자신들의 장기적 목표를 달성하는 데 도움을 주기를 고대하고 있습니다.

앨러게니 코퍼레이션은 지주 회사의 역할을 하고 있습니다. 우리는 자회사에 그들이 성공하는 데 필요한 자원을 확보해주고, 직원들에게 흥미롭고 즐거운 일터가 될 수 있도록 하는 유용하고 든든한 파트너가 되기 위해 노력합니다. 더불어 각 자회사를 이끄는 적절한 임원을 확보하기 위해 노력합니다. 우리의 모든 기업이 훌륭한 리더십 팀을 가지고 있다고 말할 수 있어서 대단히 기쁩니다.

우리는 장기적인 관점으로 앨러게니를 관리합니다. 이런 말은 어느 회사나 쉽게 할 수 있습니다. 그런데 이 말이 정말 의미하는 바는 무엇일까요? 컨설팅 그룹 이노사이트Innosight의 연구에 따르면, S&P 500 기업의 평균 연령은 1964년 33세에서 2016년에는 24세로 떨어졌으며 2027년에는 12세로 더 떨어질 것으로 예상됩니다. 이런 현상이 나타나는 데에는 여러 가지 이유가 있습니다. 업계의 통합, 현재의 상태를 분열시키는 새롭고 혁신적인 기업의 등장, 더는 기업공개를 하지 않고 사모펀드를 상대하기로 한 기업들, 그리고 물론 기업의 전면적인 실패도 이런 이유에 포함됩니다. 이런 현실을 고려할 때, 전형적인 공개 기업의 수명은 상당히 짧아져 개의 수명과 비슷해졌습니다.

기업을 정말로 장기적인 관점에서 관리한다는 것은 기업이 재정적으로 건실해야 하고, 과도한 위험을 안으면서 단기적 수익을 창출하려는 시도를 하지 않아야 한다는 의미입니다. 불행하게도 기업 구조 전문가들, 특히 많은 의결권 행사 자문 업체들은 임원들이 전체 주식 시장(기업의 실패로 왜곡되는 기준점)이나 매우 단기(주로 3년)에 걸쳐 자신들이 '필적'한다고 판단한 다른 기업들에 비해 회사의 주가 실적이 얼마나 좋은가에 따라 결정된 엄청난 보상을 받아야 한다고 생각합니다. 이것은 슬롯머신 앞에 앉아 있는 사람에게 "카지노 다른 편에서 어떤 사람이 블랙잭에서 큰돈을 땄으니 당신은 여기에서 돈을 따지 못할 것이다!"라고 말하는 것과 같습니다.

우리는 의결권 자문 업계가 단기 실적으로 평가받고, 실제로 경쟁하는 기관 투자자 커뮤니티에 서비스를 제공한다는 것을 알고 있지만, 이 시스템은 장기 위험 및 보상 역학이 다른 무엇보다 중요한 기업들을 평가할 수 있는 것이 아닙니다.

많은 기업의 경우, 발행 주식 중 20~25%를 시간 지평이 대단히 긴 패시브 투자가들이 보유하고 있어서 이 점이 더 중요해지고 있습니다. 특히 우리 사업에서 단기(0~5년) 실적을 결정짓는 요인들은 상당히 임의적인 외부 사건(특히 자연재해)에 의해 좌우됩니다. 리스크 비즈니스에서는 아주 긴 시간을 두고 보아야 언더라이터가 실제로 제할 일을 잘하는지 알 수 있습니다.

앨러게니는 지난 90년 동안 최악과 최고의 사업, 경제 주기를 견디고 번창한 몹시 드문 기업입니다. 우리는 1929년 1월 26일 설립된 이래 여러 번의 개혁을 거쳤습니다. 우리는 지금의 구조와 사업 초점이 지난 20년 동안 투자자들에게 유용했다고 생각하지만, 상황과 기회가 주어진다면 스스로를 개혁하는 것은 우리 회사의 DNA에 있는 자질입니다. 저는 지주 회사와 자회사의 우리 경영진이 가까운 미래에 현재 시장과 경제 상황의 방향을 읽고, 앞으로 우리의 재정 목표를 달성하는 데 가장 좋은 위치로 데려다줄 것이라고 확신합니다.

앨러게니 코퍼레이션 점수표

(100만 달러, 주당 액수일 때는 제외)

연도	주당 장부 가치($)*	장부가치 백분율 변화(%)	배당 포함 S&P 백분율 변화(%)	주당 시장 가격($)	시장가격 백분율 변화(%)	연말 장부 가치 대비 시장가격	연말 10년 국채 수익률(%)	보통주 주주 지분($)
2000	135.49	15.3	-9.1	165.28	13.0	1.22	5.11	1,191
2001	162.36	19.8	-11.9	157.88	-4.5	0.97	5.05	1,426
2002	162.75	0.2	-22.1	48.52	-5.9	0.91	3.82	1,413
2003	182.18	11.9	28.7	189.90	27.9	1.04	4.25	1,600
2004	204.08	12.0	10.9	248.33	30.8	1.22	4.22	1,800
2005	212.80	4.3	4.9	252.18	1.6	1.19	4.39	1,894
2006	244.25	14.8	15.8	329.32	30.6	1.35	4.70	2,146
2007	281.36	15.2	5.5	371.39	12.8	1.32	4.02	2,485
2008	267.37	-5.0	-37.0	265.74	-28.4	0.99	2.21	2,347
2009	294.79	10.3	26.4	265.28	-0.2	090	3.84	2,718
2010	325.31	10.4	15.1	300.36	13.2	0.92	3.29	2,909
2011	342.12	5.2	2.1	285.29	-5.0	0.83	1.88	2,926
2012	379.13	10.8	16.0	335.42	17.6	0.88	1.76	6,404
2013	412.96	8.9	32.4	399.96	19.2	0.97	3.03	6,924
2014	465.51	12.7	13.7	463.50	15.9	1.00	2.17	7,473
2015	486.02	4.4	1.4	477.93	3.1	0.98	2.27	7,555
2016	515.24	6.0	12.0	608.12	27.2	1.18	2.44	7,940
2017	553.20	7.4	21.8	596.09	-2.0	1.08	2.41	8,514
2018	527.75	- 4.6%**	4.4	623.32	4.6	1.18	2.69	7,693
CAGR								
5년	5.0%		8.5%	9.3%				2.1%
10년	7.0%		13.1%	8.9%				12.6%
15년	7.3%		7.8%	8.2%				11.0%
CAGR(특별 배당 포함)								
5년	5.4%		8.5%	9.6%				2.5%
10년	7.2%		13.1%	9.1%				12.8%
15년	7.5%		7.8%	8.4%				11.2%

* 주식 배당금 조정.
** 2018년 3월 15일 주당 10달러의 특별 배당금 지급의 영향 제외.

15

역동적인 혁신을 실행하라

버지니아 로메티
IBM

'빅 블루Big Blue'는 100년이 넘는 역사 동안 많은 투자자 포트폴리오에서 큰 지분을 차지한 IBM의 위치 때문에 생긴 유서 깊은 별명이다. 톰 왓슨Tom Watson을 비롯한 저명한 리더들이 이 전설적인 컴퓨터 제조업체를 이끌었다. 최근 수십 년에 걸쳐 버니지아 (지니) 로메티의 리더십 아래에서 IBM은 끊임없이 혁신되어 왔으며, 이번에는 로메티가 지은 대로 '엔터프라이즈 테크놀로지enterprise technology' 기업, 더 정확하게는 '인지 솔루션과 클라우드 플랫폼 기업'으로의 변신을 꾀하고 있다.

로메티는 1981년 시스템 엔지니어로 빅 블루에 합류해 영업, 마케팅, 전략팀을 거치면서 승진을 거듭했다. 이 기간에 그녀의 대표적인 업적은 프라이스워터하우스쿠퍼스^{PricewaterhouseCoopers}를 IT 컨설팅 사업으로 인수하는 작업을 관장한 것이다. IBM에 대한 그녀의 열정은 오랜 기간에 걸쳐 데이터 분석, 클라우드 컴퓨팅, 인지 시스템을 아울러 왔으며, 이는 회사의 성격을 규정짓는 사명이자 그녀가 쓴 주주 서한의 주제가 되었다.

왓슨^{Watson}은 IBM이 기울인 노력의 대표격이며 이 분야에 대한 지속적인 투자의 기반이기도 하다. IBM이 지금 노력을 기울이고 있는 분야는 로메티가 여러 차례 새로운 천연자원이라고 언급한 빅데이터이다. 로메티의 서한은 IBM과 IBM이 하는 일, 그중에서도 IBM의 고객들이 경쟁 우위를 확보할 수 있도록 돕는 일에 집중되어 있다.

2011년

미래

우리의 로드맵은 단순히 목표를 나열한 목록이 아니며, 가치 창출의 다양한 방법을 활용해 구축한 경영 모델입니다. 영업 레버리지는 수익성이 높은 기업으로의 지속적인 전환과 산업 생산성 개선에서 나올 것입니다. 우리는 자사주 매입과 배당을 통해 주주를 위한 가치를 창출할 것입니다. 성장 전략에 대해서라면 우리는 매출 성장을 추진할 고성장의 영역에 초점을 맞추고 있습니다.

• 비즈니스 분석

우리의 분석 사업은 올해 16% 성장했습니다. 일찍이 '빅데이터'의 출현을 감지한 IBM은 세계 최고의 분석 소프트웨어와 컨설팅 작업 방식을 구축했으며, 그것을 새로운 역량으로 옮기고 있습니다. 이 역량을 통해 우리 클라이언트들은 그들의 성공에 영향을 주는 결과를 확인하고, 관리하며 심지어는 예측할 수도 있게 됩니다.

• 클라우드

IBM은 수천의 클라이언트들이 IT 자원을 가상화하고, 고도로 자동화하며 스스로 접근할 수 있게 만드는 클라우드 컴퓨팅의 측면들을 채택하도록 지원해왔습니다.

• 더 스마트한 지구

이 모든 것이 합쳐져 공급망, 소매, 에너지, 운송, 전기통신, 음식과 물과 같은 시스템을 탈바꿈시켜 더 스마트한 지구 시스템을 구축하는 우리의 솔루션이 됩니다. 여기에는 스마터 시티Smarter City와 스마터 커머스Smarter Commerce와 같은 대규모 신생 시장 범주의 성공적인 설립이 포함됩니다.

IBM은 다음 10년에 큰 기대를 걸고 있습니다. 이런 기대는 기업과 사회를 위해 IBM이 할 수 있는 일에서 나옵니다. 우리는 방대하고 새로운 천연자원, 즉 인간이 만든 시스템과 자연계에서 엄청나게 쏟아져 나오는 데이터, 복잡성과 역동성이 점점 더해가는 세계 경제 속에서 기업과 기관이 성공하도록 돕는 데 활용할 수 있는 데이터의 혜택을 전달하는 데 있어서 독보적인 위치를 점하고 있습니다. 우리는 선진국과 개발도상국은 물론 아프리카와 같은 새로운 세계시장에서 헤아릴 수 없는 잠재력을 가진 경제적·사회적 가치를 창출할 수 있습니다.

의심할 여지 없이, 세상은 혼란 속에 있습니다. 하지만 IBM은 업계의 동료들과 전체 기업계와는 차별화된 위치에 있습니다. 계속해서 미래로 나아갈 능력이 있고, 우리 클라이언트, 직원, 세계 시민들을 위해 차별화된 가치를 지속해서 창출할 수 있는 능력이 있기 때문입니다. 이로써 우리 주주들에게도 높은 가치 창출을 약속할 수 있습니다.

2012년
혁신

혁신과 상품화의 끊임없는 순환으로 특징지어지는 업계에서는 저렴한 가격, 효율성 및 규모의 경제를 이용하는 것이 하나의 성공 모델입니다. 그러나 우리는 다른 길을 선택합니다. 혁신, 재창조, 그리고 더 높은 가치를 향하는 길입니다. 우리는 더 높은 가치를 위해 다음과 같이 행동합니다.

- 연구와 개발을 리믹스합니다. 20년 전, 우리 연구원의 70%는 재료 과학, 하드웨어 관련 기술 분야를 연구했습니다. 심지어 소프트웨어에서 일하는 10명 중 1명은 운영 체제와 컴파일러에 집중했습니다. 현재 연구원의 60%는 비즈니스 분석을 위한 알고리즘을 개발하는 400명의 수학자뿐만 아니라 의사, 컴퓨터 생명공학자, 자연

언어 처리 전문가, 기상·기후 예보가 등을 포함한 다양한 전문가 그룹으로 우리의 핵심 성장 이니셔티브를 지원하는 분야에서 일하고 있습니다.

• 새로운 역량을 습득합니다. 새로운 전략을 수행하거나 인수를 통해 변혁 기반을 제공하려고 할 때면 조직은 어려움에 직면하게 됩니다. 우리는 3가지 질문을 하는 체계적 접근법을 실행합니다. IBM이 이미 보유하고 있는 기능을 기반으로 구축이나 확장을 하고 있는가? 회사는 확장 가능한 지적 재산을 가지고 있는가? 170개국을 아우르는 우리의 영향력을 이용할 수 있는가?

• 우리는 비전략적 자산을 처분합니다. 미래로 나아간다는 것이 늘 창안한다는 것을 뜻하지는 않습니다. 여기에는 떠나야 할 때 대한 선택이 포함됩니다. 우리는 지난 10년 동안 더는 우리 전략에 맞지 않는 사업을 처분했고, 그 액수는 연 매출의 약 150억 달러에 해당합니다. 처분하지 않았다면 우리는 지금보다 큰 회사를 갖고 있었겠지만, 우리 클라이언트들에게 필수적이지 않은 역량까지 가지고 있었을 테고, 이윤율도 더 낮았을 것입니다.

더불어 우리는 시장을 형성합니다.

• 우리는 범주별로 시장을 만듭니다. 우리의 소프트웨어와 서비스 사업들은 현재 몇 년 전과 매우 다른 모습으로 모바일우선주의

MobileFirst, 소셜 비즈니스Social Business(개인 간 커뮤니케이션 수단으로 활용되던 소셜 네트워크들이 기업들의 비즈니스 수단으로 진화한 것-옮긴이), 스마터 커머스Smarter Commerce(온오프라인 경계를 허물고 쇼핑에서 유통, 마케팅까지 아우르는 스마트 커머스보다 한발 앞선 전자상거래-옮긴이)와 같은 새로운 솔루션 범주를 제공합니다. 우리 하드웨어 사업에서는 워크로드 최적화 시스템의 새로운 범주를 만든 퓨어시스템즈PureSystems(전문가통합시스템 제품군-옮긴이) 가족을 위한 모멘텀을 구축하고 있습니다. 퓨어시스템즈는 단 2사분기 만에 70개국 이상 2,300개 기업에 설치되었습니다.

• 우리는 지역별로 시장을 만듭니다. 우리는 세계 성장 시장에서 인프라와 사회를 현대화하기 위해 애쓰는 기업, 기관, 정부와 긴밀히 협력하면서 강력한 실적을 달성하고 있습니다. 또한 우리는 스마터 운송Smarter Transportation, 스마터 금융Smarter Finance, 스마터 시티즈Smarter Cities와 같은 스마터 플래닛 솔루션을 통해 더 수익성이 높은 기회를 만들기 위한 리믹싱을 계속하고 있습니다.

• 우리는 클라이언트별로 시장을 만듭니다. 우리는 최고 마케팅 책임자에서 최고 재무 책임자, 인사 책임자에 이르기까지 새로운 세대의 IT 구매자를 위한 역량을 창조해 기존의 클라이언트에서 새로운 기회를 찾습니다. 이 점은 더 상세히 논의할 것입니다.

• 우리는 핵심 프랜차이즈를 재창조합니다. 2012년 도입된 우리의

시스템 z$^{System\ z}$ 기업 서버는 핵심 프레임을 재창조한 것입니다. 이 것은 4사분기 동안 시스템 z의 최대 용량 출하를 추진했습니다 (그 성장의 절반 이상은 리눅스^{Linux} 워크로드에서 나왔습니다). 웹 스피어 ^{WebSphere}와 같은 핵심 소프트웨어 플랫폼이 완전히 탈바꿈되었습니다. 한때 다른 기술의 눈에 띄는 리셀러 상품으로 이윤 폭은 낮지만 상당한 매출을 냈던 인포메이션 테크놀로지 서비스$^{Information\ Technology\ Services}$는 데이터 센터 에너지 효율, 보안, 비즈니스 연속성과 복구와 같은 고부가가치 서비스로 전환됐습니다. 이는 2000년 이래, 서비스의 세전 소득 마진이 6포인트 개선되는 데 기여했습니다.

・우리는 기술과 전문지식을 리믹스합니다. 혁신 모델은 전문지식의 심화와 지속적인 리믹싱을 의미합니다. 예를 들어, 지난 3년 동안 우리는 8,100명 이상의 전문가를 통해 분석에 관한 기술 기반을 확장했습니다. 더불어 업계의 의료, 에너지, 전기통신, 은행업은 물론 금속과 광업 같은 신생 부문을 비롯한 핵심 전문지식 영역에 9,500명에 가까운 판매자를 추가했습니다.

・우리는 기업 자체를 재창조합니다. 우리는 공통의 운영 관행과 시스템을 채택하고 기업 전반에 걸친 공정을 간소화하며 세계적인 기술들을 활용하는 글로벌 통합 서비스를 통해 대단히 체계적으로 생산성을 향상시킵니다.

변혁

우리 업계에 혁신 모델을 유지하려면 기업이 대규모 기술 변화를 수용하기만 해서는 안 됩니다. 기업이 기술 변화를 이끌어야 합니다. IBM은 지난 100년 동안 이 일을 계속해왔습니다. 새로운 기술 모델을 선도할 뿐 아니라 눈에 띄는 경제적 가치를 포착함으로써 말입니다.

지금은 빅데이터, 분석, 모바일, 소셜, 클라우드에 의해 움직이는 또 다른 새로운 물결이 다가오고 있습니다. 우리는 전자화되고 상호 연결되며 지능화되는 세계, 스마터 플래닛 구축의 견지에서 이미 몇 년 전부터 이런 흐름을 예상했습니다. 이제 IT 환경은 단일 애플리케이션에서 역동적 서비스로, 정지된 구조화 데이터에서 움직이는 비정형 데이터로, PC에서 전례 없는 수와 종류의 장치들로, 안정적 워크로드에서 예측 불가능한 워크로드로, 정적 인프라에서 클라우드 서비스로, 독점적 표준에서 개방형 혁신으로 이동하고 있습니다. 이러한 변화는 기업 컴퓨팅에서 IBM이 역사적인 위치를 점하는 데 큰 역할을 합니다. 따라서 우리는 과거에도 종종 그랬듯이, 우리의 투자, 혁신, 그리고 시장 주도 전략을 재편성하고 있습니다.

우리가 스마터 컴퓨팅Smarter Computing이라고 이름 지은 이 새로운 영역에는 3가지 특징이 있습니다.

• 빅데이터를 위한 설계

이틀마다, 2003년까지의 모든 인류 역사만큼의 데이터가 생성됩니다. 이것이 '빅 데이터'입니다. 가치와 식견을 추출 및 분석할 수 있는 적절한 기술이 더해진다면 빅데이터는 산업과 사회를 혁신시킬 수 있는 새로운 천연자원이 됩니다. 이것이 IBM의 분석 비즈니스가 고객과 협력하여 운영의 모든 측면에 지능을 도입함으로써 강력한 성장세를 보이는 한 가지 이유입니다. 게다가 우리는 획기적인 '인지' 컴퓨팅 시스템인 왓슨을 위한 시장 애플리케이션을 빠르게 발전시키고 있습니다. 왓슨은 이미 의료와 금융을 혁신할 잠재력을 보여주고 있습니다. 우리는 올해 첫 상업용 왓슨 상품을 내놓을 것입니다.

• 소프트웨어 정의 환경

현재의 데이터 용량, 속도 다양성을 처리하려면 기업 데이터 센터는 더욱 역동적이고 유연해야 합니다. 개별 시스템처럼 프로그램 가능한 전체 IT 인프라를 상상해보십시오. 이 새로운 모델은 '소프트웨어 정의 환경software-defined environment'으로 알려져 있으며, 그것이 최초로 실현된 것이 클라우드 컴퓨팅입니다. 하지만 이것이 마지막은 아닐 것입니다. 이 새로운 모델은 컴퓨팅, 스토리지, 네트워크 리소스와 같은 전체 컴퓨팅 '스택stack'을 최적화하여 필요한 작업 유형에 적응할 수 있습니다. 이러한 새로운 환경을 위해 만들어진 하드웨어는 상당한 비즈니스적 가치를 띠게 될 것입니다.

• 개방형

기업은 개방형 기준과 플랫폼을 통해서만 다차원적인 데이터, 장치, 서비스 세계의 확장을 지원할 수 있으며 현재의 풍성한 혁신

생태계에 참여할 수 있습니다. 문제는 개방형 접근법을 성공적인 사업으로 전환하는 방법을 찾는 것입니다. IBM은 리눅스, 이클립스Eclipse, 아파치Apache를 통해 이를 돕고, 필수 산업 생태계를 갖춘 기준을 통해 성장을 지원하며 그 위에 고부가가치 IBM 비즈니스를 개발했습니다. 현재 우리는 새로운 오픈소스 클라우드 플랫폼인 오픈스택OpenStack, 빅데이터를 위한 오픈소스 플랫폼 하둡Hadoop, 그리고 몇 가지 유망한 오픈소스 하드웨어 프로젝트와 같은 다수의 공동 작업을 통해 이러한 전략을 반복하고 있습니다.

개방형 컴퓨팅, 소프트웨어 정의 환경, 빅데이터 기반 설계가 함께 정보 기술의 심오한 전환을 이끕니다. 이전의 그런 변화들과 마찬가지로 이것은 새로운 시장과 새로운 클라이언트를 만들 것입니다. 우리는 그들을 공격적으로 추구하고 있습니다.

새로운 클라이언트, 새로운 시장

우리 앞에 열린 시대는 (기업과 사회 모두에) 더 높은 목표를 추구할 역사적인 기회를 제공합니다. 새로운 천연자원이 폭발적으로 나오고 있습니다. 즉, 증기, 전기, 화석 연료가 산업 시대에 했던 일을 우리 세기에 약속해주고 있습니다. 이 새로운 데이터가 가진 경제적·사회적 잠재력은 헤아릴 수 없이 큽니다. 그것은 필생의 기회이고, IBM은 그것을 잡을 것입니다.

혁신 모델에 이르는 길은 쉽지 않습니다. 우리처럼 빠르게 변화하는 산업에서는 특히 그렇습니다. 그러나 일단 당신의 선택이 확실해지면, 그것은 당신이 하는 모든 것, 즉 사업 전략, 인재의 영입 방법, 기술 개발 방법, 발명 방법, 회사 운영 방법 등 모든 것에 영향을 미칩니다. IBM의 경우 그것은 더 큰 것을 의미합니다. 그것은 우리의 중요한 지지층인 고객, 지역사회, 파트너, 투자자 각각에 필수적인 존재가 되고자 하는 IBM의 열망을 대변합니다. 우리는 성공을 위한 그들의 계획, 변화에 대한 그들의 니즈, 그들 나름의 목적의식을 위해 진력하는 것을 기업으로써 우리가 가지는 목표라고 생각합니다.

2013년
클라우드 분야의 경쟁 우위

우리는 기업으로서, 개인으로서, 사회로서 이 순간을 무엇으로 만들어나가게 될까요? 우리는 전례 없는 양의 데이터를 산출하는 지구로 무엇을 만들게 될까요? 세계적인 소비자, 노동자, 시민, 학생, 환자들의 네트워크를 통해 우리는 무엇을 만들게 될까요? 주문형의 비즈니스와 기술 서비스를 어떻게 활용하게 될까요? 우리는 나이나 출신이 아닌 기업과 사회의 관행을 바꾸기로 한 사람들에 의해 정의되는 신생 글로벌 문화와 어떻게 관계를 맺게 될까요?

이 순간의 잠재력을 포착하기 위해 IBM은 대담한 어젠다를 실행하고 있습니다. 그것은 당신의 회사를, 우리 업계의 구조를 변화시킬 것입니다. 이 서한에서 저는 우리가 취하고 있고, 앞으로 해나갈 조치들과 이런 변혁에서 출현하고 있는 변화된 기업에 관해 설명할 것입니다. 우리의 전략을 이해하게 된다면, 여러분도 가까운 미래에, 앞으로 10년 그리고 그 이후 IBM의 전망에 대한 우리의 자신감을 공유하게 될 것입니다. 우리 시대의 현상인 데이터에서 시작해봅시다.

　데이터, 이 새로운 천연자원은 증기력이 18세기에, 전기가 19세기에, 탄화수소가 20세기에 한 역할을 21세기에서 담당할 것입니다. 이것은 기업, 기관, 우리 지구가 더 스마트해지는 것을 의미합니다. 기기가 확산되고 모든 사물과 공정에 기술이 유입되면서 세계는 매일 25억 GB 이상의 데이터를 만들어내고 있습니다. 그중 80%는 이미지, 비디오 및 오디오를 통한 소셜 미디어, 내장 센서와 분산된 장치에서 발생하는 엄청난 양의 자극에 이르기까지 '구조화되지 않은' 것입니다.

　IBM의 첫 번째 전략 과제를 추진하는 요인은 데이터를 통해 업계와 직업에 변혁을 일으켜 시장을 만드는 것입니다. 데이터와 분석의 시장은 엄청난 규모를 가지고 있습니다. 이런 성장 잠재력을 포착하기 위해 우리는 기술과 전문지식으로 세계에서 가장 광범위하고 깊이 있는 빅데이터와 분석 역량을 구축했습니다. IBM은 우리 클라이언트가 빅데이터의 가치를 추출하는 데 필요한 모든 역량을 제공합니다. 그러한 역량들은 사업 전반의 구조화되거나 되지 않은 다수의 데이터를 발굴할 수 있습니다. 이는 묘사 분석에서 예측 분석, 처방 분석에 이르는 다양한 범위의 분석에 적용할 수 있습니다. 더 중요한 것은 데이터의 시간적 가치를 포착할 수 있다는 점입니다.

　이것이 중요한 이유는 이 새로운 세상에서 경쟁 우위를 차지하기 위한 싸움에서는 눈 깜짝할 사이에 승패가 갈리기 때문입니다. 현재 우리의 데이터와 분석 포트폴리오는 업계에서 가장 심층적입니다. 여기에는 의사결정 관리, 콘텐츠 분석, 기획·예측, 발견·탐색, 비즈니스 지능, 예측 분석, 데이터·콘텐츠 관리, 스트림 컴퓨팅, 데이터 웨어하우징, 정보 통합과 거버넌스가 포함됩니다. 이 포트폴리오는 차세대 컴퓨팅, 즉 인지 시스템의 기초를 제공합니다. 프로그램된 작업만 수행하는 전형적 컴퓨팅 시스템은 단순히 끊임없이 움직이는 빅데이터를 따라잡을 수 없습니다. 빅데이터를 따라잡으려면 새로운 패러다임이 필요합니다. 이 새로운 시스템들은 프로그램되어 있지 않습니다. 이 시스템들은 수집되는 방대한 양의 정보, 경험, 사람들과의 상호작용으로 학습합니다.

우리는 왓슨 시스템이 '제퍼디!Jeopardy!'에서 2명의 역대 우승자를 물리친 3년 전부터 이 차세대 컴퓨팅을 시작했습니다. 그 이후 왓슨은 거대한 연구 과제에서 클라우드를 통해 전 세계적으로 이용 가능한 다면적인 비즈니스 플랫폼으로 성장했습니다. 올해 초, 우리는 IBM 왓슨 그룹을 출범시켰습니다. 2,000명의 전문가, 10억 달러의 투자, 급속한 확장이 예상되는 파트너와 개발자들로 이루어진 생태계가 왓슨 그룹을 이룹니다. 왓슨은 이미 의료, 소매, 여행, 은행업 등의 관행을 바꾸기 시작했으며, 이 과정에서 왓슨은 컴퓨팅의 본질을 바꿀 것입니다.

데이터로 인해 산업과 직업이 새로 만들어지면서 클라우드 컴퓨팅(IT와 비즈니스 프로세스를 디지털 서비스로 제공하는 것)의 출현으로 세계의 정보기술 인프라에도 변화가 일어날 것입니다. 전 세계 애플리케이션의 많은 부분이 클라우드에서 사용할 수 있게 되어가고 있으며, 새로운 소프트웨어의 85%가 현재 클라우드를 기반으로 만들어지고 있습니다.

IBM의 첫 번째 전략 과제를 추진하는 요인은 클라우드 시대를 위해 기업 IT 인프라를 새롭게 만드는 것입니다. 클라우드만큼 중요한 것이 클라우드의 경제적 중요성이지만, 이는 종종 오해를 받습니다. 이 중요성은 비교적 간단한 기술 문제보다는, 클라우드를 통해 기업과 기관이 실행할 수 있게 되는 새로운 비즈니스 모델에 있습니다. 우리는 서비스로서의 인프라, 서비스로서의 플랫폼, 서비스로서의 소프트웨어, 서비스로서의 비즈니스 프로세스와 같이 다양한 영역의 클라우드 전달 모델을 제공합니다. IBM의 클라우드 역량은 1,500개의 특허를 기반으로 만들어졌으며 수천 명의 전문가에 의해 뒷받침되고 있습니다. 〈포천〉 500 기업의 80%가 IBM의 클라우드 역량을 사용합니다.

인프라 수준에서 우리 클라우드의 토대는 소프트레이어^{SoftLayer}입니다. 이는 시장 제1의 공공·개인 클라우드 환경으로, 실시간으로 동원되는 필적할 수 없는 연산력을 제공하는 '베어메탈^{bare metal}' 전용 서버와 수백 개의 구성 옵션을 갖추고 있습니다. 우리 공공 클라우드는 매일 550만 클라이언트의 거래를 처리합니다. 기술, 보안, 유연성, 가격 설정의 측면에서 IBM은 모든 주요 경쟁업체를 능가합니다. 혼다, 선 라이프 스타디움, US오픈 테니스를 비롯한 기업들과 1억 명이 넘는 사용자 기반을 가진 수백 개의 최고 온라인 게임이 포함된 우리의 3만 고객 명단이 빠르게 늘어나고 있는 것이 그 증거입니다.

이들 기업을 비롯한 점점 많은 업체가 그들의 고객 대면 애플리케이션(비용, 접근성, 속도를 이유로 공공 클라우드를 사용하는)에 재무, 재고 관리, 제조, 인사와 같은 핵심 기업 시스템이 통합되어야 한다는 점을 이해하고 있습니다. 기업은 점차 일부는 공개, 일부는 비공개 및 백-엔드back-end 시스템과 통합된 하이브리드 클라우드 시스템을 사용하게 될 것입니다.

새로운 종류의 '클라우드 미들웨어 서비스'가 등장해 이런 복잡한 환경을 관리해야 하는 것도 그 때문입니다. 개방형 및 구성형 비즈니스 환경에서 유연성과 확장성을 갖춘 애플리케이션을 구축하는 개발자들이 IBM의 전체 기업 소프트웨어 포트폴리오를 이용할 수 있게 될 것입니다. '클라우드 우선' 접근법은 세계의 IBM 소프트웨어 개발 연구소에서 실행되고 있습니다. 혁신을 추진하려는 영업 부분 책임자들을 위해 우리는 타의 추종을 불허하는 100개 이상의 서비스로서의 소프트웨어Software-as-a-Service, SaaS 상품을 공급합니다. IBM의 SaaS 제품은 현재 〈포천〉 500의 상위 25개 기업 중 24개 기업을 지원합니다.

앞으로 기업들은 계속해서 이런 비즈니스 애플리케이션의 가치를 발굴할 것입니다. 예를 들어, 조직의 약 70%가 현재 구성형 비즈니스 서비스를 사용하고 있거나 사용할 계획입니다. 마지막으로 기업들은 사내에서처럼 클라우드에서 데이터를 엄격하게 관리하길 바라고 필요로 하게 될 것입니다. 기업들은 감사가능성, 가시성, 변경 제어, 접근 통제, 데이터 손실 보호를 위해 데이터 관리에 나설 것입니다. 실제로 데이터 관리는 보안과 비용뿐만 아니라 규정에 따라 엔터프라이즈 클라우드 환경의 가장 중요한 설계점이 될 것입니다.

데이터와 클라우드 현상은 세계 비즈니스와 사회의 무대를 변화시키고 있습니다. 동시에 모바일 기술의 급증과 소셜 비즈니스의 확산이 지식을 통해 사람들에게 권한을 부여하고, 네트워크를 통해 그들을 풍요롭게 만들며 그들의 기대를 변화시키고 있습니다.

또 다른 전략 과제는 기업들의 '참여 시스템'을 가능하게 하는 것입니다. 기업들은 전형적인 비영업 부서back-office 기록 시스템을 보완하면서 고객, 직원, 파트너, 투자자, 시민 등 모든 지지층과의 관계에 체계적인 접근법을 택하고 있습니다. 많은 기업이 IT 지출에서 이 새로운 참여 시스템에 더 많은 비중을 두고 있습니다. 그들이 이렇게 하는 것은 고객과 직원들이 기대하는 참여의 방식이 심층적 변화를 겪고 있기 때문입니다. 현재 소셜 미디어를 통해서 기업에 접촉하는 사람들의 70%는 5분 안에 대응이 있기를 기대합니다. 성인 스마트폰 사용자의 80%는 하루 평균 22시간 동안 스마트폰을 곁에 둡니다. 이것이 우리가 IBM 모바일퍼스트IBM MobileFirst를 시작하고, 우리 모바일 이니셔티브의 발전을 위해서 8건의 인수를 성사시킨 이유입니다. 우리는 3,000명의 모바일 전문가를 보유하고 있으며 모바일과 무선 기술에서 수백 개의 특허를 갖고 있습니다. 개인들은 모바일 기기를 이용해 회사와 접촉하면서 개인 맞춤형 서비스를 기대합니다. 실제로 80%의 사람들이 맞춤형 서비스나 제품을 위해 기꺼이 자신의 정보를 제공합니다.

반가운 소식은 소셜 비즈니스와 데이터 분석을 통해서 맞춤형 서비스의 가능성이 점차 커지고 있다는 것입니다. 그러나 그리 간단치만은 않습니다. 애써 찾지 않아도 데이터 보안과 제도적 신뢰에 대한 우려가 급속히 늘고 있다는 것을 알 수 있습니다. 미국 성인의 2/3는 기밀 정보를 잃어버린 업체와는 다시는 거래하지 않겠다고 말합니다. 엄청난 경제적 성패가 걸려 있는 것입니다.

2014년

IBM은 기술과 사업의 교차점에 살고 있습니다. 그 덕분에 우리는 세상이 돌아가는 방식을 바꿀 수 있게 되었고, 클라이언트와 사회에 없어서는 안 되는 존재가 되었습니다. 세계 최상위 은행의 90%, 10대 원유·가스 기업 중 9곳, 50대 유통업체 중 40곳, 100대 의료 기관 중 92곳이 우리와 일하고 있습니다. IBM 시스템은 은행업, 예약, 운송, 소매, 거래, 의료 시스템을 관리합니다. 메인 프레임만 해도 전 세계 비즈니스 데이터의 75%를 처리합니다.

우리는 이런 토대 위에 완전히 새로운 차세대 필수 시스템을 만들고 있습니다. IBM의 클라이언트들은 교통 체증을 없애고, 암 치료법을 찾으며 식품 안전을 향상시키고, 위험을 줄이며 고객, 직원, 시민 및 환자에게 더 높은 수준의 이해와 개인화, 친밀감을 제공합니다. 새로운 세상은 우리의 눈앞에서 모습을 바꾸어 가고, 데이터에 의해 새롭게 만들어지며 코드로 다시 쓰이고, 매일 더 스마트해지고 있습니다. 이것은 저와 IBM을 이루는 모든 사람에게 동력을 공급하는 일입니다.

2015년
인지 솔루션

데이터는 세상의 새로운 천연자원이 된 이래, 모든 업계와 직업을 변화시키고 있습니다. IBM은 데이터와 분석에서 선두를 유지하는 데 필요한 역량을 구축하고 획득하며, 우리 업계의 전문지식을 심화하고 파트너와 생태계를 성장시켜왔습니다. 현재 우리의 데이터와 분석 사업은 업계 선두입니다. 이것은 성장하는 강력한 사업입니다. 하지만 그 잠재력은 훨씬 더 큽니다. 그 잠재력은 세계의 데이터 중 비구조화된 데이터, 즉 교과서와 공식에서 문학 작품과 대화에 이르기까지 우리가 언어로 표현하는 모든 것 그리고 모든 디지털 비디오와 오디오, 이미지에 있습니다. 이 비구조화 데이터는 본질적으로 컴퓨터에 표시되지 않습니다. 컴퓨터는 비구조화 데이터를 포착하고 저장하고 처리할 수 있지만, 그 의미를 이해하지는 못합니다.

하지만 인지 기술을 통해 이제는 이 '다크 데이터^{dark data}'를 탐색할 수 있습니다. 인지 시스템은 모든 것을 받아들일 수 있고, 감지 및 상호작용을 통해 그 의미를 이해할 수 있습니다. 그들은 그것에 대해 추론할 수 있으며 가설, 논거, 권고를 만들 수 있습니다. 그리고 우리가 알고 있는 컴퓨팅 시스템과는 달리, 프로그램화되어 있지 않습니다. 그들은 전문가에 의한 훈련과 경험을 통해 학습합니다. 사실 그들의 학습에는 중단이 없습니다.

인지에는 인공지능, 머신러닝 및 자연언어 처리가 포함됩니다(그러나 여기에 국한되지는 않습니다). 그리고 그것이 형상화된 것이 왓슨입니다. 왓슨은 2011년 '제퍼디!'에서 우승한 이후에도 큰 진전을 이루었습니다. 당시만 해도 왓슨이 하는 일은 5가지 기술로 구동되는 자연언어 Q&A 한 가지뿐이었습니다. 오늘날 Q&A는 30개가 넘는 왓슨 기능 중 하나일 뿐입니다. 왓슨의 이 모든 기능이 클라우드를 통해 전달되는 디지털 서비스^{Application Programming Interface, API}로 전환되었습니다. 이는 우리가 문자 그대로 모든 디지털에 인식을 넣을 수 있다는 것을 의미합니다. 왓슨을 통해서라면 모든 디지털 애플리케이션, 제품, 프로세스가 이해하고 추론하며 학습할 수 있습니다.

당신은 어떤 이유로, 인지가 우리 솔루션 사업의 핵심인지 알 수 있으실 것입니다. 하나의 왓슨 부문으로 출발했던 것이 이제는 단체가 되어 성장을 거듭하고 있습니다. 그 핵심에는 계속해서 새로운 역량을 구축하고 생태계를 확장하는 왓슨 팀이 있고, IBM 왓슨 헬스와 IBM 왓슨 사물인터넷과 같이 특정 산업이나 전문 영역을 목표로 하는 개별 왓슨 사업들이 있습니다. 각 사업은 업계 전문지식과 방대한 데이터 세트, 파트너와 클라이언트로 이루어진 생태계와 왓슨의 역량을 통합하며, 각각은 IBM 클라우드에 의해 구동됩니다.

현재 IBM 왓슨은 36개국에 의료, 금융 서비스, 소매, 에너지, 자동차, 정부 관련 선도 업체와 신생 업체들을 망라하는 클라이언트를 보유하고 있습니다. 우리는 왓슨에게 '보는' 능력을 부여하고, 언어의 범주를 영어 외에 일본어, 스페인어, 포르투갈어, 아라비아어 등 자연언어까지 확장하는 등 계속해서 왓슨의 역량을 키워나갈 것입니다.

플랫폼으로서의 클라우드

코드로 다시 쓰이는 세상에서 프로그래머는 새로운 건축가이며 클라우드는 그들이 건축하는 플랫폼입니다. 모든 IBM 왓슨 부문과 성장하고 있는 인지 솔루션 포트폴리오는 클라우드 플랫폼을 기반으로 구축되고 있습니다.

'플랫폼'이라는 말은 중요합니다. 클라우드 플랫폼은 단순히 IT에 접근하는 더 빠르고 저렴한 방법이 아닙니다. 이를 훨씬 넘어서는 혁신, 제조, 유통의 새로운 모델입니다. 클라우드 플랫폼은 협력과 급속한 외형 확장을 위한 개방형 환경을 제공합니다. 광범위한 생태계 전반의 파트너와 제삼자들이 새로운 혁신 솔루션을 만들 수 있는 API 라이브러리를 노출합니다. 또한 클라우드는 기술뿐 아니라 비즈니스와 소셜 영역의 다양한 데이터 세트와 관련 전문지식에 대한 접근권을 제공합니다.

더 중요한 것은 클라우드의 미래가 공용 클라우드, 전용 클라우드, 이런 환경을 안전하고 균일하게 통합하는 데 필요한 통합 소프트웨어, 시스템, 서비스를 아우르는 혼합형이란 점입니다. 기업이 클라우드로 이동할 때 하이브리드 클라우드는 전이 단계가 아니라 목표 지점입니다.

사실, 하이브리드 클라우드는 시장에서 가장 빠르게 성장하는 부문이며 IBM은 기업을 위한 혼합형 클라우드의 세계 선두 업체입니다. 우리는 IBM 메인 프레임에서 세계 거래의 약 3/4을 처리하고 보호하는 일부터 핵심 은행 시스템, 공급망, 예약과 소매 시스템 등을 설계하고 운영하는 것까지 선두를 점하고 있으며 여기에는 상당한 이점이 따릅니다.

우리의 미들웨어는 세계 일류의 IT 통합 플랫폼으로, 한 분석 업체는 지난 14년 동안 우리를 미들웨어의 선두 업체로 지목했습니다. 미들웨어는 하이브리드 클라우드의 심장이 될 것입니다. 예를 들어, IBM 웹스피어는 하이브리드 클라우드를 위해 모든 데이터와 애플리케이션을 해제합니다. 이는 클라이언트의 기존 애플리케이션이 클라우드에 접근하고 새로운 클라우드 기반 애플리케이션이 기존 자산에 접근할 수 있게 해줍니다.

우리가 엔터프라이즈 클라우드의 세계 선두 업체로 남을 수밖에 없는 또 다른 이유는 클라우드의 미래가 인프라 혁신에 좌우되기 때문입니다. 이 새로운 시대에도 IBM 시스템의 모든 범주가 여전히 중요한 이유가 여기에 있습니다. 우리는 계속해서 하이브리드 클라우드를 위한 최첨단의 서버, 저장소, 소프트웨어를 설계 및 개발하고 전달할 것입니다. 예를 들어, 모바일 거래를 위해 재창조된 우리 메인 프레임은 고급 분석 가속기와 강력한 보안 기능을 갖춘 엔터프라이즈 클라우드 서버의 역할을 합니다.

우리 업계의 많은 사람들은 인지와 클라우드, 이 둘을 별개의 현상으로 봅니다. 우리의 시각은 다릅니다. 이 둘은 동전의 양면이며 단일 모델의 두 차원입니다. 인지는 모든 형태의 데이터라는 새로운 천연자원으로부터 가치를 받아들이고 추출해서 경쟁 우위와 사회적 가치로 전환할 수 있는 유일한 길입니다. 그리고 클라우드는 이런 솔루션들이 설계, 구축, 실험하고 세상에 배치되는 플랫폼입니다.

전략

여러 시대의 기술 변화를 경험하면서 우리는 그것이 세계 경제, 사회, 우리가 일하고 생활하는 방식에 미치는 영향을 이해하는 일이 무엇보다 중요하다는 것을 배웠습니다. 현재는 지능화 시스템이 일자리에 미치는 영향과 일의 미래에 대해 우려를 표하는 사람들이 있습니다. 이것은 타당한 질문들이며 기업, 정부, 시민 사회가 깊이 생각해봐야 할 문제들입니다.

인지 시스템에 대한 경험들을 통해 우리 IBM은 인지 기술이 인간 역량을 대체하는 것이 아니라 강화한다는 점을 배웠습니다. 인지 비즈니스가 실제로 하는 일은 '인공'지능이 아닌 지능 증대입니다. 인지 비즈니스는 인간이 처한 상황에 대단히 유용한 혜택을 가져다줄 것입니다.

결국, 우리가 직면한 가장 중요한 과제는 기술에 관한 것이 아니라 가치에 관한 것입니다. 시민의 자유와 국가 안보, 프라이버시 및 편의성에 문제가 발생할 때 희망적인 미래를 향한 우리의 길은 상호 가치, 투명성 및 신뢰의 창출에 달려 있습니다. IBM은 우리가 누구인지 알고 있습니다. 우리는 클라이언트들이 왜 우리와 일하고 싶어 하는지 알고 있습니다. 우리는 당신이 왜 우리에게 투자하기로 했는지 알고 있습니다.

―――――――――――― **2016년** ――――――――――――

100여 년에 걸친 경험에서 우리는 방심해서는 안 된다는 것을 배웠습니다. 우리는 데이터 현상, 클라우드 컴퓨팅의 성숙, 많은 사람이 인공지능이라고 부르는 것의 출현으로 IT 업계의 질서가 급속하게 재편되기 시작한 것을 발견했습니다. 우리는 가치의 원천이 (우리 클라이언트와 소유주들을 위해) 변화할 것이고, 이런 혁신의 수렴이 기술과 비즈니스의 새 시대의 도래를 알릴 것이라고 확신했습니다.

우리는 기다리지 않았습니다. 우리는 상품화 사업에서 벗어났습니다. 우리는 클라우드, 데이터, 인지, 보안, 기타 우리의 전략 이니셔티브를 이루는 다른 사업들에서 핵심 하드웨어, 소프트웨어, 서비스 프랜차이즈를 재창조하는 데 2배의 노력을 기울이는 동시에 새로운 것을 창안하는 데 투자했습니다. 우리는 단순히 기업 포트폴리오를 관리하기 위해서가 아니라 우리 클라이언트들이 새로운 시대에 필요로 할 통합 역량을 구축하기 위해 이런 일을 해왔습니다. 이제 견실한 토대가 자리 잡은 가운데 우리의 변혁은 계속되고 있습니다.

전략과 비전

2011년 왓슨이 '제퍼디!'에서 우승하면서, IBM은 최근의 '인공지능의 겨울^AI winter'을 끝내고 업계와 세상을 인지 시대로 이끌었습니다. 이제는 우리만이 아닙니다. 모두가 AI로 달려들고 있습니다. 많은 과대 선전까지 말입니다. 하지만 우리는 인지 사업에서 우리가 선두를 유지하고 이어나갈 것이라고 예상합니다. 우리는 기업의 니즈에 특유의 기여를 하기 때문입니다.

기업은 방대한 양의 데이터를 식견과 경쟁 우위로 전환하는 인지 솔루션을 필요로 합니다. 기업들은 IT 역량을 위해서만이 아니라 속도와 기민성을 위해서도 클라우드 플랫폼에 대한 접근이 필요합니다. 클라우드 플랫폼의 구조는 반드시 공용 클라우드와 전용 클라우드를 아우르는 혼성이어야 합니다. 기업들은 애플리케이션, IT 인프라, 무엇보다 그들의 데이터에 대한 기존 투자를 활용하고자 할 것이기 때문입니다. 그들은 신뢰할 수 있고, 그들의 업계와 공정의 흐름을 이해하며 범위에 있어서 세계적이고, 현지에서 존재하는 파트너를 필요로 합니다.

IBM은 이런 강력한 AI 클라우드 플랫폼을 제공합니다. 우리는 그것을 이용해서 실제 문제에 대한 산업 기반 솔루션을 만듭니다. 우리는 소유하거나 파트너가 접근할 수 있는 도메인별 데이터 세트를 만들고 있으며 업계의 전문지식을 적용하여 솔루션을 구축하고, 특정 전문 분야에서 왓슨을 교육하고 있습니다.

IBM은 전 세계 산업을 변화시키고 있습니다. 2억 명 이상의 소비자들이 IBM 클라우드의 왓슨을 질문에 대답하고, 온라인에서 필요로 하는 것을 찾고, 추천하는 데 이용할 수 있습니다. 50만의 학생들은 왓슨을 통해 수업을 선택하고 내용을 익힐 수 있으며, 이는 교사들이 각 학생 특유의 학습 문제를 해결하는 데 도움을 줍니다. 133개국에 걸쳐 1만 2,000명의 클라이언트가 하루에 350억 건의 보안 사건을 모니터하는 IBM 시큐리티는 클라이언트들이 실제 공격을 시뮬레이션하고, 대비하며 왓슨의 힘에 의지해 사이버 범죄와 싸우는 세계 최초의 상업 '사이버레인지cyber-range'를 론칭했습니다. 왓슨을 통해 건물에서 나오는 이산화탄소 배출량을 한 해 1,000만 톤씩 줄이고 있으며 기업들은 고용 사이클의 속도를 75% 높이고, 항공사들은 유지 효율을 80% 높이고 있습니다.

IT가 클라우드로 이동하면서 관련된 모든 당사자가 거래를 신뢰할 수 있게 하는 일이 중요해졌습니다. 우리가 완전한 블록체인 플랫폼을 구축하고 있는 이유가 여기에 있습니다. 블록체인은 공유 주식 원장元帳과 스마트 계약을 결합하여 해상 운송 컨테이너와 같은 물리적 자산, 채권과 같은 금융 자산, 음악과 같은 디지털 자산 등 모든 자산의 안전한 이전을 확보합니다. 블랙체인은 인터넷이 정보를 위해 한 일을 신뢰할 수 있는 거래를 위해 할 것입니다.

IBM은 이미 400개 이상의 클라이언트들과 함께 사업을 위한 블록체인을 개척하고 있습니다. 여기에는 외환 결제, 스마트 계약, 신원 관리, 무역 금융을 관리하는 클라이언트들이 포함되지만, 잠재력은 금융 서비스에 제한되지 않습니다. 예를 들어, 우리는 월마트와 손을 잡고 중국과 미국 전역에서 식품을 추적하고 운송하며 소비자들에게 판매하는 방식에 투명성을 확보하기 위한 작업을 하고 있습니다. 그리고 에버레저는 클라우드 기반 블록체인을 사용해 다이아몬드와 다른 고부가가치 상품들이 공급망을 통해 이동하는 과정을 추적하고 있습니다.

이것이 인지 비즈니스의 현실입니다. 영화나 대중문화에 등장하는 AI와 달리, 이 혁명 기술의 진정한 전망은 대체가 아니라 인간 지능의 증대에서 비롯됩니다. 비즈니스, 사회 및 일상에 스며드는 프로세스, 시스템, 제품, 서비스에 인지 역량을 심어 넣는 데에서 비롯됩니다.

인지의 미래

우리 업계는 변곡점에 서 있습니다. 다음 몇 년은 정보 기술 제공 업체에 아주 중요한 시기가 될 것입니다. 전 세계 기업과 기관들이 클라우드, 데이터, AI에 대한 구조적인 측면에서 아주 중요한 결정을 내릴 것이기 때문입니다.

IBM은 클라이언트들이 현명한 선택을 하고, 경쟁에서 앞서나가는 데 있어 좋은 위치를 점하고 있습니다. 우리는 새로운 기술이 윤리적이면서 지속적인 방식으로 채택되도록 해야 하는 책임을 진지하게 받아들입니다. 이 책임이 급속한 경제적·사회적 변화의 시대보다 더 중요하지 않습니다. 우리는 업계와 사회에 계속해서 참여하면서 개방적이고, 포괄적이며 세계적인 기업 환경과 정책 환경을 옹호할 것입니다. 그리고 우리는 옹호하는 그 이상의 일을 할 것입니다. 우리는 혁신을 이룰 것입니다.

우리 IBM이 올해 발표한 '인지 시대의 투명성과 신뢰를 위한 원칙'이 바로, 그런 혁신의 한 예입니다. 그 주요 강령은 다음과 같습니다.

• 우리는 AI의 목적이 인간 지능의 증강이라는 것을 믿는다.

• 우리는 AI가 언제 어디에 적용되는지에 대해, 권고에 포함된 데이터와 교육에 대해 투명성을 유지할 것이다.

• 우리는 클라이언트의 데이터와 식견이 그의 것이라고 믿는다.

• 우리는 학생, 노동자, 시민이 안전하고, 효과적으로 인지 시스템에 참여하고, 인지 경제에 새롭게 출현한 새로운 종류의 일을 하기 위해 기술을 획득하는 데 도움을 주기 위해 헌신한다.

이런 원칙들은 우리가 이 새로운 세상을 만들기 위해 하는 모든 일의 시금석이 될 것입니다. 우리는 클라이언트들과 함께 그 원칙들을 실천할 것이고, 우리는 그들이 큰 의미의 사업과 비즈니스를 위한 중요한 토대가 될 수 있다고 믿습니다.

2017년
변곡점

세계의 기업들은 일하는 방식을 바꾸고 있습니다. 우리는 당신의 회사가 이 순간을 준비하도록 합니다. 지난 5년 동안, 데이터 현상이 기술과 기업의 질서를 재편할 것이라는 우리의 믿음으로부터 힘을 받아, 우리는 IBM 현대사에서 가장 야심 찬 재창조에 착수했습니다. 이 단계는 거의 완성되었습니다. IBM은 현재 인지 솔루션과 클라우드 플랫폼 기업입니다. 또한 현재 클라이언트의 가장 시급한 니즈를 해결하는 데 업계 내에서 타의 추종을 불허하는 역량을 보유하고 있습니다. 이 모든 것은 IBM 사람들의 창의성과 열정 덕분입니다. 우리가 변곡점에 도달한 것은 그들 덕분입니다. 그들은 우리의 가장 큰 경쟁력입니다.

이것은 단순히 IBM만의 변곡점이 아닙니다. 이것은 우리 클라이언트, 즉 세계의 기업과 기관들에게도 변곡점입니다. 약 1년 전만 해도, '디지털 와해digital disruption(디지털 혁신이 일으키는 변화 - 옮긴이)'가 계속될 것이라고 믿는 사람들이 많았습니다. 그들은 기존 기업들이 주류에서 밀려날 위험에 처했다고 믿었습니다.

우리는 다른 견해를 가지고 있었습니다. 우리는 거대 플랫폼만이 데이터 중심 경제를 지배할 것으로 생각하지 않았습니다. 그들에게는 데이터의 가장 귀중한 원천에 대한 접근권이 없었기 때문입니다. 웹에서는 검색할 수 없는 80%의 데이터에 말입니다. 기존 기업들과 기관들은 그들의 전문적인 지식으로부터, 업계의 관행과 시장 역학으로부터, 그들의 공정과 운영 방법으로부터, 그들의 사람들과 문화로부터 나오는 이런 데이터를 보유하고, 끊임없이 창출하고 있습니다. 그러므로 우리는 그들이 선도적인 위치를 점할 수 있다고 믿습니다.

IBM은 세계의 많은 위대한 기업 및 기관들과 밀접하게 연관되어 있습니다. 이것은 우연이 아닙니다. 이것은 새로운 현실을 반영하는 것입니다. 지금의 세상을 사는 사람들은 자신들이 새로운 와해자가 될 수 있다는 것을 이해하고 있으며, 그 기회를 장악하고 그 순간을 포착하기 위해 공격에 나서고 있습니다. 그들은 더 스마트한 기업이 되는 방법을 택하는 것입니다.

기업은 시스템과 프로세스를 지능적으로 만들면서 더욱 스마트해지고 있으며, 이것이 IBM의 서비스와 솔루션이 클라이언트 산업의 심층적 지식에 근거를 두고 있는 이유입니다. 이로써 IBM은 더 스마트한 기업의 디지털 및 인지 혁신과 IT 서비스를 위한 파트너로 선택되었습니다. 우리 클라이언트에는 RBS, 오토데스크, 현대 카드뿐 아니라 세일즈포스, 워크데이, 애플, SAP, VM웨어와 같은 전략적 파트너의 기반도 포함됩니다. 이러한 심층적인 산업 차원은 우리가 왓슨헬스, 왓슨 IoT, 왓슨 파이낸셜 서비스 같은 새로운 솔루션 사업들을 설립할 수 있도록 해주었습니다.

더불어 기업은 AI와 데이터를 내장함으로써 일을 하는 방법을 바꾸는 등 더 스마트해지면서 '인간+기계' 시대를 맞을 준비를 하고 있습니다. 왓슨 포 온콜로지Watson for Oncology는 한국의 가천대 길병원, 슬로바키아의 스벳 즈드라비아Svet Zdravia, 대만의 타이베이의대Taipei Medical University등 전 세계 150여 개 병원에서 의사들이 환자들에 대한 치료법을 찾는 데 도움을 주고 있습니다.

왓슨은 H&R 블록H&R Block의 세무사들이 수백만 명의 고객들에게 최고의 조언을 제공하도록 돕고 있습니다. 크레디트 무투엘Crédit Mutuel, 방쿠 브라데스쿠Banco Bradesco, 오랑주 뱅크Orange Bank 등 금융 기관의 은행가와 고객 서비스 담당자들은 은행 업무를 재창조하고 있습니다. 우드사이드 에너지Woodside Energy는 원유 기술자들의 제도적 지식을 보존하고 업무를 재창조하는 데 도움을 주기 위해 왓슨을 선택했습니다.

리더들은 모든 측면에서 자신의 회사를 더 스마트하게 만들고 있습니다. 그들은 경쟁력을 강화하고 회사의 진정한 존재 이유를 되찾기 위해 미래에 막대한 투자를 하고 있습니다. 세상 모든 곳의 사회 역시 변곡점을 맞이하고 있습니다. IBM은 미래가 소수에게 귀속된다고 믿지 않습니다. 우리는 미래가 우리 모두의 것이라고 생각합니다. 그리고 우리는 그 믿음을 관행과 정책으로 해석해내고 있습니다.

• 데이터와 AI 책임에 관하여

AI의 성숙으로 촉발된 세상의 새로운 천연자원, 데이터는 성장, 번영, 사회 진보를 창출할 잠재력을 지니고 있습니다. 하지만 그 잠재력은 세상이 그 데이터가 책임 있게 수집되고, 관리되며 분석된다는 점을 신뢰할 때에만 발휘될 수 있습니다. 많은 사람들이 일부 기업의 힘과 행동에 의문을 제기하는 상황에서 IBM은 데이터와 AI의 책임 있는 관리자로서 나아가고 있습니다. 우리는 AI의 목적이 인간 지능을 대체하는 것이 아닌 증강하는 것이라고 믿고 있습니다. 우리는 AI가 어디에서 사용되며 누가 AI를 훈련하고, 어떤 데이터 세트가 수집되었는지에 투명성이 필요하다는 것을 분명히 알고 있습니다. 우리는 데이터와 그것이 창출하는 식견은 그 창조자들의 소유라는 것도 믿고 있습니다. 누구도 AI와 클라우드 컴퓨팅의 혜택을 받기 위해 데이터의 소유권이나 통제권을 포기해서는 안 됩니다. 우리는 그런 믿음에 따라 왓슨을 만들었고, 그에 따라 이용하고 있습니다.

신뢰를 얻기 위해서는 계속해서 시험을 거치고 강화되는 강력한 암호화와 보안 시스템을 통한 데이터 보호가 필요합니다. 데이터 프라이버시는 반드시 존중되어야 합니다. 이 역시 왓슨과 함께하는 IBM 클라우드의 핵심 차원입니다.

• 일자리에 관하여

새로운 기술이 일자리를 없앨 것이란 점에는 의문의 여지가 없습니다. 기술은 늘 그런 결과를 만들어왔습니다. 그러나 그와 동시에 새로운 직업군이 출현할 것입니다. 문제는 AI가 모든 일자리에 필요한 기술에 변화를 줄 것이란 점입니다. 의사, 변호사, 영업사원, 교사, 기술자는 여전히 존재할 것입니다. 다만 그들이 일을 수행하기 위해 필요한 과제와 도구는 달라질 것입니다.

미래의 일자리를 위해 기술을 구축하는 일에는 교육의 대대적인 재창조가 필요할 것입니다. 우리 IBM은 21세기 도제·재교육 프로그램, 혁신적인 고숙련 일학습병행제[P-TECH] 교육 모델을 창안하는 민관 파트너십을 통해 미국과 전 세계에서 그런 변혁을 이끌고 있습니다. 여기에는 IBM 임직원의 지속적인 갱신과 기술 인력으로 복귀하려는 중간 경력 전문가들의 재교육에 10년 동안 50억 달러를 투자하는 일도 포함됩니다.

• 포용에 관하여

현재 우리는 1세기 넘게 IBM을 정의해온 포용에 대한 전 세계적 약속을 자랑스럽게 지켜나가고 있습니다. 우리는 사람, 정보, 아이디어의 개방적 교환을 지원할 뿐 아니라 국제적 프라이버시와 보안 협정을 위해 국경을 넘는 데이터 흐름을 보호하는 데 앞장서고 있습니다.

IBM은 포용의 기준이라고 인정받았습니다. 이는 비즈니스에서의 여성 커리어 발전에 대한 공로로 2018년 카탈리스트 어워드[Catalyst Award]를 수상한 것으로 드러납니다. IBM은 이 상을 4번 수상한 최초의 기업입니다. 우리는 공정성과 평등을 옹호합니다. IBM은 늘 그래왔듯이 누구나 환영합니다. IBM의 사람들은 100여 년에 걸쳐 책임감을 느끼고 진보를 이룸으로써 세상의 신뢰를 얻었습니다. 오늘도 우리는 이 유산을 이어갑니다.

고객 중심

지난 몇 년 동안, 전 세계 기업은 경쟁력의 가장 강력한 근원인 데이터를 활용하기 위한 디지털 재창조를 추진해왔습니다. 그 첫 장은 좁은 의미의 AI$^{narrow\ AI}$ 애플리케이션을 실험하고, 단순한 작업부하(전형적으로 고객 대면 애플리케이션)를 클라우드에 넘기는 것으로 정의되었습니다.

이제 선구적 기업들 사이에서 두 번째 장의 윤곽이 드러나고 있습니다. 단순한 실험 단계에서 AI와 하이브리드 클라우드를 통한 진정한 비즈니스 혁신으로 옮겨가고 있는 것입니다. 이 디지털 재창조의 제2장은 기업이 주도할 것입니다. 우선, AI를 확장하고 사업 곳곳에 심어 넣는 것이 그 특징이 될 것이고, 다음으로 클라우드에서는 미션 크리티컬 애플리케이션을 하이브리드 클라우드로 옮기는 것입니다. 여기에서는 다양한 공용 클라우드, 전용 클라우드, 현장 IT 역량의 조합이 이용되며 이를 통해 기업은 그들의 기업 작업부하에 가장 적합한 환경을 창조하게 될 것입니다. 기술과 기술이 세상에 미치는 영향에 대한 신뢰가 모든 것을 뒷받침하고 있습니다.

제2장에서 디지털 재창조를 통해 기업 전반에 걸친 AI 확장이 일어날 것입니다. 이미 몇몇 선도자들이 그런 모습을 보여주고 있습니다. 세계의 선도적인 은행들을 예로 들어보겠습니다. 대부분의 기업은 특정 과제에만 AI를 적용하지만, 일부 선도 기업들이 기업 전반에 AI를 확장하고 있습니다. 프랑스에서 가장 빠르게 성장하고 있는 모바일 은행, 오랑주 뱅크는 현재 모든 고객 서비스를 IBM 왓슨을 통

해 관리하고 있습니다. 마찬가지로, 방쿠 브라데스쿠는 현재 IBM 왓슨을 이용해 모든 서비스 팀원을 지원하고 있습니다. 고객 문의를 단 몇 초 만에 거의 95%의 정확도로 해결하고 있는 것입니다.

IBM은 2014년 왓슨 플랫폼을 도입하면서 기업용 AI를 주류로 끌어들였습니다. 현재 IBM 왓슨은 온프레미스^{on premise}, 개인 및 공용 클라우드 등 어떤 환경에서나 작용할 수 있는 가장 개방적이고 신뢰할 수 있는 기업용 AI입니다. 기업들은 왓슨을 호스트가 어디에 있든 데이터를 적용할 수 있고, 어느 환경에 있는 애플리케이션이든 AI를 주입할 수 있습니다. 과거 기업들을 방해했던 이런 요인들을 해결하는 일은 기업 전반에 AI를 확장하는 데 대단히 중요합니다.

우리는 다양한 IBM 서비스를 통해 전 세계 클라이언트들이 핵심 비즈니스 프로세스와 작업 흐름에 AI를 적용할 수 있도록 돕고 있으며 자동화, 지능, 학습을 비즈니스에 주입해 공급망과 HR에서 재무와 운영까지 모든 것을 변혁하도록 하고 있습니다.

2018년에는 IBM 인재·변혁^{Talent and Transformation}이라는 새로운 서비스도 론칭했습니다. 이 서비스는 흔히 간과되는 AI의 문화적 측면을 다룹니다. 이 서비스는 클라이언트가 사내 팀이 올바른 기술 및 재능을 갖추게 하여 기업용 AI 확장에 필수적인 새로운 작업 방식을 지원하도록 돕습니다.

디지털 재창조 제1장의 경우, 클라우드 배치는 주로 생산성과 상용 클러스터 컴퓨팅을 위해 쉽게 움직일 수 있는 작업부하에 초점을 맞추었습니다. 이는 주로 고객 기술의 발전에서 고무된 사용자 대면 애플리케이션에 의해 주도되었습니다. 그 결과 현재 클라우드로 이동된 것은 기업 작업부하의 20%에 불과합니다. 나머지 80%는 기업의 진정한 기회 가치를 제공합니다. 이 기회를 잡기 위해서는 미션 크리티컬 작업부하와 애플리케이션을 클라우드에 맞게 변혁해야 합니다. 문제는 대부분의 기업이 특유의 규정이나 데이터 요구 조건을 가지고 있으며 5~15개에 이르는 다수의 제공업체를 갖고 있다는 점입니다.

이것이 제2장으로 이동하는 기업들이 새로운 하이브리드 클라우드 접근법을 수용해야 하는 이유입니다. 이것은 기업들이 공개 출처 기술을 이용하면서 지속적인 관리와 보안 프로토콜을 통해 더 쉽게 데이터를 옮기고 기업 내 공용 및 전용, 온프레미스 IT에 걸쳐 AI와 다른 애플리케이션으로 확장할 수 있는 길입니다.

유럽의 유명 은행, BNP 파리바^{BNP Paribas} 그룹은 IBM과 손잡고 클라우드 전반에 걸쳐 새로운 디지털 및 AI 고객 서비스를 확장하는 동시에 고객 데이터의 보안과 기밀성을 보호하고 있습니다. 마찬가지로 세계적 통신 업체인 보다폰 비즈니스^{Vodafone Business}는 IBM과 제휴해 고객들에게 멀티 클라우드와 디지털 역량을 제공하는 방식에 혁신을 일으키고 있습니다.

IBM 서비스는 단대단^{end-to-end} 클라우드 통합 역량을 제공하며 수천 개의 기업이 어떤 클라우드 환경에서든 안전하고 안정적으로 애플리케이션과 작업부하를 이동, 통합, 관리할 수 있도록 돕고 있습니다. IBM 서비스의 업계 전문가들은 IBM 개라지^{IBM Garage}에서 클라이언트와 함께 클라우드에서 이용할 수 있는 솔루션을 공동 개발하고 있습니다. 우리는 설계 사고와 기민한 방법으로 클라이언트들이 신속한 프로토타이핑이나 반복과 같은 새로운 작업 방식을 구현하여 기술 프로젝트를 시험 단계에서 생산 단계로 더 빨리 이동시키도록 돕고 있습니다.

우리는 수십 년에 걸쳐 획득한 신뢰와 보안에 대한 명성과 업계 전문지식, 혁신 기술을 특유의 형태로 통합하여 고객들을 디지털 혁신의 제2장으로 옮기는 이 순간을 맞을 준비를 했습니다. IBM은 이제 세계 주요 기업들을 다음 시대로 이동시키고 있습니다. 이 작업은 우리가 계획하고 있는 레드햇Red Hat 인수를 통해 강화될 것입니다.

신뢰와 관리자의 의무

우리는 우리 클라이언트와 그들이 봉사하는 고객이 획기적인 혁신과 업계 전문지식 그 이상의 것을 기대한다는 점을 알고 있습니다. 그들은 그들을 보호하고 책임 있게 다루어 주리라는 믿음을 주는 기술 파트너와 일하기를 원합니다. 더불어 새로운 기술을 세상에 안전하게 접목하는 방법을 알고, 사회가 그들로부터 혜택을 얻을 수 있도록 돕는 파트너와 일하기를 원합니다. 그리고 파트너가 차별 없는 일터와 공동체를 창조하기를 바랍니다.

이러한 기대들은 공통의 주제, 즉 책임에 의해 연결됩니다. 책임성은 107년 동안 우리 연구소에서 우리 중역실까지 이르는 IBM 문화의 특징이었습니다. IBM 사람들은 데이터와 새로운 기술에 있어 책임 있는 관리자의 의무를 다해왔으며, 이런 의무에 대한 헌신으로 우리는 클라이언트와 전체 사회의 신뢰를 얻었습니다.

2018년 세계적으로 기술에 대한 감시의 눈이 확대되는 가운데, 우리는 오랫동안 회사를 이끌어왔던 'IBM 투명성과 신뢰의 원칙'을 발표했습니다. 이 원칙들은 새로운 기술의 목표가 인간 지능의 대체가 아닌 증강이며, 기술을 통해 파생된 데이터와 식견은 그들을 소유하고 있는 기업의 것이라는 우리의 신념을 강조합니다. 이 원칙은 세상에 유입된 새로운 기술은 반드시 개방적이고, 투명하고, 설명 가능하며 편견이 없어야 한다는 점도 강조합니다.

16

투자 위험을 회피하지 마라

로버트 킨
심프레스 N. V.

심프레스의 근원은 사업 초기의 자본 배분과 투자에 대해 논의한 창립자 로버트 킨의 2018년 주주 서한에서 볼 수 있다.

우리는 기존 사업과 인접한 시장에 진입해 그 안에서 훌륭한 고객 프랜차이즈customer franchise(제품의 오랜 노출이나 마케팅으로 소비자가 보유한 제품의 누적 이미지를 말한다 - 옮긴이)와 빠르게 성장하는 수익성 있는 사업을 구축함으로써 큰 가치를 창출할 수 있을 것입니다. 우리 회사는 아주 오랜 역사 속에서 이미 그런 위업을 달성했습니다. 1998년 심프레스는 유럽의 중소기업에 주로 우편 광고 카탈로그를 공급하는 데스크톱 출판 업체, '본임프레션^{Bonne} Impression'이었습니다. 큰 이익도 손실도 없는 저성장 업체였습니다. 우리는 그 시장에 대한 우리의 지식을 받아들여 온라인 인쇄에 뛰어들기를 열망했습니다. 여전히 같은 고객에게 셀프서비스 그래픽 디자인과 단기 인쇄 서비스를 제공하되 기존 사업과는 다른 방식을 취하고자 한 것입니다. 이를 위해 우리는 상당한 벤처캐피털 자금을 조달했고, 1998~2003년에 비스타프린트^{Vistaprint}를 론칭했습니다. 우리는 많은 실패와 좌절, 재출시, 자금조달에 대한 긴급한 필요를 경험했지만, 2003년이 되자 비스타프린트는 믿을 수 없을 정도로 훌륭한 사업으로 성장했습니다.

또 다른 비스타프린트를 유기적으로 창조하는 것은 기대하지 않습니다. 그럴 수 있다면 참 좋겠지만 말입니다. 그런 기대를 하려면 우리 성공의 큰 부분은 우리의 노력 외에 적재적소에 존재한 행운에서 비롯되었다는 현실을 무시해야 합니다. 하지만 우리는 빠르게 성장하는 수익성 있는 기업들로 포트폴리오를 구축할 수 있다고 생각합니다. 이 기업들은 10년 뒤 미래에 심프레스의 전체 성장에서 큰 몫을 담당하고, 포트폴리오의 수준에서는 (불가피한 실패를 제외하고) 넓은 범위에서 매력적인 투하 자본이익률을 내서, 심프레스 전체에서의 가치 창출을 '눈에 띄게' 진전시킬 수 있을 것입니다. 더 높은 수준에서, 이 야심은 우리가 초기 단계에 투자하는 이유입니다.

심프레스는 1990년대 말 설립되었고, 2010년대 초반 공개 기업으로 성장했다. 하지만 로버트 킨의 주주 서한이 독특한 성격을 띠게 된 것은 2015년부터였다. 학습이 이루어진 것이 뚜렷하게 드러난다. 첫 번째 서한에서는 본질적인 원칙들을 기교적으로 파악한 뒤, 이후의 서한에서는 조정을 가하고, 원칙을 심화하며 그 원칙들을 공개적으로 실험한다. 성공과 실수로부터 얻은 교훈에 집중하면서 성공과 실수 모두에 의미를 둔다.

각 서한은 중요한 주제를 번갈아 다루며, 서한마다 깊이와 정교함이 달라진다. 후기의 서한은 거의 언제나 일반적인 주제를 다룬 후, 때로 그해의 특정한 사건을 강조하는 형식을 취했다. 중요한 주제들은 자본 분배와 필수 지표의 문제였다. 자본 분배의 일반 원리는 물론 그해와 인접한 해의 구체적인 자본 분배 활동(이전 연도와 해당 연도 계획의 결과)이 담겨 있다. 주당 내재가치 모델과 자본 분배의 결과를 측정하는 주당 정상 상태 현금 흐름이라는 개념도 등장한다.

2015~2016년의 서한에 포함된 자본 분배에 관한 간단하지만 계몽적인 글도 세련되고 정제된 진화를 보여준다. 2017~2018년의 서한에서는 일반 철학에 대한 글의 길이와 깊이가 2배가 되면서 과거 결정에 대한 논의도 확대되었다. 단일 서한에서 보통 분기별 지침의 포기, 인센티브 보상, 전략적 분권화, 장기적 사고, 가치에 대한 사고 등 여러 개의 주제를 다룬다.

서한에는 킨이 심프레스 이사회에 장기 대주주 대표 2명을 영입했다고 언급돼 있다. 주주들이 회사의 자본 배분 전략과 가치관에 대한 접근법을 이해하고 인정하도록 하기 위함이었다. 다음의 글에는 심프레스 IR 책임자 메러디스 번즈^{Meredith Burns}의 이야기가 담겨 있다.

우리는 그것들이 우리가 자본 분배에 대해 생각하는 법, 우리의 전략, 우리가 주당 내재가치를 평가하는 데 유용하다고 생각하는 방법론, 우리의 여정에서 경험한 성공과 실패에 대한 솔직한 견해들에 대한 투자자의 이해를 증진시키기를 기대합니다.

2015년 이전 로버트의 연례 서한들은 매년 연차 보고서와 함께 발표되었고 간략했습니다. 그 서한들은 주로 그해 재무 실적에 초점을 두었으며 1쪽 길이였습니다. 우리는 장기적인 초점을 명확히 하고, 특히 우리가 장기 주주와 채권 보유자로부터 자본을 끌어들이는 데 집중하고 있다는 것을 더욱 분명히 드러내면서 확실한 진화를 이루었습니다.

2015년
전략

회사의 시작과 함께 우리 전략의 중심 목표는 더 큰 규모를 추구하는 것이었습니다. 우리는 그것이 우리 비즈니스 모델에서 경쟁력을 갖는 가장 큰 동인이라고 생각했고, 대량 맞춤화mass customization의 시장 기회가 여전히 크다고 믿었기 때문입니다.

2011년 우리는 우리 제품과 영업 역량의 경쟁력을 개선함으로써 수년째 떨어지고 있는 유기적 성장률을 반전시키는 일에 나섰습니다. 이를 위해 우리는 고객 가치 제안(예를 들어, 고품질 상품과 서비스, 가격 책정과 마케팅의 투명성 향상 등과 같은), 제조 역량, 마케팅, 기술, 제품 개발, 새로운 지역 내 인접지로의 확장, 사진 활용photo-merchandise 상품, 디지털 서비스와 고가치 고객(재정적인 압박 속에서도 브랜드나 회사에 충성하는 고객-옮긴이)에 훨씬 더 많은 자금을 투자하기로 했습니다.

1년 전, 2014년 8월 우리 투자자의 날에 우리는 2011년부터 배워온 것들을 반영해 개발한 수정 전략을 발표했습니다. 우리가 수년 동안 추구해온 전략과 일관되게 규모에 기반을 둔 경쟁 우위를 추구하는 데에는 변함이 없지만, 지난해 발표된 수정 전략에는 다음과 같은 변화가 포함됩니다.

• 전략적인 측면에서, 대량 맞춤화의 세계 선두 자리에 섭니다. 대량 맞춤화로 우리가 의미하는 바는 대량 생산의 합리성, 품질, 가격으로 소량 개별 주문을 소화해 각 주문이 맞춤화된 제품에 내재하는 개인적 관련성을 구체화하도록 하는 것입니다.

• 재무적인 측면에서, 주당 내재가치를 최대화합니다. 이것은 우리의 최우선 재무 목표로 다른 재무 목표들은 여기에 종속됩니다. 우리는 주당 내재가치를 ⓐ 주당 무차입 잉여현금 흐름(이는 우리의 판단을 근거로 현재와 장기적 미래 사이에 발생할 것으로, 우리의 자본 비용을 반영하도록 적절히 할인됩니다)에서 ⓑ 주당 순부채를 제외한 것으로 정의합니다. 우리가 주당 내재가치를 선택한 것은 우리가 근본적으로 장기를 목표로 심프레스를 만들어나가기 위해 노력하고 있으며, 주당 내재가치가 장기의 재정적 성공을 가장 잘 측정한다고 생각하기 때문입니다.

우리는 장기적으로 주당 장부가치를 높일 기회가 2011년 생각했던 것만큼, 아니 그 이상으로 많다고 생각합니다. 우리는 개인화 제품이 지역의 하청 공장, 대단히 큰 시장의 대부분을 지배하는 소량 오프라인 공급업체들을 온라인 대량 맞춤화 비즈니스 모델로 전이하도록 이끌어 훨씬 크고, 가치 있는 세계적 기업이 될 수십 년에 걸친 기회로 봅니다.

자본 배분

우리는 엄청난 자본을 투자하려 노력하고 있으며 이것이 2016년 회계연도에 8.5%로 추정한 가중 평균 자본 비용보다 높은 수익을 창출할 것이라고 믿습니다. 우리는 투하된 자본을 돌려주는 데 12개월 이상이 필요할 것이라고 예상되는 모든 자금 사용을 자본 배분으로 간주합니다.

우리는 자본 배분을 크게 유기적 장기 투자, 자사주 매입, 인수합병, 부채 상환으로 분류합니다. 우리는 우리 자본을 이 모든 범주에 걸쳐 대체될 수 있는 것으로 여깁니다. 저는 이 서한에서 배당에 관해 이야기하지 않습니다. 우리는 가까운 미래에는 배당을 지급할 생각이 없기 때문입니다.

우리는 인수합병, 주식 환매 그 무엇이든 자본 배분에 쓰인 모든 자금이 투자 기간에 자본 비용보다 높은 수익을 올리기를 기대합니다. 우리가 늘 좋은 선택을 했기를 바랐고 앞으로도 그렇게 하기를 바라지만, 우리는 실수를 해왔고 앞으로도 그럴 것입니다. 혁신과 위험 감수가 가치 창출에 필수적이라는 우리의 믿음을 고려할 때, 우리는 위험을 피하려 하지 않을 것이며 개별 투자 프로젝트에서 전혀 실패가 없을 것이라고 장담하지도 않을 것입니다.

지침 없음

투자자들이 자신만의 심프레스 주당 내재가치 모델을 만드는 데 도움을 주기 위해서, 우리는 매년 우리가 가치 창출에 대해 생각하는 방식, 다양한 사업의 유기적 잠재 성장률에 대한 일반적 견해, 성장을 위한 재량 지출 계획과 관련된 정보를 제공할 계획입니다.[27]

이제부터 우리는 앞서 열거한 사항들 외의 지침은 제공하지 않을 것입니다. 이는 내부적으로 우리의 주당 내재가치를 극대화하기 위해 노력하는 방법과 일치하는 방식으로 미래에 대한 우리의 견해를 소통시키고자 하기 때문이며, 우리의 노력을 이 서한에 기술된 원칙에만 집중시키는 것이 명확히 진술된 재무 우선 사항과 가장 잘 맞는 주주들을 유인하는 데 도움이 될 것으로 생각하기 때문입니다.

2016년[28]
보상

지난해 우리는 경영진 및 기타 임원들에게 주어지는 금전적 인센티브가 우리의 주당 내재가치Intrinsic Value Per Share, IVPS에 대한 실제적 대용물과 일치하는 새로운 주식 기반 인센티브 보상 계획을 만드는 데 상당한 시간을 할애했습니다. 그 결과인 성과 주식 단위Performance Share Unit, PSU는 장기 주주가 좋은 성과를 거둘 때, 심프레스 팀원들에게 큰 보상이 되고, 정말 뛰어난 장기 성과에 대해서는 극히 큰 보상이 됩니다. 반면 심프레스가 우리 주주가 맡긴 자본을 효율적으로 활용하지 못하면 PSU의 현금 가치는 급격히 하락하거나 무효가 됩니다. 이 프로그램에 대한 여러분의 지지에 감사드립니다. 주주들은 2016년 임시 주주총회에서 그 계획을 압도적으로 승인했습니다. 84%가 그 제도에 찬성했습니다.

임원과 다른 팀원들 역시 PSU 프로그램을 받아들였다고 보고할 수 있어서 기쁩니다. 우리의 새로운 장기 인센티브 프로그램Long-Term Incentive, LTI은 PSU와 유예 현금 보상의 조합으로 이루어져 있습니다. 올해 제가 받은 개인 LTI 중 100%는 PSU였고, 앞으로도 100%일 것입니다. LTI 보상을 받는 다른 팀 구성원의 경우, 최소 PSU 비율은 다양하게 적용됩니다. 임원의 직급이 높아질수록 그 사람의 최소 PSU 비율은 높아집니다. 연간 LTI에서 PSU 현금 선택의 정도는 팀원들의 향후 PSU 선택에 따라 달라질 것입니다. 기쁘게도 현재로서는 우리 리더십 팀이 장기 주주와 좋은 이해관계를 이루고 있습니다.

IVPS의 측정에는 아주 먼 미래에 걸친 심프레스 투자 자금 수익률에 대한 객관적인 판단이 필요합니다. 그래서 주식 기반 보상 목적의 성과 측정에 사용되는 수단은 우리가 다년간의 IVPS 변화 추세에 대한 독립적 대체물이라고 믿는 것, 즉 6~10년 동안의 연평균 주가 성장률이 됩니다. 단기 주가 변동성의 영향을 줄이기 위해 우리는 3년에 걸친 평균 주가를 이용해 이 변화를 측정합니다.

유기적 성장

우리는 상대적 규모가 우리 사업이 가지는 경쟁 우위의 가장 큰 동인이라고 생각하며, 대규모 시장에 대량 맞춤화 패러다임으로 전환할 엄청난 기회가 있다고 믿습니다. 그러므로 우리는 상당한 가치 강화 성장 투자를 계속할 계획입니다. 물론 우리는 성장 그 자체를 위한 성장을 추구하지 않으며 그런 적도 없습니다. 만약 성장이 우리의 자본 비용보다 낮은 수익을 내는 투자에서 유래한다면, 결국 성장은 가치를 파괴할 것이란 점을 우리는 잘 알고 있습니다.

유기적 투자로 사업을 성장시켜 매력적인 수익을 낼 수 있다는 우리의 믿음과 이를 위한 매우 견실한 투자를 고려하면, 우리의 유기적 성장률은 우리 실적의 중요한 지표입니다. 2012년 회계연도부터 수년에 걸친 사업에 대한 과소투자 기간을 끝냈습니다. 우리는 유기적인 수익 증대를 활성화하기 위해 다년간에 걸친 투자 수준 향상에 착수했습니다. 성장을 활성화하는 데 필요한 시간은 본래의 기대보다 길어지겠지만, 긍정적인 성과가 나타나고 있습니다.

지표

우리는 정상 상태 세후 잉여현금 흐름Steady State after-tax Free Cash Flow, SSFCF 을 참조하는 개념을 사용합니다. 우리는 정상 상태를 장기간 지속가능하고 방어가 가능하며 미국의 물가상승 속도로 SSFCFS를 높일 수 있는 사업을 보유하는 것으로 정의합니다. 정상 상태 잉여현금 흐름은 본질적으로 사업상의 주관적 판단과 근사치에 근거한 추정치이기 때문에 이 개념에 대한 우리의 진술은 방향을 제시하는 것이지 구체적이고 특정적인 것이 아니라는 것을 고려하셔야 합니다.

대략적인 수치에도 불구하고, 우리의 SSFCF는 우리와 주주가 꼭 이해해야 할 부분입니다. 실제 잉여현금 흐름과 정상 상태 잉여현금 흐름의 추정 범위 간의 차이가 기업 가치의 성장을 기대하고 유기적 투자에 배분할 자본의 추정 범위를 나타내기 때문입니다. 우리는

SSFCF 분석을 우리 사업의 내재가치를 결정하는 데 도움이 되는 인 풋일 뿐 아니라 우리에게 긴 시간에 걸쳐 과거의 투자 포트폴리오에 대한 수익률을 견인하는 데 책임을 지게 할 도구로 봅니다. 이 방법 이 성장 투자가 '무시'되어야 한다는 의미인지 묻는 투자자들이 있습 니다. 우리의 대답은 "아니요."입니다. 우리는 투자자들이 우리의 투 자를 이해하고 투자의 가치를 스스로 평가해주기를 바랍니다.

정상 상태의 유지가 우리가 자본 배분 과정에서 보호하거나 선호 하는 것이 아니라는 점을 이해하는 것도 중요합니다. 자본 배분에 따 르는 모든 선택이 그렇듯이 우리는 그러한 투자가 모두 관련 장애율 을 충족하거나 초과할 것으로 생각하고, 그 자본의 대체 사용처 중에 서 최선의 선택이 될 것이라고 믿는 경우에만 그 투자를 추구합니다. 그렇지 않다면 차라리 우리 사업의 그러한 부분이 성숙해서 쇠퇴하 고 있음을 받아들이고, 그것에서 창출되는 현금 흐름을 다른 곳에 투 자하는 데 사용할 것입니다. 우리가 현재 정상 상태 유지에 많은 양 의 자본을 투자하고 있다는 사실은 현재의 사업에서 높은 수익률을 올릴 수 있다는 우리의 믿음을 반영하는 것입니다.

우리 투자가 성공적이라면, 우리의 정상 상태 주당 잉여현금 흐름 은 시간이 가면서 우리 자본 비용보다 높은 연평균 비율로 증가하게 됩니다. 따라서 이 흐름은 장기에 걸쳐 우리의 전적을 평가할 수 있 는 수단이 됩니다. 그러나 우리는 아직 주당 SSFCF의 범위가 보여주 는 암묵적 추세로부터 결론을 끌어낼 준비가 되었다고 생각지 않습 니다. 이는 우리에게 SSFCF가 비교적 새로운 개념이기 때문입니다. SSFCF는 우리가 내부적으로 개선 방안을 만들고, 배우고, 토론하는 판단, 전제, 추적시스템에 좌우됩니다. 우리는 시간이 지남에 따라 투자의 성장과 유지 간의 차이를 구분하고 측정할 능력을 발전시키게 될 것이라고 기대합니다. 이로써 높든 낮든 추정 범위를 좁힐 수 있게 될 것입니다.

주주들이 던질 적절한 질문은 "실제 잉여현금 흐름과 정상 상태 잉여현금 흐름의 추정 범위 사이에 왜 차이가 생기는가?" 하는 것입니다. 그 답은 우리가 가중 평균 자본 비용WACC을 넉넉히 초과할 것으로 생각하는 수익을 기대하며 유기적으로 그 차액을 재투자하고 있기 때문입니다. 그렇게 하는 것이 우리의 잉여현금 흐름을 매우 감소시키는 결과가 나온다고 해도 우리는 그런 입장을 견지할 것입니다. 우리는 포트폴리오 수준에서 WACC보다 높은 (이상적으로라면 훨씬 높은) 총수익에 투자하는 것이 우리의 IVSP를 높인다고 생각하기 때문입니다.

2017년
전략

우리는 우리의 비전과 목표에 반할 것으로 생각되는 조직 구조에 의미 있는 변화를 주었습니다. 우리가 분권화와 관련해 실행한 조직 변화는 사실 전략 변화라고 말하는 것이 더 정확합니다. 심프레스의 주식과 채권에 투자한 사람들에게는 이러한 진화를 이해시키는 것은 중요한 일입니다. 따라서 이 부분에서는 최근 전략 변화의 배경과 그 내용에 관해 설명하도록 하겠습니다.

2015~2017년의 회계연도에서, 심프레스의 기업 전략은 별개로 관

리되는 대면 사업 부문들 사이에 인터페이스 계층의 역할을 할 대량 주문화 플랫폼을 구축하는 데 중점을 두었습니다. 그 밖에 우리는 인사, 재무, 기술 운용, 법무, 시장 조사, 전략, 제품 관리, 그래픽 디자인 서비스와 같은 세계적 기능들의 집중화를 추진했습니다. 이전 전략의 주요 목표는 규모의 우위를 사용해 경쟁력을 높이는 것이었습니다.

여러 장점에도 불구하고, 우리는 집중화의 상당한 부작용과 문제에 직면했습니다. 솔직히 말해, 집중화의 복잡성, 관료주의, 느린 속도, 획일성, 비용이 잠재적 장점보다 훨씬 컸습니다. 우리는 이런 문제들을 해결하기 위해 여러 가지 조정을 했습니다. 그렇지만 가야 할 길이 멉니다. 우리는 전략을 변경했습니다. 과거 몇 년간의 경험을 통해 분권화 조직이 대량 맞춤화를 선도하고, 최대 IVPS라는 심프레스의 가장 중요한 목표를 이룰 최선의 기회라는 확신에 이르렀기 때문입니다. 현재 우리의 기업 전략은 다음과 같습니다.

심프레스는 장기에 걸쳐 분권적이고 자율적인 방식으로 관리하는, 고객 중심적이고 기업가적인 대량 맞춤화 사업을 구축하고 거기에 투자합니다. 우리는 회사 전체의 가치를 창출하는 데 가장 큰 잠재력을 가진 선택적 공유 역량에 투자하여 심프레스 전체의 경쟁력을 높입니다. 우리는 다른 모든 중앙 집중적 활동들을 반드시 중심적으로 수행되어야 하는 활동들로 제한합니다.

핵심 역량이나 고객 니즈에 기반을 둔 전략에 익숙한 사람들은 우리의 새로운 전략을 보고 놀랄지도 모르겠습니다. 물론 우리의 자율적 사업들 각각은 강력한 역량 기반, 고객 기반 전략을 갖추고 있습니다. 심프레스 그룹 차원에서 우리는 기업 센터의 운영 위치와 방식에 대한 수정된 비전을 전달하고자 의도적으로 전략 성명을 작성했습니다.

수정된 전략에 따라, 우리는 중앙 팀에 속해 있던 약 3,000명의 팀원을 자회사들로 이동시켜 운영을 분권화했습니다. 더불어 내부 재무 관리 시스템을 수정해, 보고 체계가 우리의 분권화된 조직 구조, 자본 배분 프로세스, 자본 수익률 사고방식에 좀 더 부합하도록 하고 있습니다.

자본 배분

자본 배분의 중요성을 더 오래전부터 알았더라면 좋았을 것이란 생각을 합니다. 심프레스는 자본 배분을 관리 루틴의 집중 영역으로 만든 지 겨우 4년째에 접어듭니다. 따라서 우리는 여전히 내부 프로세스에 대해서 배우고 수정을 가하고 있습니다. 하지만 하지 않는 것보다는 늦더라도 하는 것이 낫겠죠. CEO이자 설립자이고 대주주인 저는 현재 대부분의 시간을 자본 배분과 관련된 활동에 할애하면서 그 문제를 가장 중요한 책임으로 여기고 있습니다.

실수

특정한 투자를 할 때, 우리는 장애율을 넘어서는 수익을 올리기를 기대합니다. 그러나 우리는 WACC를 넘는 투자 포트폴리오가 그 자체로 반드시 우리가 자본 배분 결정을 잘했다는 뜻이 아니라는 것을 알고 있습니다. 같은 자본을 더 높은 수익률의 기회에 배치함으로써 발생할 수 있는 잠재적으로 더 높은 수익률의 기회비용과 수익률을 비교해야 합니다. 이런 엄중한 자본 배분 성과의 평가는 자주 고통스러운 실수를 부각시킵니다.

일례로, 2012년 회계연도와 2013년 회계연도의 대부분 동안 우리의 주식은 주당 40달러 아래에서 거래되었습니다. 우리가 네이멕스Namex, 웹스Webs와 앨범프린터Albumprinter 인수에 사용했던 자본을 자사주 매입에 썼더라면 훨씬 높은 수익을 창출할 수 있었을 것입니다. 자본을 조달할 때도 실수할 수 있습니다. 예를 들어, 우리는 첫 상장의 일환으로 2005년 주당 11달러에 550만 주를 발행했습니다. 당시에는 자금이 필요하지도 않았고, 필요했더라도 공채를 통해서 같은 양의 자본을 조달할 수 있었을 것입니다. 증권 발행의 실제 비용에 대해서 더 잘 이해하게 된 것이 우리가 주식 기반 보상 수단들을 잠재 지불금과 그와 관련된 희석을 장기 주주에게 제공하는 자본 수익률에 직접 연관되는 성과 기제에 통합시키는 이유입니다.

우리는 자본 배분 및 성과 추적 능력을 계속 향상시키기 위해 노력합니다. 지난 한 해 동안 우리는 투자를 추적하고 투자 수익률을 측정하는 능력을 강화했으며, 다음 해에는 더 많은 개선을 계획하고 있습니다. 자본 배분에 실수가 없기를 바라지만, 가치 창출에는 혁신과 위험 감수도 필요하다고 생각하기 때문에 우리는 투자 위험을 회피하려 하지 않을 것이며, 개별 투자 프로젝트나 그 외 자본 배분 결정에서 발생하는 실패는 완전히 차단할 수도 없을 것입니다.

레버리지

우리는 투자에 내재된 기업가적 고유 위험의 감수가 부채를 보수적인 수준으로 유지하는 데 대한 우리의 약속과 온전히 양립할 수 있다고 생각합니다. 우리가 하는 개별 투자는 우리의 전체 재무 실적보다 규모가 작기 때문입니다. 이전에 언급했듯이, 우리는 가까운 미래까지 보수적인 레버리지 수준을 유지할 생각입니다. 레버리지의 수준은 부채 약관에 정의된 12개월 EBITDA의 약 3배 이하로 유지될 것입니다. 단, 높은 가치를 창출한다고 생각되는 인수나 다른 투자를 위해 일시적으로 3배를 넘어설 수 있습니다. 2017년 회계연도에 주식을 환매하고 내셔널펜^{National Pen} 인수를 완료하기 위해 일시적으로 레버리지 수준을 높였습니다. 우리는 현재 디레버리징을 진행하고 있으며, 2017년 말까지 약 3배로 레버리지 비율을 되돌릴 수 있을 것으로 기대합니다.

───────── **2018년** ─────────
전략

이전에 우리의 최고 재무 목표 외에도 대량 맞춤화의 세계 선도 업체가 되겠다는 최고 전략 목표를 설명했습니다. 스탠 데이비스^{Stan Davis}는 1987년 그의 전략 선언문, "미래의 완벽^{Future Perfect}"에서 고객에게 딱 맞추어진 무한히 다양한 제품과 서비스를 창출하는 것이란 뜻의 '대량 맞춤화'라는 말을 만들었습니다. 2001년 쳉앤자오^{Tseng&Jiao}는 대량 맞춤화를 "대량생산에 가까운 효율로 개별 고객의 니즈를 충족시키기 위한 상품과 서비스의 생산"으로 정의했습니다. 대량 맞춤화는 여전히 심프레스가 고객에게 기존의 경쟁자들보다 나은 가치를 전달하는 비즈니스 모델의 근본적인 요소입니다. 그렇지만 우리는 이것이 그 자체로 시장이 아니며 많은 시장에 적용될 수 있는 경쟁력 있는 운영 전략이라는 고려에서, "대량 맞춤화의 세계 선도자"라는 문구를 삭제했습니다.

장기

'장기'는 우리가 우리 사업에 대해 생각하는 방식의 근본적인 속성 중 하나입니다. 장기적 관점이 없다면 우리는 지금껏 해온 것처럼 스스로를 변혁시킬 수 없을 것입니다. 이런 목표에 부응하기 위해 심프레스는 4가지 방식의 장기적 사고를 기대합니다.

- 의사결정
우리는 모든 팀원에게 장기적으로 생각하는 간단한 방법을 설명합니다. 자신이 심프레스의 단독 소유주이며 앞으로 20년 동안 단독 소유주의 위치를 유지할 것처럼 행동하라는 것입니다. 우리의 주식 기반 보상 프로그램 역시 장기를 기반으로 합니다. 지급 시점은 부여 시점에서 6~10년 떨어져 있으며, 지급은 주가의 3년 이동평균에 대해 특정된 연평균 증가율 달성 여하에 달려 있습니다.

- 단기주의로부터 보호
주주이기도 한 우리는 벤처캐피털, 사모펀드, 일반 주주에게서 흔히 나타나는 단기주의로부터 심프레스 기업을 보호합니다. 이로써 우리 팀들은 고객 만족도 향상, 고도로 경쟁력 있는 가치사슬 구축, 팀원 제휴와 참여에 집중할 수 있습니다.

• 투자자

우리는 장기적 시각을 받아들이는 투자자를 찾습니다. 수년 혹은 수십 년의 투자 지평을 가진 많은 투자자가 우리를 믿고 자본을 맡겨주셨습니다. 수년간 저는 그중 두 분을 우리의 감사회에 참여하도록 초대했습니다. 따라서 우리 감사회와 이사회는 우리 자본의 40% 이상을 대표합니다.

• 자본 배분

우리는 여러 해에 걸친 투자를 위험, 보상, 보상 시점 등의 측면에서 평가하고 할인된 현금 흐름 분석과 위험 조정 장애율을 이용해 분석합니다. 더 많은 단기 현금 흐름과 더 높은 장기 현금 흐름의 현재가치 중에서 선택해야 할 때면, 우리는 후자를 택할 것입니다. 이 서한의 대부분은 자본 배분에 대한 우리의 접근법에 초점을 맞춥니다.

우리는 자본 비용을 크게 넘어서는 장기 연평균 비율로 우리 회사 주식의 가치를 높일 수 있는 우리 능력을 향상하기 위해 꾸준히 노력합니다. 우리는 지금까지 우리가 전달한 가치에 자부심을 느끼지만, 더 잘할 수 있었다고 생각합니다. 그것이 제가 이 서한들을 통해 우리가 어느 부분에서 가치를 창출했고, 또 어느 부분에서 가치를 파괴했는지 더 명확하게 밝히기를 희망하는 이유입니다. 과거에 대한 꾸밈없는 분석은 우리가 더 예리하게 미래의 결정을 평가하는 데 도움이 되고, 바라건대 우리가 하는 일을 더 잘해낼 수 있는 미래를 만드는 데 유용할 것입니다.

자본 배분

우리는 그룹 차원의 자본 배분과 자금원을 크게 다음의 범주로 나눕니다. 우리는 유기적 투자, 주식 환매, 인수, 증권 투자, 부채 감소, 배당 지급에 자본을 활용할 수 있습니다. 그렇지만 우리는 가까운 미래에는 배당을 지급할 의사가 없음을 알아두시기 바랍니다. 우리의 자금원은 우리가 사업, 채권 발행, 증권 발행, 자산 매각을 통해 창출한 현금입니다. 우리는 자본을 이 모든 범주에 걸쳐 대체 가능한 것으로 생각합니다. 우리는 현재와 미래의 기회로 인한 수익의 함수에 따라 이런 범주들에 자본을 배분하여 주당 내재가치를 상승시키는 데 집중합니다.

우리는 그룹 수준의 자본 배치를, 투자의 100%가 넘는 수익을 올리는 데 12개월 이상이 필요하다고 예상되는 모든 자금 투자로 정의합니다. 자본 배분에 대한 우리의 모든 언급은 이런 정의를 전제로 합니다. 우리는 운영 임원들이 12개월 안의 회수를 예상하는 자본 배분 결정을 자회사와 중앙 팀들에 위임합니다. 그 뒤 우리는 각 운영 부서에 무차입 잉여현금 흐름 창출의 책임을 맡깁니다. 그룹 차원의 자본 배분에서 비롯되는 부의 현금 흐름을 고려하고, 분권화된 기반에서 그들이 선택하는 12개월 미만 회수 투자의 순액을 책임져야 하는 것입니다.

우리는 현재 WACC를 8.5%로 추정합니다. 우리는 배치된 자본 포트폴리오에 대한 가중 평균 수익을 WACC보다 실질적으로 높이려고 노력합니다. 이 목표를 달성하기 위해, 우리는 투자 유형별로 위험에 대한 판단 함수에서 장애율을 달리합니다. 예를 들어, 수익성이 높고 성장 중인 기업의 갱신 및 확장과 같이 유럽, 북아메리카 또는 호주 지역의 예측 가능성이 매우 큰 유기적 투자에 대해서는 10%를 요구하며, 기존의 수익성이 높고 성장 중인 기업의 인수합병에는 15%, '기타 사업' 보고 부문을 이루는 초기 기업 포트폴리오에 있는 투자와 같은 위험한 투자에는 20%를 요구합니다. 어떤 투자를 하든 우리는 관련 장애율을 상회하는 (가급적 훨씬) 수익률을 기대합니다.

자본 배분에서 실수를 저지르지 않는 가상의 세계에서 사업을 할 수 있다면 좋겠지만, 우리는 가치 창출에는 혁신과 위험 감수도 필요하다고 생각합니다. 따라서 우리는 투자 위험을 회피하려 하지 않을 것이며, 개별 투자 프로젝트나 그 외 자본 배분 결정에서 발생하는 실패를 완전히 차단할 수도 없을 것입니다.

가치 평가

재무에서 우리의 최우선 목표는 우리의 주당 내재가치를 극대화하는 것입니다. 우리는 내부 IVPS 추정 범위를 공개하지 않습니다. 이는 평가 기반의 성격 때문이기도 하고, 장기적인 시각을 가진 주주들은 각자 심프레스 주식의 가치에 대한 나름의 추정치가 있을 것으로 생각하기 때문입니다. 그렇지만 저는 우리가 내부적으로 IVPS 추정 범위를 만드는 과정에 관해 이야기함으로써 여러분이 맡기신 자본의 책임 있는 관리자로서, 우리가 이 대단히 중요한 문제에 대해 어떻게 생각하는지 알려드리고자 합니다.

우리는 IVPS를 최선의 판단을 근거로 현재와 장기적 미래 사이에 발생할 ⓐ주당 무차입 잉여현금 흐름$^{Unlevered Free Cash Flow, UFCF}$에서 ⓑ주당 순부채를 제외한 것으로 정의합니다. ⓐ부분에 대한 모든 추정치는 본질적으로 주관적이며 전향적인 예측에 근거합니다. IVPS에 대한 우리의 정의가 최선의 판단을 근거로 한다고 말하는 이유입니다. 이 서한에서 제가 '추정, 범위, 판단'과 같은 한정적 용어들을 사용하고 있다는 점에 유의해주십시오. 미래는 본질적으로 알 수 없는 것이며 우리의 논의는 이런 용어들의 맥락에서 이해되어야 합니다.

우리는 IVPS 방정식의 ⓐ부분을 추정하는 데 2가지 방법을 사용합니다. 우리는 여러 시나리오를 만듭니다. 이런 각각의 접근법들이 다양한 현재가치를 기반으로 하는 범위를 만듭니다. 우리는 예측에 있어서 신중하고 현실적으로 되기 위해 노력합니다. 이후 우리는 두 방법에 걸친 모든 결과의 범위를 살피고, 각 결과의 장단점에 대해 논의한 다음, 범위를 기반으로 하는 해석을 내놓습니다.

이 중 첫 번째는 고전적인 할인 현금 흐름$^{Discounted Cash Flow, DCF}$ 재무 모델입니다. 우리는 과거의 추세와 그런 추세들이 미래에 어떻게 진전될지에 대한 우리의 믿음을 근거로 손익 계산서와 현금 수지 계산서의 주요 항목들을 예측합니다. 우리는 보통 10년 간의 회계연도까지 예측하며, 이전 해의 종료가치는 그해의 예상 UFCF를 WACC로 나누어 구합니다. 이후 WACC에서 이 모든 것을 현재가치로 할인한 뒤 희석주의 숫자로 나눕니다.

두 번째 방법은 SSFCF를 기반으로 합니다. 이 접근법은 전형적이지는 않지만 우리는 이것이 유용하고 유익하다고 생각합니다. 우리 경험에 따르면 보통 이 방법을 사용할 때의 IVPS 추정치가 DCF 방법을 사용할 때보다 낮습니다. SSFCF를 구하는 과정은 다음과 같습니다.

ⓐ 과거의 투자가 현금 창출을 하지 못하거나 손실을 내고, 우리가 성장을 위한 투자를 멈춘다는 가정하에 심프레스에 존재하는 가치의 추정 범위: 우리는 SSFCF 추정 범위의 상한과 하한을 WACC로 나누어 추정 범위를 구함으로써 우리가 배치했거나 배치할 것이지만 아직 SSFCF에 영향을 주지 않는 자본 대비 미래 수익을 고려하기 이전 기업 가치의 최고치와 최저치를 알아냅니다.

ⓑ SSFCF에 아직 드러나지 않는 과거와 미래 자본 배분에 따른 미래 수익의 추정 범위: 이 두 번째 구성요소는 주당 내재가치 추정치의 상당 부분이 우리가 가까운 미래에 매력적인 투자 기회를 얻는 데서 비롯되며, 우리의 자금조달 역량과 결합한 상당한 SSFCF 덕분에 우리가 그런 투자에 자금을 댈 수 있다는 우리의 견해에 초점을 맞추고 있습니다.

ⓒ ⓐ와 ⓑ의 결과를 더해 구한 가치 추정 범위를 희석주의 수로 나눕니다.

SSFCF는 회사의 내재가치 추정을 위한 인풋의 역할 외에도 우리가 스스로에게 가치 창출에 책임을 지우는 방식에 대한 인풋이기도 합니다. 오랜 시간에 걸쳐 가치를 창출하려면, ⓒ의 결과를 우리의 자본 비용보다 높은 연평균 성장률로 증가시켜야 합니다.

(SSFCF÷WACC-순부채)/희석 발행 주식

자본 배분

- 유기적 투자

우리가 배분하는 그리고 배분을 계획하고 있는 유기적 자본은 우리의 무차입 잉여현금 흐름을 직접적으로 감소시킵니다. 그런데도 우리는 상당한 자본을 유기적으로 배치합니다. 우리는 이 투자 포트폴리오를 통해 우리의 WACC보다 높은 가중 평균 수익을 낼 수 있다고 믿기 때문입니다. 그렇게 된다면 IVPS도 높아집니다.

우리는 유기적 성장 투자를 통해서 매력적인 수익을 낼 수 있다고 생각합니다. 시장이 계속해서 대량 맞춤화 패러다임으로 변화하고 있고, 우리의 풍부한 경험과 차별화된 경쟁력을 고려할 때 우리에게 매력적일 수 있는 많은 기회가 있다는 것을 알기 때문입니다. 우리는 유기적 매출 성장이 이렇게 유기적으로 배치된 자본에 관련된 우리의 실적을 나타내는 중요한 지표라고 믿습니다. 우리는 성장 그 자체를 위해 유기적 성장을 추구하지 않습니다. 자본 비용보다 낮은 수익을 내는 투자의 증가는 가치를 파괴합니다.

• 인수와 초기 투자

우리는 인수와 증권 투자를 위험하지만 매력적인 투자라고 생각합니다. 성공할 경우 큰 자본액에 비례한 매력적인 수익을 낼 수 있고, 기존 사업의 경쟁 우위를 강화할 수 있습니다. 우리는 100% 이하의 기업 지분 인수도 적절한 환경에서는 매력적인 거래가 될 수 있다고 생각합니다. 그런 구조가 심프레스의 높은 실적을 견인하는 데 중요한 역할을 하는 공동 소유자나 그의 파트너에게 동기를 부여하고, 그들과 제휴하며 그들을 보유하는 데 도움을 줄 수 있기 때문입니다. 대부분 기존의 수익성이 높은 기업에 대한 인수나 지분 투자에 있어서 우리는 15%의 장애율을 적용합니다. 초기 기업에 대한 투자는 자본 분배에 따르는 훨씬 높은 위험을 반영하기 위해, 보통 25%의 ROIC 장애율을 사용합니다.

자본을 다른 곳에서 더 생산적으로 활용할 수 있다고 생각할 때, 자본을 다른 곳에 배치할 때, 우리 사업의 성공에 중요한 제삼자와의 관계에 있어서 큰 이득을 볼 수 있다고 판단할 때는 해당 기업의 지분 일부 혹은 전체를 매각할 수도 있습니다.

• 주식 환매와 발행

주식 환매는 분명히 규모가 크고, 가장 좋은 자본 배분 범주 중 하나입니다. 지난 10년간 우리는 8억 1,700만 달러의 자본을 배분해 수수료 포함 주당 평균가 40.18달러에 2,030만 주를 환매했습니다. 우리가 환매에 낸 액수를 현재의 주당 내재가치 추정치와 비교하면, 우리가 주식 환매에 분배한 자본에 대한 연간 수익률이 매우 높은 것을 알 수 있습니다.

우리는 주식을 환매 및 발행했으며, 향후 주식 보상 계획에 따른 의무를 충당하기 위해 주식을 매입 또는 유사한 거래 및 기타 목적으로 환매하거나 발행할 수 있습니다. 예를 들어, 인수 관련 정산과 비지배 지분에 대한 후지급과 같은 구매 의무에 대해서 우리는 종종 심프레스 옵션의 주식이나 현금으로 그 의무를 이행합니다.

주식을 발행할 경우, 증권 발행에서 나오는 자본 투자 수익이 내재가치 이하로의 주식 발행에서 유발되어 가치 손실보다 높다고 생각될 때, 우리는 기꺼이 주당 내재가치 추정치 이하의 가격으로 주식을 발행합니다.

주식 환매와 발행이라는 결정은 앞서 언급한 원칙 외에도 다양한 부채 약관과 법적 요건을 따릅니다. 이러한 기준들의 복잡성 때문에 우리가 주식을 환매 혹은 발행하는 기간, 그렇게 하지 않는 기간을 주가 대비 주당 내재가치에 대한 우리의 견해를 암시하는 것으로 받아들여서는 안 됩니다.

• 부채 조달과 상환

우리는 부채를 중요한 자금원으로 봅니다. 부채는 관리 가능한 수준으로 유지된다면 주당 내재가치를 극대화하는 데 도움을 줍니다. 우리는 우리가 하는 개별 투자의 규모가 전체적 재무 실적에 비해 적기 때문에 자본 배분에 내재된 기업가적 위험 감수가 부채를 합리적 수준으로 유지한다는 우리의 약속과 전혀 어긋나지 않는다고 생각합니다. 우리는 우리의 부채 투자자들을 대단히 소중하게 생각하며 심프레스는 강력한 채권 발행자이자 금융 기관의 훌륭한 고객이라고 믿습니다.

과거 우리는 부채 약관에 의해 정의된 12개월 EBITDA의 약 3배보다 낮은 수준으로 유지하되, 높은 가치를 창출한다고 생각되는 인수나 다른 투자를 위해 일시적으로 3배를 넘어설 수 있다는 입장을 가졌습니다. 우리는 2017년 자사주 매입, 내셔널펜의 인수, 유기적 기회에 대한 상당한 투자를 위해 일시적으로 레버리지 수준을 높였습니다. 우리는 이후 현재 디레버리징을 진행해 2017년 말까지 우리가 계획대로 약 3배로 레버리지 비율을 되돌렸습니다. 우리는 더는 구체적인 레버리지 목표를 갖고 있지 않습니다. 지금으로서는 예상되지 않고, 손에 넣을 수 없는 미래의 잠재적 기회에 대해서 '만일에 대비'하는 자세를 갖추는 데 가치를 둡니다. 물론 우리는 부채 약정의 범위 안에서의 운영을 예상하지만, 기회가 있다면 매력적인 수익이 예상되는 투자처에 자본을 배분하는 데 있어 융통성을 발휘할 것입니다. 우리의 사업은 (지금은 폐기된) 과거의 레버리지 목표를 적용하던 때보다 더 강해졌고 다각화되었습니다. 우리는 재량 지출이 필요할 때 언제든 늘리고 줄일 수 있는 통제력을 갖고 있으며, 불황을 거치면서 회복력을 입증했습니다. 그렇기 때문에 우리는 이런 재무 정책을 마음 놓고 진화시킬 수 있었습니다.

우리는 이러한 정책 변화에 대해 여러 가지 질문을 받습니다. 어느 정도의 레버리지 비율부터 불안함을 느끼는가? 약정에 근접한 부채 수준을 얼마나 오래 유지할 생각인가? 이와 비슷한 질문들에 대한 답은 다음과 같습니다. 우리는 부채 약정의 분기별 유지를 불가능하게 할 위험이 없는 한, 그 수가 얼마이든 매력적인 기회를 잡기 위해 기꺼이 레버리지 비율을 높일 것이며, 발생하는 다른 자본 배분 기회들에 근거해 부채를 유지할 수도 줄일 수도 있습니다. 더 중요한 것은, 우리 지분의 40% 이상이 우리의 감사회와 이사회의 구성원으로 이루어져 있으며, 레버리지를 통해 과도한 위험을 감수할 유인이 전혀 없는 장기 주주들이 보유하고 있다는 점입니다.

=========== 감사의 말 ===========

이 책에 실린 주주 서한을 쓴 모든 경영자와 그 회사에 감사를 전합니다. 워런 버핏, 찰스 파브리칸트, 톰 게이너, 도널드 그레이엄, 리치 핸들러, 웨스턴 힉스, 마크 레너드, 조 스타인버그, 프렘 왓사를 비롯해 소중한 지원과 격려 그리고 제안을 주신 분들께 깊이 감사드립니다.

조교 애니 에제킬로바Annie Ezekilova, 법률·경제·금융 센터Center for Law, Economics and Finance, C-LEAF 펠로우 데이비드 템플턴David Templeton, 연구사서 로리 포섬Lori Fossum, 지아 아르니Gia Arney를 비롯한 조지워싱턴 대학의 능력 있는 조력자들께도 감사드립니다.

버크셔의 데비 보사넥Debbie Bosanek, 앨러게니의 조 브랜든Joe Brandon, 심프레스의 메러디스 번즈, 크레디트 억셉턴스의 더그 버스크Doug Busk, 모닝스타의 스테파니 레달Stephanie Lerdall, 제프리스의 에린 산토로Erin Santoro를 비롯해 책에 등장한 많은 기업의 임직원들께도 감사드립니다.

저는 비즈니스계에 좋은 동료, 학자, 친구들을 많이 둔 행운아입니다. 이들은 제 모든 연구와 저술 활동에 대해 조언을 아끼지 않으며 제 의문들을 해결해주었습니다. 이 책과 관련된 프로젝트들을 위

545

해 애써준 마크 휴즈^{Mark Hughes}, 아만다 캐튼^{Amanda Katten}, 데이비드 므라즈^{David Mraz}, 필 오드웨이^{Phil Ordway}, 로라 리튼하우스^{Laura Rittenhouse}, 마일스 톰슨^{Myles Thompson}, 주디 워너^{Judy Warner}에게 감사를 전합니다.

더불어 뛰어난 편집자 크레이그 피어스^{Craig Pearce}가 이끄는 해리먼 하우스의 팀 전체에도 감사의 인사를 전하고 싶습니다.

무엇보다, 비길 데 없는 아내 스테파니^{Stephanie}와 사랑스러운 두 딸, 베카^{Becca}와 사라^{Sarah}에게 감사를 표현하고 싶습니다. 하늘만큼 땅만큼 사랑합니다.

주

1 Eric R. Heyman, "What You Can Learn From Shareholder Letters", American Association of Individual Investors (October 2010).

2 William Alden, "From Leucadia, a Final Letter to Shareholders", 〈The New York Times〉(June 26, 2013).

3 John Lanchester, "How Should We Read Investor Letters? Considering the Correspondence between C.E.O.s and Shareholders as a Literary Genre", 〈The New Yorker〉(August 29, 2016).

4 Jason Zweig, "The Best Annual Letters From an Investor Who Read Nearly 3,000 of Them", 〈The Wall Street Journal〉(July 14, 2016) (discussing Geoffrey Abbott); Jason Zweig, "It's Time for Investors to Re-Learn the Lost Art of Reading", 〈The Wall Street Journal〉(April 4, 2016) (동일) 참조.

5 Laura Rittenhouse, "Investing Between the Lines: How to Make Smarter Decisions by Decoding CEO Communications" (2013).

6 예를 들어, Elizabeth J. Howell-Hanano, "Pearls of Wisdom: The Best Shareholder Letters Nobody Is Reading", Toptal (November 7, 2017) (S&P 600 소형주 지수에 속한 모든 기업에 대한 연구).

7 Lawrence A. Cunningham, "What's Warren Buffett's Secret to Great Writing?", NACD Directorship (2016), papers.ssrn.com/sol3/papers.cfm?abstract_id=2839887 참조.

8 정확히는 첫 두 해 동안에는 마켈이라고 불리는 캐나다 트럭 보험 회사였다. 스티브 마켈과 프렘 왓사 사이의 우정과 사업적 유대는 그 이전부터 시작되어 현재에 이르고 있다.

9 Christopher C. Williams, "Betting on the Buffett of Barges", 〈Barron's〉(March

23, 2013).

10 나는 컨스털레이션 소프트웨어의 이사이며 이사회의 부의장이다.

11 Andrew Bary, Alleghany Invests by the Book, Barron's (May 14, 2016).

12 첫 단락은 로렌스 A. 커닝햄, "훌륭한 글을 쓰는 워런 버핏의 비결은 무엇인가? (What's Warren Buffett's Secret to Great Writing?)"를 각색한 것이다. NACD Directorship (2016), papers.ssrn.com/sol3/papers.cfm?abstract_id=2839887.

13 이 발췌문의 첫 부분은 버핏이 8월에 주주들에게 보낸 1988년 중간 서한에서 나온 것으로 (보통 연말이 지나고 보내는) 연례 서한에서 나온 내용이 아니다. 두 번째 부분은 1988년의 주주 서한에 포함된 내용이다.

14 Robbert가 정확한 철자가 맞다.

15 달려라 바둑아(Run Spot Run)는 커밍스-스타인버그가 주주 서한이나 다른 기업 커뮤니케이션에서 꼭 전달해야 할 복잡한 사업상의 문제를 간략하게 이야기할 때 특징적으로 쓰는 문구이다.

16 이 서한에는 직원들을 대상으로 한 도널드의 발표문이 포함되어 있다.

17 1998년 WaPo는 연금 크레디트를 "가치가 다소 낮은" 수익이라고 표현했다. 1999년의 서한에는 이렇게 적혀 있다. "지난해 한 주주가 우리가 왜 '다소 (somewhat)'라는 말을 포함했는지 묻는 편지를 보냈다. 그의 말이 옳다. 펜션 크레디트는 나머지 수익보다 그 가치가 낮으며 (우리가 충분히 적립된 연금 기금이 있다는 것이 중요하기는 하지만) 주주들이 그 범위를 아는 것이 중요하다." 도널드 그레이엄의 서한은 여러 맥락에서 수식어로 다소라는 말을 수십 번 사용했다. 이 책에 담긴 1999년의 서한에서는 그 수식어구가 빠졌다.

18 2010년의 서한은 회계에 대한 소론으로 시작된다. 버핏의 그 유명한 회계 소론에 담긴 반어적 유머를 담은 이 글에는 "회계의 탈선: 즐겨라!(A Digression on Accounting: Enjoy!)"라는 제목이 붙어 있다.

19 2012년 서한의 작자들은, 다른 해에도 나타났던 것처럼, 마켈이 "모두를 위한" 회사가 아니라 장기에 전념하는 사람들을 위한 회사라고 확실히 밝히면서 홍보에 나선다. "당신이나 당신이 아는 누군가가 우리의 이 4가지 투자 질문에 긍정적으로 답할 수 있는 회사를 가지고 있고 이 조직의 일부가 되기를 원한다면 우리에게 전화를 주십시오. 우리는 항상 좋은 파트너를 찾고 있습니다."

20 첫 단락은 2010년 서한을 시작하는 글이었고, 이 표제하에 이어지는 단락들은 이후 서한의 상세 항목에서 등장했다.

21 2010년 이전의 서한에서는 내재가치의 상승이 마지막 이유였지만, 2010년부터는 그것이 첫 번째 자리로 올라섰다. 초기 서한들은 한 가지 이유를 더 나열했는데

이는 이후 제외되었다. 배당 수익금은 100% 과세 대상인데 반대 환매에서는 판매 세가 기준과 수익 사이의 차이로 측정된다는 이유였다.

22　사업의 성장에 따르는 이런 변화들은 지속적인 조직 조정과 함께 나타났다. 투자 정보 부문, 소프트웨어, 모닝스타 다이렉트 라이센스, 모닝스타닷컴, 리서치, 애널 리스트 순위 평가, 지표 사업, 투자 관리 부문, 은퇴 솔루션, 투자 컨설팅, 모닝스타 관리형 포트폴리오와 같은 2011부터의 표제 선정에서 그의 기호를 엿볼 수 있 다.

23　"신이 먹고 마시는 것을 필요한 일만이 아닌 즐거운 일로 만들지 않았다면, 그것들 만큼 성가신 일은 없었을 것이다."(볼테르) "네 자손이 네 열매를 거두리라."(베질 리우스), "당신이 사람들을 보는 방식이 당신이 그들을 대하는 방식을 결정하며, 당 신이 그들을 대하는 방식이 그들이 무엇이 될지를 결정한다."(요한 폰 괴테)

24　예: Michele Simon, "PepsiCo and Public Health: Is the Nation's Largest Food Company a Model of Corporate Responsibility or Master of Public Relations", CUNY Law Review 15: 1 (2011); Conor Friedersdorf, "Why PepsiCo CEO Indra K. Nooyi Can't Have it All", 〈The Atlantic〉(July 1, 2014).

25　이 발췌문은 서한에 있는 원래 논의에 비해 상당히 축약된 것이다. 거기에는 이런 각주가 포함되어 있다. "이 논의는 올해 초 67세의 나이로 세상을 떠난 위대한 이 글스의 멤버 글렌 프레이에 대한 헌사입니다."

26　이 서한에는 이런 각주가 포함되어 있다. "2016년 8월 세상을 떠난 천재 코미디언 진 와일더를 추모하며."

27　이 정보는 표에 나열되어 있으며, 표에는 잉여현금 흐름과 과거 자본 배분 성공 및 실패에 대한 과거 정보를 참조해 수익 예상치도 업데이트되어 있다.

28　마지막 단락은 2017년 서한이다.

찾아보기

가치	537
레버리지	12, 164, 357, 453, 533
문화	10, 126, 128, 189, 233, 234, 274, 279, 420, 430
배당	11, 38, 64, 97, 130, 226, 327, 398
분기별 지침	11, 129
승계	11, 121, 159, 164, 166, 186, 209, 248, 303, 362, 364
원칙	10, 242
유동성	12, 457
전략	110, 141, 146, 151, 152, 173, 198, 360, 361, 362, 364, 368, 388, 428, 503, 505, 522, 529, 533
종업원 지주제	11, 10, 109, 228, 355
투자	11, 91, 127, 140, 147, 149, 161, 187, 192, 231, 235, 237, 243, 253, 260, 290, 292, 294, 296, 297, 353, 384, 410, 454, 461, 466, 468, 471, 475
해자	10, 343, 344, 359, 361, 362, 364
환매	11, 71, 94, 129, 188, 216, 318, 327, 330, 371, 465, 478

친애하는 주주들에게

2020년 11월 25일 1쇄 발행

지은이 로렌스 커닝햄
옮긴이 이영래
펴낸이 김상현, 최세현   **경영고문** 박시형

책임편집 김율리   **디자인** 박선향
마케팅 양근모, 권금숙, 양봉호, 임지윤, 조히라, 유미정
디지털콘텐츠 김명래   **경영지원** 김현우, 문경국
해외기획 우정민, 배혜림   **국내기획** 박현조
펴낸곳 (주)쌤앤파커스   **출판신고** 2006년 9월 25일 제406-2006-000210호
주소 서울시 마포구 월드컵북로 396 누리꿈스퀘어 비즈니스타워 18층
전화 02-6712-9800   **팩스** 02-6712-9810   **이메일** info@smpk.kr

ⓒ 로렌스 커닝햄 (저작권자와 맺은 특약에 따라 검인을 생략합니다)
ISBN 979-11-6534-259-3(03320)

쌤앤파커스(Sam&Parkers)는 독자 여러분의 책에 관한 아이디어와 원고 투고를 설레는 마음으로 기다리고 있습니다. 책으로 엮기를 원하는 아이디어가 있으신 분은 이메일 book@smpk.kr로 간단한 개요와 취지, 연락처 등을 보내주세요. 머뭇거리지 말고 문을 두드리세요. 길이 열립니다.